AF633932

ullstein

Das Buch

Das 20. Jahrhundert gilt als das Jahrhundert Amerikas. Sein steiler Aufstieg zur Supermacht wird spätestens seit den Siegen im Zweiten Weltkrieg und im Kalten Krieg als heroische Geschichte erzählt. Führungsmacht des Westens, Vorkämpfer von Freiheit und Demokratie, stärkste Wirtschaft der Welt – Superlative überall. Doch wie wurden die USA zu dem, was sie heute sind?

Oliver Stone, für seine amerikakritischen Filme mit drei Oscars ausgezeichnet, beleuchtet zusammen mit dem US-Historiker Peter Kuznick die Schattenseiten des Aufstiegs der USA zur Weltmacht: die blutigen Eroberungskriege in Mittelamerika; die Ausbeutung Kubas und der Philippinen nach dem Spanisch-Amerikanischen Krieg 1898; die wirtschaftliche Kolonisierung Lateinamerikas durch Großkonzerne; der Aufstieg von Großbanken durch Kriegsgewinne im Ersten Weltkrieg; der grassierende Rassismus; der Abwurf der Atombomben ohne militärischen Nutzen; die brutale Kriegführung in Korea, Vietnam, Afghanistan und Irak; die Inszenierung von Militärputschen in Lateinamerika und Afrika; Mord, Folter, Menschenrechtsverletzungen.

Kompetent und fundiert ziehen Stone und Kuznick eine kritische Bilanz der Geschichte Amerikas, die für das Verständnis der Weltmacht unverzichtbar ist.

Die Autoren

Oliver Stone, geboren 1946, zählt zu den renommiertesten Filmregisseuren der USA. Seine Filme, für die er drei Oscars erhielt, widmen sich der amerikanischen Zeitgeschichte, u. a. dem Vietnamkrieg und den Präsidentschaften Kennedys und Nixons. Zur Zeit arbeitet Stone an einem Film über Edward Snowden.

Peter Kuznick, Professor für Neuere Geschichte an der American University, Washington, ist Experte für die amerikanische Geschichte des 20. Jahrhunderts.

Oliver Stone
Peter Kuznick

AMERIKAS UNGESCHRIEBENE GESCHICHTE

Die Schattenseiten der Weltmacht

Aus dem Amerikanischen
von Thomas Pfeiffer und Enrico Heinemann

Ullstein

Besuchen Sie uns im Internet:
www.ullstein.de

Wir verpflichten uns zu Nachhaltigkeit
- Klimaneutrales Produkt
- Papiere aus nachhaltiger Waldwirtschaft und anderen kontrollierten Quellen
- ullstein.de/nachhaltigkeit

MIX
Papier aus verantwortungsvollen Quellen
FSC® C083411
FSC www.fsc.org

Ungekürzte Ausgabe im Ullstein Taschenbuch
1. Auflage November 2016
3. Auflage 2022
© für die deutsche Ausgabe:
Ullstein Buchverlage GmbH, Berlin 2015 / Propyläen Verlag
© der amerikanischen Originalausgabe
Oliver Stone, Peter Kuznick, 2014
Die Originalausgabe erschien unter dem Titel
The Concise History of The United States bei Gallery Books, Simon & Schuster, New York.
Umschlaggestaltung: zero-media.net, München
nach einer Vorlage von Morian & Bayer-Eynck, Coesfeld
Titelillustration: © Showtime Networks Inc. 2002
Rückseitenbilder: © picture alliance/ CPA media Co./ dpa/ AP Photo
Lektorat: Jan Martin Ogiermann
Satz: Pinkuin Satz und Datentechnik, Berlin
Gesetzt aus der Minion Pro
Druck und Bindearbeiten: CPI books GmbH, Leck
ISBN 978-3-548-37676-9

Inhalt

Für unsere Kinder – Tara, Michael, Sean, Lexie, Sara und Asmara – und die bessere Welt, die sie und alle Kinder verdient haben.

1

Aufbruch eines Imperiums – von Kuba nach Versailles

Die Präsidentschaftswahl im Jahr 2000 zwischen George Bush und Al Gore stellte das amerikanische Volk vor die schwierige Entscheidung, zwischen zwei grundverschiedenen Zukunftsvisionen zu wählen. Nur wenige erinnern sich, dass genau hundert Jahre zuvor das amerikanische Volk schon einmal vor einer ähnlichen Wahl stand. Es musste darüber entscheiden, ob die Vereinigten Staaten eine Republik bleiben oder ein Imperium werden sollten.

Für den Amtsinhaber, den republikanischen Präsidenten William McKinley, lag die Zukunft Amerikas im »Freihandel« und im Aufbau eines weltumspannenden Imperiums. Sein Herausforderer, der Demokrat William Jennings Bryan, war dagegen ein überzeugter Antiimperialist. Kaum jemand nahm von dem dritten Kandidaten Notiz – dem Sozialisten Eugene V. Debs. Die sozialistische Bewegung repräsentierte die neue Arbeiterklasse, und für sie bedeutete ein Imperium nur eines: Ausbeutung.

Dem Wahlkampf McKinleys gaben die boomende Wirtschaft und der Sieg über Spanien im Krieg von 1898 Rückenwind. Für ihn war klar: Wollte Amerika überleben, dann musste es expandieren. Bryan, ein Populist aus Nebraska mit dem Beinamen »the Great Commoner«, war ein erklärter Feind der Industriebarone und Banken und zitierte gerne Thomas Jefferson: »Wenn es ein Prinzip gibt, das tief im Verstand eines jeden Amerikaners verwurzelt ist, dann dass wir nichts mit Eroberung zu tun haben sollten.«[1]

Nachdem sie in Übersee mehrere Kolonien – die Philippinen, Guam, Pago Pago, die Wake- und die Midway-Inseln, Hawaii und Puerto Rico – annektiert und die Kontrolle über Kuba übernommen hatten, waren die Vereinigten Staaten auf dem besten Wege, ihr kostbarstes Geschenk an die Menschheit zu verraten.

Während die meisten Amerikaner glaubten, mit der Ausbreitung über Nordamerika hätte die Nation ihre »Manifest Destiny«, ihre offensichtliche Bestimmung, erfüllt, entwarf William Henry Seward, Außenminister unter Abraham Lincoln wie auch unter Andrew Johnson, eine überaus bombastische Vision von einem amerikanischen Imperium und fasste die Aneignung von Hawaii, Kanada, Alaska, den Jungfern- und den Midway-Inseln sowie Gebieten in der Dominikanischen Republik, Haiti und Kolumbien ins Auge. Sewards Traum sollte zu großen Teilen wahr werden.

Während Seward noch träumte, handelten die Europäer, allen voran Großbritannien, das seinem Weltreich in den letzten drei Jahrzehnten des 19. Jahrhunderts Territorien von insgesamt 10,3 Millionen Quadratkilometern einverleibte, eine Fläche deutlich größer als die Vereinigten Staaten. Wie die alten Römer glaubten die Briten, dass es ihre Mission sei, der Menschheit die Zivilisation zu bringen. Frankreich schnappte sich 7,7 Millionen Quadratkilometer und der Nachzügler Deutschland immerhin noch 2,6 Millionen Quadratkilometer. Allein das spanische Weltreich befand sich im Niedergang. 1878 kontrollierten die europäischen Imperien und ihre früheren Kolonien 67 Prozent der Landoberfläche der Erde, 1914 waren es atemberaubende 84 Prozent. Ende des 19. Jahrhunderts hatten die Europäer 90 Prozent des afrikanischen Kontinents unter sich aufgeteilt, wobei der Löwenanteil auf Belgien, Großbritannien, Frankreich und Deutschland entfiel.

Die Vereinigten Staaten waren bestrebt, die verlorene Zeit wettzumachen. Obwohl die Amerikaner als ein Volk von Einwanderern der Vorstellung von einem Imperium ablehnend gegenüberstanden, war die Zeit um 1900 auch die Ära der »Robber Barons«, also der skrupellosen Kapitalisten und insbesondere der als die »400« bekannten Elite mit ihren riesigen Ländereien, Privatarmeen und Heerscharen von Arbeitern und Angestellten. Männer wie J. P. Morgan, John D. Rockefeller und William Randolph Hearst hielten eine enorme Macht in Händen. Die kapitalistische Klasse, heimgesucht von den Bildern der revolutionären Arbeiter, die 1871 die Pariser Kommune ausgerufen hatten, beschwor ähnliche Schreckensszenarien herauf, in denen Radikale die USA ins Chaos stürzten. Schon ein knappes halbes Jahrhundert vor der Russischen Revolution von 1917 wurden diese Radikalen oder Kommunarden auch als Kommunisten bezeichnet. Jay Gould, Herr über ein 24 000 Kilometer langes Eisenbahnnetz, verkörperte den kapitalistischen Raubritter in seiner schlimmsten Ausprägung. Gould, der sich einmal brüstete, er könne »die eine Hälfte der Arbeiterklasse anheuern, um die andere Hälfte umzubringen«, dürfte der meistgehasste Mann in Amerika gewesen sein.[2]

Als die »Panik von 1893« am ersten »Schwarzen Freitag« die Wall Street erfasste, begann die bis heute schlimmste Wirtschaftskrise in der US-Geschichte. Im ganzen Land schlossen zahlreiche Stahlwerke, Fabriken, Hochöfen und Minen, vier Millionen Menschen wurden entlassen, und die Arbeitslosigkeit schnellte auf 20 Prozent. Die American Railway Union unter Gewerkschaftsführer Eugene Debs reagierte auf Entlassungen und Lohnkürzungen durch George Pullmans Palace Car Company mit Streiks und legte die Eisenbahnen des Landes lahm. Soldaten wurden auf Seiten der Eisenbahnbarone gegen die Streikenden ausgesandt, Dutzende Arbeiter erschossen und Debs für ein halbes Jahr hinter Gitter gesteckt.

Für die amerikanischen Sozialisten, Gewerkschafter und Reformer gab es keinen Zweifel, dass die zyklischen Krisen des kapitalistischen Systems eine Folge der zu geringen Kaufkraft der Arbeiterklasse waren. Jacob Riis, der in seinen erschütternden Fotografien das Elend der Armen in New York festhielt, schockierte mit seinen Bildern die Nation. Arbeiterführer forderten die Umverteilung des Reichtums im Land, damit die arbeitenden Menschen die Güter kaufen konnten, die sie in den Fabriken und auf den Farmen des Landes produzierten.

Aber die »400« – die amerikanischen Oligarchen – lehnten das als eine bloße Spielart des Sozialismus ab. Stattdessen, sagten sie, könnte es einen größeren Kuchen für alle geben, doch dafür müssten die USA mit anderen Imperien konkurrieren und den Welthandel dominieren, so dass die Ausländer die wachsenden Überschüsse der amerikanischen Wirtschaft abnahmen. Vor allem jenseits der eigenen Grenzen lockte der Profit – in Form von Handel, billiger Arbeit und günstigen Rohstoffen.

Besonders lockte China, der große Preis in diesem Spiel. Wollten die USA diesen gigantischen Markt erschließen, benötigten sie eine moderne, mit Dampf angetriebene Seestreitmacht und Stützpunkte rund um die Welt. Nur so würde man dem Britischen Empire mit seinem wichtigen Hafen Hongkong Paroli bieten können – ganz abgesehen davon, dass auch Russland, Japan, Frankreich und Deutschland mit Macht nach China drängten. Amerikanische Unternehmer forderten den Bau eines Kanals durch Mittelamerika, der helfen sollte, die Tür nach Asien aufzustoßen. In diesem Klima globaler Konkurrenz annektierten die USA 1898 Hawaii. Beinahe ein Jahrhundert später entschuldigte sich der US-Kongress in einer Resolution bei den »eingeborenen Hawaiianern« dafür, dass ihnen das Recht auf Selbstbestimmung genommen worden war.

Auf Kuba, nur 150 Kilometer vor Florida gelegen, war ein Aufstand gegen die korrupte spanische Herrschaft ausgebrochen, woraufhin die Spanier einen guten Teil der Bevölkerung in Konzentrationslager sperrten, in denen 95 000 Menschen von Krankheiten dahingerafft wurden. Als die Kämpfe an Intensität zunahmen, forderten einflussreiche Bankiers und Unternehmer wie Morgan und Rockefeller, die viele Millionen Dollar auf Kuba investiert hatten, den Präsidenten zum Handeln auf – er sollte ihre Interessen schützen. Als Signal an die Spanier, dass die USA die amerikanischen Interessen zu wahren gedachten, entsandte Präsident McKinley die *USS Maine* in den Hafen von Havanna. In einer tropisch heißen Nacht im Februar 1898, das Thermometer zeigte über 38 Grad an, explodierte die *USS Maine*, 261 von 355 Besatzungsmitgliedern kamen ums Leben. Sogleich vermutete man einen spanischen Sabotageakt. Angeführt von Randolph Hearsts *New York Journal* und Joseph Pulitzers *New York World* überschlug sich die amerikanische Sensationspresse in Schuldvorwürfen gegen die Spanier und schuf ein Klima, in dem die Forderungen nach Vergeltung immer lauter wurden: »Remember the Maine, To Hell With Spain!« – »Denkt an die Maine, schickt Spanien zur Hölle!« wurde zum populären Schlachtruf. Millionen Amerikaner lasen die Artikel und gewannen die feste Überzeugung, dass Spanien, diese bröckelnde katholische Kolonialmacht, zu jeder Schandtat bereit war, um sein Reich zu bewahren. Als McKinley Spanien den Krieg erklärte, schrieb sich Hearst das auf die Fahne. »Wie gefällt euch der Krieg des *Journal*?«, fragte er.[3]

Der Spanisch-Amerikanische Krieg, bei dem viele Amerikaner an Teddy Roosevelts Angriff mit den »Rough Riders« auf den San-Juan-Hügel denken, war nach drei Monaten vorüber. US-Außenminister John Hay sprach von einem »glänzenden kleinen Krieg«. Von knapp 550 Toten auf amerikanischer Seite waren weniger als 400 im Kampf getötet worden, die übrigen waren Krankheiten erlegen. Der 16-jährige Smedley Darlington Butler log über sein Alter, als er sich zu den US-Marines meldete. Butler sollte zu einem der berühmtesten Kriegshelden der USA aufsteigen und im Laufe einer Karriere, welche die ganze Frühphase von Amerikas Aufstieg zur Weltmacht begleitete, gleich zweimal die Medal of Honor, die angesehenste Tapferkeitsauszeichnung für US-Soldaten, verliehen bekommen.

Nach dem Sieg über die Spanier strömten amerikanische Unternehmen auf die Insel, schnappten sich, was sie kriegen konnten, und verwandelten Kuba im Grunde in ein Protektorat. Allein die United Fruit Company sicherte sich knapp 800 000 Hektar Land für den Zuckerrohranbau. Bis 1901 hatten sich Bethlehem Steel und andere US-Unternehmen über 80 Prozent der kubanischen Bodenschätze unter den Nagel gerissen.

Über siebzig Jahre später, 1976, kam eine in den Medien wenig beachtete offizielle Untersuchung der U.S. Navy zu dem Schluss, dass der wahrscheinlichste Grund für die »Versenkung« der *Maine* ein Heizkessel war, der in der tropischen Hitze explodierte, woraufhin der Munitionsbunker ebenfalls in die Luft ging. Wie im Fall des Vietnamkriegs und der beiden Irakkriege griffen die USA, die ihre Reaktion mit falschen geheimdienstlichen Informationen begründeten, zu den Waffen, weil sie den Krieg wollten.

Im Glanz des Sieges sahen sich die Vereinigten Staaten jedoch mit einem neuen, weitaus größeren Problem konfrontiert. Neben Kuba hatte man den Spaniern eine riesige, aber marode Besitzung im Pazifik abgenommen: die Philippinen, die als idealer Zwischenstopp für Schiffe auf dem Weg nach China galten. Wie bei der Invasion im Irak 2003 waren die Kämpfe zunächst erfolgreich verlaufen; im Mai 1898 zerstörte Kommodore George Dewey in der Manila Bay die spanische Flotte, was ein Antiimperialist mit den Worten kommentierte: »Dewey hat Manila unter Verlust eines Mannes und all unserer Prinzipien eingenommen.«[4]

Die Anti-Imperialist League, 1898 in Boston gegründet, bemühte sich, die Annexion der Philippinen und Puerto Ricos durch die USA zu verhindern. Zu ihren Mitgliedern zählte auch Mark Twain, der die berühmte Frage stellte: »Sollen wir weiterhin unsere Zivilisation Völkern weitergeben, die im Dunkeln sitzen, oder sollen wir diesen armen Kreaturen nicht lieber eine Ruhepause gönnen?«[5] Präsident McKinley gab Ersterem den Vorzug und entschied sich für eine Annexion. »Uns blieb keine andere Wahl«, verkündete er, »als sie alle aufzunehmen, als die Filipinos zu erziehen, sie emporzuheben und zu zivilisieren und zu christianisieren und ihnen, als Mitmenschen, für die Christus auch starb, dank Gottes Gnade das Beste angedeihen zu lassen.«[6]

Doch McKinley stieß in seinem Kreuzzug auf ein gewichtiges Problem: die Filipinos selbst. Angeführt von Emilio Aguinaldo hatten die Bewohner der Philippinen 1899 nach der Befreiung vom spanischen Joch ihre eigene Republik ausgerufen und, nicht anders als die kubanischen Rebellen, erwartet, dass die USA sie anerkannten. Nun ging den Filipinos auf, dass sie ihren Alliierten falsch eingeschätzt hatten – und setzten sich zur Wehr. Als nach Protesten tote Amerikaner auf den Straßen von Manila lagen, tobte die amerikanische Sensationspresse und forderte Rache an den Barbaren. Folter, einschließlich Waterboarding, wurde zur täglichen Übung. Die Aufständischen, beziehungsweise »unsere kleinen braunen Brüder«, wie William Howard Taft, Generalgouverneur der Philippinen, sie nannte, wurden mit Salzwasser vollgepumpt, bis sie »wie Kröten« aufquollen, um sie »zum Reden zu bringen«.[7] Ein US-Soldat schrieb nach Hause: »Jeder von uns wollte ›Nigger‹ killen. [...] Auf Menschen schießen ist um Welten besser als die Kaninchenjagd.«[8] Es war ein Krieg der Gräueltaten. Als amerikanische Truppen auf der Insel Samar in einen Hinterhalt der Rebellen gerieten, befahl Oberst Jacob Smith seinen Männern, alle Bewohner zu töten, die älter als zehn Jahre alt waren, und die Insel in »eine heulende Wildnis« zu verwandeln.[9]

Aus dem Guerillakrieg, der dreieinhalb Jahre andauerte, kehrten über 4000 amerikanische Soldaten nicht nach Hause zurück. 20 000 philippinische Rebellen wurden getötet, und bis zu 200 000 Zivilisten verloren ihr Leben, viele von ihnen durch die Cholera. Wegen der verzerrten Berichterstattung in der amerikanischen Presse trösteten sich viele Amerikaner mit dem Gedanken, man habe einem rückständigen Volk die Zivilisation gebracht.

Der Krieg auf den Philippinen ließ die amerikanische Gesellschaft abstumpfen. Die Doktrin der angelsächsischen

Überlegenheit, mit der das noch junge imperiale Projekt gerechtfertigt wurde, vergiftete auch zu Hause die gesellschaftlichen Verhältnisse und gab den Rassisten in den Südstaaten Auftrieb, die ihren Feldzug zur Umkehrung der Folgen des amerikanischen Bürgerkriegs intensivierten und neue, sogenannte Jim-Crow-Gesetze verabschiedeten, die die Vorherrschaft der Weißen zementierten und die Rassentrennung zwischen Weißen und Afroamerikanern vorschrieben.

In China mündete die Sehnsucht nach Unabhängigkeit in den Boxer-Aufstand von 1898 bis 1901. Nationalistisch gesinnte Chinesen erhoben sich, ermordeten Missionare und kündigten an, alle ausländischen Invasoren aus dem Land zu werfen. McKinley schickte 5000 US-Soldaten, die den Europäern und Japanern bei der Niederschlagung der Rebellen Beistand leisteten. Als Angehöriger des Expeditionskorps führte Leutnant Smedley Butler seine Marineinfanteristen nach Peking, wo er mit eigenen Augen sah, wie die siegreichen Europäer mit den Chinesen verfuhren. Smedley war angewidert.

Wie 2008 waren auch während der Präsidentschaftskampagne des Jahres 1900 amerikanische Truppen in zahlreichen Ländern im Einsatz – damals in China, auf Kuba und auf den Philippinen. Dennoch schlug McKinley, der sich im Ruhm des Sieges über Spanien sonnte, Bryan noch deutlicher, als ihm das 1896 gelungen war. Eugene Debs, der Sozialist, brachte es nicht einmal auf ein Prozent. Die Amerikaner hatten sich klar für McKinleys Vision von Handel und Imperium entschieden.

Auf dem Höhepunkt seiner Popularität wurde McKinley 1901 von einem Anarchisten ermordet, der als Grund für das Attentat die amerikanischen Gräueltaten auf den Philippinen nannte. Der neue Präsident, Theodore Roosevelt, war ein wohl noch radikalerer Imperialist und führte McKinleys expansionistische Politik fort. Er war es dann auch, der eine Revolution in der kolumbianischen Provinz Panama orchestrierte und anschließend einen Vertrag mit der neugeschaffenen panamaischen Regierung über die Verpachtung der Kanalzone schloss. Dieser räumte den USA dieselben Interventionsrechte ein, die sie schon Kuba aufgezwungen hatten. Der Kanal wurde unter großen Schwierigkeiten gebaut und schließlich 1914 in Betrieb genommen.

In den folgenden Jahren wurden US-Marines wiederholt zum Schutz amerikanischer Unternehmensinteressen in, wie man sie jetzt nannte, »Bananenrepubliken« geschickt, die als rückständig galten und angeblich die strenge Herrschaft von gegebenenfalls brutalen Diktatoren brauchten, die in der Lage waren, die Interessen der amerikanischen Unternehmen gegen aufmüpfige Arbeiter und Bauern durchzusetzen. Kuba. Honduras. Die Dominikanische Republik. Haiti. Panama. Guatemala. Mexiko. Die amerikanische Besatzung dauerte oft Jahre, manchmal Jahrzehnte.

Niemand verfügte über mehr persönliche Erfahrung mit der Intervention in anderen Ländern als Smedley Butler, inzwischen zum Oberst im Marine Corps aufgestiegen. Smedley wurde von seinen Männern bewundert, die ihn nach einer in Honduras erlittenen Verwundung »Old Gimlet Eye« (»Das stechende Auge«) nannten. Am Ende seiner langen und hochdekorierten Laufbahn ließ er sein Leben in Uniform in einem Buch Revue passieren. In diesem Buch, *War is a Racket*, schrieb Smedley:

> Ich habe als Mitglied der beweglichsten Militäreinheit dieses Landes, des Marine Corps, 33 Jahre und vier Monate im aktiven Militärdienst verbracht. Ich habe in allen Offiziersdienstgraden gedient, vom Leutnant bis zum Generalmajor. Und in diesen Jahren war ich den Großteil meiner Zeit ein erstklassiger Muskelmann für das Big Business, für die Wall Street und für die Banken. Kurz, ich war ein Gauner, ein Gangster für den Kapitalismus. Damals vermutete ich nur, dass ich Teil einer Verbrecherbande war. Heute bin ich mir sicher. Wie alle Angehörigen des Militärdienstes machte ich mir niemals eigene Gedanken, bis ich den Dienst quittierte. [...] Ich habe geholfen, Mexiko, insbesondere Tampico, für die amerikanischen

> Ölinteressen zu sichern. Ich habe geholfen, Haiti und Kuba so zu unterdrücken, dass die Jungs von der National City Bank dort ihre Gewinne abschöpfen konnten. Ich habe bei der Vergewaltigung von einem halben Dutzend mittelamerikanischer Republiken zum Nutzen der Wall Street mitgemacht. Die Liste der Verbrechen ist lang. Von 1909 bis 1912 habe ich geholfen, Nicaragua für das internationale Bankhaus Brown Brothers zu säubern. 1916 habe ich den amerikanischen Zuckerbaronen die Dominikanische Republik serviert. In China habe ich mit dafür gesorgt, dass Standard Oil ungestört seinen Geschäften nachgehen konnte. In diesen Jahren hatte ich, wie die Jungs in den Hinterzimmern sagen würden, eine prächtige Gangsterbande am Laufen. Wenn ich so zurückblicke, glaube ich, dass ich Al Capone ein paar Tipps hätte geben können. Er schaffte es gerade einmal, mit seiner Bande in drei Bezirken zu operieren. Ich operierte auf drei Kontinenten.[10]

Seine Offenheit sollte Butler teuer zu stehen zu kommen, als er bei der Beförderung zum *Commandant* des Marine Corps übergangen wurde, aus dem er 1931 im Streit ausschied.

Wenn der Krieg »organisiertes Verbrechen« ist, wie Butler sagte, dann gehörte der Erste Weltkrieg zu den dunkelsten Episoden des organisierten Verbrechens in der Geschichte der Menschheit. Zu den weniger bekannten Fakten der Geschichte gehört, dass am Vorabend des Ersten Weltkriegs die Banken des Britischen Empire in der Krise steckten. Das britische Wirtschaftsmodell, das darauf hinauslief, im Interesse des eigenen Überlebens die Volkswirtschaften immer größerer Teile des Erdballs auszubeuten, statt in die heimische Industrie zu investieren, stand vor dem Aus. Immer neue Wirtschaftskrisen kamen und gingen.

Im Gegensatz dazu führte das neu vereinigte Deutsche Reich die kontinentaleuropäischen Länder an in der Wende vom Freihandel hin zum Protektionismus, der das Wachstum einer einheimischen, weniger von Kolonisierung abhängigen

Industriebasis förderte. Deutschland war stark in der Produktion von Stahl, Strom, chemischen Erzeugnissen, Eisen, Kohle und Textilen. Seine Banken und Eisenbahnen wuchsen, und im Kampf um Öl, den neuen, strategisch wichtigen Treibstoff moderner Seestreitkräfte, schloss die deutsche Handelsflotte rasch zur britischen auf. Großbritannien, inzwischen stark von Ölimporten aus den USA und Russland abhängig, suchte verzweifelt nach neuen Vorkommen im Nahen Osten, der zum wankenden Osmanischen Reich gehörte. Als die mit dem Osmanischen Reich verbündeten Deutschen dann den Bau einer Eisenbahnlinie von Bagdad nach Berlin in Angriff nahmen, um ihrerseits Zugriff auf das Öl zu bekommen, war man in London äußerst beunruhigt. Die Interessen im benachbarten Ägypten und in Indien waren bedroht. Doch schwere Unruhen auf dem Balkan, insbesondere in Serbien, trugen dazu bei, die Fertigstellung der Bahnverbindung zwischen Berlin und Bagdad zu verhindern.

Tatsächlich war es ein eher geringfügiger Zwischenfall mit Serbien im Brennpunkt, der schließlich die in den Ersten Weltkrieg mündende Ereigniskette in Gang setzte, als Erzherzog Franz Ferdinand, Thronerbe von Österreich-Ungarn, im glutheißen Sommer 1914 in Sarajewo einem Attentat zum Opfer fiel. Die Situation spitzte sich rasch zu, und eine komplizierte Gemengelage von Bündnissen zwischen konkurrierenden Wirtschaftsmächten führte zum bis dahin größten Krieg in der Geschichte.

Der Krieg war von Anfang bis Ende ein Gemetzel unfassbaren Ausmaßes. In der Marneschlacht Anfang September 1914 wurden jeweils eine viertel Million Franzosen und Deutsche verwundet oder getötet. Der Krieg dauerte länger, als selbst die größten Pessimisten erwartet hatten. An einem einzigen Tag an der Somme zählten allein die Briten 60 000 Verwundete und Gefallene, und in der Schlacht um Verdun 1916 beliefen sich die Verluste der Deutschen und Franzosen auf insgesamt rund 700 000 Tote und Verwundete.

Die Franzosen, die ihre Soldaten immer wieder gegen das

Feuer der deutschen Maschinengewehre und Artillerie anstürmen ließen, opferten am Ende zehn Prozent der aktiven männlichen Bevölkerung. Nach einem abgebrochenen Versuch an der Ostfront bei Bolimów setzten die Deutschen erstmals im April 1915 in der zweiten Flandernschlacht Giftgas ein, das über eine Breite von sechs Kilometern die französischen Stellungen einnebelte. Das Gas trieb die französischen Soldaten, so ein Bericht in der *Washington Post*, in den Wahnsinn oder ließ sie elendig ersticken, ihre Körper wurden schwarz, grün und gelb verfärbt. Die Briten übten im September 1915 bei Loos mit einem Giftgasangriff Vergeltung, doch dann drehte der Wind und drückte das Gas in die britischen Stellungen, so dass bei dem Angriff mehr britische als deutsche Soldaten ums Leben kamen. 1917 setzten die Deutschen, ebenfalls in Flandern, das noch stärkere Senfgas gegen die Briten ein. Der Schriftsteller Henry James schrieb: »Der Absturz der Zivilisation in diesen Abgrund aus Blut und Düsternis verrät vollständig das ganze lange Zeitalter, in dem wir geglaubt hatten, die Welt würde nach und nach zu einer besseren werden.«[11]

Woodrow Wilson verkörperte Henry James' Vorkriegsideal von Hoffnung und Zivilisation. 1912 erstmals zum Präsidenten der Vereinigten Staaten gewählt, hegte er wie die meisten Amerikaner Sympathien für die Alliierten (Großbritannien, Frankreich, Italien, Japan und Russland) und gegen die Mittelmächte (Deutschland, Österreich-Ungarn und die Türkei), lehnte aber einen Kriegseintritt ab und begründete das mit den Worten: »Wir müssen neutral bleiben. Denn andernfalls würden die vielen Völker, aus denen wir bestehen, gegeneinander Krieg führen.«[12] 1916 wurde Wilson mit dem Slogan »Er hat uns aus dem Krieg herausgehalten« erneut ins Weiße Haus gewählt, vollzog aber kurz darauf einen radikalen Kurswechsel.

Wilson war ein interessanter Mann. Er war Präsident der Princeton University und Gouverneur von New Jersey gewesen. Väter- wie mütterlicherseits ein Abkömmling presbyterianischer Prediger, legte er eine ausgeprägte moralische Haltung und eine gelegentlich selbstgerechte Unbeweglichkeit an den Tag. Er teilte die Auffassung von einer missionarischen Rolle Amerikas in der Welt und glaubte an den Export der Demokratie – auch in Länder, die auf diese Segnung gerne verzichtet hätten. Außerdem teilte er die Überzeugung seiner Südstaaten-Vorfahren von der Überlegenheit der weißen Rasse und führte in Bundesbehörden und Streitkräften wieder die Rassentrennung ein. Als eine Delegation von Afroamerikanern deswegen bei ihm vorstellig wurde, erwiderte er: »Die Trennung der Rassen ist keine Demütigung, sondern eine Wohltat.«[13]

Großbritannien, das im 19. Jahrhundert mit seiner überlegenen Seestreitmacht den Atlantik beherrscht hatte, verhängte eine Seeblockade über Nordeuropa. Deutschland schlug mit einem höchst wirksamen U-Boot-Krieg zurück, der die Machtverhältnisse auf hoher See zu kippen drohte. Der alte Antiimperialist William Jennings Bryan, nun Außenminister unter Wilson, versuchte im Krieg die amerikanische Neutralität zu wahren, doch Wilson lehnte seine Bemühungen ab, US-Bürgern das Reisen auf Schiffen kriegführender Nationen zu verbieten. Im Mai 1915 versenkte ein deutsches U-Boot den britischen Liniendampfer *Lusitania,* etwa 1200 Menschen starben, darunter 128 Amerikaner. Ein Schock. Rufe wurden laut, Amerika solle in den Krieg eintreten. Doch im Widerspruch zu anfänglichen Dementis kam heraus, dass das Schiff entgegen der Neutralitätsbestimmungen eine große Ladung Waffen für Großbritannien an Bord gehabt hatte.

Bryan forderte Wilson auf, sowohl die britische Seeblockade gegen Deutschland wie auch den deutschen Angriff zu verurteilen, die für ihn die Rechte der neutralen Länder beschnitten. Als Wilson sich weigerte, trat Bryan, der fürchtete, dass Wilson sich auf einen Kriegseintritt zubewegte, aus Protest zurück. Bryans Furcht war begründet. Wilson gelangte allmählich zu der Überzeugung, dass die USA, sollten sie nicht in den Krieg eintreten, bei der Gestaltung der Nachkriegsordnung außen vor bleiben würden.

Im Januar 1917 redete Wilson als erster Präsident seit George Washington hochoffiziell vor dem Senat. Er rief auf zu einem »Frieden ohne Sieg«, auf Grundlage der amerikanischen Prinzipien von Selbstbestimmung, Freiheit der Meere und einer offenen Welt ohne einschnürende Bündnisse. Das Herzstück einer solchen Welt sollte ein Völkerbund zur Durchsetzung des Friedens sein. Wilsons Idealismus war aber verdächtig, weil seine Politik im Widerspruch zu seinen hehren Prinzipien stand. Die amerikanische Neutralität in diesem Krieg war denn auch mehr prinzipieller als praktischer Natur.

J. P. Morgan und Rockefeller von Standard Oil waren seit dem Bürgerkrieg die beiden Titanen der amerikanischen Finanzwelt. Morgan starb 1913, aber sein Sohn J. P. Morgan jr. fungierte von 1915 bis zum amerikanischen Kriegseintritt 1917 als Bankier der USA für Großbritannien. Anfangs hatte die US-Regierung amerikanischen Banken die Vergabe von Krediten an kriegführende Nationen verweigert, da diese die Neutralität Amerikas untergrüben. Doch dann, im September 1915, schlug Wilson Bryans Rat in den Wind und vollzog eine Kehrtwende. Noch im selben Monat legte Morgan ein Darlehen über 500 Millionen US-Dollar für Großbritannien und Frankreich auf. 1917 hatte das britische War Office bei Morgan und anderen Wall-Street-Banken knapp 2,5 Milliarden US-Dollar an Darlehen aufgenommen. An Deutschland waren nur 27 Millionen US-Dollar geflossen. 1919 schuldete Großbritannien den Vereinigten Staaten die atemberaubende Summe von 4,7 Milliarden US-Dollar – 61 Milliarden nach heutigem Wert. Morgan war zudem der exklusive Einkäufer für das Britische Empire in den USA geworden und tätigte Order über rund 20 Milliarden US-Dollar, wobei er zwei Prozent des Warenwerts als Kommission einstrich und Geschäftsfreunde wie die Besitzer von Du Pont Chemical und Remington Arms begünstigte.

Der Sozialist Eugene Debs hatte die Arbeiter immer wieder gedrängt, sich gegen den Krieg zu stellen, und gesagt: »Lasst die Kapitalisten selbst kämpfen und ihre eigenen Leute opfern, und es wird nie wieder einen Krieg auf dieser Erde geben.«[14] Ob aus finanziellen Gründen oder aus Idealismus, mit den Worten »Die Welt muss ein sicherer Ort für die Demokratie werden« forderte Wilson im April 1917 vom Kongress eine Kriegserklärung gegen Deutschland. Sechs Senatoren stimmten dagegen, darunter Robert La Follette aus Wisconsin, sowie fünfzig Abgeordnete im Repräsentantenhaus einschließlich Jeannette Rankin aus Montana, die als erste Frau in der Geschichte in den Kongress gewählt wurde. Gegner griffen Wilson als Handlager der Wall Street an. »Wir setzen ein Dollar-Zeichen auf die amerikanische Flagge«, warf ihm Senator George Norris aus Nebraska vor.

Der Widerstand war heftig, aber Wilson setzte sich durch. Die Regierung war zuversichtlich, eine Million Freiwillige rekrutieren zu können, doch die Berichte von den Schrecken des Grabenkriegs dämpften den Enthusiasmus, und als sich nach sechs Wochen gerade einmal 73 000 Männer zum Militär gemeldet hatten, führte der Kongress kurzerhand die Wehrpflicht ein.

Anfang 1918 sah es so aus, als könnten die Mittelmächte den Krieg tatsächlich gewinnen und die Alliierten besiegen – und den US-Banken gewaltige Verluste bescheren. Die Amerikaner kauften massenhaft »Liberty Bonds«, Kriegsanleihen für die Freiheit, und viele der führenden Progressiven des Landes – unter ihnen John Dewey und Walter Lippmann – schlugen sich auf Wilsons Seite. Es waren Republikaner aus dem Mittleren Westen wie La Follette und Norris, die wussten, dass der Krieg echten inneren Reformen das Totenglöckchen läutete. Der Kongress bestätigte die Befürchtungen, als er einige der repressivsten Gesetze in der Geschichte der Nation erließ: Das Spionagegesetz von 1917 und das Volksverhetzungsgesetz von 1918 beschränkten die Meinungsfreiheit und schufen ein Klima der Intoleranz gegenüber jeglicher abweichenden Meinung.

An den Universitäten wurden Professoren, die gegen den Krieg waren, gefeuert oder eingeschüchtert. Hunderte wurden verhaftet, weil sie öffentlich gegen den Krieg Stellung bezogen, unter anderem der Vorsitzende der Gewerkschaft Industrial Workers of the World (IWW), »Big Bill« Haywood. Eugene Debs, der wiederholt öffentlich gegen den Krieg protestierte und schließlich im Juni 1918 verhaftet wurde, sagte: »Eroberung und Plünderung waren in der gesamten Geschichte die Gründe für Kriege, und das ist das Wesen des Kriegs. [...] Immer schon hat die Klasse der Herrschenden Kriege erklärt; und immer schon hat die Klasse der Untertanen die Schlachten geschlagen.«[15] Vor seiner Verurteilung wandte sich Debs mit eloquenten Worten an das Gericht: »Euer Ehren, vor Jahren erkannte ich meine Verwandtschaft mit allen lebenden Wesen und kam zu dem Schluss, dass ich kein bisschen besser als der geringste Mensch auf Erden bin. Ich sagte damals, und ich sage es heute, solange es eine Unterschicht gibt, gehöre ich ihr an; solange es ein verbrecherisches Element gibt, gehöre ich dazu; solange ein Mensch im Gefängnis sitzt, bin ich nicht frei.«[16] Der Richter verurteilte Debs zu zehn Jahren Gefängnis. Drei davon saß er ab, von 1919 bis 1921.

Mit Wilsons Erlaubnis zerschlug das Justizministerium den IWW, genannt die Wobblies. Während Amerikaner zu den Klängen des Hits »Over There« in den Krieg marschierten, antworteten die Wobblies mit einer Parodie auf »Onward Christian Soldiers«, die sie »Christians at War« nannten und die mit der Zeile endete: »Die Geschichte wird von euch sagen: ›Dieser Haufen gottverdammter Idioten‹.«[17] 165 IWW-Funktionäre wurden wegen Verschwörung zur Behinderung der Einberufung und der Anstiftung zur Fahnenflucht angeklagt. Big Bill Haywood setzte sich ins revolutionäre Russland ab, viele andere folgten ihm.

Deutschamerikaner wurden mit besonderer Feindseligkeit ins Visier genommen. Schulen, von denen viele von ihren Lehrern neuerdings Loyalitätsschwüre verlangten, strichen Deutsch aus dem Lehrplan und Orchesterstücke von deutschen Komponisten aus ihrem Repertoire. Genauso wie »French Fries« – Pommes frites – später aufgrund der französischen Opposition gegen die Invasion im Irak 2003 von erbosten Fremdenhassern in »Freedom Fries« umbenannt werden sollten, wurden Hamburger damals in »Liberty Sandwiches« und Sauerkraut in »Liberty Cabbage« umgetauft. Die »German Measles« – Röteln – wurden zu »Liberty Measles« und Deutsche Schäferhunde zu »Police Dogs«.

Die Kriegsjahre sollten ein beispielloses Ausmaß an heimlicher Zusammenarbeit zwischen Großunternehmen und der Regierung bringen. Es ging darum, die Wirtschaft zu stabilisieren, den freien Wettbewerb nicht außer Kontrolle geraten zu lassen und die Profite der gelegentlich als »Händler des Todes« charakterisierten Rüstungskonzerne abzusichern.

Im Frühsommer 1918, über ein Jahr nach dem Kriegseintritt der USA und ein halbes Jahr vor Kriegsende, griffen schließlich die amerikanischen Soldaten auf französischem Boden erstmals massiv in die Kämpfe ein und halfen den bedrängten französischen Streitkräften an der Marne das Kriegsglück zu wenden. Mit ihrer Truppenstärke und ihrer industriellen Macht hatte der Auftritt der USA auf der Bühne des Krieges einen enormen psychologischen Effekt und demoralisierte die Deutschen, die schließlich die Waffen streckten.

Der lange, brutale Krieg ging am 11. November 1918 zu Ende. Die Verluste waren immens. Von den zwei Millionen amerikanischen Soldaten, die in Frankreich ankamen, fielen über 116 000, weitere 204 000 wurden verwundet. Die Verluste der Europäer übertrafen die aller früheren Kriege – knapp zehn Millionen Soldaten und zwischen acht und zehn Millionen Zivilisten starben, Letztere häufig an Krankheiten oder Hunger.

Die Überlebenden fanden sich in einer neuen Weltordnung wieder. Großbritannien war ebenso wie Frankreich stark geschwächt, das Deutsche Reich kollabiert. Das Ende des Habsburgerreiches nach vier Jahrhunderten mündete in die chaotische Neuordnung Osteuropas. Und auch das riesige polyglotte Osmanische Reich, in dem 600 Jahre lang Araber,

Türken, Kurden und Armenier, Muslime, Christen und Juden zusammengelebt hatten, fiel in sich zusammen.

In Russland übernahm eine mysteriöse Gruppe von Revolutionären, die sich als Bolschewiki bezeichneten und Brot, Land und Frieden verhießen, im Oktober 1917 die Macht in der vormaligen Hauptstadt von Zar Nikolaus II. Dieser hatte im Gemetzel des Ersten Weltkriegs die russische Armee und mir ihr das Vertrauen sowohl der Soldaten als auch der Arbeiter verloren, die von der Brutalität dieses Kriegs genug hatten. Die Bolschewiki waren inspiriert von Karl Marx, einem deutsch-jüdischen Intellektuellen, der für die soziale und wirtschaftliche Gleichberechtigung aller Menschen eintrat. Und sie machten sich sofort daran, die russische Gesellschaft von Grund auf zu reorganisieren – sie verstaatlichten die Banken, enteigneten Großgrundbesitzer und verteilten das Land an die Bauern, unterstellten Fabriken der Kontrolle der Arbeiter und konfiszierten den Besitz der Kirche.

Im März 1918, acht Monate vor Ende des Kriegs, schloss Bolschewiken-Führer Wladimir Lenin mit Deutschland den Friedensvertrag von Brest-Litowsk und zog die russischen Truppen aus dem Krieg ab. Woodrow Wilson und die Alliierten tobten. Die Bolschewiki gelobten, das kapitalistische System mitsamt dem Imperialismus zu zerschlagen und auf den Scheiterhaufen der Geschichte zu werfen. Sie kündigten – unfassbar – die Weltrevolution an, und in Budapest, München und Berlin kam es zu Aufständen. Andere europäische Länder – Belgien, Großbritannien und Frankreich – erzitterten. Seit der Französischen Revolution rund 125 Jahre zuvor war Europa nicht mehr derartig in seinen Grundfesten erschüttert und verändert worden. Inspiriert von der Russischen Revolution, erfasste eine Welle der Hoffnung kolonisierte und unterdrückte Völker auf sechs Kontinenten.

In Moskau plünderten Lenins Rote Garden das alte Außenministerium und veröffentlichen, was sie dort fanden: ein Geheimabkommen zwischen den europäischen Alliierten, das die Nachkriegslandkarte im Nahen Osten in exklusive Interessensphären aufteilte. Nicht anders als nach der Veröffentlichung diplomatischer Dokumente durch Wikileaks 2010 waren die Alliierten empört über diesen Verstoß gegen das traditionelle diplomatische Protokoll, der Woodrow Wilsons hehren Aufruf zur »Selbstbestimmung« der Völker nach dem Krieg als bloßes Lippenbekenntnis entlarvte. Hielt Wilson auch wenig von Lenins Vorgehen, so war er doch empört über das, worauf sich Briten und Franzosen insgeheim verständigt hatten. Dennoch schickte er amerikanische Truppen nach Europa, um für Frankreich und Großbritannien zu kämpfen.

Die konservative Gegenrevolution in Russland war massiv. Aus allen Richtungen griffen verschiedene Armeen die Bolschewiki an – zarentreue Russen und Kosaken, die Tschechoslowakische Legion, Serben, Griechen, Polen im Westen, die Franzosen in der Ukraine und rund 70 000 Japaner im Fernen Osten. Schätzungsweise 40 000 britische Soldaten wurden nach Russland entsandt, ein Teil von ihnen wurde im Kaukasus zum Schutz der Ölfelder von Baku stationiert. Winston Churchill, der einflussreiche ehemalige Erste Lord der Admiralität, forderte, man müsse »den Bolschewismus in der Wiege erwürgen«. In dieser Situation stampfte Lenins Co-Revolutionsführer Leo Trotzki mit rabiaten Mitteln eine Rote Armee von rund fünf Millionen Mann aus dem Boden. Obwohl 1920 die Kämpfe im Großen und Ganzen vorüber sein sollten, hielten sich kleinere Widerstandsherde bis 1923. In einer Vorwegnahme dessen, was rund sechzig Jahre später kommen sollte, dauerte der muslimische Widerstand in Zentralasien bis in die 1930er Jahre hinein an.

Um den Konterrevolutionären ihre wichtigste Symbolfigur zu nehmen, ordnete Lenin im Juli 1918 und in radikaler Abkehr von den Gepflogenheiten Vorkriegseuropas die Exekution des Zaren und seiner Familie an. Die ins Landesinnere exilierten Romanows wurden erschossen und brutal mit Bajonetten erstochen. Lenins Geheimpolizei, die Tscheka, schaltete viele der noch verbliebenen Gegner der Bolschewiken aus. Schauergeschichten über den »Roten Terror«, häufig maßlos übertrieben, gelangten nach Westen. Und als Wilson es gestattete, dass amerikanische Truppen bis 1920 in Russland blieben, vergiftete das die amerikanisch-sowjetischen Beziehungen von Beginn an. Die USA sollten Sowjetrussland erst 1933 nach der Wahl von Franklin D. Roosevelt zum Präsidenten anerkennen.

Als Wilson im Dezember 1918 zur Pariser Friedenskonferenz in Europa eintraf, wurde er von begeisterten Menschenmengen empfangen. In Paris jubelten ihm zwei Millionen Menschen zu. In Rom wurden bei seiner Ankunft die Straßen nach antiker Tradition mit goldenem Sand bestreut und Wilson von den Italienern zum »Friedensgott« ausgerufen.

Am 12. Januar 1919 kamen in Paris 27 Nationen zusammen. Wilson war der Star der Konferenz. Die Welt sollte neu geordnet werden. Wilson verstand sich selbst als das »persönliche Instrument Gottes« und die Friedenskonferenz als den krönenden Moment seiner göttlichen Mission. Es war in der Tat sein glorreichster Moment, aber nicht anders als Alexander der Große in Babylon, Cäsar in Rom und Napoleon an den Grenzen Europas hatte er den Zenit seines Erfolgs überschritten.

Entlang der Linien der französischen Revolutionskriege ein Jahrhundert zuvor interpretierte Wilson den Ersten Weltkrieg ideologisch neu und verkündete, dass dieser Krieg die Menschheit verändern und alle Kriege beenden würde. In einer Rede vor dem US-Kongress in jenem Jahr sagte er, dass der Aufstieg der Vereinigten Staaten auf die Weltbühne »nicht durch einen von uns ausgedachten Plan zustande gekommen ist, sondern durch die Hand Gottes. [...] Das ist das Los, das wir bei unserer Geburt gezogen haben. Amerika wird tatsächlich den Weg weisen.«[18] In Wilsons Augen handelte es sich bei der »Manifest Destiny«, der offensichtlichen Bestimmung der USA, nicht mehr um die kontinentale Expansion. Sie war nun eine gottgewollte Mission zur Rettung der Menschheit. Diese Vorstellung von der Rettung der Menschheit sollte sich in allen kommenden Kriegen als ein unverzichtbares Element des amerikanischen Nationalmythos erweisen.

In dem Bemühen, Lenins revolutionärer Zugkraft etwas entgegenzusetzen, hatte Wilson im Jahr zuvor, während der Krieg noch mit voller Wucht tobte, eine Reihe internationaler demokratischer Prinzipien verkündet, darunter den Freihandel, offene Meere und öffentliche statt geheimer Abkommen zwischen den Nationen, Prinzipien, die zur Grundlage der neuen internationalen Friedensordnung werden sollten: Wilsons berühmte 14 Punkte.

Die Deutschen kapitulierten auf der Grundlage von Wilsons 14 Punkten in der Überzeugung, dass sie dies vor der Zerstückelung durch die Alliierten retten würde. Deutschland verpasste sich sogar eine neue Regierungsform, verwandelte sich in eine Republik und stellte sich gegen den Kaiser, der bald ins Exil verschwand. Die Vereinigten Staaten waren die neue dominante Macht in der Welt. 1914 waren die USA noch eine Schuldnernation mit Außenständen in Höhe von 3,7 Milliarden US-Dollar gewesen, 1918 dagegen waren sie eine Gläubigernation, und die Kriegsalliierten standen mit über 7 Milliarden US-Dollar bei ihnen in der Kreide.

Dessen ungeachtet hatten die europäischen Kolonialmächte an Wilsons Idealismus kein Interesse – sie wollten Rache, Geld und Territorien. In den USA sei, wie der britische Premier Lloyd George anmerkte, im Krieg »nicht einmal eine Hütte« zerstört worden. Und der französische Premierminister Georges Clemenceau, dessen Land über eine Million Soldaten verloren hatte, meinte: »Mr. Wilson langweilt mich mit seinen 14 Punkten; selbst der liebe Gott hat nur zehn!«[19] Infolge dieser ablehnenden Haltung sollten mehrere von Wilsons 14 schwammigen Punkten keinen Eingang in den Versailler Friedensvertrag finden.

Großbritannien, Frankreich und Japan teilten die deutschen Kolonien in Asien und Afrika untereinander auf, und in einer Art Lippenbekenntnis zum versprochenen Selbstbestimmungsrecht der Araber, die sich gegen das Osmanische Reich erhoben hatten, zerschlugen Winston Churchill und das Foreign Office das jahrhundertealte Großreich und schufen neue Satellitenstaaten wie Mesopotamien, das man willkürlich in Irak umbenannte. Eine jüdische Heimstätte in Palästina war in einem Brief des britischen Außenministers Arthur Balfour an den jüdischen Bankier Lionel Walter Rothschild in Aussicht gestellt worden. Der Völkerbund richtete ein Protektorat über Palästina ein. Schätzungsweise 85 Prozent der angestammten Bevölkerung waren palästinensische Araber, nicht einmal acht Prozent Juden.

Die alten Großmächte beschönigten ihr Vorgehen, indem sie diese neuen Kolonien als »Mandate« bezeichneten. Wilson verband sein Einverständnis mit dem Hinweis, dass die Deutschen ihre Kolonien rücksichtslos ausgebeutet, die Alliierten die Untertanen in ihren Kolonien dagegen human behandelt hätten – eine Einschätzung, die bei den Bewohnern Französisch-Indochinas Fassungslosigkeit auslöste. Ho Chi Minh, ein junger Sozialist aus Indochina, lieh sich Smoking und Melone und überbrachte Wilson in Paris eine Petition, in der er die Unabhängigkeit Vietnams forderte. Wie andere Führer aus der Dritten Welt musste auch Ho Chi Minh lernen, dass eine Befreiung nur durch den bewaffneten Kampf erreicht werden konnte – und nicht durch Woodrow Wilsons Großmut.

Lenin war zwar nicht nach Paris eingeladen, doch die unsichtbare Präsenz Russlands warf einen Schatten über die Verhandlungen. Lenin nannte Wilson einen »Besänftiger« und meinte, man könne »nur echten Revolutionären vertrauen«. In der Dritten Welt fand Lenins Aufruf zur weltweiten Revolution Gehör, von China bis nach Lateinamerika.

Wilson, der sich bewusst auf den Völkerbund konzentrierte, den er zur Verhinderung künftiger Kriege für unerlässlich hielt, schaffte es nicht, den Friedensvertrag für einen »Frieden ohne Sieg« durchzusetzen, für den er öffentlich eingetreten war. Großbritannien und Frankreich missbrauchten Wilsons Konzept der Selbstbestimmung gegen Deutschland mit der

Folge, dass Millionen deutsche Bürger sich unvermittelt außerhalb der Grenzen ihres geschrumpften Landes wiederfanden. Mit der berühmten Kriegsschuldklausel bürdete der Vertrag von Versailles Deutschland zugunsten der anderen Kolonialmächte die alleinige Schuld für den Ausbruch des Krieges auf und verdonnerte Berlin dazu, knapp 33 Milliarden US-Dollar an Kriegsreparationen an die Alliierten zu zahlen – mehr als doppelt so viel, als die Deutschen erwartet hatten.

Ein prominentes Mitglied von Wilsons Delegation war Thomas Lamont, der führende Partner des Bankhauses Morgan. Lamont sorgte dafür, dass die deutschen Reparationszahlungen an Großbritannien und Frankreich diese wiederum in die Lage versetzten, die gigantischen Summen zurückzuzahlen, die sie, um zu überleben, während des Kriegs bei den Wall-Street-Banken aufgenommen hatten. Genau genommen ruhte die gesamte Struktur der neuen Finanzwelt auf dem wackeligen Fundament der deutschen Kriegsreparationen, die mit zum wirtschaftlichen Zusammenbruch Deutschlands und damit zum Aufstieg Adolf Hitlers beitrugen.

In den folgenden Jahren sollte sich der US-Kongress in mehreren Untersuchungsausschüssen mit den Umtrieben der sogenannten »Merchants of Death«, »Händler des Todes«, befassen – Industriellen und Bankern, die aus dem Krieg obszön hohe Profite geschlagen hatten. Niemand wurde verurteilt, nichts konnte bewiesen werden. Doch in der Bevölkerung blieb ein unterschwelliges Misstrauen gegen den Kriegseintritt der USA haften. Viele, darunter auch Kongressführer, hatten den Verdacht, dass Millionenbeträge zum Wohle der Banken und anderer Kriegsgewinnler geopfert worden waren. Die Verbitterung der Menschen saß tief.

Wilson kehrte in ein Land zurück, in dem die Arbeiter aufbegehrten und auf Reformen drängten. Allein 1914 kamen an die 35 000 Arbeiter bei Arbeitsunfällen ums Leben. 1919 traten über vier Millionen Arbeiter in den Streik, darunter 365 000 Stahlarbeiter, 450 000 Bergleute und 120 000 Textilarbeiter. In Seattle legte ein Generalstreik die gesamte Stadt lahm. In Boston streikte sogar die Polizei, woraufhin das *Wall Street Journal* warnte: »Lenin und Trotzki sind auf dem Weg.«[20] Vor diesem Hintergrund suchte Präsident Wilson Lenins Botschaft zu diskreditieren. Der Kommunismus sei, verkündete er, eine europäische Verrücktheit, keine amerikanische. Während des sogenannten »Roten Sommers« 1919 brachen zudem in Chicago und mehreren anderen Städten, darunter auch Washington, D. C., Rassenunruhen aus. Um die Ordnung wiederherzustellen, mussten Soldaten eingreifen.

Im November 1919 setzte Justizminister A. Mitchell Palmer in einer ersten von zahlreichen Razzien Bundesagenten gegen radikale Gruppen und Gewerkschaften in Marsch. Geleitet wurde der Einsatz vom 24 Jahre alten Direktor der gegen Radikale gerichteten General Intelligence Division des Justizministeriums, J. Edgar Hoover. Zwischen 3000 und 10 000 Dissidenten wurden verhaftet, viele über Monate ohne Anklageerhebung eingesperrt. Hunderte im Ausland geborene Radikale, darunter die aus Russland stammende Emma Goldman, wurden abgeschoben, die Bürgerrechte zunehmend eingeschränkt und abweichende Meinungen mit einer unamerikanischen Gesinnung gleichgesetzt.

Präsident Wilson reiste weiter durchs Land und betonte, dass die USA den Vertrag von Versailles ratifizieren und den Völkerbund aus der Taufe heben müssten. Nur so könne seine Vision vom Weltfrieden wahr werden. Progressive Republikaner verhöhnten Wilsons Völkerbund als einen Bund von Imperialisten, die darauf aus seien, Revolutionen niederzuschlagen und ihre selbstsüchtigen imperialen Ambitionen zu verteidigen. Kritiker verlangten Änderungen, aber für Wilson kamen Modifikationen nicht in Frage. Wilsons Gesundheit verschlechterte sich, und am 19. September 1921 brach er in Pueblo, Colorado, bei einer Rede – sie sollte seine letzte sein – mit einem schweren Schlaganfall zusammen. Für den Rest seines Lebens war er halbseitig gelähmt.

Der Senat lehnte den Vertrag von Versailles mit einer Mehrheit von sieben Stimmen ab. Der Völkerbund wurde gegründet, aber ohne die USA war die Organisation von Anfang an schwach. Wilson starb 1924 als gebrochener Mann.

Anfang der 1920er Jahre gab es das Amerika Jeffersons, Lincolns und William Jennings Bryans nicht mehr. An seine Stelle war die Welt Morgans, der Wall-Street-Banken und der großen Konzerne getreten. Wilson hatte gehofft, die Welt umzugestalten, aber seine Bilanz war alles andere als positiv. Obwohl er für das Recht auf Selbstbestimmung und gegen Imperien eintrat, mischte er sich wiederholt in die inneren Angelegenheiten anderer Nationen ein, so in Russland, Mexiko und vielen anderen lateinamerikanischen Ländern. Obwohl er Reformen förderte, hegte er ein tiefes Misstrauen gegen jenen fundamentalen oder gar revolutionären Wandel, der das Leben der Menschen tatsächlich verbessern würde. Obwohl er die menschliche Brüderlichkeit propagierte, war er überzeugt, dass die nichtweißen Menschen minderwertig wären, und verfolgte eine Politik der Rassentrennung. Und obwohl Wilson die Demokratie und den Rechtsstaat rühmte, schloss er die Augen vor schwersten Verstößen gegen die Bürgerrechte.

Wilsons Scheitern markierte das Ende einer Zeit, in der eine einzigartige Mischung aus Idealismus, Militarismus, Habgier und Diplomatie die Nation auf dem Weg zu einem neuen Imperium vorantrieb. 1900 hatten die Amerikaner William Jennings Bryan abgelehnt und für McKinleys Vision von Handel und Wohlstand votiert – und damit die imperialen Eroberungen der USA legitimiert. Mit der Präsidentschaftswahl von 1900 hatten die Vereinigten Staaten einen Weg eingeschlagen, auf dem es kein Zurück gab.

2

Zwischen Big Business und ideologischer Versuchung

Als die Truppen nach dem Krieg aus Europa zurückkehrten, versprach der republikanische Präsidentschaftskandidat Warren G. Harding den Amerikanern die »Rückkehr zur Normalität« und leitete eine der konservativsten Phasen in der amerikanischen Geschichte ein. Doch dann erschütterte der Teapot-Dome-Bestechungsskandal seine Regierung, und es kam ans Tageslicht, dass Hardings Innenminister auf der Gehaltsliste von »Big Oil« stand, sprich der Ölkonzerne, die staatlichen Grund und Boden geplündert hatten. Gleichzeitig entwickelten sich die 1920er Jahre zu einem Jahrzehnt kühner kultureller Experimente, gepaart mit einem ausgeprägten politischen Konservatismus. In einem Jahrzehnt, das als die »Roaring Twenties« in die Geschichte eingehen sollte, wurde die alte Kultur des Mangels gegen eine neue Kultur des Überflusses abgelöst.

Moralapostel trieb die Furcht um, die heimkehrenden Soldaten, die den sogenannten »French Way« entdeckt hatten, könnten ihren neuen Appetit auf Oralsex an unschuldigen amerikanischen Mädchen befriedigen und sie mit Krankheiten infizieren. Immerhin hatten die lasterhaften Franzosen angeboten, Bordelle für die amerikanischen Truppen einzurichten, ganz nach dem Vorbild der Etablissements, die sie für ihre eigenen Soldaten unterhielten – ein Angebot, das vom US-Militär allerdings kategorisch zurückgewiesen wurde. Derweil hatten zu Hause die Kämpfer für Zucht und Ordnung die Ängste der Kriegszeit ausgenutzt und im ganzen Land Rotlichtbezirke geschlossen – mit der Folge, dass die Prostituierten in den Untergrund gedrängt wurden und gezwungen waren, Schutz bei Gangstern und Zuhältern zu suchen.

1919 wurde der 18. Verfassungszusatz ratifiziert und damit die Herstellung und der Verkauf von Alkohol in den Vereinigten Staaten verboten – eine Reform, die von Abstinenzlergruppen, mehreren protestantischen Kirchen, dem wiedergeborenen Ku-Klux-Klan und etlichen Progressiven unterstützt wurde. Doch wie im seit den 1970er Jahren geführten Krieg gegen die Drogen blieb Alkohol für alle, die ihn haben wollten, problemlos verfügbar, und der Krieg gegen den Alkohol bescherte einer neuen, von italienischen, irischen und jüdischen Einwanderern dominierten kriminellen Schicht märchenhafte Gewinne.

Smedley Butler hatte die Gewaltexzesse im Ersten Weltkrieg und die anschließende Korruption miterlebt. Dann nahm er eine Auszeit von seiner Militärlaufbahn und bekleidete für ein Jahr den Posten des Polizeichefs von Philadelphia. Butler ließ 600 Flüsterkneipen schließen – darunter auch zwei, wo die Elite der Stadt verkehrte, die dann dafür sorgte, dass er seinen Hut nehmen musste. »Philadelphia zu säubern«, merkte Butler später an, »war schwieriger als jede Schlacht, in der ich je kämpfte.«[21]

Zu den repressiven Merkmalen des neuen Amerikas gehörten verschärfte Einwanderungsgesetzte, welche die Einwanderung aus Süd- und Osteuropa stark begrenzten und die aus Japan, China und Ostasien ganz stoppte. Der Antisemitismus griff um sich. Manche setzten Juden mit Kommunismus und Radikalismus gleich. Andere fanden, dass die Juden in Hollywood, in der Wirtschaft und an den Universitäten zu viel Einfluss ausübten. Harvard fuhr den Anteil von Juden an den Studienanfängern von 28 Prozent 1925 auf 12 Prozent 1933 zurück. Andere Eliteuniversitäten folgten.

Auch gegen sogenannte »Unerwünschte« wurde nun verschärft vorgegangen. 1911 hatte der begeisterte Eugenik-Anhänger Woodrow Wilson als Gouverneur von New Jersey ein Gesetz unterzeichnet, das die Zwangssterilisierung von verurteilten Verbrechern, Epileptikern und Geistesschwachen autorisierte. In den folgenden Jahrzehnten wurden an die 60 000 Amerikaner zwangssterilisiert, über ein Drittel davon in Kalifornien. Besonders betroffen waren sexuell aktive Frauen. Der spätere »Führer« Adolf Hitler verfolgte die Entwicklungen in den USA aufmerksam und bekundete später, dass er einen Teil seiner Methoden zur Schaffung der »Herrenrasse« nach dem Vorbild der US-Programme gestaltete habe, die er zwar lobte, aber auch dafür kritisierte, dass sie nicht weit genug gingen. Hitler sollte weiter gehen. Sehr viel weiter.

In der Zeit von 1920 bis 1925 schlossen sich zwischen drei und sechs Millionen Amerikaner dem rassistischen, antisemitischen und antikatholischen Ku-Klux-Klan an, der in den Bundesstaaten Indiana, Colorado, Oregon, Oklahoma und Alabama die Politik dominierte und 1924 mehrere Hundert Delegierte zum US-weiten Parteitag der Demokraten entsandte. Es klingt unvorstellbar, dass 1925 eine Viertelmillion Amerikaner zusah, als 35 000 Klanmitglieder durch die Straßen von Washington, D. C., marschierten.

Abseits der Küsten grassierte der Hass. Der 14-jährige Henry Fonda, der spätere Filmstar, sah von der Druckerei seines Vaters in Omaha, Nebraska, aus einem Lynchmord zu: »Es war das Entsetzlichste, was ich je zu Gesicht bekommen hatte. Wir verriegelten die Druckerei, gingen hinunter und fuhren ohne ein Wort zu sagen nach Hause. Meine Hände waren schweißnass, und in meinen Augen standen Tränen. Alles, woran ich denken konnte, war dieser junge Schwarze, der am Ende eines Stricks baumelte.«[22] Hunderte Afroamerikaner erlitten ein ähnliches Schicksal. Häufig im Voraus angekündigt und auf Postkarten und in Tonaufnahmen verewigt, mutierten die Lynchmorde zu perversen Schändungsritualen, inklusive Zerstückelung, Kastration und der Mitnahmen von Leichenteilen als Andenken.

Auf dem Land entstanden allerorten Bibelschulen. Der Antiintellektualismus griff um sich. 1925 wurde in Tennessee ein Lehrer namens John Thomas Scope angeklagt, für schuldig befunden und zu einer Geldstrafe verurteilt, weil er in der Schule Darwins Evolutionstheorie gelehrt hatte.

Der Erste Weltkrieg markierte den Aufstieg der USA und Japans, der beiden eigentlichen Gewinner des Kriegs. In Amerika war es zu einer beispiellosen Kollaboration von Banken, Unternehmen und Behörden gekommen, um die Wirtschaft anzukurbeln und den Unternehmen Gewinne zu garantieren. 1925 produzierten die USA über 70 Prozent des weltweit geförderten Rohöls, das im Krieg die Schiffe, Flugzeuge, Panzer und Kraftwagen der Alliierten angetrieben hatte. New York hatte London als Zentrum der Weltwirtschaft abgelöst. Die Größe der amerikanischen Wirtschaft ließ selbst die ihrer schärfsten Rivalen zwergenhaft erscheinen.

Von einem brutalen Krieg desillusioniert, hungerten die zum Zynismus neigenden Menschen danach, das Leben auf eine ganz neue Weise zu erfahren. Ein neuer Materialismus erfasste das Land, angeheizt von Krediten, dem Rundfunk, Filmpalästen und der aufblühenden Werbung, welche die kapitalistische Kunstform perfektionierte, nicht nur die Hoffnungen und Phantasien der Verbraucher zu manipulieren, sondern auch ihre Ängste und Unsicherheiten. Henry Ford, der Gründer der Ford Motor Company, verkaufte 15 Millionen Exemplare seines Modells T, bevor er 1927 das modischere Modell A auf den Markt brachte.

Der Jazz mit seinen Wurzeln im afroamerikanischen Süden wurde ungemein populär. Flapper – selbstbewusste, hedonistische Frauen –, Petting, Flüsterkneipen, die schwarze Kunstbewegung Harlem-Renaissance, der Sport und wilde neue Filme mit und ohne Ton hatten ihre Blütezeit. Rebellische junge Schriftsteller betraten die Szene. Der Expressionismus tauchte auf in den Werken von E. E. Cummings, John Dos Passos, T. S. Eliot, Ernest Hemingway, Ezra Pound, William Faulkner, Lawrence Stallings, Sinclair Lewis, Eugene O'Neill, Willa Cather, Langston Hughes und Dalton Trumbo. An der Oberflächlichkeit der amerikanischen Kultur verzweifelnd, setzten sich viele von ihnen nach Europa ab. »Hier war eine neue Generation«, schrieb F. Scott Fitzgerald 1920, »die aufgewachsen war, um herauszufinden, dass alle Götter tot waren, alle Kriege ausgefochten, alle Überzeugungen erschüttert.« Gertrude Stein, eine in Paris lebende lesbische Autorin, sagte zu Hemingway und seinen betrunkenen Freunden: »All ihr jungen Leute, die ihr im Krieg wart. Ihr seid eine verlorene Generation.«[23]

Der Wohlstand der 1920er Jahre ruhte auf zunehmend brüchigen Fundamenten – auf hemmungsloser Kreditaufnahme, gigantischen Spekulationen und deutschen Kriegsreparationen. Die Landwirtschaft in den USA steckte das gesamte Jahrzehnt hindurch in der Krise. Die Autoproduktion und der Straßenbau verlangsamten sich. Die Investitionen in den Wohnungsbau gingen zurück, die Kluft zwischen Arm und Reich vertiefte sich rapide. Das Kapital suchte verzweifelt nach gewinnträchtigen Anlagemöglichkeiten.

In dem Bemühen, die Last der Kriegsreparationen zu stemmen, begründete der deutsche Außenminister und prominente jüdische Industrielle Walther Rathenau wirtschaftliche, diplomatische und selbst militärische Beziehungen zum kommunistischen Russland – und schlug eine Brücke zwischen den beiden von Versailles ausgeschlossenen Nationen, um ihre vom Krieg verheerten Gesellschaften wieder aufzubauen. Das löste nicht nur in Großbritannien und Frankreich Unmut aus, Rathenau brachte damit auch die militanten rechtsgerichteten deutschen Freikorps gegen sich auf, die wegen der Reparationszahlungen Deutschlands sowieso schon in Rage waren. 1922 wurde Rathenau von ehemaligen Freikorps-Angehörigen ermordet.

Die deutsche Wirtschaft wurde von einer Hyperinflation erfasst, wie es sie in der Geschichte noch nicht gegeben hatte. Schubkarrenweisen wurden wertlose Markscheine als Heizmaterial verbrannt. 1923 konnte das bankrotte Deutschland die Reparationen an Frankreich und Großbritannien nicht länger leisten, die daraufhin Washington um Erleichterungen bei den milliardenschweren Kriegsschulden baten, die sie gegenüber den USA zu begleichen hatten. »Auf gar keinen Fall«, wies der neue republikanische Präsident Calvin Coolidge das Ansinnen zurück.

1924 standen die europäischen Volkswirtschaften am Rande des Zusammenbruchs. Wie noch einmal vier Jahre später tüftelten mit Bankern und Unternehmern besetzte Kommissionen unter Führung von J. P. Morgan und Konsorten Pläne für eine wirtschaftliche Erholung Deutschlands aus, die es zu einer Wiederaufnahme der Reparationszahlungen befähigen sollten. Das Ergebnis lief im Kern darauf hinaus, dass die USA Deutschland Geld liehen, damit es, zu erleichterten Bedingungen, Reparationen an Frankreich und Großbritannien zahlen konnte, die mit diesem Geld dann ihre Kriegsschulden bei den USA bedienten. Die Banken wurden reich, die Menschen blieben arm. Obwohl Deutschland immense Reparationszahlungen leistete, stand es 1933 bei den Alliierten noch tiefer in der Kreide als 1924. In diesem Klima, das von wirtschaftlichen Krisen im Westen und der kommunistischen Revolution im Osten geprägt war, erhob sich ein neues Monster – der Nationalsozialismus.

Unabhängig von Deutschland hatten 1922 in Italien Benito Mussolini und seine Faschisten die Macht übernommen und in blutigen Straßenschlachten die Kommunisten dezimiert. Ende 1925 war es dann das Bankhaus Morgan, das der Regierung Mussolini einen Kredit über 100 Millionen US-Dollar gewährte, damit diese ihre Kriegsschulden an Großbritannien zurückzahlen konnte. Die Bank war sehr angetan von Mussolinis repressiver Politik gegenüber der Arbeiterbewegung.

Angeführt von Adolf Hitler unternahmen 1923 in München Nationalsozialisten einen Putschversuch. Zu Hitlers Gefolgsleuten gehörten Kriegsveteranen, die sich nicht an das Zivilleben anpassen konnten und sich danach sehnten, die kommunistischen Aufstände, die zu der Zeit in Deutschland tobten, niederzuschlagen. Für seine Rolle bei dem gescheiterten Putschversuch verbrachte Hitler neun Monate in Festungshaft, während der er seine Ansichten weiterentwickelte.

Die von ihm vertretene schrille Behauptung, das deutsche Militär habe den Krieg gewonnen, nur um dann zu Hause von Politikern den Dolch in den Rücken gestoßen zu bekommen, fand mehr und mehr Zulauf. Als die Zentralbanken die Welt dann 1929 mit Volldampf in eine unvorhergesehene Katastrophe steuerten – die Weltwirtschaftskrise –, brachte das Hitlers Bewegung einen gewaltigen Schritt voran.

Montagu Norman, der von 1920 bis 1944 der privaten Bank of England vorstand, war ein paranoider Antikommunist und Antisemit und reiste aus Furcht vor einem Attentat stets inkognito. Norman bat den Gouverneur der New Yorker Federal Reserve Bank, die Zinsen zu erhöhen, um die überbordenden Börsenspekulationen an der Wall Street einzudämmen. Ironischerweise hatte Norman zwei Jahre zuvor mit dafür gesorgt, dass der damalige Gouverneur der Fed die Zinssenkungen veranlasste, die der systemgefährdenden spekulativen Orgie erst richtig Nahrung gaben. Für Morgans Seniorpartner Thomas Lamont war Norman »der klügste Mann, dem ich je begegnet bin«.[24]

Doch die amerikanischen Investoren hatten, wie sie das auch 2008 tun sollten, ihr Geld und ihre Kredite von der Realwirtschaft in die Spekulation umgelenkt und sich bis über beide Ohren verschuldet, um gewaltige Spekulationsprofite abzuschöpfen. Als die Zentralbanken in Großbritannien und Amerika nun die Zinsen erhöhten, folgte rasch eine weltweite Kreditklemme, und in den USA kam es zu einer Bankenpanik. In Österreich und Deutschland gingen große Geldhäuser bankrott. Mit dem Börsencrash kam der Fluss amerikanischer Kredite nach Deutschland zum Erliegen, im Winter 1931/32 brach die deutsche Wirtschaft vollends zusammen. Die Arbeitslosigkeit schnellte auf über 30 Prozent und spülte Millionen wütender junger Männer auf die Straßen. Die deutsche Industrie und konservative Politiker fürchteten einen kommunistischen Staatsstreich, und die herrschende Klasse bot Hitler, dem größten Antikommunisten, die Regierung an. Obwohl er zu diesem Zeitpunkt nur einer radikalen Minderheitspartei vorstand, wurde Hitler im Januar 1933 zum Reichskanzler ernannt.

In seinen mitreißenden Reden sprach Hitler bei vielen Deutschen eine tiefliegende Sehnsucht an und versprach ihnen etwas, an das sie sich kaum mehr erinnern konnten – Stolz. Doch auf Hitlers Aufstieg an die Macht folgten Gewalt und Unterdrückung. Ende Februar 1933 brannte in Berlin der Reichstag. Hitler gab den Kommunisten die Schuld, und viele von ihnen wurden in Konzentrationslager gesperrt.

Ein großangelegtes Wiederaufrüstungsprogramm folgte, das Hitler 1935 publik machte. Indem er Hjalmar Schacht zum Wirtschaftsminister ernannte, kam er an lebenswichtige Bankkredite von Montagu Norman, der 1934 gegenüber einem Partner des Bankhauses Morgan bekundete: »Hitler und Schacht sind die Bollwerke der Zivilisation in Deutschland. [...] Sie führen den Krieg unseres Gesellschaftssystems gegen den Kommunismus.«[25] Viele amerikanische Bankiers waren derselben Meinung; sie vertrauten ihrem Freund Schacht und hofften darauf, dass Hitler zumindest einen Teil der Reparationen bezahlen und zudem die deutschen Kommunisten zerschlagen würde.

Auch die USA steckten tief in der Krise. Der republikanische Präsident Herbert Hoover versuchte erfolglos, die Auswirkungen der Großen Depression in den Griff zu bekommen. Über 20000, manchen Schätzungen zufolge sogar bis zu 40000 wütende amerikanische Kriegsveteranen demonstrierten in Washington, D.C., und forderten die Auszahlung von Kriegsboni, die regulär erst ab 1945 eingelöst werden konnten. Die sogenannte »Bonus Army« schlug auf dem sumpfigen Ufer des Flusses Anacostia eine Zeltstadt auf, viele hatten ihre Frauen und Kinder mitgebracht. Die Demonstranten hielten militärische Disziplin – mit einer täglichen Parade und einem strikten Alkoholverbot.

General Smedley Butler kam, um die Veteranen moralisch zu unterstützen. »Ich weiß, wer dieses Land zu einem Land gemacht hat, in dem zu leben sich lohnt!«, rief er ihnen zu. »Das wart allein ihr, Freunde. Es macht mich so verdammt wütend, wenn so viele Leute euch als ›Landstreicher‹ beschimpfen. Bei Gott, 1917 und 1918 haben sie euch nicht Landstreicher genannt. Das hier ist die größte Demonstration des Amerikanismus, die es je gab – purer Amerikanismus.«[26] Veteranen bedrängten ihn, wollten mit ihm sprechen. Smedley setzte sich zu ihnen in die Zelte und hörte ihre Geschichten von verlorenen Jobs, in Not geratenen Familien und alten Kriegsverletzungen.

Nach Zusammenstößen der Demonstranten mit der Polizei wies Präsident Hoover General Douglas MacArthur an, die Ordnung wiederherzustellen. Überzeugt, dass die Bonus Army die Vorausabteilung eines kommunistischen Putsches darstellte, missachtete MacArthur nicht zum letzten Mal in seiner legendären Karriere eine präsidentielle Order und jagte die Veteranen mit Panzern, Bajonetten und Tränengas auseinander. Mit den späteren Generälen Dwight Eisenhower und George Patton an seiner Seite setzte MacArthur den flüchtenden Veteranen über den Fluss nach und steckte ihre Zeltstadt in Brand. Es war das erste Mal seit dem Bürgerkrieg, dass amerikanische Soldaten mit voller Absicht andere amerikanische Soldaten angriffen und verwundeten.

Als die Bonus Army im darauffolgenden Jahr erneut nach Washington zog, amtierte im Weißen Haus ein neuer Präsident, der die First Lady Eleanor Roosevelt schickte. Sie half, die Veteranen mit drei warmen Mahlzeiten am Tag und Kaffee zu versorgen. »Hoover hat die Armee geschickt, Roosevelt seine Frau«, meinte ein Veteran. Mehrere Tage später beschloss die Bonus Army per Abstimmung ihre Selbstauflösung – und der neue Präsident holte viele Veteranen zur Arbeit ins Civilian Conservation Corps.

Es war in seiner Antrittsrede vom März 1933,[27] in der Franklin Delano Roosevelt der Nation mit dem berühmten Ausspruch »Das Einzige, wovor wir Angst haben müssen, ist die Angst selbst«, neuen Mut einflößte. Das war zugleich der

Leitspruch seines außergewöhnlichen Lebens. Tatsächlich war die Lage im Land katastrophal. Die Arbeitslosigkeit lag bei 25 Prozent. Das Bruttosozialprodukt hatte sich halbiert. Die Farmer hatten 60 Prozent ihres Einkommens verloren. Die Industrieproduktion stürzte um über die Hälfte ab. Zwischen 1930 und 1932 ging mehr als jede fünfte amerikanische Bank pleite. In den Großstädten standen hungrige Menschen in langen Schlangen vor den Suppenküchen. Obdachlose bevölkerten die Straßen und hausten in großen, im Volksmund als »Hoovervilles« bezeichneten Barackendörfern. Es gab keinerlei soziale Absicherung für die Armen. Elend und Not waren allgegenwärtig.

Der neue Präsident vereinte die Amerikaner mit einer Botschaft der Einbeziehung aller – das genaue Gegenteil von Hitlers Politik. »Wie weit uns die Wiederherstellung gelingen wird«, sagte er, »hängt davon ab, wie sehr wir sozialen Werten folgen, die edler sind als bloßer finanzieller Gewinn.« In diesem Sinne forderte er »eine strenge Überwachung aller Bankgeschäfte, Kredite und Investitionen«, um auf diese Weise »den Spekulationsgeschäften mit anderer Leute Geld ein Ende zu machen«.

Roosevelt proklamierte einen »New Deal«, ein großangelegtes Programm von Wirtschafts- und Sozialreformen. Obwohl er die Banken wohl hätte verstaatlichen können, ohne dass sich großer Protest geregt hätte, entschied er sich für einen sehr viel konservativeren Kurs. Er verhängte viertägige Bankferien, setzte sich an seinem ersten Tag im Amt mit den Spitzenbankiers der Nation an einen Tisch und unterzeichnete ein Bankengesetz, das weitgehend von den Bankiers selbst verfasst worden war und das Finanzsystem im Großen und Ganzen ohne grundlegende Veränderungen wiederherstellte. Und obwohl ihm vorgeworfen wurde, seine Klasse zu verraten, sollte Roosevelt ironischerweise den Kapitalismus vor den Kapitalisten selbst retten.

Das Versagen des schrankenlosen Kapitalismus klar durchschauend, bediente sich Roosevelt der ganzen Macht der

Bundesregierung. In seinen ersten hundert Tagen im Amt verabschiedete er Gesetze zur Gründung neuer Institutionen: die Agricultural Adjustment Administration, um die Farmer zu retten; der Civilian Conservation Corps, das junge Männer zu Arbeitseinsätzen in den Wäldern und Nationalparks schickte; die Federal Emergency Relief Administration, die Bundeshilfe für die Einzelstaaten bereitstellte; die Public Works Administration, um großangelegte öffentliche Bauprojekte zu koordinieren; die National Recovery Administration (NRA), die die wirtschaftliche Erholung vorantrieb. Darüber hinaus unterzeichnete er das Glass-Steagall-Bankengesetz, das die Trennung von Investment- und Geschäftsbanken vorschrieb, und richtete eine bundesstaatliche Einlagensicherung für Bankguthaben ein. Außerdem hob er die Prohibition auf und meinte, »jetzt wäre ein guter Moment für ein Bier«.[28]

Roosevelt versammelte ein Team von Visionären um sich, darunter Harry Hopkins, Roosevelts Chefberater, den Leiter der National Youth Administration Aubrey Williams, die Berater Rexford Tugwell und Adolf Berle, den Innenminister Harold Ickes. Darüber hinaus gab es die formidable Frances Perkin, Arbeitsministerin und erste Frau, die je in ein US-Kabinett berufen wurde. Zusammen waren sie die »New Dealers«.

Zu einem ihrer führenden Köpfe wurde Henry A. Wallace, ein junger Genetiker aus Iowa. Wallace entstammte einer republikanischen Farmerdynastie, die seit der Eroberung des Westens das Land bestellt hatte. Sein Vater Harry hatte unter den Präsidenten Warren Harding und Calvin Coolidge als Landwirtschaftsminister gedient. Roosevelt wies Wallace an, alles Notwendige zu unternehmen, um den darniederliegenden Landwirtschaftssektor wiederzubeleben. Wallace' Lösungen waren kontrovers. Um die Überproduktion zu drosseln, bezahlte er die Farmer dafür, dass sie 25 Prozent der Baumwollplantagen unterpflügten. Darüber hinaus ordnete er die Schlachtung von sechs Millionen Ferkeln an. Obwohl er dafür sorgte, dass das Landwirtschaftsministerium den Großteil des Fleisches und Schmalzes an bedürftige Amerikaner verteilte, wurde er von aufgebrachten Farmern scharf attackiert. In einer Rundfunkansprache verteidigte er sein Programm. In einer, wie er es nannte, »Unabhängigkeitserklärung«, legte er seine Philosophie dar: »Der ungebremste Drang des kruden Individualismus besaß womöglich eine wirtschaftliche Rechtfertigung in den Tagen, als wir alle den Westen noch zu erobern und zu besiedeln hatten. Doch nun hat sich dieses Land gefüllt und ist erwachsen geworden. Es gibt keine Indianer mehr, gegen die wir kämpfen müssten. [...] Wir müssen neue Wege in Richtung einer kontrollierten Wirtschaft, des gesunden Menschenverstandes und der gesellschaftlichen Anständigkeit beschreiten.«[29] Am Ende ging Wallace' Plan voll auf. Die Baumwollpreise verdoppelten sich. Die Einkommen der Farmer schnellten von 1932 bis 1936 um 65 Prozent in die Höhe. Die Preise für Mais, Weizen und Schweinefleisch stabilisierten sich. Und die Farmer wurden zu Wallace' zuverlässigsten Anhängern.

Wallace, der jahrelang an der Verbesserung einer Hybridmaissorte gearbeitet hatte und an die Unerlässlichkeit einer üppigen Nahrungsmittelversorgung für den Weltfrieden glaubte, war entsetzt über die ungewollte Botschaft, die solche Maßnahmen aussandten: »Über vier Millionen Hektar Baumwollfelder unterzupflügen und, wie im September 1933 geschehen, sechs Millionen Ferkel zu schlachten, würde man in keiner Gesellschaft, die bei Sinnen ist, als idealistische Handlungen betrachten. Es handelte sich dabei um Notmaßnahmen, erforderlich gemacht durch einen fast schon irrsinnigen Mangel an globaler staatlicher Führung in der Zeit von 1920 bis 1932.«[30]

Die Öffentlichkeit, die dem Big Business die Schuld an der Großen Depression gab, hieß Roosevelt mit großem Enthusiasmus willkommen und hoffte, er würde den Funken schlagen, der die Wirtschaft wieder in die Gänge brächte. Doch Roosevelt war ein Rätsel. Manchmal präsentierte er sich als Befürworter eines starken Staates, der ein Regierungsprogramm nach dem anderen auf den Weg brachte, dann wieder als ein auf Haushaltsbalance bedachter Konservativer. Einige hielten ihn für einen Sozialisten in der Tradition von Eugene Debs und Norman Thomas, andere vermuteten in ihm einen Faschisten oder Korporatisten, der die Verschmelzung von Staat und Konzernen vorantrieb. Roosevelts Behörde zur Wiederbelegung der Wirtschaft, die NRA, regulierte die Produktion und den Wettbewerb oder legte Mindestlöhne fest, was teilweise an den italienischen Faschismus erinnerte.

In Wahrheit war Roosevelt eher Pragmatiker als Ideologe. Dennoch wurde er vom Big Business falsch verstanden. Sich offen gegen die Wall Street zu stellen, war eine kluge Politik, bescherte ihm aber die dauerhafte Feindschaft konservativer Republikaner, die seine inflationären Maßnahmen als verfassungswidrig attackierten, als »Geld aus der Druckerpresse«, wie sie sagten. Schlimmer noch, unter Roosevelt verabschiedeten sich die USA vom Goldstandard. Er opferte den Außenhandel und seine Profite zugunsten der binnenwirtschaftlichen Erholung. Und er machte sich daran, die mit 140 000 Mann sowieso schon kleine Armee noch weiter zu reduzieren.

1934 kehrte der pensionierte General Smedley Butler auf die politische Bühne zurück und präsentierte vor dem Ausschuss des Repräsentantenhauses für unamerikanische Umtriebe, den der spätere Sprecher des Repräsentantenhauses John McCormack aus Massachusetts leitete, schockierende Informationen. Butler zufolge hatten Roosevelt-feindliche Oligarchen, darunter J. P. Morgans Sohn Jack und der reiche Du-Pont-Wirtschaftsclan, versucht, ihn, Butler, als Anführer eines Aufstands verzweifelter Veteranen anzuheuern, um Roosevelt aus dem Amt zu jagen.

Die Presse, an der Spitze das *Time*-Magazin von Henry Luce, tat Smedleys Vorwürfe als »Business Plot« ab, als paranoide Verschwörungstheorie. Doch nachdem Smedley seine Aussage gemacht hatte, ließ der Ausschuss verlauten, dass sämtliche relevanten Aussagen Butlers verifiziert werden konnten, und kam zu dem Schluss, dass in der Tat Versuche zur Gründung einer faschistischen Organisation in den USA »diskutiert und geplant worden waren und möglicherweise umgesetzt worden wären, wenn die Geldgeber das für zweckdienlich gehalten hätten«.[31]

Seltsamerweise entschied sich der Ausschuss in zahlreichen Fällen gegen eine Vorladung der Beschuldigten, darunter Al Smith, der 1928 mit seiner Präsidentschaftskandidatur gescheitert war, Thomas Lamont vom Bankhaus Morgan, General Douglas MacArthur sowie hochrangige Unternehmensführer und der ehemalige Kommandeur der American Legion und Vorsitzende der National Rifle Association. Das erschreckende Szenario eines faschistischen Putsches wurde von Sinclair Lewis 1935 in seinem Bestseller-Roman *Das ist bei uns nicht möglich* popularisiert, in dem er eine an Butlers Aussagen angelehnte Ereigniskette entwarf. Und später tauchte ein ähnlicher Plot in dem sehr populären Film *Hier ist John Doe* von Frank Capra auf.

Al Smith, der später ein Sprecher der rechtsgerichteten American Liberty League wurde, kritisierte Roosevelt scharf und verkündete: »Es kann nur eine Hauptstadt geben, Washington oder Moskau. [...] Es kann nur die klare, reine, frische Luft des freien Amerikas geben oder den fauligen Atem des kommunistischen Russlands. Es kann nur eine Flagge geben, die Stars and Stripes, oder die Flagge der gottlosen Union der Sowjets.«[32]

Obwohl es den Medien gelang, Smedley Butlers Aussagen vor dem Ausschuss herunterzuspielen, wurden das Bankhaus Morgan und die vier Du-Pont-Brüder zu einer der bemerkenswertesten Kongressanhörungen in der US-Geschichte vorgeladen – vor den Senatsausschuss, der die Machenschaften der Rüstungsindustrie untersuchte und von dem progressiven Republikaner Gerald Nye aus North Dakota geführt wurde. Gegenstand des Ausschusses: unerhört große Kriegsgewinne und Kollaboration mit dem Feind Deutschland im Ersten Weltkrieg.

Nye spürte, dass ein neuer Krieg heraufzog, und forderte eine Verstaatlichung der Rüstungsindustrie und einen erhöhten Einkommensteuersatz von 98 Prozent auf Einkommen von über 10 000 Dollar von dem Tag an, an dem ein neuerlicher Krieg ausbräche. Die Tätigkeit des Ausschusses erreichte 1936 ihren Höhepunkt, als das Bankhaus Morgan und andere Wall-Street-Firmen vorgeladen wurden.

Was war dran an dem Vorwurf, dass Morgan und andere Firmen die USA in den Krieg gedrängt hätten, um die enormen Summen zurückzubekommen, die sie den Alliierten geliehen hatten? Zusammen mit Thomas Lamont und anderen Partnern der Bank tat Morgan jr. das Szenario als abstruse Theorie ab und argumentierte, dass der Kriegseintritt der USA keinerlei materiellen Vorteile gebracht habe, da die amerikanische Wirtschaft von der Belieferung der Alliierten sowieso schon erheblich profitiert hätte.

»Glauben Sie denn, Großbritannien hätte seine Schulden zurückgezahlt, wenn es den Krieg verloren hätte?«, wollte ein skeptischer Senator von den Bankern wissen. »Ja«, erwiderte einer von ihnen, »selbst wenn die Briten verloren hätten, hätten sie bezahlt.«[33] Aber hätte ein besiegtes und bankrottes Großbritannien diese Schulden tatsächlich zurückgezahlt?

Obwohl Nye und sein Ausschuss die Kriegsgewinnler nicht aufhalten konnten, gelang es ihnen doch, die Öffentlichkeit zu sensibilisieren und eine andere beunruhigende Frage aufzuwerfen, die Historiker bis heute umtreibt: die Frage nach dem Beitrag amerikanischer Unternehmen zur wirtschaftlichen Wiederbelebung und militärischen Aufrüstung des Deutschen Reichs in der Zwischenkriegszeit.

Der Zweite Weltkrieg markiert bis heute eine der heroischsten Perioden in der amerikanischen Geschichte und Mythologie. Unzählige Bücher, Fernsehdokumentationen und Kinofilme wie *Der Soldat James Ryan* feiern den Beitrag der USA zum Sieg über das Naziregime. Dabei wird aber die Tatsache ignoriert, vergessen oder übersehen, dass viele prominente amerikanische Unternehmer und Bürger, angetrieben von Profitgier, manchmal aber auch von Sympathien für den Faschismus, dem Dritten Reich wissentlich Hilfe leisteten.

Unter ihrem Vorstandsvorsitzenden Thomas Watson hatte IBM Anfang der 1920er Jahre eine Mehrheitsbeteiligung an dem deutschen Unternehmen Dehomag erworben und sie auch nach der Machtergreifung der Nazis gehalten. Zu seinem 75. Geburtstag 1937 erhielt Watson den Deutschen Adlerorden mit Stern verliehen. Anlass war die Hilfe, welche die deutsche IBM-Tochter mit ihren Hollerith-Lochkartenmaschinen der Regierung in Berlin bei der Volkszählung geleistet hatte. Die Technologie erwies sich später unter anderem als höchst effektiv bei der Registrierung der jüdischen Bevölkerung wie auch, noch später, bei der pünktlichen Abfertigung der Züge nach Auschwitz.

In noch größerem Maßstab half Alfred Sloan von General Motors (GM) dem Deutschen Reich, und zwar über die deutsche GM-Tochter Opel, die Automobile und Lastkraftwagen für das deutsche Militär baute. Am Vorabend des deutschen Überfalls auf Polen erklärte Sloan noch, seine Firma sei zu groß, um von einer »unbedeutenden internationalen Kabbelei« tangiert zu werden.[34]

Den ganzen Krieg hindurch produzierte Henry Fords deutsche Tochter mit Zustimmung der Muttergesellschaft in Michigan in großem Stil Militärfahrzeuge. Henry Ford selbst hatte bereits eine 1920/21 zu dem Buch *Der Internationale Jude. Ein Weltproblem* zusammengefasste Artikelserie veröffentlicht. Hitler, der in seinem Büro in München ein Porträt Henry Fords hängen hatte, erklärte 1931 gegenüber einem Reporter der *Detroit News:* »Ich betrachte Heinrich Ford als meine Inspiration.«[35]

Als 1939 der Krieg in Europa ausbrach, weigerten sich Ford und GM, ihre deutschen Beteiligungen abzustoßen – ungeachtet späterer Dementis. Sie befolgten sogar Anordnungen der deutschen Regierung, ihre Fabriken für die Kriegsproduktion mit neuen Maschinen auszurüsten, während sie sich zu Hause ähnlichen Forderungen der US-Regierung widersetzen. Bis 1941 machten Ford, GM, Standard Oil, Alcoa, ITT, General Electric, der Munitionshersteller Du Pont, Eastman Kodak, Westinghouse, Pratt & Whitney, Douglas Aircraft, United Fruit, Singer und der Landmaschinenbauer International Harvester weiter Geschäfte mit Deutschland.

Obwohl Washington mit dem Trading with the Enemy Act solche Geschäfte für illegal erklärte, erhielten mehrere Unternehmen Sonderlizenzen für die Weiterführung ihrer Tätigkeit in Deutschland. Während sich auf gesperrten Bankkonten die Gewinne anhäuften, starben amerikanische Soldaten auf den Schlachtfeldern. Auch Prescott Bush, Vater des künftigen Präsidenten George H. W. Bush und Großvater von George W. und Jeb Bush, gehörte zu denen, die von ihren Verbindungen zu deutschen Unternehmen profitierten; 1942 wurden fünf seiner Geschäftsbeteiligungen durch die US-Regierung konfisziert.

1943 bestand die deutsche Arbeiterschaft zur Hälfte aus Sklavenarbeitern beziehungsweise, wie die Nazis sagten, »Fremdarbeitern«. Obwohl Henry Ford die direkte Kontrolle verloren hatte, profitierte er von diesen Menschen und strich nach dem Krieg Millionen an zunächst unzugänglichen Geldern ein. Ford profitierte auch von seinen Beziehungen zur I. G. Farben, einem Chemieunternehmen, das unter anderem die Buna-Fabrik bei Auschwitz baute und das Giftgas Zyklon B herstellte, mit dem unzählige Menschen vergast wurden. Die I. G. Farben beschäftigte in Spitzenzeiten 83 000 Zwangsarbeiter und hielt einen 15-prozentigen Anteil an den deutschen Ford-Werken.

Die Regierung in Washington wusste schon im August 1942 von den Todeslagern der Nazis, verschwieg die Information aber gegenüber der amerikanischen Öffentlichkeit. Schließlich brach Ende 1942 Rabbi Stephen Wise das Schweigen. Die *New York Times* brachte die Geschichte auf Seite zehn, und weiter passierte nicht viel.

Nach dem Krieg klagte IBM erfolgreich auf die Herausgabe

sämtlicher beschlagnahmter Gewinne. Ford und GM gliederten ihre deutschen Töchter wieder ein und wagten es sogar, Entschädigungen für die Zerstörung ihrer europäischen Fabriken durch alliierte Bombenangriffe zu fordern – mit Erfolg, allein GM bekam 33 Millionen US-Dollar.

Gleichzeitig ergriffen diese Unternehmen Maßnahmen, um ihre Kollaboration zu verschleiern, was bis heute Wirkung zeigt. Unterlagen wurden verbrannt oder waren plötzlich nicht mehr auffindbar, vor allem in ehemals von den Nazis besetzten Gebieten. Um dergleichen leichter zu bewerkstelligen, benötigte man die Hilfe von Banken und Anwaltskanzleien. Die einflussreiche Großkanzlei Sullivan & Cromwell, deren Geschäftsführer der spätere Außenminister John Foster Dulles war und zu deren Partnern sein Bruder Allen Dulles zählte, der künftige CIA-Direktor, hatte viele Klienten unter den mächtigen Finanzinstitutionen, darunter die eminent wichtige Bank für Internationalen Zahlungsausgleich (BIZ), die 1930 in der Schweiz zur Verteilung der deutschen Reparationszahlungen gegründet worden war.

Nach Ausbruch des Kriegs wickelte die BIZ weiterhin Finanzdienstleistungen für das Dritte Reich ab. Der Großteil des von den Nazis im besetzten Europa geraubten Goldes landete in den Tresoren der BIZ, was Deutschland den Zugang zu Geldern ermöglichte, die ansonsten auf Sperrkonten blockiert gewesen wären. Mehrere Nazis und Nazi-Sympathisanten bekleideten hohe Posten in der BIZ, darunter Hjalmar Schacht und Walter Funk, die beide nach dem Krieg im Nürnberger Hauptkriegsverbrecherprozess auf der Anklagebank saßen; Schacht allerdings wurde freigesprochen. Koordiniert wurden diese Geschäfte von dem amerikanischen Anwalt und damaligen BIZ-Präsidenten Thomas McKittrick.

Nach dem Krieg versuchte Roosevelts Finanzminister Henry Morgenthau vergeblich die Bank mit dem Argument aufzulösen, die BIZ habe die Interessen der Nazis wahrgenommen. 1998 verklagten Holocaust-Überlebende die BIZ und beschuldigten sie, dass sie noch gesperrte Konten aus der

Zeit des Zweiten Weltkriegs führe. Das Bankhaus Morgan, die Chase Bank, die Union Banking Corporation und die BIZ waren die vier mächtigen Banken, die es erfolgreich verstanden, ihre Kollaboration mit den Nazis zu verschleiern.

William Randolph Hearst, der Zeitungsbaron, der sich brüstete, den Spanisch-Amerikanischen Krieg provoziert zu haben, lebte noch und reiste nach Deutschland, um den von ihm bewunderten Hitler zu treffen. Die gesamten 1930er Jahre hindurch dämonisierten seine Zeitungen die Sowjetunion und brachten Artikel um Artikel, welche die Nazis in einem »freundlichen Licht« zeichneten.

Der amerikanische Held Charles Lindbergh, an der Seite von Boxer Jack Demspey, Baseballstar Babe Ruth und Charlie Chaplin einer der umjubeltsten US-Persönlichkeiten der 1920er Jahre, wurde zum Aushängeschild der »America First«-Bewegung.

Nachdem Hitler Frankreich besiegt hatte, wandte sich Lindbergh, der Deutschlands Niederlage fürchtete, mit einer eindringlichen Warnung an die amerikanische Öffentlichkeit: »Hitlers Vernichtung würde Europa der Vergewaltigung, der Plünderung und der Barbarei der sowjetrussischen Streitkräfte ausliefern und der westlichen Zivilisation womöglich eine tödliche Wunde schlagen.«[36] Lindbergh war von Hitler fasziniert und wäre um ein Haar nach Deutschland ausgewandert. Roosevelt vermutete dunklere Motive als schlichten Pazifismus und meinte 1940: »Falls ich morgen sterben sollte, möchte ich Sie wissen lassen, dass ich zutiefst überzeugt bin, dass Lindbergh ein Nazi ist.«[37]

Die meisten Amerikaner verabscheuten den Faschismus und lehnten Lindberghs rechte Ansichten ab, aber sie erinnerten sich auch an die Schrecken des Ersten Weltkriegs und wollten die USA aus den Kriegen der Europäer heraushalten. Selbst General Smedley Butler wechselte ins Lager der Isolationisten, starb aber 1940, bevor die USA in den Krieg eintraten.

Während der Depression der 1930 Jahre herrschte in den

Vereinigten Staaten große moralische Verwirrung; die Arbeiter vertrauten der Wirtschaft nicht mehr, die Welt schien Kopf zu stehen, und selbst ein Haudegen wie Smedley Butler mutierte zum Isolationisten. Von amerikanischer Warte aus betrachtet, tobte damals ein gigantischer unsichtbarer weltweiter Kampf – ein Kampf im Grunde zwischen der Linken und der Rechten, zwischen dem Kommunismus auf der einen und dem Faschismus auf der anderen Seite. Zwischen diesen Extremen waren die USA ein kindlicher Gigant, ein werdendes Imperium in den Schmerzen der Geburt, verwirrt, ängstlich, verschreckt. Was würde aus Amerika werden?

Im Rückblick könnte man argumentieren, dass die Nichtintervention der Vereinigten Staaten im Spanischen Bürgerkrieg, die Roosevelt später als schweren Fehler bezeichnete,[38] den Kurs in Richtung jener dumpfen Neutralität zwischen Faschismus und Kommunismus setzte, die in der amerikanischen Öffentlichkeit für große Verwirrung darüber sorgen sollte, was tatsächlich auf dem Spiel stand. Wir haben das Taumeln in Richtung Faschismus beschrieben, der mit dem Zweiten Weltkrieg ein Ende fand. Das Ringen mit dem Kommunismus aber sollte noch über Jahrzehnte böse Zukunftsvisionen heraufbeschwören. 1931, als die Arbeitslosigkeit in den USA 25 Prozent erreichte, standen verzweifelte Amerikaner auf der Suche nach Jobs Schlange vor sowjetischen Niederlassungen in den Vereinigten Staaten.

In der Vorstellung der Armen gab es die große Hoffnung, dass die Welt zu einem besseren Ort werden könnte. Die Kombination aus einem nach links neigenden Kongress, einer aufgewühlten progressiven Bevölkerung und dem veränderungswilligen Präsidenten Roosevelt schuf die Voraussetzungen für die gesellschaftlich experimentierfreudigste Periode in der Geschichte des Landes. Sie lebt weiter in den leidenschaftlichen Werken von Dos Passos und Clifford Odets, in den stilbildenden Fotografien von Dorothea Lange, in der mitreißenden Botschaft von *Mr. Smith geht nach Washington* nach einem Drehbuch von Sidney Buchman – seines Zeichens Mitglied der Kommunistischen Partei –, in den Liedzeilen von Yip Harburgs »Over the Rainbow« und Woody Guthries »This Land Is Your Land« und in einem der großartigsten Romane dieser Zeit, *Die Früchte des Zorns* von Nobelpreisträger John Steinbeck, in dem der verdüsterte Optimismus der einfachen Amerikaner sichtbar wird.

In der Zeit von 1935 bis 1939, als die Kommunistische Partei an progressive Demokraten einschließlich Roosevelt appellierte, sich an der Seite der Sowjetunion gegen die faschistische Aggression zu stellen, traten Hunderttausende Amerikaner entweder der Partei selbst oder einer der vielen Gruppierungen der linken Popular Front bei. Die amerikanischen Kommunisten führten nicht nur den Kampf gegen den Faschismus an, sie stellten auch die Fußsoldaten für den Aufbau der großen Industriegewerkschaften des Congress of Industrial Organisations (CIO) und kämpften, ihrer Zeit Jahrzehnte voraus, für die Bürgerrechte von Afroamerikanern. Für viele repräsentierten sie das moralische Bewusstsein der Nation.

Einige der größten Schriftsteller des Landes sympathisierten mit den Kommunisten, darunter Sherwood Anderson, James Farrell, Richard Wright, Clifford Odets, Langston Hughes, Ernest Hemingway, John Dos Passos, John Steinbeck und Sinclair Lewis. Der angesehene Schriftsteller und Kritiker Edmund Wilson reiste durch die Sowjetunion und sagte, er habe sich gefühlt, als stünde er »an der moralischen Spitze des Universums, wo das Licht niemals wirklich erlischt«.[39] 1932 schrieb er: »Für die Schriftsteller und Künstler meiner Generation, die in der Ära des Big Business aufgewachsen sind und dessen Barbarei seit jeher verabscheut haben, [...] waren diese Jahre nicht deprimierend, sondern stimulierend. Man konnte gar nicht anders als begeistert sein über den plötzlichen und unerwarteten Zusammenbruch des dämlichen gigantischen Schwindels. Er verlieh uns ein neues Gefühl der Freiheit und gab uns ein neues Gefühl der Macht, da wir selbst immer noch voranschritten, während die Banker endlich einmal Prügel bezogen.«[40]

War der Kommunismus die Antwort für Amerika? In der öffentlichen Wahrnehmung galt Russland nach wie vor als abschreckendes Beispiel. Henry Wallace, ein Symbol für den neuen »fürsorglichen Kapitalismus« des New Deal, bewunderte nach eigenem Bekunden die sowjetischen Sozialprogramme, die den Bürgern eine allgemeine Gesundheitsversorgung, kostenlose öffentliche Bildung und subventionierten Wohnraum anboten. Die republikanische Opposition hingegen reagierte entsetzt. Die Dinge spitzten sich zu, als Wallace 1938 auf der Titelseite des *Time*-Magazins als Roosevelts logischer Nachfolger prangte. Wie viele Amerikaner richtete Wallace den Blick mehr auf die Errungenschaften der Sowjetunion als auf die hässliche und noch weitgehend verborgene Brutalität der stalinistischen Unterdrückung, die er erst später sehen und dann auch verurteilen sollte.

Was sie in der UdSSR sahen, war eine florierende, staatlich gelenkte Volkswirtschaft mit Vollbeschäftigung. Grundlage dafür war ein 1928 verabschiedeter Fünfjahresplan, der durch eine Offensive der Wissenschaft und Technologie den Bau großer, weithin sichtbarer Projekte – Staudämme, Kanäle, Hochöfen – vorantrieb. Die Progressiven in den USA favorisierten seit langem diese Art der intelligenten Planung gegenüber der Jeder-gegen-jeden-Ethik des Kapitalismus, in dem Individuen ihre Entscheidungen danach ausrichteten, ihren individuellen Profit zu maximieren.

Ende der 1920er Jahre erlangte der bolschewikische Funktionär Josef Stalin mit skrupellosen Methoden, die auch Mord einschlossen, eine herausragende Stellung. Manche nannten ihn den »Roten Zaren«, und wie ein Zar verhielt er sich auch, den Kommunismus gebrauchte er als bloßes Herrschaftsinstrument. In einem anderen Jahrhundert hätte Stalin sich zu einem gottähnlichen Herrscher ausgerufen und frei von Widerständen geherrscht.

In den 1930er Jahren erschienen, von amerikanischen Progressiven häufig als Lügen abgetan, kontroverse Berichte aus der UdSSR, in denen von Hungersnöten, politischen Prozessen und Repressionen, einer brutalen Geheimpolizei, Kerkern und ideologischer Orthodoxie die Rede war. Unter Stalins despotischem Regime kamen über 13 Millionen Menschen ums Leben. Die Kulaken, die sich der Zwangskollektivierung der Landwirtschaft widersetzten, wurden abgeschlachtet oder dem Hungertod preisgegeben, die Kirche unterdrückt, Wissenschaftler verhaftet. Das Militär wurde in großen Schauprozessen von Offizieren gesäubert, die der Russischen Revolution von 1917 loyal ergeben waren. Stalins Sowjetunion war ein rückständiger Polizeistaat, der nichts mehr mit Karl Marx' Vision gemein hatte.

Stalin war überzeugt, dass der Westen schlussendlich seine Kräfte bündeln würde, um das revolutionäre Russland in die Knie zu zwingen, wie er das schon 1918 versucht hatte. Obwohl er sowjetische Interessen gegenüber dem Ausland zu verteidigen gedachte, war er primär um die Aufrechterhaltung seiner Herrschaft zu Hause besorgt. Er führte nicht Krieg gegen die Welt, sondern gegen das eigene Volk. Im Gegensatz zu Hitler, der in seiner Nazi-Ideologie ganz und gar aufging, war der höchst paranoide Stalin nicht sonderlich bewandert im Kommunismus, wie ihn Marx und Lenin sowie sein unversöhnlicher, 1929 ins Exil gezwungener Feind Leo Trotzki gepredigt hatten. In Trotzkis Augen war die Sowjetunion mit ihrer riesigen Landbevölkerung und kleinen Industriebasis wirtschaftlich viel zu rückständig und nicht in der Lage, sich aus eigener Kraft zu halten, insbesondere nicht in einer feindseligen Umgebung. Trotzki forderte eine weltweite permanente Revolution zur Verwirklichung des bolschewikischen Traums von einer globalen Transformation.

Stalins Antwort aber war der »Sozialismus in einem Land«, sprich in der UdSSR. Als ein von Stalin ausgesandter Agent den freimütigen und idealistischen Trotzki 1940 in Mexico City einen Eispickel in den Kopf rammte und für immer zum Schweigen brachte, war nur wenigen im Westen bewusst, dass dieser Mord einen Schlusspunkt und nicht etwa einen Beginn markierte – das Ende der revolutionären Bewegung zur Realisierung des internationalen Kommunismus.

Im Gegensatz zu Trotzki oder Lenin war Stalin schlussendlich ebenso wenig ein echter Kommunist wie Mao Tse-tung in China. In dem Bestreben, sein nationalistisches Ziel zu erreichen, schloss Stalin, der sich von feindlichen kapitalistischen Ländern umringt sah und einen neuen Krieg mit Deutschland fürchtete, mit Hitler einen Nichtangriffspakt, nachdem er vergeblich versucht hatte, eine gegen Hitler gerichtete Allianz zu schmieden. In der Rückschau betrachtet war es Stalin, der Deutschland richtig eingeschätzt hatte, nicht die Regierung in Washington. Stalin musste sich auf den blutigsten Krieg in der Geschichte der Menschheit vorbereiten.

Der Westen porträtierte nicht nur Stalin als Monster, was er ja war, sondern kam darüber hinaus zu dem tragischen Fehlschluss, dass die fast 200 Millionen Einwohner der Sowjetunion – zu einem großen Teil Stalins Opfer – ebenso unversöhnliche Monster wären, die Eroberungen im globalen Maßstab anstrebten.

Die Fakten jedoch belegen, dass die vom Westen so gefürchtete Weltrevolution in den 1930er Jahren von antikommunistischen Faschisten vorangetrieben wurde, nicht etwa von Stalin, der das rückständige Russland unter enormen menschlichen Kosten zu einem Industriegiganten umbaute, damit es aus eigener Kraft gegen die Nazis bestehen konnte. Diese Fehleinschätzungen und Verdächtigungen bereiteten den Weg für schwerwiegende und schmerzliche Differenzen zwischen dem Westen, insbesondere den Vereinigten Staaten, und der UdSSR; nach Ende des Zweiten Weltkriegs sollten diese in den nicht minder gefährlichen Kalten Krieg münden.

In den unruhigen 1930er Jahren schwankten die USA zwischen Isolationismus und Intervention, gegenüber dem kommunistischen Russland zwischen Hass und Furcht auf der einen sowie Freundschaft und Bündnis auf der anderen Seite. Doch dann ging einmal mehr der Vorhang von Hass und Furcht nieder.

Angesichts der großen Brutalität und den alsbald offenkundigen Schrecken des Zweiten Weltkriegs machte sich ein neuer Pessimismus im Denken der Menschen breit. Ein weiteres Mal waren die Hoffnungen des gemeinen Mannes unter dem Stiefel des Faschismus, unter Krieg und dem Big Business zerronnen. Er musste seinen eigenen Weg finden, um als Einäugiger im Reich der Blinden zu überleben.

3

Wie Stalin Hitler bezwang und Amerika ihm dabei half

Das Sangre-de-Cristo-Gebirge, spanisch für das »Blut Christi«, ist einer der abgeschiedensten und ursprünglichsten Landstriche der Vereinigten Staaten. In der kühlen Morgenluft des 16. Juli 1945 versammelten sich hier auf einer abgelegenen Ranch die besten Wissenschaftler der Welt, viele von ihnen Europäer. Nicht weit von ihnen hing in der Dunkelheit etwas an der Spitze eines Stahlturms. Eine Bombe.

Nach drei Jahren waren sie endlich so weit. Der Test lief unter dem Deckname »Trinity«, nach einem Gedicht von John Donne, Robert Oppenheimers Lieblingsdichter. Oppenheimer, einer der herausragendsten Wissenschaftler seiner Zeit, liebte die Literatur und die Wüste des amerikanischen Südwestens. Er war ein friedliebender Mann – und zugleich derjenige, der die Entwicklung und den Bau der zerstörerischsten Waffe in der Geschichte der Menschheit koordinierte.

In einigen Kilometern Entfernung hatte der militärische Leiter des Projekts Stellung bezogen, Brigadegeneral Leslie Groves, der für den Bau des gigantischen neuen Hauptquartiers des Verteidigungsministeriums in Arlington, Virginia, verantwortlich war, besser bekannt unter der Bezeichnung Pentagon. Groves behagte es nicht, sich auf unzuverlässige zivile Wissenschaftler verlassen zu müssen. Seine Karriere stand auf dem Spiel.

In den letzten Minuten vor der Zündung machte sich Schweigen breit, dann begann der Countdown: »10, 9, 8, 7, 6, 5, 4, 3, 2, 1…« Um 5.29 Uhr und 45 Sekunden detonierte die Bombe. Das Licht war heller als die Sonne. Beim Anblick der Explosion ging Oppenheimer eine Zeile aus einer heiligen Schrift des Hinduismus durch den Kopf, der Bhagavad Gita: »Jetzt bin ich der Tod geworden, der Zerstörer der Welten.« Diese furchtbare Waffe sollte die Vereinigten Staaten in neue Bahnen lenken – und die einstige Zufluchtsstätte der Gründungsväter in einen militarisierten Staat verwandeln.

Generationen von jungen Amerikanern war beigebracht worden, dass die Vereinigten Staaten gegen Ende des Zweiten Weltkriegs nach langem Zögern zwei Atombomben auf Japan abwarfen, um das Leben von Hunderttausenden jungen Männern zu schonen, die bei einer Invasion Japans umgekommen wären. In Wahrheit aber ist diese Geschichte viel komplizierter, viel interessanter und sehr viel verstörender.

Viele Amerikaner betrachten den Zweiten Weltkrieg im nostalgischen Rückblick als den »Good War«, den »Guten Krieg«, in dem die USA zusammen mit ihren Verbündeten über den deutschen Nationalsozialismus, den italienischen Faschismus und den japanischen Militarismus triumphierten. Andere, weniger vom Glück begünstigte Menschen erinnern sich an den Zweiten Weltkrieg als den blutigsten Krieg in der Geschichte der Menschheit. Als die Waffen endlich schwiegen, hatten zwischen 60 und 65 Millionen Menschen ihr Leben verloren, darunter schätzungsweise 27 Millionen Sowjets, zwischen zehn und zwanzig Millionen Chinesen, sechs Millionen Juden, über sechs Millionen Deutsche, drei Millionen nichtjüdische Polen, zweieinhalb Millionen Japaner und eineinhalb Millionen Jugoslawen. Österreich, Großbritannien, Frankreich, Italien, Ungarn, Rumänien und die USA hatten jeweils zwischen einer viertel und einer halben Million Tote zu beklagen.

Anders als der Erste Weltkrieg begann der Zweiten Weltkrieg langsam und schrittweise. Die ersten Schüsse fielen bereits 1931, als die Kwantung-Armee des sich rasant industrialisierenden Japans die Mandschurei besetzte und die dort stationierten chinesischen Einheiten überwältigte.

In dem Bestreben, die Schmach der Niederlage im Ersten Weltkrieg auszumerzen, machte sich in Europa derweil Deutschland unter Adolf Hitler daran, seine Kriegsmaschinerie aufzubauen. Hitlers Verbündeter, der italienische Faschistenführer Benito Mussolini, marschierte im Oktober 1935 in Äthiopien ein. Doch die Vereinigten Staaten, Großbritannien und Frankreich protestierten nur schwach gegen Roms Vorstoß, woraus Hitler den Schluss zog, dass die Westmächte vor einem neuen Waffengang zurückschreckten.

Im März 1936 besetzten deutsche Truppen das entmilitarisierte Rheinland. Es war Hitlers größtes Wagnis bis zu diesem Zeitpunkt – und es ging auf. »Die 48 Stunden nach dem Einmarsch ins Rheinland sind die aufregendste Zeitspanne in meinem Leben gewesen«, sagte Hitler. »Wären die Franzosen damals ins Rheinland eingerückt, hätten wir uns mit Schimpf und Schande wieder zurückziehen müssen, denn die militärischen Kräfte, über wir verfügten, hätten keineswegs auch nur zu einem mäßigen Widerstand ausgereicht.«[41]

Noch desillusionierender war die lahme internationale Reaktion auf den Bürgerkrieg in Spanien. Die Kämpfe brachen im Juli 1936 aus, als die Truppen von General Francisco Franco vorrückten, um die demokratisch gewählte Regierung der spanischen Republik zu stürzen und ein faschistisches Regime zu installieren. Die Regierung in Madrid hatte sich mit ihrer progressiven Politik und der strengen Regulierung der Wirtschaft in der amerikanischen Regierung und unter den US-Unternehmensführern viele Gegner geschaffen. Viele amerikanische Katholiken leisteten Franco Unterstützung, nicht anders Hitler und Mussolini, die großzügige Hilfslieferungen und Tausende Soldaten schickten. Hitler entsandte darüber hinaus die gefürchtete Legion Condor nach Spanien, deren Bombardement von Guernica Pablo Picasso in seinem berühmten Wandgemälde verewigte.

Aus der Sowjetunion schickte Josef Stalin Waffen und Militärberater zur Unterstützung der Republik nach Spanien. Aber Frankreich, Großbritannien und die Vereinigten Staaten blieben untätig. Angeführt von Präsident Franklin Delano Roosevelt untersagten die Vereinigten Staaten Waffenlieferungen an die kriegführenden Parteien, was vor allem die unterlegenen Regierungstruppen schwächte – während Ford, General Motors, Firestone und andere US-Unternehmen Francos Faschisten mit Lastwagen, Reifen und Werkzeug belieferten. Die von einem Sympathisanten der Faschisten geführte Texaco Oil Company sagte Franco zu, ihm gegen Kredit so viel Öl zu liefern, wie er benötigte. Roosevelt tobte, drohte mit einem Ölembargo und verhängte eine Strafzahlung gegen den Ölkonzern, doch Texaco ließ sich nicht einschüchtern und belieferte auch Hitler mit Erdöl.

Der Bürgerkrieg zog sich über drei Jahre hin. Rund 2800 tapfere Amerikaner zogen zum Kampf gegen die Faschisten nach Spanien, wo sich die meisten der von den Kommunisten unterstützten Abraham-Lincoln-Brigade anschlossen. Beinahe tausend kehrten nicht zurück. Doch Franco triumphierte, und im Frühjahr 1939 stürzte die Republik, unter deren Trümmern nicht nur über 100 000 republikanische Soldaten und 5000 internationale Freiwillige begraben lagen, sondern auch die Hoffnungen und Träume von Progressiven in aller Welt.

1939 bekundete Roosevelt vor seinem Kabinett, mit seiner Politik gegenüber Spanien einen schweren Fehler begannen zu haben, und warnte, dass sie alle bald schon den Preis dafür würden bezahlen müssen. Stalin war derweil angesichts der Passivität der westlichen Mächte zu der Überzeugung gelangt, dass diese kein echtes Interesse daran hatten, sich gegen den Vormarsch der Faschisten zu stemmen. Über Jahre hinweg hatte der sowjetische Diktator den Westen gedrängt, sich gegen Hitler und Mussolini zusammenzuschließen, und 1934 war die Sowjetunion sogar dem Völkerbund beigetreten. Doch ein ums andere Mal verhallten die Aufrufe Moskaus ungehört.

Dann brach 1937 in China ein offener Krieg aus, die überlegene japanische Armee eroberte Stadt um Stadt. Die japanischen Soldaten rückten hinter den fliehenden nationalistischen Truppen unter Chiang Kai-shek vor und fielen im Dezember 1937 über die Bewohner von Nanjing her, ermordeten zwischen 200 000 und 300 000 Zivilisten und vergewaltigten Zehntausende Frauen. Bald schon kontrollierte Japan die Ostküste Chinas mit einer Bevölkerung von insgesamt 200 Millionen Menschen.

Mit dem Anschluss Österreichs ans Deutsche Reich und dem Einknicken der Briten und Franzosen vor Hitler bei den Verhandlungen zum Münchner Abkommen, das die Verstümmelung der Tschechoslowakei und die Annexion des Sudetenlandes durch Deutschland vorsah – und das den britischen Premier Neville Chamberlain zu der kurzsichtigen Behauptung veranlasste, es habe den »Frieden in unserer Zeit« gesichert –, spitzte sich die internationale Lage 1938 weiter zu. Als im Novemberpogrom eine Welle der Gewalt über die alteingesessene jüdische Gemeinde in Deutschland schwappte und viele Juden misshandelt, vergewaltigt und ermordet wurden, unternahmen die USA und ihre Verbündeten wenig, um den Opfern zu helfen – zwischen 1933 und 1945 ließen die USA gerade einmal 200 000 Juden einreisen. Ermutigt von der ausbleibenden Reaktion, schlug Hitler im März 1939 erneut zu, brach sein Münchner Versprechen und besetzte auch den Rest der Tschechoslowakei.

Stalin erkannte die Wahrheit. Die Sowjetunion stand ihrem tödlichsten Feind allein gegenüber. Der »rote Zar« musste sich Zeit kaufen, und angetrieben von der Furcht vor einer deutsch-polnischen Allianz mit dem Ziel, die UdSSR anzugreifen, schockierte er den Westen, als er einen Nichtangriffspakt mit Hitler abschloss und die beiden Gewaltherrscher Osteuropa unter sich aufteilten. Stalins Hauptsorge galt der Sicherheit der Sowjetunion. Tatsächlich hatte der sowjetische Diktator auch Großbritannien und Frankreich eine Allianz angeboten, doch weder London noch Paris konnten sich mit Stalins Forderung anfreunden, russische Soldaten auf polnischem Boden zu stationieren, um den Deutschen Einhalt zu gebieten.

Nur eine Woche nach Unterzeichnung des Nichtangriffspakts überschritten deutsche Truppen die polnische Ostgrenze. Großbritannien und Frankreich, mit Polen verbündet, stellten sich nun endlich gegen Hitler und erklärten Deutschland den Krieg. Zwei Wochen später, am 17. September, marschierte von Osten her die Rote Armee in Polen ein. Kurz darauf brachte die Sowjetunion die baltischen Staaten Estland, Lettland und Litauen unter ihre Kontrolle, sowjetische Truppen überfielen Finnland. Die Welt befand sich wieder im Krieg.

In rascher Folge eroberte die überlegene deutsche Wehrmacht Dänemark, Norwegen, die Niederlande und Belgien. Die einst so stolze französische Armee, die im Gemetzel des Ersten Weltkriegs dezimiert worden war, brach im Juni 1940 nach gerade einmal sechs Wochen zusammen. Der Großteil der französischen Elite, konservativ und antisemitisch bis auf die Knochen, entschied sich für die Kollaboration. Hitler wandte seinen Blick nun gegen Großbritannien und ließ zur Vorbereitung einer Invasion über den Ärmelkanal schwere Luftangriffe fliegen. Doch ein neuer Anführer, Winston Churchill, scharte die Briten um sich. Wie durch ein Wunder gelang es der schwer bedrängten Royal Air Force, die deutschen Angreifer in der historischen Luftschlacht um England zurückschlagen. Churchill sprach von Großbritanniens »größter Stunde« und wurde an der Spitze des britischen Volks zur lebenden Legende.

Obgleich laut einer Gallup-Umfrage vom Oktober 1939 die meisten Amerikaner einen Sieg der Briten und Franzosen wünschten, waren 95 Prozent gegen einen Kriegseintritt der USA, getrieben von der Furcht, Großbritannien würde die Vereinigten Staaten wie schon 1917 in einen sinnlosen Weltkrieg hineinziehen. »Eure Jungen werden nicht in einen ausländischen Krieg ziehen«, versicherte Roosevelt im Wahlkampf 1940 seinen Landsleuten.[42] Zu diesem Zeitpunkt war er allerdings schon überzeugt, dass Hitler die Weltherrschaft anstrebte. Obwohl die Neutralität der USA gesetzlich verankert und die militärische Einsatzbereitschaft gering war, unternahm Roosevelt mehrere kühne Schritte. Unter Umgehung der Vorschriften schickte er Großbritannien fünfzig alte Zerstörer. Und um Japan aus China zu vertreiben, verhängte er gezielt Embargos für kriegswichtige Rohstoffe.

Im September 1940 schlug Japan zurück und schloss mit Deutschland, Italien und anderen Ländern den Dreimächtepakt. Als sich nun die Wolken des Krieges immer bedrohlicher auftürmten, tat Roosevelt seinen bislang radikalsten Schritt. Im Bruch mit George Washingtons berühmter Tradition kündigte er an, sich in jenem Jahr für eine dritte Amtszeit zu bewerben. Der Einsatz bei einer Präsidentschaftswahl in den USA dürfte kaum je höher gewesen sein, und so kürte Roosevelt seinen umstrittenen Landwirtschaftsminister Henry A. Wallace zum Kandidaten für die Vizepräsidentschaft. Wallace hatte eine entscheidende Rolle bei Roosevelts Erfolgen in der Überwindung der Großen Depression gespielt und mit staatlichen Subventionen an die Farmer erreicht, dass diese bei gesunkener Produktion weitermachen konnten. Die städtischen Armen hatte er mit Lebensmittelmarken und Schulspeisung versorgt. Darüber hinaus hatte er Programme für die Landnutzungsplanung und den Bodenschutz auf den Weg gebracht.

Als wohl engster Verbündeter der akademischen Welt in der Regierung sprach sich Wallace vehement gegen das Aufkommen abstruser Rassentheorien und die Politik Hitlers in Deutschland aus. Um die immer noch weit verbreitete Annahme von einer Hierarchie der Rassen zu widerlegen, zitierte er das Beispiel des bahnbrechenden Botanikers George Washington Carver: »George Carver, in die Sklaverei geboren und heute ein auf Botanik spezialisierter Chemiker an der Tuskegee University, hat mich als Erster in die Geheimnisse der Befruchtung von Pflanzen eingeführt. Ich habe viele Jahre auf die Maiszucht verwendet, weil dieser Wissenschaftler mich Pflanzen auf eine Art und Weise wertschätzen lehrte, die mir unvergesslich bleibt. Besonderes Talent ist keineswegs das exklusive Besitztum irgendeiner Rasse oder Klasse, vorausgesetzt, dass den Menschen die entsprechenden Möglichkeiten gegeben werden.«[43]

Die Parteibosse der Demokraten misstrauten Wallace' progressiven Ansichten, und es sah ganz danach aus, als würde seine Nominierung abgelehnt werden, bis ein wütender und frustrierter Roosevelt einen bemerkenswerten Brief an die versammelten Delegierten schrieb, in dem er seinerseits die Präsidentschaftskandidatur zurückwies: »Die Demokratische Partei«, erklärte er, »ist gescheitert [...], als sie in die Hände derjenigen fiel, [die] in Dollar und nicht in [...] menschlichen Werten denken. Solange die Demokratische Partei nicht die Fesseln abgestreift hat, die ihr von den Kräften des Konservatismus, der Reaktion und der Beschwichtigung angelegt worden sind [...], wird sie auf ihrem Weg zum Sieg nicht voranschreiten. [...] Die Demokratische Partei [...] kann nicht gleichzeitig in beide Richtungen gehen. [Aus diesem Grund] weise ich die Ehre der Nominierung für die Präsidentschaft zurück.«[44]

Eleanor Roosevelt, seine Frau, rettete den Tag. Als erste Frau eines Präsidenten, die je zu einer Nominierungsversammlung sprach, erklärte sie den verärgerten Delegierten: »Wir stehen nun vor einer schwierigen Situation.«[45] Die Parteibosse gaben nach und schickten Wallace ins Rennen. Aber sie sollten ihre Rache noch bekommen. Die Krise um Wallace schwelte weiter vor sich hin. Der vorherige Vizepräsident »Cactus Jack« Garner, ein umgänglicher und mitteilsamer Texaner, hatte gesagt: »Dieser Job ist nicht mal ein Fass warmer Pisse wert.«[46]

Auf dem Capitol Hill fiel Wallace auf wie ein bunter Hund. Er war ein spiritueller Mensch, fasziniert von der Stammesreligion der Navajo, und er hatte den Buddhismus und den Zoroastrismus studiert. Die Washingtoner Szene mit ihren Cocktailparties und verrauchten exklusiven Clubs passte nicht zu ihm. Weder trank noch rauchte er. Wallace zog es vor, zu boxen oder Tennis zu spielen. Seine Abende verbrachte er mit Lesen oder damit, am Potomac Bumerang zu werfen.

Als Ausdruck seines großen Vertrauens ernannte Roosevelt

Wallace zum Vorsitzenden des Ausschusses für Nachschub und Versorgung sowie des Ausschusses für ökonomische Kriegführung und übertrug ihm damit im Grunde die Verantwortung über die amerikanische Wirtschaft. Wallace stand auf dem Gipfel seiner Macht in Washington.

1941 sollte ein Jahr des epischen Wandels werden. Der Führer in Berlin hatte sein Versprechen an das deutsche Volk erfüllt und die Schmach des Ersten Weltkriegs ausradiert. Die Deutschen hatten scheinbar alles erreicht. Dank Lebensmitteln aus Frankreich, den Niederlanden, Dänemark und Norwegen, dank Luxuswaren und boomenden Industrien sah es so aus, als würde der Traum vom Tausendjährigen Reich tatsächlich in Erfüllung gehen.

Doch wie die Geschichte immer wieder zeigt, hat jeder tiefe Fall seinen Ursprung nicht im Äußeren, sondern im Innern. Auf dem Gipfel seines Hochmuts befahl der Führer des Dritten Reichs den Angriff auf die Sowjetunion. Hitler, der das Konzept des »Lebensraums« zum ersten Mal in seiner 1925/1926 erschienenen Autobiographie *Mein Kampf* beschrieben hatte, verkündete nun, dass die Zukunft des deutschen Volkes im Osten liege und es sich neuen Lebensraum in den russischen Weiten erobern müsse. Und um Platz für die germanische Herrenrasse zu schaffen, würde man die slawischen und jüdischen Völker eliminieren müssen.

Der Kampf zwischen Deutschen und Slawen um Osteuropa datierte im Denken der Nazis zurück bis ins 15. Jahrhundert, als deutsche Ordensritter gegen Polen und Litauer kämpften, und intensivierte sich später mit dem Aufstieg der Nationalstaaten. Nun trat Hitler an, die Aufgabe zu vollenden, getrieben von dem Glauben, dass das rassenreine Deutschland dazu bestimmt war, die rassisch unreinen und minderwertigen Slawen zu unterjochen. In seinen Augen war die Vermischung der Rassen verantwortlich für den Niedergang der Zivilisation. Er selbst habe das, schrieb er, in seiner Heimat Österreich, in der Vielvölkerstadt Wien, vor dem Ersten Weltkrieg miterlebt, und nun erkannte er denselben Niedergang im dekadenten Britischen Empire und in den Vereinigten Staaten. Nachdem Großbritannien im Westen keine ernsthafte Gefahr mehr darstellte, war Hitler bereit, die Hände nach dem großen Hauptgewinn auszustrecken. Nicht einmal zwei Jahre nach Unterzeichnung des Hitler-Stalin-Pakts griff die deutsche Wehrmacht Russland an.

In einem Blitzkriegmanöver stießen drei Millionen deutsche, rumänische, ungarische, slowakische, finnische und italienische Soldaten entlang einer über 3000 Kilometer langen Front, die vom Polarkreis bis hinunter ans Schwarze Meer reichte, tief auf sowjetisches Territorium vor. In kurzer Zeit zerstörten die Deutschen zwei Drittel der sowjetischen Luftwaffe. Zusammen mit den großen Verlusten an Panzern und Artillerie war somit die seit den 1930er Jahren betriebene massive Aufrüstung des Landes ohne große Wirkung geblieben. Aus der Angst heraus, Großbritannien könnte mit gezielter Desinformation versuchen, einen Krieg zwischen Deutschland und der UdSSR zu provozieren, hatte Stalin den Berichten seiner Geheimdienste über eine drohende deutsche Invasion keinen Glauben geschenkt. In den blutigen Säuberungsaktionen der 1930er Jahre war fast die gesamte militärische Führung, rund 43 000 Offiziere, wegen angeblicher Loyalität zum Gründer der Roten Armee – Stalin hatte Trotzki ein Jahr zuvor im mexikanischen Exil ermorden lassen – umgebracht oder ins Gefängnis gesteckt worden. Gleichermaßen paranoid, und das ganz zu Recht, beurteilte Stalin die Loyalität der vielen Volksgruppen innerhalb der Sowjetunion, die er in der Vorkriegszeit brutal unterdrückt hatte.

Doch statt ein Bündnis mit der unzufriedenen Bevölkerung zu suchen, zeigte Hitler sich noch unbarmherziger als Stalin; was er im Sinn hatte, war die Vernichtung der sowjetischen Bevölkerung in einem Ausmaß, das über den Krieg im Westen weit hinausging. Die Ukraine fiel im Sommer 1941, und bei der Schlacht um Kiew – der ältesten Metropole in der Sowjetunion – verloren eine halbe Million Rotarmisten ihr Leben.

Zivilisten wurden entweder exekutiert oder zur Sklavenarbeit verurteilt, und mit der Ukraine verlor die Sowjetunion ihr industrielles Herz. Die Deutschen stahlen der Sowjetunion ihre Kohle, ihren Stahl, ihre Gasvorkommen und Bergwerke; im Herbst 1941 rückten sie auf Moskau vor. Amerikanische und britische Militärführer schätzten, dass die UdSSR bestenfalls noch drei Monate durchhalten und womöglich sogar innerhalb eines Monats zusammenbrechen würde. Stalin, so fürchteten sie, könnte einen Separatfrieden mit Hitler schließen.

Die Situation erschien so ausweglos, dass Churchill seinen langgehegten Hass auf den Kommunismus hinunterschluckte und der Sowjetunion Unterstützung versprach. Stalin bat Großbritannien um die Lieferung von militärischem Gerät sowie um eine möglichst schnelle Landung auf dem europäischen Kontinent, also um die Eröffnung einer zweiten Front gegen Hitler. Für den Westen kam es jetzt entscheidend darauf an, die Sowjetunion im Krieg zu halten, damit diese den Hauptstoß der deutschen Kriegsmaschinerie abfing.

Im August ordnete Roosevelt die Lieferung der ersten hundert Jagdflugzeuge an die UdSSR an. Doch die auf den Aufbau der eigenen Verteidigung bedachten amerikanischen Militärführer hemmten Roosevelts Bemühungen, während sich die Briten gegen die Umleitung ihres Nachschubs wandten, was Stalins Misstrauen neue Nahrung gab. Nach wie vor freuten sich viele im Westen, die Sowjetunion endlich erniedrigt zu sehen. Im Juni 1941 erklärte Senator Harry Truman aus Missouri im Kongress: »Wenn wir sehen, dass Deutschland gewinnt, sollten wir Russland helfen, und wenn Russland gewinnt, sollten wir Deutschland helfen, damit sie sich in möglichst großer Zahl gegenseitig umbringen!«[47]

Roosevelt ignorierte solche Ratschläge und kündigte im November 1941 an, dass die USA die Unterstützung für die Sowjetunion ausweiten würden. Im März jenes Jahres hatte Roosevelt einem widerspenstigen Kongress die Zustimmung zu seinem Leih- und Pachtgesetz abgerungen, auf dessen Grundlage er Großbritannien die ersten sieben von insgesamt

32 Milliarden US-Dollar zukommen ließ. Die Sowjetunion sollte am Ende Hilfslieferungen im Wert von elf Milliarden US-Dollar von den USA erhalten.

Im August 1941 kam Churchill zu einem Geheimtreffen mit Roosevelt vor die Küste von Neufundland. Die *HMS Prince of Wales* mit Churchill an Bord tauchte aus dem Nebel auf und machte neben der *USS Augusta* fest, auf der Roosevelt seinen Besucher erwartete. Der britische Premier war aus einem einzigen Grund gekommen: Er wollte die Vereinigten Staaten zum sofortigen Kriegseintritt bewegen.

Elliot Roosevelt, einer von Franklins Söhnen, der als Militärattaché an dem Treffen teilnahm, beschrieb nach dem Krieg in seinem Buch *Wie er es sah* die spätabendliche Zusammenkunft der beiden Männer, bei der Churchill ganz unverhüllt an den US-Präsidenten appellierte. »Es ist eure einzige Chance«, sagte Churchill. »Ihr müsst an unserer Seite in den Krieg eintreten.«[48] Spät in der Nacht begleitete Elliot seinen Vater in dessen Kabine, wo der Präsident über Churchill sagte: »Ist er nicht ein richtiger alter Tory? Er ist sicher ein hervorragender Führer im Krieg. Aber Winston Churchill als Führer Englands nach dem Krieg? Das wird nie gut ausgehen.«[49]

»Das Britische Empire steht hier auf dem Spiel«, erklärte Roosevelt seinem Sohn. »Das ist nicht allgemein bekannt, aber die britischen und deutschen Bankiers haben ja für eine recht geraume Weile so ziemlich den ganzen Welthandel in ihre Taschen geschaufelt. [...] Wir müssen den Briten von Beginn an klar zu verstehen geben, dass wir nicht nur ein Freund sein wollen, der gut genug ist, einem aus der Patsche zu helfen, und den man dann schließlich ganz vergisst.« Im Anschluss umriss Roosevelt seine Vision für eine neue Welt: »Ich denke, als Präsident der Vereinigten Staaten zu sprechen, wenn ich sage, das Amerika nicht gewillt ist, England in diesem Krieg zu helfen, damit es nachher fortfährt, rücksichtslos auf den Kolonialvölkern herumzureiten.«[50]

Im Kern lautete Roosevelts Vision, dass politische Freiheit ökonomische Freiheit bedeute, was in scharfem Kontrast zur

Logik des Britischen Empire stand, wonach die Kolonien arm und in Abhängigkeit von London zu halten seien. Roosevelts weltweiter New Deal sollte ein Finanzsystem erschaffen, das den Kolonien eine eigenständige Entwicklung ermöglichen würde. Zudem erinnerte er Churchill daran, dass die USA beschlossen hatten, die Philippinen 1946 in die Unabhängigkeit zu entlassen, und er drängte die Briten, ebenso mit ihrem Kolonialreich zu verfahren, das vielen Amerikanern ein Dorn im Auge war.[51] Roosevelts Großzügigkeit hatte, wie Churchill erkannte, Grenzen, und der Preis für die Hilfe der USA würde die Welt nach dem Friedensschluss sein.

In seiner Rede zur Lage der Nation im Januar 1941 bekundete Roosevelt seine Verpflichtung gegenüber den vier Freiheiten, die zu den Kriegszielen der Vereinigten Staaten werden sollten: die Meinungsfreiheit, die Religionsfreiheit, die Freiheit von Not und die Freiheit von Furcht. Bei ihrer Zusammenkunft im August 1941 gingen die beiden Staatsmänner aber noch weiter und entwarfen die Atlantik-Charta, in der sie acht »gemeinsame Prinzipien« verkündeten, die beide Nationen in der Nachkriegswelt unterstützen würden. Ihre Worte weckten große Hoffnungen, und die Atlantik-Charta war ein wahrhaft zukunftsweisendes Dokument, das später zum Leitmotiv der Vereinten Nationen werden sollte – eine universelle Aussage zu den Rechten von Männern und Frauen überall auf der Welt, wie sie seit den Revolutionen in Frankreich oder Russland kaum mehr gehört worden war.

Alarmiert von Roosevelts Vorschlag zum Wortlaut, fügte Churchill jedoch eine Klausel hinzu, nach der London und Washington den gleichberechtigten Zugang aller Staaten zum Welthandel und zu wichtigen Rohstoffen »nur unter angemessener Beachtung bestehender Verpflichtungen« garantieren würden. Doch wie Elliot Roosevelt schrieb: »Allmählich, ganz allmählich und stillschweigend glitt der Mantel der Führung von den britischen auf die amerikanischen Schultern.«[52] Am nächsten Tag nahm die *Prince of Wales* Kurs »zurück in den Krieg«, die Wege der beiden Männer trennten sich vorerst.

Roosevelt habe, offenbarte Churchill seinem Kabinett, gesagt, er werde zwar Krieg führen, ihn aber nicht erklären. Man müsse nun alles unternehmen, um einen Zwischenfall herbeizuführen.

Weder Roosevelt noch Churchill konnte zu diesem Zeitpunkt vorhersehen, dass der Weg der USA in den Krieg über Japan verlaufen würde, nicht über Deutschland. Japan hatte sich aus dem Krieg der Nazis gegen seinen alten russischen Widersacher herausgehalten und sich nach der deutsch-sowjetischen Allianz von 1939 sogar von Berlin distanziert. In seiner Arroganz hatte Hitler, der die Japaner als rassisch minderwertig betrachtete, keinen wie auch immer gearteten Versuch unternommen, Tokio in seine Pläne für einen Überfall auf die Sowjetunion einzuweihen oder Japan für seine Unterstützung im Fernen Osten neue Territorien in China anzubieten. Im Rückblick hatte dies enorme Folgen für das Schicksal der Welt. Wären die Japaner an der Seite Deutschlands in den Krieg gegen Stalin eingetreten, wäre die Sowjetunion mit an Sicherheit grenzender Wahrscheinlichkeit zermalmt worden.

Aber Japan wollte, ebenso wie Großbritannien, Deutschland und Italien, ein eigenes Kolonialreich. Unter Ausnutzung des Vakuums, das durch die deutsche Eroberung Frankreichs und der Niederlande sowie die Neutralisierung der britischen Militärmacht entstanden war, machte sich Tokio, das Militärbasen und Rohstoffe erobern wollte, Richtung Süden nach Indochina auf. Die Vereinigten Staaten, die inzwischen über die Hälfte der weltweiten Ölproduktion förderten, reagierten mit einem totalen Handelsembargo gegen Japan, das auch für Öl galt. Angesichts seiner rasch schwindenden Ölvorräte beschloss Japan, seine Versorgung durch die Übernahme Niederländisch-Ostindiens mit seinen großen Ölvorkommen zu sichern. Ein großer Risikofaktor dabei war allerdings die auf Hawaii stationierte amerikanische Flotte. Und so starteten die Japaner einen massiven Überraschungsangriff auf den US-Marinestützpunkt in Pearl Harbor, bei dem fast 2500 amerikanische Soldaten ums Leben kamen und ein großer Teil der amerikanischen Kriegsflotte zerstört wurde. Die USA wussten zwar, dass ein japanischer Angriff bevorstand, hatten aber die Philippinen für das Ziel gehalten.

Am Tag darauf erklärten die USA und Großbritannien Japan den Krieg. Obwohl die Japaner Hitler über den Angriff auf Pearl Harbor nicht einmal informiert hatten, erklärte er daraufhin ohne Not den USA den Krieg – ein ähnlich schwerer Fehler wie der Überfall auf die Sowjetunion. Roosevelt, der für die Kriegserklärung gegen Japan auf den Rückhalt der Amerikaner zählen konnte, war erleichtert, dass er sein Versprechen an die Wählerschaft nicht brechen musste. Endlich konnte er gegen Deutschland in den Krieg ziehen. Der Krieg war nun endgültig zum Weltkrieg geworden.

Die amerikanische Strategie lautete, im Pazifik die eigene Position auszubauen und schrittweise vorzurücken, den Schwerpunkt aber auf den Kampf gegen Deutschland zu legen. Japans Niederlage, so Roosevelts Kalkül, würde Deutschland nicht besiegen, während ein Sieg gegen Deutschland auch die Niederlage Japans bedeuten würde.

Weil die USA ihre Hauptstreitmacht auf Europa konzentrierten und sich erst einmal organisieren mussten, konnten die Japaner ihren Eroberungsfeldzug in Ostasien weitgehend ungehindert führen. In gerade einmal einem halben Jahr eroberte Japan ein Sechstel der Erdoberfläche – Thailand, die Malaiische Halbinseln, Java, Borneo, die Philippinen, Hongkong, Indonesien und Burma. Die Einwohner dieser Länder hießen die Japaner oftmals als Befreier von den europäischen Kolonialherren willkommen, eine Einschätzung, die sehr schnell überholt sein sollte. Präsident Roosevelt sagte in privatem Kreis: »Glaubt nicht eine Sekunde, dass Amerikaner im Pazifik sterben würden, hätte es diese kurzsichtige Gier der Franzosen und Briten und Niederländer nicht gegeben.«[53]

Ein weiterer schwerer Schlag für die alliierte Sache war die Einnahme Singapurs durch japanische Truppen Anfang 1942. Tatsächlich hatten die Briten in Singapur mehr Soldaten stationiert, als sie zur Verteidigung von Großbritannien selbst zur Verfügung hatten. 80 000 Commonwealth-Soldaten, darunter viele Australier, gerieten in japanische Gefangenschaft. Von den 55 000 britisch-indischen Soldaten, die von den Japanern gefangen genommen worden waren, wechselten 40 000 die Seiten und kämpften für Japan – ein Hinweis auf die wahren Empfindungen kolonisierter Völker. Hätten die Japaner den Osten Indiens angegriffen und ihr Vorgehen mit dem deutschen Vormarsch im Nahen Osten koordiniert, wäre das Britische Empire in Indien in größte Gefahr geraten. Aber Japan und Deutschland agierten den gesamten Krieg hindurch nicht wie enge Verbündete.

Vor allem aber hatte Japan mit dem Angriff auf Pearl Harbor den USA nicht den erhofften K. O.-Schlag verpasst, die Alliierten starteten unter der Führung von General Douglas MacArthur und Admiral Chester Nimitz eine Gegenoffensive im Pazifik. Im Juni 1942 fügten amerikanische Verbände der japanischen Marine bei Midway eine schwere Niederlage zu und läuteten die Strategie des Inselspringens ein, die während der folgenden drei Jahre den Pazifikkrieg prägen sollte.

Die Japaner kämpften mit großer Verbissenheit, und allen war klar, dass ein Sieg die amerikanischen Soldaten hohe Verluste kosten würde. Doch ab 1943 stellten die USA fast 100 000 Flugzeuge pro Jahr her und stellten die 70 000 Maschinen, die Japan insgesamt für den Krieg produzierte, eindeutig in den Schatten. Im Sommer 1944 waren nahezu hundert amerikanische Flugzeugträger im Pazifik im Einsatz, viermal mehr als die 25, über die Japan verfügte.

Die wissenschaftlichen Fortschritte der Alliierten spielten an allen Fronten eine wichtige Rolle, die Entwicklung des Radars und des Abstandzünders trugen entscheidend zum Sieg bei. Aber es war die Atombombe, die den Gang der Geschichte verändern sollte.

Im Dezember 1938 versetzten zwei deutsche Forscher die Naturwissenschaft mit der Meldung in helle Aufregung, dass sie Uranatome gespalten hatten, ein Durchbruch, der die Entwicklung einer Atombombe theoretisch möglich machte. Besonders alarmiert waren in den USA die – vielfach jüdischen – Wissenschaftler, die aus dem von den Nazis besetzten Europa geflohen waren und fürchteten, dass Hitler eine solche Waffe in die Hände bekäme. Wiederholt versuchten die Exil-Wissenschaftler die amerikanischen Behörden auf diese Gefahr aufmerksam zu machen, doch ohne Erfolg.

In seiner Verzweiflung bat Leo Szilard Albert Einstein um Hilfe, der einwilligte, einen Brief an Präsident Roosevelt zu schreiben, in dem er ihn drängte, ein amerikanisches Atomforschungsprogramm aufzulegen. Nach dem Krieg sollte Einstein sagen: »Ich habe in meinem Leben einen großen Fehler begangen, als ich den Brief an Präsident Roosevelt unterschrieb, in dem ich die Herstellung von Atombomben empfahl.«[54]

Zunächst war es ein kleines Projekt, doch dann, im September 1942, wurde das »Manhattan-Projekt« dem Militär unterstellt; der mit der Leitung beauftragte General Leslie Groves sollte Ergebnisse liefern. Vizepräsident Wallace, der die wissenschaftlichen Entwicklungen aufmerksam verfolgte, hielt wenig von Groves, der in seinen Augen ein »leicht pathologischer« antisemitischer »Roosevelt-Hasser« und dazuhin ein ausgemachter Faschist war.[55] Umso erstaunlicher, dass der Mann, den Groves als Leiter des Labors in Los Alamos einstellte, Robert Oppenheimer war, ein erklärter Linker, der nach eigenem Bekunden jeder Frontorganisation der Kommunistischen Partei an der Westküste angehört und eine Zeitlang zehn Prozent seines Monatslohns für die Unterstützung der republikanischen Truppen in Spanien gespendet hatte.

Obwohl im Temperament gegensätzlich, versammelten Groves und Oppenheimer einen hochkarätigen Zirkel internationaler Wissenschaftler um sich, darunter Enrico Fermi und Leo Szilard, welche die erste nukleare Kettenreaktion in einem Kernreaktor zuwege brachten – aufgebaut auf einem Squash-Feld an der Universität von Chicago.

Angetrieben von der Angst, die Deutschen könnten in letzter Minute den Sieg im Rennen um die Atombombe davontragen, arbeiteten die Wissenschaftler in der Wüste unermüdlich. Ende 1944 wurde bekannt, dass Deutschland seine Atomforschungen bereits 1942 eingestellt und seine Wissenschaftler stattdessen auf die Entwicklung der V1- und V2-Raketen angesetzt hatte – doch die Forscher in den USA machten unbeirrt weiter.

Im Herbst 1941 stand die Sowjetunion am Rande des Untergangs, die Nazis drohten Moskau einzunehmen. Im September bat Stalin die Briten um die Entsendung von 25 bis 30 Division nach Russland und drängte einmal mehr auf die Eröffnung einer zweiten Front in Nordfrankreich.

Im darauffolgenden Mai gestand Roosevelt ein, dass »die russischen Armeen mehr Menschen der Achse töten und mehr Kriegsmaterial zerstören als alle anderen 25 alliierten Nationen zusammen«,[56] und kündigte öffentlich an, dass die USA bis Ende 1942 eine zweite Front in Europa eröffnen würden. George C. Marshall, Generalstabschef der US Army, beauftragte seinen Oberbefehlshaber für Europa, General Dwight D. Eisenhower, Pläne für eine Invasion in Europa auszuarbeiten. Die Sowjets waren hocherfreut.

Doch Churchill musste in Nordafrika eine schwere Schlappe hinnehmen – 30 000 britische Soldaten ergaben sich im Juni 1942 unter demütigenden Umständen. Nun sagte Churchill, der ein Blutbad an den französischen Küsten fürchtete, dass die Briten nicht ausreichend Schiffe für das Übersetzen der Invasionstruppen bereitstellen könnten, und überzeugte Roosevelt, die Eröffnung der zweiten Front in Europa aufzuschieben und stattdessen eine Invasion in Nordafrika zu starten. Als die USA dem zustimmen, orakelte Eisenhower, dies würde sich als der schwärzeste Tag in der Geschichte entpuppen. »Wir sollten nicht vergessen«, hatte er schon zuvor gesagt, »dass unser Ziel lautet, acht Millionen Russen im Krieg zu halten.«[57] George Marshall, der die Invasion in Afrika als »Geplänkel an der Peripherie« ablehnte,[58] gewann den Eindruck, die Briten hätten im Gegensatz zu den Sowjets Angst davor, die Deutschen direkt anzugreifen. Der Schatten des Ersten Weltkriegs lastete noch immer schwer auf Churchills Regierung.

Doch London verfolgte eine andere Strategie. Durch einen auf die britische Seestreitmacht gestützten Angriff auf Hitlers weiche Front in Italien wollte Churchill eine direkte Konfrontation mit der deutschen Kriegsmaschinerie umgehen und stattdessen die Kontrolle über Nordafrika und das Mittelmeer erringen. Auf diese Weise würde man den Nahen Osten mit seinen Ölvorkommen absichern sowie den durch den Suezkanal führenden Seeweg nach Indien und zu den anderen Besitzungen des Britischen Empires im Mittleren und Fernen Osten schützen.

Die Paranoia, die diese Entscheidung bei den Sowjets auslöste, lässt sich schwer übertreiben. Großbritannien und Russland waren seit dem 19. Jahrhundert Rivalen. Stalin misstraute insbesondere den Briten, aber auch den Amerikanern wegen ihrer Intervention gegen die Kommunisten im Russischen Bürgerkrieg. Churchill hatte damals gefordert, den Bolschewismus »in der Wiege zu erwürgen«, und bis zum Abschluss des Nichtangriffspakts mit Hitler hatte Stalin die Furcht umgetrieben, Churchill und das Britische Empire könnten sich mit Nazi-Deutschland verbünden und einen großen Kreuzzug gegen die Sowjetunion starten.

Entgegen allen Erwartungen und zum Erschrecken eines großen Teils der Welt sollte es die Rote Armee sein, die dem Krieg die Wende gab. Man bräuchte einen Tolstoi, wollte man das heroische Durchhaltevermögen der sowjetischen Männer und Frauen beschreiben, die das möglich machten. Nur wenige erfassten damals die volle Bedeutung der Ereignisse, aber ähnlich wie Napoleon im Winter 1812 war die scheinbar unbezwingbare deutsche Kriegsmaschinerie vor Moskau zum ersten Mal aufgehalten worden. Weil die Japaner den Krieg vor allem im Pazifikraum führten, konnte Stalin die unter dem Befehl von Marschall Georgi Schukow stehenden vierzig sibirischen Divisionen nach Moskau verlegen, eine Maßnahme, die sich als entscheidend erwies. Die Gesamtverluste der Deutschen in diesem Winter beliefen sich auf 600 000 Mann.

Zwei Winter hindurch und über 900 Tage lang belagerte die Wehrmacht Leningrad. Von den 2,5 Millionen Einwohnern, die die ehemalige Hauptstadt 1941 zählte, sollten über eine Million die Belagerung nicht überleben. Die pausenlosen Bombardements, die Kälte, der Hunger, die aus Tapetenkleister, Ratten oder Leichenteilen gekochten Suppen – das alles spielte sich in einem weitaus größeren Maßstab ab, als offiziell je eingestanden wurde. So groß war der Durchhaltewille, dass viele Einwohner der Stadt die Gelegenheit zu einer Evakuierung ausschlugen. Der Komponist Dmitri Schostakowitsch schrieb seine 7. Symphonie zu Ehren des Opfermutes der Leningrader. Das Orchester spielte ungeachtet der Belagerung weiter, bis die meisten Mitglieder des Ensembles am Hunger umgekommen waren. Die Deutschen nahmen Leningrad niemals ein. Ein Großteil der Kunstwerke der weltberühmten Eremitage wurde in den Ural ausgelagert. Die Sowjets retteten, was sie konnten. Vieles wurde verbrannt, damit es den Deutschen nicht in die Hände fiel.

Auch weil ihm das Vertrauen darin fehlte, dass die westlichen Alliierten eine zweite Front eröffnen oder der Sowjetunion deutlich mehr Hilfe senden würden, ordnete Stalin die größte Zwangsumsiedlung in der Geschichte der Menschheit an – und evakuierte rund zehn Millionen Menschen über den Ural nach Zentralasien, Sibirien und Kasachstan, um die UdSSR in einer zweiten industriellen Revolution, die jener in den 1920er und 1930er Jahren in nichts nachstand, neu aufzubauen.

Zur Bekämpfung der deutschen Kriegsmaschinerie wurden fast 2000 neue Fabriken aus dem Boden gestampft, anschließend die Unterkünfte für die Arbeiter. Im unglaublich kurzen Zeitraum von zwei Jahren war die Verlagerung des größten Teils der sowjetischen Wirtschaft abgeschlossen, und ab 1943 konnte sich die UdSSR mit jeder anderen europäischen Industriemacht messen; das Land produzierte sogar mehr als Deutschland.

50 000 T-34-Panzer wurden produziert, die den deutschen Panzern zunächst überlegen waren, 36 000 Il-2-Schlachtflugzeuge, die sich als leistungsfähiger als die deutschen Modelle erwiesen. Der Stahl, der Weizen und das Erz, die 1941 mit der Ukraine verloren gegangen waren, wurden nach und nach ersetzt. Eine ganze Gesellschaft, die hauptsächlich aus Frauen und Kindern bestand, schuftete zwölf bis achtzehn Stunden am Tag, um nicht unterzugehen. Alles für Mütterchen Russland. Der Patriotismus der Russen kannte keine Grenzen. Zur Finanzierung des Kriegs gaben sie ihre persönlichen Wertsachen her – Erbstücke, Schmuck, alles. Einer ganzen Gesellschaft, von Hitler mit der Ausrottung bedroht, blieb keine andere Wahl, als sich zu wehren, als bis zum letzten Blutstropfen zu kämpfen für das eigene Überleben und das ihres Landes.

Ende 1942 kamen in den USA nach anfänglichen Rückschlägen die Hilfslieferungen auf Grundlage des Leih- und Pachtgesetzes endlich in Gang – fast zwei Millionen Tonnen Nachschub, an die 200 000 Lastkraftwagen, 78 000 Jeeps, 7000 Panzer, Geschütze, Kampffahrzeuge, 15 000 Flugzeuge, 8000 Flugabwehrkanonen, 11 000 Eisenbahnwaggons sowie Nahrungsmittel.

Hinter den deutschen Linien verübten russische, ukrainische und weißrussische Partisanen aus ihren Verstecken in Wäldern und Höhlen heraus Anschläge, sprengten Züge in die Luft, unterbrachen Transportwege und behinderten die deutschen Streitkräfte so massiv, das sie bis zu zehn Prozent der deutschen Truppen im Land banden. Die Partisanen wurden zu einem unerlässlichen Faktor für den Sieg der Roten Armee. Die Folgen des Partisanenkampfes jedoch waren verheerend. Die Deutschen reagierten mit immer mehr Terrormaßnahmen und hängten Partisanen ebenso auf wie Unschuldige. Die genauen Zahlen sind unbekannt, aber die Schätzungen reichen von vier bis acht Millionen Ukrainern, die im Zweiten

Weltkrieg umkamen. Weißrussland verlor gar bis zu einem Viertel seiner Bevölkerung – mehr als 2,5 Millionen Menschen. Geschätzte 200 Städte und 9000 Dörfer wurden bis auf die Grundmauern niedergebrannt, mindestens 100 000 Partisanen getötet.

Die Sowjets schienen selbst größte Verluste ausgleichen zu können, und Hitlers Generäle warnten, dass ihnen nun ein langwieriger Abnutzungskrieg bevorstand. Hitlers einziger Weg zum Sieg lag nicht in der Ausrottung der Slawen, sondern in der Eroberung von Ressourcen in der Sowjetunion. Die Deutschen rückten nun südwärts auf die Ölfelder von Baku am Kaspischen Meer vor. Die Sowjets unter Marschall Georgi Schukow waren entschlossen, sie um jeden Preis aufzuhalten. Ohne Öl wäre die Rote Armee nicht mehr in der Lage, den Kampf fortzuführen; der Verlust von Baku würde Stalin zur Kapitulation zwingen.

Die Deutschen wandten einen Teil ihrer Kräfte einer Stadt an der Wolga zu – Stalingrad. Und im Herbst 1942 traf die deutsche Armee dort schließlich auf einen Gegner, der ihr standhielt. In einer der erbittertsten Schlachten der Geschichte hatten die Sowjets mehr Todesopfer zu beklagen als die Briten oder Amerikaner während des gesamten Zweiten Weltkriegs – schätzungsweise eine halbe Million Mann. Die Deutschen verloren etwa 300 000 ihrer besten Soldaten. Die Zahl der ums Leben gekommenen Zivilisten ist unbekannt. Die Deutschen konnten Stalingrad zerstören, vollständig einnehmen konnten sie es nicht. Auf strikte Order Stalins galt jeder Rotarmist, der sich zurückzog oder ergab, als Verräter, seiner Familie drohte Haft – der berüchtigte »Keinen Schritt zurück«-Befehl. In Stalingrad wurden über 13 000 sowjetische Soldaten wegen Fahnenflucht oder Feigheit vor dem Feind hingerichtet, während des gesamten Kriegs summierte sich diese Zahl auf 135 000. Dazu kamen noch 400 000 Soldaten, die in Strafbataillonen dienen mussten. 1942 gab es in Russland immer noch vier Millionen Gefangene im Gulag. Dennoch kämpften die russischen Soldaten, mit dem Rücken zur

Wolga stehend, in diesem grausamsten aller Winter um jedes Haus – angetrieben von Motiven, die von Patriotismus bis hin zu blankem Terror reichten. Im Januar 1943 endlich war die Schlacht geschlagen, und General Friedrich Paulus streckte mit den Resten der 6. Armee die Waffen. In die Schlacht gezogen war er mit 300 000 Soldaten, als er kapitulierte, zählte seine Truppe noch gut 100 000 Mann – und von diesen kehrten nach dem Krieg etwa 6000 nach Deutschland zurück. »Der Kriegsgott [hat] sich nun von Deutschland abgewandt und in das andere Lager begeben«, soll Hitler nach dem russischen Durchbruch bei Stalingrad lamentiert haben.[59]

Mit den Flugzeugen, Panzern und Artilleriegeschützen aus der jetzt auf Hochtouren laufenden sowjetischen Rüstungsindustrie ging die Rote Armee zur Gegenoffensive über. Bei Kursk, in einer der größten Panzerschlachten der Geschichte, schlug sie die Wehrmacht ein weiteres Mal – die Deutschen verloren insgesamt 50 000 Mann, die Russen ein Vielfaches davon. Nach dieser schweren Niederlage trat die deutsche Armee an der gesamten Ostfront den Rückzug an.

In diesen entscheidenden Jahren kämpften die Sowjets durchgängig gegen mehr als 200 deutsche Divisionen. Im Vergleich dazu standen den Amerikaner und Briten im Mittelmeerraum selten mehr als zehn deutsche Divisionen gegenüber. Deutschland verlor im Zweiten Weltkrieg an der Ostfront über sechs Millionen Soldaten, an der Westfront dagegen beliefen sich die deutschen Verluste auf schätzungsweise eine Million Mann.

Obwohl der Mythos weiterlebt, die Vereinigten Staaten hätten den Zweiten Weltkrieg gewonnen, sind sich die meisten Historiker einig, dass es die Sowjetunion und die gesamte sowjetische Gesellschaft einschließlich ihres brutalen Diktators Josef Stalin waren, die mit dem schieren Mut der Verzweiflung und ihrem stoischen Heroismus die große Erzählung vom Zweiten Weltkriegs prägten – den Sieg über die monströse deutsche Kriegsmaschinerie.

4

Drei Schicksalsfiguren: Roosevelt, Wallace, Truman

Im Januar 1943, nur wenige Tage vor der deutschen Kapitulation in Stalingrad, kamen Roosevelt und Churchill in Casablanca zusammen, einer Hafenstadt in Französisch-Marokko. Stalin war nicht zugegen. Er hatte seine Botschafter aus London und Washington zurückbeordert. Die Allianz war in der Krise. Die Rote Armee war dabei, der Wehrmacht eine schwere Niederlage beizubringen, die Dynamik hatte sich verschoben.

Gleichzeitig fing man in den USA endlich an, die immensen Opfer anzuerkennen, die die Sowjetunion in diesem Krieg erbrachte. Selbst der durch und durch antikommunistische Medienbaron Henry Luce kürte 1942 Stalin im *Time*-Magazin zum »Mann des Jahres«, lobte seine Industrialisierung und verkündete: »Stalins Methoden waren brutal, aber sie haben sich ausgezahlt.«[60] Das ebenfalls Luce gehörende *Life*-Magazin nannte die Sowjetunion eine Art Quasi-Amerika und porträtierte die Russen als »einen verdammt guten Schlag von Menschen, die in erstaunlichem Maße wie Amerikaner aussehen, sich wie Amerikaner kleiden und wie Amerikaner denken«.[61] Selbst Stalins grausame Geheimpolizei, der NKWD, wurde zu einer mit dem FBI vergleichbaren Bundespolizei verklärt.

Wollte er keinen Bruch der Allianz riskieren, dann, so war Roosevelt überzeugt, musste er jetzt handeln. Wie auch Churchill trieb ihn die Furcht um, Stalin könnte sich in dem Bestreben, der Sowjetunion weitere Zerstörungen zu ersparen, auf einen Handel mit Hitler einlassen. Schließlich hatte er das schon einmal getan. Doch in vielen Punkten war Roosevelt mit Stalin einer Meinung. Beide strebten für die Nachkriegszeit ein geschwächtes, landwirtschaftlich geprägtes Deutschland ohne nennenswerte eigene Industrie an. Schließlich war der deutsche Militarismus der Grund für die Katastrophe in Europa. »Wir müssen entweder das deutsche Volk kastrieren«, mahnte Roosevelt, »oder man muss die Deutschen so behandeln, dass sie nicht einfach weiterhin Menschen hervorbringen können, die im alten Geist fortfahren wollen.«[62]

In Casablanca gab der amerikanische Präsident die Losung von der »bedingungslosen Kapitulation« Deutschlands aus. Roosevelt wollte damit Stalin zu verstehen geben, dass die USA nicht eher ruhen würden, bis Hitler-Deutschland zerstört war. Die Forderung nach der »bedingungslosen Kapitulation« kam einer Kriegserklärung nicht nur gegen die feindlichen Regierungen gleich, sondern auch gegen die Völker Deutschlands und Japans selbst und öffnete damit unabsichtlich die Tür zum Bombenterror gegen die Zivilbevölkerung, der in beiden Ländern die Menschen in ihrem Widerstandswillen jedoch nur noch bestärkte und schlussendlich in der umstrittensten Entscheidung des Krieges mündete – dem Abwurf der Atombomben auf Japan.

Rückblickend könnte man argumentieren, dass die Verkündung der »bedingungslosen Kapitulation« einer von Roosevelts schwersten Fehlern war. Um die Sache noch schlimmer zu machen, bekräftigten Roosevelt und Churchill in Casablanca die Entscheidung der westlichen Alliierten, nach der Befreiung Nordafrikas auf Sizilien zu landen, womit sie die Eröffnung einer zweiten Front in Europa weiter hinauszögerten und den Einfluss ihrer Nationen auf den Ausgang des Krieges weiter schwächten. Die Landung auf Sizilien war der Auftakt zu dem desaströsen Italienfeldzug von 1943 bis 1945, der den alliierten Truppen auf Sizilien und in Gemetzeln wie am Brückenkopf bei Anzio und den vier Schlachten um Monte Casino einen hohen Blutzoll abverlangte, aber den Nazis wenig Schaden zufügte.

Als die Alliierten in Italien kaum vorankamen und sich

bei den Sowjets zunehmend Misstrauen gegenüber den britischen Absichten breitmachte, trafen Roosevelt, Stalin und Churchill zehn Monate nach der Konferenz von Casablanca im November 1943 im iranischen Teheran zusammen. Nachdem er vergeblich versucht hatte, Churchill von dem Treffen auszuschließen, akzeptierte Roosevelt Stalins Angebot, in der sowjetischen Botschaft zu logieren. Dennoch empfand der amerikanische Präsident den Sowjetführer in den ersten drei Tagen der Konferenz als kühl und distanziert und fürchtete schon, er würde erfolglos bleiben. Dann, am vierten Tag, zog Roosevelt Churchill in Anwesenheit Stalins an seinem Britentum und seinen Zigarren auf, woraufhin der britische Premier Roosevelt zufolge ein rotes Gesicht bekam und ihn finster anblickte, und je länger er das tat, umso mehr grinste Stalin. Schließlich hielt Stalin es nicht mehr aus und brach auf Kosten Churchills in schallendes Gelächter aus. Danach dauerte es nicht mehr lange, bis Roosevelt ihn »Onkel Joe« nannte. Das Eis war gebrochen, und Roosevelt gewann den Eindruck, dass er und Stalin nun wie Männer und Brüder miteinander sprachen.

Roosevelt wiederholte Stalin gegenüber sein Versprechen, die lange hinausgezögerte Eröffnung der zweiten Front im kommenden Frühjahr durchzuführen. Churchill sah sich gezwungen, dem zuzustimmen, sprach sich aber dennoch dafür aus, die Invasion von Osten über den Balkan zu führen und auf diese Weise den vorrückenden Sowjets zuvorzukommen. Roosevelt schätzte die Sorgen der Briten zutreffend ein: »Der P. M. [der britische Premierminister] denkt zu viel an die Nachkriegszeit und überlegt sich, wie England dann dran sein wird. Er möchte die Russen nicht zu stark werden lassen.«[63]

Roosevelt war, wie er deutlich zu verstehen gab, gewillt, den Sowjets beträchtlichen Spielraum in der zukünftigen Gestaltung Osteuropas und der baltischen Staaten einzuräumen, und verlangte lediglich, dass Stalin etwaige Veränderungen mit Bedacht umsetzen und die Weltöffentlichkeit nicht vor den Kopf stoßen solle. Roosevelt hatte Stalin eine persönliche

Note geschrieben und darin versichert, dass »die Vereinigten Staaten niemals in irgendeiner Weise einer provisorischen polnischen Regierung Unterstützung gewähren werden, die Ihren Interessen entgegenläuft«.[64] In einem Punkt erzielte Roosevelt einen wichtigen Erfolg, als er Stalin die Zustimmung abrang, nach dem Sieg über Deutschland in den Krieg gegen Japan einzutreten. Erschöpft schrieb Roosevelt von der Teheraner Konferenz: »Wir haben große Fortschritte erzielt.«[65]

Der Krieg im Osten ging weiter mit blutigen Kämpfen in der Ukraine, im Sommer 1944 gefolgt vom sowjetischen Vordringen nach Polen, dem alten Grenzfeind Russlands, und der Zerschlagung mehrerer deutscher Armeen und deutschen Verlusten von einer halben Million Mann. Die sowjetische Eroberung Polens und insbesondere Warschaus ist eine blutige und tragische Geschichte. Wenige Völker litten in diesem langen Krieg mehr als die Polen. Sechs Millionen von ihnen wurden umgebracht, darunter drei Millionen Juden. Aber auch die UdSSR bezahlte einen hohen Preis für die Befreiung Polens. 600 000 russische Soldaten kamen bei den Kämpfen in Polen ums Leben. Hier war es auch, wo 1944 sowjetische Truppen das erste Vernichtungslager entdeckten und die Welt erstmals unwiderlegbare fotografische Beweise für die ganze Barbarei und den Wahnsinn von Hitlers Regime zu sehen bekam.

Die Sowjets setzten in Lublin – unter Ausschluss der entschieden antikommunistischen Repräsentanten der in London residierenden polnischen Exilregierung – rasch eine ihnen gewogene Regierung ein, welche die Opposition unterdrückte und damit einen lange schwelenden Bürgerkrieg auslöste. Im Westen galten die Vertreter der Exilregierung als Demokraten, doch für Stalin waren sie Terroristen, Abkömmlinge der Weißen Russen, die im Bürgerkrieg von 1919 bis 1922 gegen die Revolution gekämpft hatten.

Um sich gegen die verhassten antikommunistischen Exilpolen in London durchzusetzen, hatte der mit Terrorakten bestens vertraute Stalin bereits 1940 im Wald von Katyn und an weiteren Orten über 15 000 polnische Offiziere ermorden lassen, und 1944 ließ er die vorrückende Rote Armee vor den Toren Warschaus Halt machen, während die Deutschen den in der polnischen Hauptstadt ausgebrochenen Aufstand niederschlugen. Kritikern hielten die Sowjets entgegen, dass sich die Rote Armee nach einer brutalen, 45 Tage dauernden und über 700 Kilometer weit reichenden Offensive gegen hart kämpfende deutsche Truppen verausgabt und ihre Nachschublinien überdehnt hatte – mit anderen Worten, dass die Soldaten dringend eine Atempause benötigten.

Die Differenzen über den Umgang mit Polen schürten wie nichts sonst das wachsende Misstrauen zwischen den USA, Großbritannien und der Sowjetunion während und nach dem Krieg. Aber vielen im Westen war, um fair zu sein, nicht bewusst, dass der Antisemitismus unter den polnischen Katholiken seit langem weit verbreitet war oder dass Stalin in der polnischen Frage eine Frage von Leben und Tod für die Sowjetunion sah, da das Land der Korridor war, durch den die verhassten Deutschen im 20. Jahrhundert zweimal nach Russland eingefallen waren. Aus diesen Gründen forderte und erzwang Stalin eine der Sowjetunion freundlich gesinnte Regierung an seiner Westgrenze. Für ihn war die Angelegenheit genauso bedeutsam, wie es ein feindseliges Regime in Kanada oder Mexiko für die USA gewesen wäre.

1944 und 1945 setzte die Rote Armee ihren Vormarsch fort, eroberte Rumänien, Bulgarien, Ungarn, die Tschechoslowakei und, massiv von den Partisanen unterstützt, Jugoslawien. Quer über Ost- und Südosteuropa leisteten die Deutschen um jeden Kilometer erbitterten Widerstand. Städte wurden zu Festungen ausgerufen – und in Schutt und Asche gelegt. Warschau, Budapest, Wien – schätzungsweise eine Million russische Soldaten bezahlten die Befreiung dieser Länder mit dem Leben.

Während sich die Russen aus verschiedenen Richtungen auf Berlin vorkämpften, wurde im Westen am 6. Juni 1944 endlich die lange hinausgeschobene zweite Front eröffnet, zwei Jahre nachdem Roosevelt die Operation zum ersten Mal in Aussicht gestellt hatte. Was da zum Sturm auf die Festung Europa antrat, war mit 11000 Flugzeugen und rund 4000 Schiffen die größte Armada, die die Welt je gesehen hatte. 170000 alliierte Soldaten mit 30000 Fahrzeugen gingen an der Küste der Normandie an Land, rund 3000 Angreifer verloren dabei ihr Leben. Die Truppen der Alliierten stießen nun sowohl von Osten wie von Westen gegen Deutschland vor. Die Niederlage des Dritten Reichs war damit unausweichlich.

Einen Monat nach der Invasion, im Juli 1944, zeichnete sich ein Schlüsselereignis für die Zukunft der Welt ab. In Chicago begann der Nominierungsparteitag der Demokraten. Ungeachtet seiner schwächelnden Gesundheit sicherte sich Roosevelt die Kandidatur für eine – in der US-Geschichte beispiellose – vierte Amtszeit. Henry Wallace, sein Vizepräsident und nach Roosevelt wohl der zweitpopulärste Politiker in den USA, war der Mann, den die Amerikaner an der Seite des Präsidenten sehen wollten. Doch Wallace hatte sich über die Jahre viele Feinde gemacht. Im Mai 1942 hatte Wallace seine berühmte »Jahrhundert des gemeinen Mannes«-Rede gehalten, in der er die von dem Pressezaren Henry Luce entworfene Vision einer globalen Vorherrschaft der USA in Frage stellte und erklärte: »Manche sprechen heute vom Amerikanischen Jahrhundert. Ich sage, das Jahrhundert, in das wir eintreten, das Jahrhundert, das aus diesem Krieg hervorgeht, kann und muss das Jahrhundert des gemeinen Mannes werden. [...] Es darf weder einen militärischen noch einen ökonomischen Imperialismus geben. Der Marsch zur Freiheit in den vergangenen 150 Jahren war eine großartige Revolution der Völker. Es gab die Amerikanische Revolution [...], die Französische Revolution [...], die Revolutionen in Lateinamerika [...], die Russische Revolution. Jede davon war eine Revolution des gemeinen Mannes. Manche schossen über das Ziel hinaus, aber die Menschen bahnten sich ihren Weg ans Licht.«[66]

Wallace forderte eine weltweite Revolution der Völker und

ein Ende des Kolonialismus. Jenseits des Atlantiks stieß seine Rede auf Ablehnung, und Churchill wies seine Geheimagenten in den USA an, Wallace zu überwachen. Dass Wallace das Britische Empire verabscheute, war unverkennbar, wie sein Bericht über ein Zusammentreffen mit Churchill belegt: »Ich erklärte Churchill frei heraus, dass in meinen Augen die seinem Ansatz zugrundeliegende Vorstellung einer angelsächsischen Überlegenheit vielen übel aufstoßen würde. [...] Churchill hatte dem Whisky ordentlich zugesprochen. [...] Er meinte, wir müssten uns der angelsächsischen Überlegenheit nicht schämen, das wir überlegen wären, dass wir ein gemeinsames Erbe hätten, das über Jahrhunderte in England geformt und durch unsere Verfassung vollendet worden sei.«[67]

Wallace' Hass auf den Imperialismus war allgemein bekannt und wurde weithin bejubelt. Im März 1943 sandte Roosevelt seinen Vizepräsidenten auf eine Goodwill-Tour durch Lateinamerika – insgeheim mit dem Auftrag, möglichst viele Länder für die Sache der Alliierten zu rekrutieren. In Costa Rica begrüßten ihn 75 000 Menschen, über ein Achtel der Gesamtbevölkerung. Und in Santiago de Chile säumte über eine Million Menschen die Straßen, als sein Autokonvoi durch die Stadt fuhr. Wallace brachte ein Dutzend Länder dazu, Deutschland den Krieg zu erklären – mehr als irgendjemand sich hätte vorstellen können.

Bei einer Gallup-Meinungsumfrage nach seiner Rückkehr sprachen sich 57 Prozent der demokratischen Wähler für Wallace als Nachfolger Roosevelts aus. Innerhalb der Partei aber sah sich der Vizepräsident einer mächtigen Opposition gegenüber. Über die Wirtschaftspolitik geriet Wallace in einen heftigen Streit mit Jesse Jones, der mit einem einflussreichen Zirkel von Parteibossen unter der Führung von Schatzmeister und Ölmillionär Edwin Pauley verbündet war. Pauley war nach eigenem Bekunden in die Politik gegangen, weil er erkannt hatte, dass es billiger war, einen neuen Kongress zu wählen, als den alten zu kaufen. Vereint durch ihren Hass auf Wallace, kürten sie einen vielen als »Assistant President«

bekannten Mann zu ihrem Kandidaten: James F. Byrnes. Byrnes hatte seinen Weg im politisch konservativen South Carolina gemacht, wo die Überlegenheit der Weißen und die Rassentrennung alle anderen Themen ausstachen. 1938 hatte er maßgeblich die Blockade eines Bundesgesetzes gegen die Lynchmorde organisiert. Dann hatte er sich einen Namen als Kämpfer gegen die Gewerkschaften im Süden gemacht und war zu einem mächtigen US-Senator aufgestiegen. Wenn man auf dem Capitol Hill etwas erledigt haben wollte, ging man zu James Byrnes.

1943 war die Stimmung in Washington umgeschlagen. Niemand sprach mehr vom »New Deal«, Roosevelt zog Wallace vom Ministerium für ökonomische Kriegführung ab und berief Byrnes an die Spitze des neugegründeten Büros für Kriegsmobilisierung, das die Arbeit aller mit dem Krieg befassten amerikanischen Regierungsbehörden koordinierte. Doch Wallace hatte nach wie vor einen mächtigen Verbündeten – den amerikanischen Arbeiter.

Sieben Jahrzehnte später erinnert sich kaum jemand daran, dass es trotz der Zusage der Gewerkschaften, auf Streiks zu verzichten, während des Zweiten Weltkriegs in den USA zu unzähligen Arbeitsniederlegungen kam. Allein 1944 befanden sich, über das Jahr gerechnet, eine Million Arbeiter im Ausstand – eine Streikwelle, welche die Nation erschütterte. Der Krieg wirkte wie eine Art Jungbrunnen für den amerikanischen Kapitalismus. Zwischen 1940 und 1944 schnellten die Unternehmensgewinne von 6,4 auf 10,8 Milliarden US-Dollar in die Höhe. Kurz: Der Krieg war gut fürs Geschäft. Trotz der explodierenden Gewinne der Konzerne blieben die Arbeitslöhne jedoch eingefroren, was in den Reihen der Arbeiter für großen Unmut sorgte.

Detroit war die Schlüsselstadt in Roosevelts »Arsenal der Demokratie«. Viele afroamerikanische Familien zogen auf der Suche nach Arbeit in den Rüstungsfabriken nach Norden, wo die Spannungen zwischen den Rassen rasch eskalierten. Auf einer Demonstration von weißen Rassisten rief ein Mann:

»Mir ist es lieber, dass Hitler und Hirohito gewinnen, als dass ich am Fließband neben einem Nigger arbeite.«[68] Im Juni 1943 explodierten in Detroit die aufgestauten Spannungen in gewaltsamen Ausschreitungen, verschärft durch die fast ausschließlich weiße Polizei der Stadt. Um die Ordnung wiederherzustellen, wurden Soldaten herbeigerufen – ausgerüstet mit scharfer Munition. 34 Menschen kamen bei den Unruhen ums Leben, 25 davon Schwarze.

Wallace eilte nach Detroit, um den Schaden zu begutachten. Er war entsetzt. »Wir können nicht im Ausland kämpfen, um der Nazi-Brutalität ein Ende zu setzen«, erklärte er, »und Rassenunruhen zu Hause zulassen«[69] – ein Ausspruch, den Jahre später der schwarze Bürgerrechtsaktivist Martin Luther King jr. mit Blick auf den Vietnamkrieg wieder aufgriff.

Während die einflussreichen Arbeiterführer Sidney Hillman und Phil Murray ihr rückhaltloses Vertrauen in Wallace bekundeten, wandten sie sich mit scharfen Worten gegen den Aufstieg neuer Männer wie Byrnes in Washington. Doch die Wallace-Gegner warnten den Präsidenten, dass er, sollte er Wallace erneut als Vizepräsidenten nominieren, eine Spaltung der Partei riskiere. Roosevelt antwortete nicht auf das Ultimatum, er spielte auf Zeit. Seine Frau erinnerte den Präsidenten daran, dass Wallace von Anfang an auf seiner Seite gestanden hatte und von denselben Visionen angetrieben wurde. Dennoch blieb die Haltung des Präsidenten zu seinem Vizepräsidenten uneindeutig, was die konservativen Parteibosse dazu ermutigte, ihre Kampagne gegen Wallace fortzuführen.

Roosevelt sandte Wallace aus, um sich ein Bild vom vergessenen Schauplatz dieses Kriegs zu machen – China. Dort kämpfte der mit den USA verbündete Chiang Kai-shek seit Anfang der 1930er Jahre gegen Japan, zusammen mit seiner Frau, die einflussreiche, in den USA ausgebildete Song Meiling, bekannt als »Madame Chiang Kai-shek«, die über enge Beziehungen zu amerikanischen Konservativen verfügte. In Anbetracht der wachsenden Macht von Mao Tse-tungs kommunistischer Armee beurteilte Wallace Chiang Kai-sheks

Zukunftsaussichten jedoch zurückhaltend. Sein Abschlussbericht galt denn auch als zu kontrovers und wurde zurückgehalten.

Nach seiner Rückkehr aus China wurde Wallace unverzüglich zu einem Treffen mit dem Präsidenten einbestellt, auf dem es um die Nominierung des Vizepräsidenten für den Präsidentschaftswahlkampf ging. Dies war der Moment, den Wallace gefürchtet hatte. »Seine Zuneigung zu mir schien in keiner Weise schwächer geworden zu sein«, berichtete Wallace später. »Ich erinnere mich, wie er mich zu sich herunterzog, sodass sein Mund neben meinem Ohr war und er sagte: ›Henry, ich hoffe, es wird dasselbe alte Team sein.‹«

Eben diese Unterstützung erwartete Wallace, als im Sommer 1944 der Nominierungsparteitag der Demokraten begann. Doch der Präsident, zusehends kränker und schwächer und damit im Wahlkampf von den Parteibossen abhängig, schickte von San Diego aus nur eine kurze Nachricht, in der er schrieb: »Wäre ich Delegierter auf diesem Parteitag, ich würde für Henry Wallace stimmen.«[70] Ungeachtet dieser Worte war das ein schwerer Schlag für Wallace. Der Präsident war nicht willens, für seinen Vizepräsidenten zu kämpfen.

Dennoch blieb Wallace der Favorit. Die Gewerkschaften machten dem Präsidenten klar, dass der Streikbrecher James Byrnes für sie nicht akzeptabel war. Byrnes war aus dem Rennen. Damit brauchten die Parteibosse, angeführt unter anderem von Edwin Pauley, dem Parteivorsitzenden Robert Hannegan, Ed Flynn und Ed Kelley, dringend einen Ersatzmann. Am Ende einigten sie sich auf Senator Harry Truman aus Missouri, ein Mann mit beschränkten Qualifikationen, dafür aber nur wenigen Feinden.

Truman, Absolvent der High School, hatte im Ersten Weltkrieg ehrenvoll gedient und war an drei bankrott gegangenen Unternehmen beteiligt gewesen. Sein ehrgeizigstes Projekt, ein Geschäft für Herrenbekleidung, ging 1922 in die Insolvenz, und 1933 schrieb er: »Morgen werde ich 49, aber bei allem Guten, was ich getan habe, könnte man die 40 auch ruhig weglassen.«[71] Ein Jahr später, nachdem seine ersten vier Kandidaten ihm eine Absage erteilt hatten, hob Tom Pendergast, Boss der Demokraten in Kansas City, den fünfzig Jahre alten Truman als Kandidaten für den Senatswahlkampf auf den Schild. Auf die Frage eines Reporters, warum er sich für Truman entschieden habe, erwiderte Pendergast: »Weil ich zeigen wollte, dass eine gutgeölte Parteimaschine auch einen Bürojungen in den Senat schicken kann.«[72] Truman, der von den meisten Senatoren als »Pendergasts Senator« abgekanzelt und gemieden wurde, gelang es nicht, Roosevelts Billigung seiner Wiederwahl zu erhalten, und so arbeitete er in seiner zweiten Amtszeit hart daran, sich Anerkennung im Senat zu verschaffen.

Laut einer zum Auftakt des Parteitags in Chicago veröffentlichten Gallup-Umfrage befürworteten 65 Prozent der Befragten Wallace' Nominierung zum Vizepräsidenten, weit vor derjenigen von James Byrnes mit drei Prozent und von Truman mit zwei Prozent auf dem achten Platz. Die Arbeiterführer Hillman und Murray hatten für Wallace' Ankunft auf der Versammlung für großes Publikum gesorgt und Tausende von Wallace-Anhängern herangeschafft. Murray stellte sich vor seine Leute und skandierte mit seinem schweren schottischen Akzent: »Wallace – unser Mann! Nur nicht nachlassen!«

Wallace unterstützte Roosevelts Nominierung. »Die Zukunft«, verkündete er in mutigen Worten, »muss gleiche Löhne für gleiche Arbeit bringen – ohne Ansehen von Geschlecht oder Rasse.«[73] Immer wieder wurde seine Rede von spontanem Applaus unterbrochen. »WIR WOLLEN WALLACE«-Sprechchöre hallten durch den Saal. Irgendjemand schaltete sich in die Lautsprecheranlage ein und spielte Wallace' Wahlkampfsong mit dem Refrain »Iowa, Iowa, that's where the tall corn grows!« [»Iowa, Iowa, dort wächst der hohe Mais!«] ab – woraufhin ein wutentbrannter Ed Pauley drohte, die Verstärker abzuschalten.

Wallace' Sieg bei der Abstimmung stand so gut wie fest. Claude Pepper, Senator aus Miami, erkannte, dass Wallace, wenn er sich an diesem Abend zur Abstimmung stellte, den Nominierungsparteitag im Sturm nehmen würde. Kurzentschlossen kämpfte Pepper sich durch die Menge ans Mikrofon vor. Als die Parteibosse das sahen, forderten sie den Sitzungsführer Samuel Jackson auf, die Versammlung sofort aufzulösen. Das Chaos im Saal, riefen sie, stelle eine Feuergefahr dar. Ratlos, was er tun sollte, stellte Jackson die Vertagung der Sitzung zur Abstimmung. Einige Delegierte riefen »Aye«, aber die überwältigende Mehrheit antwortete mit »Nay«, was Jackson jedoch nicht davon abhielt, den Antrag zur Vertagung der Versammlung für angenommen zu erklären.

Ein Skandal. Im Saal machte sich Verwirrung breit. Pepper hatte die Treppe zur Tribüne erreicht und war vielleicht noch zwei, drei Meter vom Mikrofon entfernt, als die Parteibosse gegen den Willen der Delegierten die Auflösung der Versammlung erzwangen. Wäre es Pepper in diesem Moment gelungen, Wallace zur Nominierung vorzuschlagen, dann, daran kann kein Zweifel bestehen, hätten die demokratischen Delegierten Henry Wallace mit großer Mehrheit zum Vizepräsidentschaftskandidaten an der Seite Roosevelts nominiert. »So wie ich das sehe«, schrieb Pepper, »wurde an diesem Abend in Chicago, ob nun zum Guten oder zum Schlechten, der Lauf der Geschichte auf den Kopf gestellt.« Samuel Jackson entschuldigte sich am nächsten Tag bei Pepper, und zwar, wie Pepper in seiner Autobiographie schrieb, mit folgenden Worten: »Ich hatte strikte Anweisungen von Hannegan, die Delegierten gestern Abend davon abzuhalten, den Vizepräsidenten zu nominieren.«[74]

Auch am nächsten Tag hatten Hillman und Murray wieder ihre Truppen hinter sich versammelt, um Wallace zum Sieg zu verhelfen. Doch in dieser Nacht hatten sich Edwin Pauley und die anderen Wallace-Gegner auf Harry Truman als ihren Kandidaten geeinigt. Deals wurden ausgehandelt und Jobs vergeben: Botschafter, Postamtsleiter, Geldzahlungen. Die Parteibosse zitierten die Parteivorsitzenden aus jedem einzelnen Bundesstaat zu sich und verkündeten, Roosevelt wolle den Senator aus Missouri als seinen *running mate*, als Vizepräsidentschaftskandidaten haben.

Bob Hannegan gelang es, 16 Pro-forma-Kandidaten aufzustellen, um Stimmen von Wallace abzuziehen und diese dann Truman zuzuschanzen. Doch das änderte nichts daran, dass, als am nächsten Tag zur Abstimmung gerufen wurde, zunächst Wallace die Nase vorn hatte. Nach der Auszählung des ersten Wahlgangs lag Wallace mit 429 Stimmen deutlich vor Truman mit 319 Stimmen. Dann wurde zum zweiten Wahlgang gerufen – und nun zeigten die von den Parteibossen ausgehandelten Deals Wirkung.

Jackson kündigte an, dass der zweite Wahlgang unmittelbar im Anschluss stattfinden würde und deshalb ab sofort keine neuen Einlasstickets zum Parteikonvent mehr anerkannt würden. Die Polizei des Chicagoer Bürgermeisters Edward Kelly hinderte mehrere Tausend Wallace-Anhänger am Betreten des Saales. Dennoch stimmten die Wallace-Freunde im Saal wie schon zuvor Schlachtgesänge an, um Stimmung für ihren Favoriten zu machen.

Zu Beginn des zweiten Wahlgangs lag Wallace erneut deutlich in Führung, doch als die von Hannegan aufgestellten Nominierten ihre Stimmen auf Truman überschrieben, schmolz Wallace' Vorsprung dahin, und Truman gewann die Wahl. Es war vorbei. Wie der von James Stewart gespielte Jefferson Smith in dem eindrucksvollen Film *Mr. Smith geht nach Washington* von 1939 sagte, als ihm aufging, dass ihn korrupte Washingtoner Insider aufs Kreuz gelegt hatten: Es war »eine weitere verlorene Sache«. Doch anders als in dem Hollywood-Ende, das Frank Capra ungeachtet der Einwände von Drehbuchautor Sidney Buchman einfügte, akzeptierte Henry Wallace seine Niederlage und bekundete seine Loyalität für das Kandidatenpaar Roosevelt-Truman. Auf Roosevelts Drängen hin erklärte er sich sogar bereit, als Handelsminister im neuen Kabinett zu bleiben.

Überschattet von der traditionellen Geschichtsschreibung zum Zweiten Weltkrieg, sind auch in den USA die Vorgänge auf dem Nominierungsparteitag der Demokraten 1944 in Chicago heutzutage weitgehend vergessen. Doch es sollte sich zeigen, dass sie den Gang der Geschichte veränderten. Henry Wallace, der Präsident hätte werden können, konnte nur von der Seitenlinie aus zuschauen, wie die Ereignisse sich entwickelten.

Hinter den Kulissen wurden in diesem entscheidenden Jahr auch außenpolitische Deals ausgehandelt. Churchill, der Roosevelts Optimismus bezüglich Europas misstraute, flog im Oktober 1944 nach Moskau, um sich mit Stalin unter vier Augen zu treffen. Vor dem Hintergrund des amerikanischen Isolationismus nach dem Ersten Weltkrieg ging keiner der beiden Führer ernsthaft davon aus, dass nach Kriegsende US-Soldaten auf europäischem Boden stationiert bleiben würden. Deshalb war es für Churchill unabdingbar, die britische Position so stark wie möglich abzusichern.

Auf der Rückseite eines Blatts Papier entwarf Churchill seinen Vorschlag zur Aufteilung der Einflusssphären beider Länder nach dem Sieg über Deutschland. Die UdSSR würde in Rumänien 90 Prozent sowie in Bulgarien und Ungarn je 75 Prozent bekommen, Jugoslawien im Verhältnis 50 zu 50 geteilt werden und Großbritannien im Gegenzug 90 Prozent in Griechenland erhalten. Griechenland lag nahe an Ägypten und somit auch nahe am strategisch wichtigen Suezkanal, durch den die Handelsströme verliefen, die das Britische Empire am Leben erhielten – aus Ostafrika, aus dem Nahen und dem Mittleren Osten, aus Indien, dem Kronjuwel des Empire, sowie aus dem Fernen Osten. Somit war Griechenland für die britische Position im Mittelmeer von entscheidender strategischer Bedeutung.

Churchill wünschte zwar ein nichtkommunistisches Polen, tatsächlich aber stand Polen für ihn nicht mehr auf der Tagesordnung, denn es ging ihm vor allem darum, die britische Macht abzusichern. Stalin nahm das Blatt, setzte mit einem blauen Stift einen dicken Haken darunter und gab es Churchill zurück, woraufhin dieser bemerkte: »Könnte man es nicht für ziemlich zynisch halten, wie wir hier mit diesen Themen umgehen, die so schicksalsschwer für Millionen sind, und dabei so lässig sind? Lassen Sie uns dieses Papier verbrennen.«[75] Stalin jedoch drängte Churchill, den historischen Fetzen Papier, das der britische Premier zuvor als ein »unanständiges Dokument« – »a naughty document« – bezeichnet hatte, aufzubewahren.[76]

Das war genau die Art geheimer Absprachen, die Roosevelt, der den britischen Machenschaften misstraute, von Anfang an zu verhindern gesucht hatte. Auf einer Pressekonferenz hatte er 1944 über Britisch-Gambia nach einem Besuch dort im vorangegangenen Jahr geäußert: »Etwas so Schreckliches habe ich in meinem ganzen Leben noch nicht gesehen. Die Eingeborenen dort sind im Vergleich zu uns 5000 Jahre zurück. [...] Die Briten sind dort seit 200 Jahren – und für jeden Dollar, den die Briten in Gambia angelegt haben, haben sie zehn Dollar herausgeholt. Sie beuten die Leute dort nach Strich und Faden aus.«[77]

Roosevelt sprach mehrfach von einem nach dem Krieg einzurichtenden Treuhandsystem, das die Kolonien auf ihre Unabhängigkeit vorbereiten solle. Dazu gehörte für ihn Indochina, das, wie er beharrte, nach dem Krieg nicht an Frankreich zurückgegeben werden dürfe, wie es Churchill und der französische Exilführer Charles De Gaulle forderten. »Frankreich hat«, erklärte Roosevelt 1944 seinem Außenminister Cordell Hull, »das Land mit seinen 30 Millionen Einwohnern knapp ein Jahrhundert lang beherrscht, und den Menschen dort geht es heute schlechter, als es ihnen damals ging.«[78] Churchill dagegen sagte zu seiner Nummer zwei, Anthony Eden, Ende 1944: »Uns zu Deklarationen drängen oder verleiten zu lassen, die die britische Souveränität in gleich welchen Dominions oder Kolonien betreffen, kommt gar nicht in Frage. [...] ›Hände weg vom Britischen Empire‹ ist unsere Maxime, und sie darf nicht geschwächt oder besudelt werden, um zu Hause Leuten, die mit Rührseligkeit punkten wollen, zu gefallen oder Ausländern gleich welcher Schattierung.«[79]

Churchill setzte in Athen britische Truppen zur Unterdrückung der linken und kommunistischen Partisanen ein, die im Untergrund den Widerstand gegen die Nazi-Besatzer angeführt hatten und nun mit reaktionären, auf die Wiedereinsetzung des Königs drängenden Kräften um die Macht kämpften. Doch das griechische Volk verspürte wenig Lust, nach den Nazis den alten Monarchen zurückzubekommen. In der griechischen Hauptstadt kam es zu Straßenschlachten. Churchill befahl seinen Männern, Athen wie eine eroberte Stadt zu behandeln, und der britische General Ronald MacKenzie Scobie ließ Sturzkampfbomber angreifen. Stalin dagegen verweigerte den Partisanen die Unterstützung, getreu dem Deal, den er mit Churchill geschlossen hatte. Roosevelt verurteilte das Vorgehen der Briten scharf: »Griechenland. Englische Truppen kämpfen dort gegen die Guerillas, die vier Jahre lang tapfer gegen die Nazis gekämpft haben. [...] Wie können die Engländer so etwas wagen! Ich bin nur neugierig, wie lange sie noch an ihren alten Gewohnheiten festhalten.«[80]

Als der Sieg in Europa näher rückte, kamen im Februar 1945 Roosevelt, Stalin und Churchill in Jalta an der Schwarzmeerküste zum zweiten und letzten Mal zusammen. Der Sowjetunion ging es in erster Linie um die eigene Sicherheit. Die Briten wollten ihr Weltreich bewahren. Die USA wollten einerseits die Hilfe Moskaus, um den Krieg in Asien schneller beenden zu können, andererseits wollten sie Unterstützung für eine Weltwirtschaft, die amerikanischen Handelsgütern und Investitionen offenstand, und für die Gründung der Vereinten Nationen als Garanten des neuen Friedens. Roosevelt, dessen Ärzte ihm dringend von der Reise nach Jalta abgeraten hatten, wurde von Tag zu Tag schwächer, doch sein starker Wille hielt ihn aufrecht. »Es ist ein weltweiter Krieg gewesen,« sagte er, »und wir haben bereits begonnen, daraus einen weltweiten Frieden zu machen.«[81]

Es gab keine Zeit zu verlieren. Und obgleich die Großen Drei sich in Sachen Deutschland nicht vollkommen einig waren, vereinbarten sie die völlige Entwaffnung, Entmilitarisierung und Aufteilung Deutschlands – das eroberte Land sollte, so der Beschluss, in vier Besatzungszonen aufgeteilt werden, eine davon unter französischer Kontrolle.

Die USA hatten noch einen Trumpf in der Hinterhand: ökonomische Hilfe in der Zeit nach dem Krieg, um den Sowjets zu helfen, ihr verheertes Land wiederaufzubauen. Eine Reparationskommission wurde eingesetzt, die über 20 Milliarden US-Dollar verfügen sollte, die Hälfte davon war für die Sowjetunion vorgesehen. Das war das Zuckerbrot.

Polen stand im Mittelpunkt von sieben der insgesamt acht Sitzungen in Jalta. Am Ende kamen die drei Staatsmänner zu einer zugegebenermaßen vagen Einigung über die Einrichtung einer Polnischen Provisorischen Regierung der Nationalen Einheit, der auch demokratische Führungsfiguren aus dem Kreis der Exilpolen angehören sollten. William Leahy, militärischer Stabschef des Präsidenten und Veteran des Spanisch-Amerikanischen Kriegs sowie des Ersten Weltkriegs, warnte Roosevelt: »Die Vereinbarung ist so elastisch, dass die Russen sie im Grunde von Jalta bis nach Washington ausdehnen können, ohne dagegen zu verstoßen.« Roosevelt stimmte ihm zu: »Ich weiß, Bill, ich weiß. Aber es ist das Beste, was ich im Moment für Polen tun kann.«[82]

In Wahrheit hatten die USA und Großbritannien ihren Einfluss damit verspielt, erst sehr spät eine zweite Front eröffnet zu haben. Letztendlich gab Roosevelt in Jalta also nichts auf, was Stalin nicht schon gehabt hätte. Auf der anderen Seite hatte es Stalin nicht eilig damit, in den befreiten Ländern den revolutionären Wandel voranzutreiben – sofern er das überhaupt plante. Er hatte erkannt, dass die Kommunisten, wie in Griechenland, zwar in den Widerstandsbewegungen gegen die Nazis häufig eine führende Rolle gespielt hatten, in den meisten dieser Nationen aber nur eine Minderheit stellten. Stalin, der Trotzkis Begeisterung für den internationalen Kommunismus niemals geteilt hatte, spottete einmal, dass der Kommunismus zu Polen passe wie ein Sattel auf eine Kuh.

Diese Konflikte, die sich hauptsächlich um Polen drehten,

waren es, die schließlich die Allianz spalten sollten. Für Roosevelt jedoch zählte vor allem, dass Stalin definitiv zusagte, drei Monate nach dem Kriegsende in Europa in den Krieg gegen Japan einzutreten. Nach wie vor standen an die zwei Millionen japanische Soldaten in China. Ohne die Hilfe der Sowjetunion bestand die Gefahr, dass der Krieg in Asien sich noch endlos lange hinzog. Im Gegenzug versprach Roosevelt Stalin – zunächst ohne Churchills Wissen – in einem Geheimabkommen territoriale und wirtschaftliche Anreize für die Teilnahme am Krieg gegen Japan.

Darüber hinaus handelten die Großen Drei eine Reihe von Abkommen zu den Vereinten Nationen aus, die im April 1945 zum ersten Mal zusammenkommen sollten, sowie zu einem Treuhändersystem für die befreiten Kolonialgebiete. Was die britischen und französischen Kolonialreiche in Indochina, Afrika und Asien anging, blieben allerdings viele Punkte ungeklärt.

Die Nachrichten aus Jalta sorgten für einen Optimismus, wie man ihn seit Jahrzehnten nicht mehr erlebt hatte. Der frühere US-Präsident Herbert Hoover sprach von einer »großen Hoffnung für die Welt«,[83] und der CBS-Kriegskorrespondent William Shirer, der später den Bestseller *Aufstieg und Fall des Dritten Reichs* verfassen sollte, von einem »Meilenstein in der Geschichte der Menschheit«.[84] Roosevelt kehrte im Triumph nach Hause zurück. Im Kongress, vor dem der gehbehinderte Präsident zum ersten Mal ohne seine Beinschienen sprach, pries er die Verhandlungsergebnisse »als den Beginn einer dauerhaften Friedensordnung, auf der wir, mit Gottes Hilfe, jene bessere Welt errichten können, in der unsere Kinder und Enkelkinder, die meinigen und die Ihren, die Kinder und Enkelkinder der ganzen Welt leben müssen und leben können«.[85]

Für Franklin Delano Roosevelt war dies ein bemerkenswerter Schlusspunkt am Ende eines bemerkenswerten Lebens. Das Abkommen von Jalta ist bis heute umstritten, und gegen Roosevelt wurde der ungerechte Vorwurf erhoben, er habe vor Stalin kapituliert. In den Wochen nach der Konferenz kam es zu Streitereien mit den Sowjets über Polen und andere Fragen, doch Roosevelt blieb zuversichtlich. In seinem letzten Telegramm an Churchill schrieb er: »Ich würde das sowjetische Problem so klein wie möglich halten, da derlei Schwierigkeiten in der einen oder anderen Form jeden Tag auftauchen und die meisten sich von selbst erledigen.«[86]

Roosevelt war überzeugt, dass er lange genug leben würde, um den Frieden umzusetzen. Doch zwei Monate nach Jalta, nach zwölf Jahren im Amt, erlitt er einen schweren Hirnschlag, und sein großes Herz hörte auf zu schlagen. Als der am längsten amtierende Präsident in der amerikanischen Geschichte hatte Franklin Delano Roosevelt die Nation durch ihre schwersten Zeiten gesteuert – die Große Depression und den Zweiten Weltkrieg. Ohne ihn konnte der Frieden, der in Jalta zwischen den drei Großmächten Großbritannien, USA und Sowjetunion ausgehandelt worden war, nicht bewahrt werden.

Mit Roosevelts Tod stieg Harry Truman, der nach den Wahlen von 1944 anstelle von Wallace als Vizepräsident ins Weiße Haus eingezogen war, zum Präsidenten der USA auf. Neben Stalin und Churchill war der neue Präsident nur ein Schatten seines Vorgängers, was Truman auch offen eingestand. An seinem ersten Tag im Amt erwiderte Truman auf die Frage von Reportern, wie es so mit der Arbeit laufe: »Leute, wenn ihr jemals betet, dann betet jetzt für mich. Ich weiß nicht, ob einem von euch schon einmal ein Heuballen auf den Kopf gefallen ist, aber als ich gestern erfahren habe, was passiert ist, hat sich das angefühlt, als wären mir der Mond, die Sterne und alle Planeten auf den Kopf gefallen. Ich habe den verantwortungsvollsten Posten bekommen, den je ein Mann hatte.« Und als ihm ein Reporter »Viel Glück, Mr. President« zurief, antwortete Truman: »Ich zöge es vor, Sie müssten mir das nicht wünschen.«[87] Das war keine falsche Bescheidenheit, ganz im Gegenteil. Truman war erst seit 82 Tagen Vizepräsident und hatte in dieser Zeit lediglich zweimal mit Roosevelt gesprochen. Und weder Roosevelt noch irgendjemand sonst hatte sich die Mühe gemacht, den als Leichtgewicht geltenden Vizepräsidenten darüber in Kenntnis zu setzen, dass die Vereinigten Staaten im Begriff waren, die mächtigste Waffe in der Geschichte der Menschheit zu vollenden.

Am 15. April reihten sich Truman und Wallace, der jetzt Handelsminister war, an der Washingtoner Union Station in Roosevelts Trauerzug ein. Neben ihnen schritt James Byrnes, Trumans Mentor aus Senatstagen, der sich um den Neuankömmling aus Missouri gekümmert hatte, als die meisten anderen Senatoren Truman als Pendergasts Marionette abtaten und mieden.

Byrnes hatte Roosevelt nach Jalta begleitet, und obwohl er, wie Truman später herausfand, die Konferenz vorzeitig verlassen und an den wichtigen Diskussionen nicht teilgenommen hatte, war der neue Präsident davon so beeindruckt, dass er ihn zu seinem wichtigsten Berater kürte. Byrnes informierte Truman erstmals ausführlich über die Atombombe, »die groß genug ist, um die ganze Welt zu zerstören« und die »uns durchaus in die Lage versetzen könnte, am Ende des Kriegs unsere Bedingungen zu diktieren«.[88] Zu der Frage, wem die USA diese Bedingungen diktieren könnten, äußerte Byrnes sich nicht.

Diese Tage waren ein entscheidender, wiewohl weitgehend vergessener Moment in der Weltgeschichte, der es wert ist, ihn noch einmal Revue passieren zu lassen. Der Erste, der Truman am 13. April, seinem ersten vollen Tag im Amt, seine Aufwartung machte, war Außenminister Edward Stettinius. Der frühere Aufsichtsratsvorsitzende des Stahlkonzerns US Steel hatte auf Roosevelt kaum Einfluss ausgeübt. Truman gegenüber zeichnete Stettinius nun ein Bild von sowjetischer Täuschung und Hinterlist, eine Einschätzung, die, wie er betonte, der britische Premier voll und ganz teile. Churchill wiederum verlor keine Zeit, diese Ansicht in Telegrammen und durch einen Blitzbesuch seines Außenministers Anthony Eden zu bestätigen.

Der britische Botschafter in den USA, Lord Halifax, bewertete den neuen amerikanischen Präsidenten als einen »aufrichtigen und fleißigen, aber mittelmäßigen Mann, [...] einen ungeschickten, wenn auch wohlmeinenden Amateur«, umgeben von provinziellen Freunden, die aus einem »Amtsgericht in Missouri« stammen könnten.[89]

Am Nachmittag dann traf sich Truman mit James Byrnes. Nachdem Truman ihm seine absolute Ahnungslosigkeit gestanden hatte, bat er seinen Besucher, ihn über alles »von Teheran bis Jalta« und »alles andere unter der Sonne« zu berichten.[90] Byrnes kam der Bitte gerne nach. In mehreren Sitzungen unterstrich Byrnes Stettinius' Ansicht, dass die Sowjets gegen die Jalta-Abkommen verstießen, und drängte Truman, Moskau gegenüber einen unnachgiebigen Kurs zu verfolgen. Truman wiederum bekundete seine Absicht, Byrnes zum Außenminister zu machen, sobald Stettinius die Vereinten Nationen aus der Taufe gehoben haben würde.

In dieser Atmosphäre warnte US-Botschafter Averell Harriman, der aus Moskau herbeigeeilt war, dass die USA »einer Invasion der Barbaren in Europa« gegenüberstünden. Auch er bedrängte Truman, hart zu bleiben und dem russischen Außenminister Molotow, der auf dem Weg nach Washington war, klipp und klar mitzuteilen, dass »wir nicht bereit sind, uns in der Polenfrage herumschubsen zu lassen«.[91] Sobald die Russen die Kontrolle über ein Land hätten, erklärte Harriman, schickten sie ihre Geheimpolizei los und unterbänden jede freie Meinungsäußerung. Andererseits würden die Sowjets, so der Botschafter weiter, keinen Bruch mit den USA riskieren, weil sie unter keinen Umständen auf die ihnen von Roosevelt für die Nachkriegszeit versprochene Wiederaufbauhilfe verzichten wollten. Truman verbarg sein begrenztes Verständnis der von Harriman aufgeworfenen Fragen hinter gespielter Souveränität und entgegnete, dass er nicht erwarte, 100 Prozent von dem zu bekommen, was er von den Russen wolle. 85 Prozent würden ihm schon reichen.

Es ist wichtig, zu verstehen, dass viele der lautstärksten Kritiker der Sowjetunion einen ähnlichen sozialen Hintergrund und einen tiefen Hass auf alles teilten, was nach Sozialismus roch. Harriman war der Sohn eines Eisenbahn-Magnaten und einer der Gründer der Investmentbank Brown Brothers Harriman & Co. Marineminister James Forrestal hatte ein Vermögen an der Wall Street gemacht. Stettinius war der Aufsichtsratsvorsitzende des größten US-Konzerns gewesen. Enorm reiche Bankiers, Wall-Street- und Washingtoner Anwälte sowie Konzernchefs, die entweder geerbt hatten oder in den Zwischenkriegsjahren zu Reichtum gekommen waren, mischten ebenfalls mit. Zu den Männern, welche die Nachkriegspolitik der USA prägen sollten, gehörten Dean Acheson, Robert Lovett, John McCloy, John Foster und Allen Dulles, Nelson Rockefeller, Paul Nitze und General-Motors-Präsident Charles Wilson, der als Vorsitzender des Kriegswirtschaftsausschusses gesagt hatte, die Vereinigten Staaten bräuchten »eine permanente Kriegsökonomie«.[92] Obwohl sie Roosevelt gedient hatten, war ihr Einfluss auf ihn gering gewesen.

Es waren die altgedienten Regierungsmitglieder – Kriegsminister Henry Stimson, der Heeresstabschef George C. Marshall und Handelsminister Henry Wallace –, die gegen diese feindselige Haltung gegenüber Moskau waren. Admiral William Leahy verwies erneut auf die Elastizität des Abkommens von Jalta und auf das Problem, wie leicht sich auf dieser Grundlage Böswilligkeit unterstellen ließe. Tatsächlich, meinte Leahy, wäre er überrascht gewesen, wenn die Sowjets sich nach Jalta anders verhalten hätten.

Marshall, der vom *Time*-Magazin 1943 zum »Mann des Jahres« gekürt worden war, warnte, ein Bruch mit Moskau würde sich angesichts der Abhängigkeit der USA von sowjetischer Hilfe im Kampf gegen Japan katastrophal auswirken. Der konservative Kriegsminister Henry Stimson, der im 19. Jahrhundert gegen die Ute-Indianer gekämpft hatte und sich immer noch gerne mit »Colonel« ansprechen ließ, war ein sehr erfahrener Mann. Angesichts gewaltsamer Machterweiterungen durch die Sowjets erklärte er, die UdSSR sei ein vertrauenswürdiger Alliierter gewesen und Moskau habe oft sogar mehr getan, als man dort versprochen gehabt hätte, insbesondere in militärischen Angelegenheiten. »Die Russen waren«, erinnerte er den Präsidenten an die Bedeutung Polens für Russland, »im Hinblick auf ihre eigene Sicherheit vielleicht realistischer, als wir das waren.« Schon früher hatte er darauf verwiesen, dass Russland »vor 1914 ganz Polen einschließlich Warschau und bis zur Grenze mit Deutschland besessen hatte und Moskau nicht um die Restitution dieser Grenzen bat«.[93] Außerdem würden außerhalb der USA und Großbritanniens nur wenige Länder das westliche Konzept von freien Wahlen teilen.

Dessen ungeachtet warf Truman bei seinem ersten Treffen mit dem russischen Außenminister Wjatscheslaw Molotow am 23. April, elf Tage nach Roosevelts Tod, den Sowjets umgehend vor, sie hätten gegen das Jalta-Abkommen verstoßen, und zwar insbesondere Polen betreffend. Als Molotow sich bemühte, die Bestimmungen zu Polen aus Stalins Sicht zu erläutern, wies Truman seine Klarstellungsversuche zurück. Und als Molotow andere Fragen ansprach, fiel Truman ihm ins Wort und sagte: »Das wäre dann alles gewesen, Mr. Molotow. Ich würde es zu schätzen wissen, wenn Sie Marschall Stalin meine Ansichten übermitteln könnten.« Als ein brüskierter Molotow erwiderte, so habe in seinem »ganzen Leben noch nie jemand« zu ihm gesprochen, meinte Truman bloß: »Halten Sie sich an Ihre Abmachungen, und niemand wird so zu Ihnen sprechen.« Molotow stürmte aus dem Raum. Nach dem Treffen protzte Truman: »Ich hab's ihm gegeben. Eine Links-Rechts-Kombination voll aufs Kinn.«[94]

Trumans harscher Umgang mit dem sowjetischen Außenminister dürfte bei ihm Erinnerungen an den 1,63 Meter großen John »Peanuts« Truman geweckt haben, den Vater des 1,76 Meter großen Präsidenten, der sich damals in Missouri nicht gescheut hatte, auch gegen 30 Zentimeter größere Männer in den Ring zu steigen, nur um zu zeigen, was für ein harter Kerl er war. Dieselbe Härte wünschte er sich von seinen Söhnen, und er fand sie in John Vivian, Harrys jüngerem Bruder. Harry dagegen war stark weitsichtig und musste Brillen mit flaschenbodendicken Gläsern tragen. In der Schule konnte er nicht am Sportunterricht teilnehmen und wurde von den anderen Jungs schikaniert, die ihn als »Vierauge« und »Memme« verspotteten und ihm auf dem Heimweg nachstellten. Wenn er zitternd vor Angst nach Hause kam, tröstete ihn seine Mutter, er solle sich das nicht zu Herzen nehmen, weil er ja sowieso ein Mädchen hätte werden sollen.

Die Frage nach dem Geschlecht trieb ihn jahrelang um, und später sollte er häufig auf seine femininen Züge und Eigenschaften hinweisen. Wirtschaftliche Not verstärkte seine Sorgen noch. Als Präsident der Vereinigten Staaten war er endlich keine Memme mehr und demonstrierte, dass er es mit den Führern der zweitmächtigsten Nation der Erde aufnehmen konnte. Sein lange verstorbener Vater, dessen Anerkennung er vergebens zu gewinnen versucht hatte, wäre stolz auf ihn gewesen!

Stalin, der sich verraten fühlte, schickte Truman gleich am nächsten Tag ein Telegramm, in dem er klarstellte, dass Roosevelt einer prosowjetischen polnischen Regierung als Kern einer neuen Regierung in Warschau zugestimmt habe. Er wisse ja nicht, fuhr Stalin fort, ob die Regierungen in Belgien oder Griechenland wirklich demokratisch seien, aber er würde deshalb keinen Stunk machen, da es in beiden Ländern um vitale britische Interessen gehe. Das waren deutliche Worte. Und so geriet die Eröffnung der Vereinten Nationen in San Fransisco am 25. April nicht, wie beabsichtigt, zum feierlichen Beginn einer neuen Ära des internationalen Friedens, sondern infolge der Spannungen zwischen den Alliierten zu einem Fiasko. Die Forderung Moskaus, die prosowjetische Regierung als Vertretung für Polen zuzulassen, wurde abgewiesen, und von da an ging es mit den Beziehungen zwischen den ehemaligen Verbündeten rasch bergab.

Truman, der erkannte, dass er mit seiner aggressiven Taktik nicht die erwünschten Ergebnisse erzielte, traf sich in der

Folgezeit zweimal mit Joseph Davies, dem früheren US-Botschafter in Moskau. Davies, von Haus aus ein konservativer Wirtschaftsanwalt, hatte mit dem sowjetischen Experiment sympathisiert und damit seine liberalen Kritiker überrascht. Die Sowjets, erklärte der Ex-Botschafter dem Präsidenten, legten seit jeher »größten Wert auf Gegenseitigkeit [...] zwischen Verbündeten«. Sie hätten die von den Briten eingesetzten Regierungen in Afrika, Italien und Griechenland akzeptiert, obwohl diese nicht die antifaschistischen Kräfte vor Ort repräsentierten, weil die Sowjets anerkannten, dass es sich hier um »vitale Interessen« der USA und Großbritanniens handele. Nun erwarteten sie im Gegenzug eine vergleichbare Anerkennung ihrer vitalen Sicherheitsinteressen in Polen.

In den letzten sechs Wochen habe sich, erläuterte Davies weiter, die Beziehung zwischen den Alliierten fundamental verändert, und zwar vornehmlich auf Betreiben der Briten. Sollten die Russen, warnte er, zu dem Schluss kommen, dass die USA und Großbritannien gemeinsame Front gegen die Sowjetunion machten, würden sie versuchen, den Westen auszustechen – nicht anders als 1939 durch den Nichtangriffspakt mit Hitler, als klargeworden war, dass der Westen ihnen im Kampf gegen die Nazis nicht beistehen würde. Doch Davies versicherte dem Präsidenten: »Wenn man ihnen mit Großzügigkeit und Freundlichkeit begegnet, reagieren sie mit noch mehr Großzügigkeit.« Davies sagte zu, ein Treffen zwischen Truman und Stalin in die Wege zu leiten.[95]

Ein paar Tage nach Roosevelts Tod hatten die Sowjets begonnen, an Oder und Neiße drei Armeen mit insgesamt 2,5 Millionen Mann zusammenzuziehen, um Berlin zu erobern und Hitlers »Tausendjährigem Reich« den endgültigen Todesstoß zu versetzen. Trotz ihrer schweren Verluste brachten die Deutschen es fertig, rund eine Million Mann zur Rettung des Reichs aufzubieten, die teilweise aus gutbefestigten Stellungen kämpften. Ihre fanatischsten Kämpfer in dieser entsetzlichen Götterdämmerung waren – Kindersoldaten.

Es war das letzte Aufgebot des Dritten Reichs. Die Schlacht um Berlin war blutig. In den Straßen- und Häuserkämpfen fielen 80 000 russische Soldaten, 275 000 weitere wurden verwundet. Gut zwei Wochen nach Beginn der Offensive kapitulierte Berlin. Hitler und seine langjährige Geliebte Eva Braun heirateten und nahmen sich nur Stunden später das Leben.

Angetrieben von dem Wunsch nach Rache für die Vergewaltigung der UdSSR durch die Deutschen und noch weiter aufgestachelt durch das, was sie auf dem Weg nach Berlin bei der Befreiung der Konzentrationslager in Majdanek oder Auschwitz gesehen hatten, behandelten die sowjetischen Soldaten die besiegten Deutschen brutal. Stalin unternahm nichts, um ihnen Einhalt zu gebieten. Doch als dann weltweit immer mehr Berichte über Horden von Rotarmisten, die ihre Rachegelüste an den besiegten Deutschen abreagierten, über den Äther gingen, kam von oben der Befehl, damit aufzuhören, und mit den Vergewaltigungen hatte es ein Ende. Dennoch gab es weitere Berichte – einigen zufolge wurden bis zu zwei Millionen deutsche Frauen vergewaltigt. Innerhalb von wenigen Wochen nach der Niederlage mussten über 100 000 Frauen wegen sexueller Übergriffe medizinische Hilfe in Anspruch nehmen.

Im Sinne des von Roosevelt und Stalin vereinbarten Plans, Deutschland in einen Agrarstaat zu verwandeln, verfrachteten die Sowjets in den ersten paar Monaten 100 000 Güterwaggons mit Baumaterialien und persönlichen Besitztümern nach Russland – ein Teil davon für den Wiederaufbau der am Boden liegenden Sowjetökonomie, außerdem Pelze, Gemälde, Gold und Edelsteine für rein finanzielle Zwecke. Zusammen mit den Vergewaltigungen bestätigte dieses Vorgehen die weltweite Wahrnehmung der Sowjetunion als einer barbarischen und brutalen halbasiatischen Nation, die in das einstmals zivilisierte Europa einmarschierte.

Im Wörterbuch wird »Empathie« definiert als die »Bereitschaft und Fähigkeit, sich in die Einstellungen anderer Menschen hineinzuversetzen«.[96] Truman jedoch schien außerstande, den Schmerz und das Leid der Menschen in der Sowjetunion zu erfassen, oder ihre Motive. Roosevelt, der mit knapp vierzig Jahren schwer an Kinderlähmung erkrankt war, hatte verstanden, dass der Krieg dank der Opfer des sowjetischen Volkes gewonnen worden war und der Frieden nun gegenseitigen Respekt verlangte.

Selbst Churchill hatte eingestanden, dass die Rote Armee der deutschen Militärmaschinerie »die Eingeweide herausriss«.[97] Stalin war ein Tyrann durch und durch, ein unbarmherziger, paranoider Diktator, der das amerikanische Demokratiekonzept verabscheute. Er stand allerdings auch in der Tradition der – mitunter sehr grausamen – russischen Zaren. Mit Roosevelt war er offensichtlich gut ausgekommen und hatte, mit ein paar Ausnahmen, seine Zusagen stets eingehalten. Und Stalin legte großen Wert darauf, die freundschaftlichen Beziehungen zu den Vereinigten Staaten fortzuführen. Doch mit Ausbruch des Kalten Kriegs gerieten die sowjetischen Siegeslorbeeren in Vergessenheit.

Es sollten zwanzig Jahre vergehen, bis ein anderer Veteran und US-Präsident, John Fitzgerald Kennedy, der sein Leben lang unter mehr oder weniger starken Schmerzen gelitten hatte und mit dem eigenen Tod konfrontiert gewesen war, dem Beitrag der Sowjetunion gebührenden Tribut zollte. »[In] der Kriegsgeschichte hat noch nie eine Nation dermaßen viel Leid ertragen müssen wie die Sowjetunion im Laufe des Zweiten Weltkriegs«, erinnerte Kennedy 1963 Studenten an der American University auf ihrer Abschlussfeier. »Damals kamen mindestens 20 Millionen Menschen ums Leben. Unzählige Millionen Wohnhäuser und Bauernhöfe wurden niedergebrannt oder geplündert. Ein Drittel des Staatsgebiets, und hierzu zählten fast zwei Drittel seiner industriellen Basis, wurden in eine Ödnis verwandelt. Dieser Verlust ist mit der Zerstörung der Gebiete östlich von Chicago zu vergleichen.«[98]

Am 8. Mai 1945 kapitulierte Deutschland. Rund um die Welt wurde der Sieg der Alliierten in Europa gefeiert. Zugleich bedeutete dieser Sieg, dass die Sowjetunion, wie in Jalta vereinbart, um den 8. August herum in den Pazifik-Krieg eintreten würde – gut drei Monate vor der geplanten Invasion der japanischen Hauptinseln. Als Truman und Byrnes, inzwischen Außenminister, in Potsdam auf der wichtigsten Konferenz des Zweiten Weltkriegs mit Stalin und Churchill zusammenkamen, warteten sie gespannt auf Nachrichten über den geheimen Atomtest in der Wüste von New Mexico.

In der Hoffnung auf einen erfolgreichen Bombentest noch vor Beginn der Verhandlungen mit Stalin hatte Truman den Beginn der Konferenz von Anfang auf Mitte Juli verschoben. »Wir standen«, bekundete Robert Oppenheimer, der Leiter des Manhattan-Projekts, »unter einem unglaublichen Druck, den Test noch vor dem Potsdamer Treffen erfolgreich über die Bühne zu bringen.«[99] Das Warten sollte sich für Truman auszahlen.

Am 16. Juli, Truman besichtigte gerade das zerbombte Berlin und bereitete sich auf sein erstes Treffen mit Stalin am nächsten Tag vor, zündeten die Wissenschaftler des Manhattan-Projekts die erste Atombombe in der Geschichte der Menschheit. Ihre Wirkung übertraf alle Erwartungen. Einige Wissenschaftler fürchteten sogar, sie hätten die Atmosphäre in Brand gesetzt. Groves kabelte die vorläufigen Ergebnisse des Atomtests an Stimson, der die Nachricht unverzüglich an Truman und Byrnes weitergab. Sie waren in Hochstimmung. Sie hatten, wie sie nur zu gut wussten, ein Rendezvous mit dem Schicksal.

5

Die Bombe – Japans Ende?

Am 6. August 1945 wandte sich der amerikanische Präsident Truman über den Rundfunk an die Nation: »Vor kurzem hat ein amerikanisches Flugzeug eine Bombe auf die Stadt Hiroshima abgeworfen und ihren Nutzen für den Feind zerstört. […] Die Japaner haben in Pearl Harbor den Krieg aus der Luft zu uns gebracht. Sie haben es vielfach heimgezahlt bekommen. Und das ist noch nicht das Ende. […] Es handelt sich um eine Atombombe, die der Urkraft des Universums Zügel anlegt. […] Wir werden ihre Häfen zerstören, ihre Fabriken, ihre Kommunikationseinrichtungen. Um es klar zu sagen – wir werden Japans kriegerisches Potential vollständig zerstören.«[100]

Der Krieg in Europa war knapp drei Monate zuvor am 8. Mai zu Ende gegangen. Für den 1. November war die Operation Downfall angesetzt, die Invasion der japanischen Inseln unter dem Befehl von General Douglas MacArthur. Viele befürchteten ein Blutbad im Kampf gegen eine, wie viele US-Militärs überzeugt waren, fanatische feindselige Zivilbevölkerung und das, was von der Kaiserlich Japanischen Armee noch übrig war.

Die Stimmung im Krieg gegen Japan war geprägt von dem glühenden Hass, den die Amerikaner gegenüber den Japanern empfanden. »In unserer ganzen Geschichte dürften wir wohl keinen Feind so sehr verabscheut haben wie die Japaner«, schrieb der Historiker und Pulitzer-Preisträger Allan Nevins kurz nach dem Krieg.[101] Berüchtigt in dieser Hinsicht war Admiral William »Bull« Halsey, Befehlshaber der US-Flotte im

Südpazifik, der seine Männer aufforderte, die »gelben Affen« umzubringen und für »noch mehr Affenfleisch« zu sorgen.[102] »Der durchschnittliche, gedankenlose Japse ist ignorant. Vielleicht ist er ein Mensch, [...] aber nichts deutet darauf hin.«[103]

Die Amerikaner sahen, wie die britische Botschaft in Washington nach London meldete, in den Japanern nichts weiter als eine »anonyme Masse von Ungeziefer«.[104] Als der populäre Kriegskorrespondent Ernie Pyle im Februar 1945 von Europa in den Pazifik verlegt wurde, schrieb er: »In Europa hatten wir das Gefühl, dass unsere Feinde, so entsetzlich und tödlich sie auch sein mochten, dennoch Menschen waren. Hier draußen aber fiel mir bald auf, dass man die Japaner als Untermenschen und als etwas Abstoßendes ansah, gerade so, wie manche Leute auf Kakerlaken oder Mäuse herabsehen.«[105]

Ein Teil dieser Abneigung kann sicherlich rassistischen Einstellungen zugeschrieben werden, doch nahm der Hass der Amerikaner auf die Japaner nach dem Angriff auf Pearl Harbor rapide zu. Und dann noch mehr, als Washington Anfang 1944 Informationen über die sadistische Behandlung amerikanischer und philippinischer Kriegsgefangener während des Todesmarsches von Bataan zwei Jahre zuvor veröffentliche. Die Medien überschlugen sich mit Berichten über unaussprechliche japanische Gräueltaten: Folterung, Kreuzigung, Kastration, Zerstückelung, Enthauptung, Begraben oder Verbrennen bei lebendigem Leib, Vivisektionen und Gefangene, die an Bäume genagelt und von japanischen Soldaten für Bajonett-Übungen missbraucht wurden.

Truman allerdings pflegte schon lange vor diesen Berichten über die japanischen Untaten einen ausgeprägten Rassismus. »Ich finde, ein Mensch ist so gut wie der andere, solange er aufrecht und anständig und kein Nigger oder Chinese ist«, schrieb er als junger Mann in einem Brief an seine spätere Frau. »Onkel Will sagt, der Herr hat uns Weiße aus Staub gemacht und den Nigger aus Schlamm. Dann hat er das, was übrig war, hochgeworfen, und herunter kam der Chinese. Er hasst die Chinesen und die Japsen. Und ich tue das auch.«[106] Truman war, wie man der Fairness halber hinzufügen sollte, ein Produkt seiner Zeit und seiner Herkunftsregion. »Unter vier Augen sagte Mr. Truman immer ›Nigger‹, zumindest jedes Mal, wenn ich mit ihm sprach«, schrieb Merle Miller in seiner Truman-Biographie.[107]

Dieser Rassismus schlug sich auch in dem von Präsident Roosevelt im Februar 1942 unterschriebenen Dekret nieder, mit dem er die Deportation von über 110 000 Japanern und japanischstämmigen Amerikanern aus den Bundesstaaten Washington, Oregon und Kalifornien anordnete. Die Begründung lautete, dass sie eine Gefahr für die nationale Sicherheit darstellten. 70 Prozent der Betroffenen waren amerikanische Staatsbürger. Kaum jemand nahm die Mühe auf sich, die von der Verfassung garantierten Rechte dieser Bürger zu verteidigen, die schließlich in zehn zu jener Zeit häufig als »Konzentrationslager« bezeichneten Camps interniert wurden. Die Bedingungen dort waren jämmerlich, es fehlte an allem, an fließendem Wasser, sanitären Anlagen, Schulen für die Kinder, separaten Unterkünften und ordentlichen Dächern. Die Erwachsenen mussten für einen Hungerlohn in der sengenden Wüstensonne schuften.

Die Deportierten durften nur mitnehmen, was sie tragen konnten. Nicht wenige Bewohner der Westküstenstaaten nutzten die Gelegenheit, sich die Häuser oder Wohnungen ihrer Nachbarn zu einem Bruchteil des eigentlichen Werts unter den Nagel zu reißen. Insgesamt verloren die japanischen Amerikaner persönliches Eigentum im Wert von schätzungsweise 400 Millionen US-Dollar – auf heute umgerechnet mehr als fünf Milliarden US-Dollar.

Der Widerstandswille der Japaner selbst im Angesicht der sicheren Niederlage ist legendär. Während der fünfwöchigen Schlacht um die Pazifikinsel Iwo Jima im Februar und März 1945 starben fast 7000 amerikanische Matrosen und Marineinfanteristen, über 18 000 wurden verwundet. Selbst Hollywood-Star John Wayne musste in dem 1949 in die Kinos gekommenen Film *Du warst unser Kamerad* über den Kampf um Iwo Jima sein Leben lassen.

In der blutigsten Schlacht im Pazifikkrieg, dem amerikanischen Angriff auf Okinawa, kamen über 12 000 US-Soldaten ums Leben, und weitere 36 000 erlitten Verwundungen. Auf japanischer Seite betrugen die Verluste 100 000 Tote, dazu kam noch einmal mindestens dieselbe Zahl an zivilen Opfern, von denen einige Selbstmord verübten. Besonders schockiert reagierten die Amerikaner auf die 1900 japanischen Kamikaze-Angriffe, durch die dreißig Kriegsschiffe versenkt und rund 360 beschädigt wurden. Die japanischen Soldaten kämpften nicht nur für ihr Land, sondern auch für ihren Kaiser, den viele wie einen Gott verehrten. Wenn sie sich ergeben hätten, wäre das eine Schande für ihre Familien gewesen, während der Tod auf dem Schlachtfeld als höchste Ehre galt.

Eine Invasion auf den Hauptinseln würde, darin waren sich alle Militärstrategen einig, das Leben vieler amerikanischer Soldaten kosten. Wie viele genau, war allerdings eine Frage, über die jahrzehntelang heftig gestritten wurde. General George Marshall jedenfalls sagte am 18. Juni zu Truman, dass er für die ersten dreißig Tage mit amerikanischen Verlusten von 30 000 Mann rechne, darunter 6000 Tote.

Der Zweite Weltkrieg sollte die moralische Hemmschwelle der USA dramatisch senken. Die Flächenbombardements von Städten war keine neue Erfindung; schon im Ersten Weltkrieg hatten die Europäer ihre Städte gegenseitig aus der Luft bombardiert. Als die japanische Luftwaffe 1937 chinesische Städte angriff, hatten die USA das noch scharf verurteilt. Und bei Ausbruch des Kriegs 1939 appellierte Roosevelt an die kriegführenden Nationen, auf die »unmenschliche Barbarei« der Bombardierung schutzloser Städte zu verzichten. Mitte der 1940er Jahre jedoch waren bereits viele Großstädte, darunter Barcelona, Madrid, Shanghai, Peking, Nanjing, Warschau, London, Rotterdam, Moskau, Leningrad, Budapest, Wien,

Köln und Berlin, bei Luftangriffen massiv bombardiert worden. Deutschland hatte in der Luftschlacht um England mit systematischen Flächenbombardements auf britische Städte begonnen; die Briten antworteten mit Bombergeschwadern, die zum Teil tausend Flugzeuge zählten.

Als der amerikanische Luftwaffengeneral Curtis LeMay 1942 mit der 8. US-Luftflotte in Großbritannien eintraf, basierte die amerikanische Luftkriegsstrategie auf Tageinsätzen großer Bomberverbände gegen deutsche Schlüsselindustrien und Verkehrsinfrastrukturen. Doch die Verluste unter den Crews waren enorm, und viele Piloten brachen aus Angst um ihr Leben ihre Missionen einfach ab und kehrten zu den Stützpunkten zurück. Die Moral der Flieger drohte zu kippen, und LeMay sah sich genötigt, eine harsche Warnung auszusprechen. »Unsere Abbruchquote ist zu hoch, und der Grund dafür ist Angst«, sagte er zu seinen Leuten. »Deshalb werde ich bei diesen Missionen im Führungsflugzeug sitzen und jede Crew, die abhebt und nicht das Zielgebiet erreicht, vor das Kriegsgericht bringen.«[108]

Die Abbruchquote sank auf beinahe null. Immer noch unzufrieden angesichts der begrenzten Möglichkeiten konventioneller Luftangriffe, suchte LeMay weiter nach wirksameren Methoden – und wurde bei den Briten und insbesondere beim berüchtigten Sir Arthur »Bomber« Harris fündig, der keine Unterscheidung zwischen militärischen und zivilen Zielen vornahm. Harris war es, der den im Februar 1942 angeordneten Schwenk von den gefährlichen, am Tag geflogenen Punktzielbombardements hin zu notorisch ungenauen nächtlichen Flächenbombardements ausgeheckt hatte, die hohe Verluste unter der Zivilbevölkerung forderten – ein Gemetzel, mit der die amerikanische Luftwaffe nichts zu tun haben wollte. Die Folge war ein Rund-um-die-Uhr-Bombardement – die Briten flogen in der Nacht, die Amerikaner tagsüber.

Im Juli 1943 legten britische Bomber Hamburg in Schutt und Asche; Feuerstürme höher als das Empire State Building rasten durch die Stadt. LeMay wollte nicht zurückstehen, und im Oktober 1943 zerstörte die U.S. Army Air Force Münster. Es war der Beginn einer neuen Form des Kriegs.

In der Nacht zum 13. Februar 1945 verschwand die mit Flüchtlingen aus dem Osten überfüllte prächtige Barockstadt Dresden an der Elbe vom Angesicht der Erde. Der nächtliche Bombenangriff der Briten forderte 25 000 Menschenleben, am nächsten Morgen folgte eine Angriffswelle amerikanischer Bomber. Die Stadt besaß kaum militärische Bedeutung. Die personellen und materiellen Kosten für die alliierten Flächenbombardements in Europa waren immens, sie summierten sich auf fast ein Viertel der britischen Kriegsbemühungen und einen guten Teil jener der USA. Aber waren sie das auch wert?

Die Bombardements aus der Luft bremsten das Wachstum der deutschen Rüstungsproduktion und wirkten sich auch auf die Moral der Zivilbevölkerung aus – insgesamt verloren schätzungsweise eine halbe Million deutsche, italienische und französische Zivilisten im alliierten Bombenhagel ihr Leben. Und sie zwangen die deutsche Luftwaffe, Einheiten zur Verteidigung des Reichs abzustellen, die damit an der Ostfront nicht mehr verfügbar waren. Andererseits könnte es die Deutschen weniger gekostet haben, sich gegen die Bombenangriffe zu verteidigen und die angerichteten Schäden zu beheben, als die Alliierten investieren mussten, um ihr Vernichtungswerk anzurichten. Über 79 000 amerikanische Piloten und Crewmitglieder und ebenso viele britische Flieger verloren in den Kämpfen ihr Leben. Selbst Churchill fragte sich 1943: »Sind wir Bestien? Treiben wir es zu weit?«[109] Mitte April 1944 war in Deutschland nicht mehr viel übrig, das zu zerstören den Aufwand gelohnt hätte. Aber LeMay drängte weiter: »Man muss Leute umbringen, und wenn man genug von ihnen umgebracht hat, hören sie auf zu kämpfen.«[110]

Ende 1944 wurde der Mann, den die Japaner »Dämon« LeMay taufen sollten, in den Pazifik versetzt, wo er die japanische Zivilbevölkerung mit einer noch nie erlebten Vehemenz bombardieren ließ. Unverblümter als die Briten mit ihrem »Flächenbombardement« sprach LeMay nun von einem »Terrorbombardement«. Nachdem die USA 1944 mehr und mehr japanisch besetzte Territorien erobert hatten, lag schließlich Japan selbst in der Reichweite der amerikanischen Bomber. Und in der Nacht vom 9. auf den 10. März 1945 schickte LeMay 334 Flugzeuge gegen die japanische Hauptstadt Tokio – an Bord Brandbomben, die aus Napalm, Thermit, weißem Phosphor und nahezu jedem entflammbaren Material bestanden und ausdrücklich für den Einsatz gegen Zivilisten bestimmt waren.

Tokio war eine tausend Jahre alte Ansammlung aus Bambus und Holz – eine, wie es auch hieß, Papierstadt. Die von den amerikanischen B-29-Bombern entfachten Feuerstürme zerstörten 41 Quadratkilometer des Stadtgebiets, über 80 000 Zivilisten kamen uns Leben, und schätzungsweise eine Million verlor ihr Zuhause. Das glühende Inferno brachte Kanäle zum Kochen, Metall zum Schmelzen und ließ Menschen spontan in Flammen aufgehen. Der Gestank verbrennenden Fleisches war so intensiv, dass sich sogar Crewmitglieder in den angreifenden US-Bombern übergeben mussten. Der Brandbombenangriff auf Tokio im März 1945 sollte später als LeMays Meisterwerk gelten.

Die U.S. Air Force legte über hundert japanische Städte mit Brandbomben in Schutt und Asche, nicht wenige davon waren ohne jegliche militärische Bedeutung. Kaum jemand in den USA kritisierte den Bombenterror gegen die japanische Zivilbevölkerung, dem insgesamt über eine halbe Million Menschen zum Opfer fielen. Es war, wie der amerikanische Brigadegeneral Bonner Fellers klagte, »eine der ruchlosesten und barbarischsten Vernichtungsaktionen gegen Zivilisten in der gesamten Geschichte«.[111] Die am Japanischen Meer gelegene Stadt Toyama wurde zu 99,5 Prozent zerstört, und schließlich mahnte Kriegsminister Henry Stimson Präsident Truman, er lege »keinen Wert darauf, dass die USA in den Ruf geraten, in Sachen Gräueltaten selbst Hitler zu übertreffen«.[112] Der spätere Verteidigungsminister Robert McNamara, der 1945 in LeMays Stab diente, pflichtete seinem Vorgesetzen in der Einschätzung bei, dass, sollten die Vereinigten Staaten den Krieg verlieren, sie alle als Kriegsverbrecher angeklagt und man sie, wie McNamara fand, zu Recht verurteilen würde.[113]

Vor dem Hintergrund der durch LeMays »Terrorbombardements« angerichteten furchtbaren Zerstörungen erscheint die Atombombe nur als wenn auch erschreckender, so doch logischer nächster Schritt. Mit dem Näherrücken des ersten Atombombentests beschlich viele der am Manhattan-Projekt beteiligten Wissenschaftler ein ungutes Gefühl. Die Bomben, an denen sie bauten, waren, wie Leo Szilard und andere wussten, nur Prototypen für andere, weitaus stärkere Bomben. Szilard, der Chemie-Nobelpreisträger Harold Urey und der Astronom Walter Bartky wollten Truman treffen und ihn vor dem Einsatz der Bombe warnen. Statt zu Truman schickte man sie zu einem Gespräch mit Jimmy Byrnes nach South Carolina, dessen Antwort auf ihre Mahnungen Szilard empörte. »Mr. Byrnes«, schrieb der Wissenschaftler später, »wusste damals ebenso wie die übrige Regierung, dass Japan eigentlich geschlagen war. [...] Byrnes war damals sehr besorgt über den steigenden Einfluss Russlands in Europa [und war der Ansicht], dass unser Besitz und die Demonstration der Atombombe den Umgang mit Russland in Europa erleichtern würden.«[114] Auch in den Augen von Brigadegeneral Leslie Groves war Russland von Anfang an der Feind gewesen. »Schon von einem sehr frühen Zeitpunkt an, etwa zwei Wochen, nachdem ich die Leitung des Projekts übernommen hatte«, bekundete Groves, »zweifelte ich keinen Moment mehr daran, dass Russland unser Feind war und das Projekt auf dieser Grundlage durchgeführt wurde.«[115]

Im Juni 1944 verfassten Wissenschaftler des Metallurgischen Labors in Chicago einen Bericht, in dem sie warnten, ein nuklearer Angriff auf Japan würde nicht nur die moralische Stellung der USA zerstören, sondern – angetrieben von der drohenden »totalen gegenseitigen Vernichtung« – auch in einen atomaren Rüstungswettlauf mit Russland münden.[116] Die Verfasser des Berichts mahnten des Weiteren, dass der

Bau einer solchen Bombe kein Geheimnis sei und Russland schnell nachziehen würde.

Als Sicherheitsbeamte die Verbreitung des Berichts untersagten, verfasste Szilard eine von 155 an dem Projekt beteiligten Wissenschaftlern unterzeichnete Petition an Truman. Doch Robert Oppenheimer verhinderte, dass die Petition in Los Alamos die Runde machte, und alarmierte Groves, der dafür sorgte, dass Szilards Petition weder Truman noch Stimson je erreichte. Groves' Sicherheitsleute hatten Szilard seit Kriegsbeginn intensiv überwacht, und einmal hatte Groves Szilard gar als »feindlichen Ausländer« bezeichnet und seine »Internierung für die Dauer des Kriegs« gefordert.[117]

Im Mai 1945 stellte sich General Marshall hinter Oppenheimers Vorschlag, amerikanische Forschungsergebnisse mit sowjetischen Wissenschaftlern zu teilen und sowjetische Beobachter zu dem Test einzuladen, aber Byrnes legte sein Veto ein. Der Einsatz der Bombe schien nun unausweichlich. Und im Juli stand die Konferenz von Potsdam an, auf der die Großen Drei über die Gestaltung der Nachkriegswelt debattieren sollten. Es war der perfekte Zeitpunkt, um die Existenz der Atombombe zu enthüllen.

Die Konferenz fand in einer eigenartigen und unwirklich anmutenden Umgebung statt, in Nachbarschaft zu der in Trümmern liegenden, besetzten Hauptstadt. Truman hatte bekannt, er gehe in erster Linie deshalb nach Potsdam, um dafür zu sorgen, dass die Sowjets in den Krieg gegen Japan einträten, eine Zusicherung, die Stalin gerne nochmals zu geben bereit war. »Er wird am 15. August in den Krieg gegen Japan eintreten«, notierte Truman in sein Tagebuch. »Wenn das passiert, ist es aus mit den Japsen.«[118]

Die britischen und amerikanischen Geheimdienste waren derselben Ansicht. »Der Eintritt der Sowjetunion in den Krieg würde«, hieß es in einer Einschätzung der britischen und amerikanischen Vereinigten Stabschefs vom 8. Juli, »die Japaner endgültig von der Unausweichlichkeit einer vollständigen

Niederlage überzeugen.«[119] Und auch der Oberste Kriegsrat in Tokio war im Mai 1945 zu einem ähnlichen Schluss gelangt: »Zum gegenwärtigen Zeitpunkt, in dem Japan einen Kampf auf Leben und Tod gegen die USA und Großbritannien führt, würde ein Eintritt der Sowjetunion in den Krieg dem Reich einen Todesstoß versetzen.«[120]

Es war gemeinhin klar, dass Japan am Ende war. Anfang 1945 war die japanische Marine dezimiert, die Luftwaffe massiv geschwächt, das Eisenbahnnetz lag in Trümmern, die Nahrungsmittelversorgung stockte, und die Moral der Japaner war am Boden. Nach Deutschlands Kapitulation zog die Rote Armee in Sibirien starke Truppenverbände zusammen und bereitete sich darauf vor, Anfang August 1945 in die von Japan besetzte Mandschurei einzumarschieren. »Ich bedauere sagen zu müssen«, hatte der frühere japanische Premierminister Prinz Konoe schon im Februar in einem Brief an den Kaiser geschrieben, »dass eine Niederlage Japans unausweichlich ist.« Es komme nun darauf an, betonte Konoe, eine kommunistische Revolution in ihrem Kielwasser zu verhindern.[121]

Im Mai beschloss der japanische Oberste Kriegsrat, Verhandlungsfühler in Richtung Sowjetunion auszustrecken. Nicht nur wollte man die UdSSR aus dem Krieg heraushalten, man wollte auch ausloten, ob man mit ihrer Hilfe mit den Amerikanern bessere Bedingungen für eine Kapitulation aushandeln könnte – ein delikates Unterfangen. Am 18. Juli fing der amerikanische Geheimdienst, der schon seit Kriegsbeginn japanische Nachrichten decodierte, ein Telegramm von Tokio an den japanischen Botschafter in Moskau ab, der über die Kapitulationsbedingungen verhandelte. Darin hieß es unmissverständlich: »Die Forderung nach einer bedingungslosen Kapitulation ist das einzige Hindernis für einen Frieden.«[122] Für Truman war das eindeutig »das Telegramm, in dem der japanische Kaiser um Frieden bittet«.[123]

Marineminister Forrestal erkannte »Hinweise für einen japanischen Wunsch, den Krieg zu beenden«, Kriegsminister Stimson sprach von »japanischen Friedensmanövern«, und

Außenminister Byrnes verwies auf »japanische Friedensfühler«.[124] Ihnen allen war klar, dass die Japaner geschlagen waren. Das Ende des Kriegs war also nur noch eine Frage der Zeit. Mehrere enge Berater Trumans drängten den Präsidenten, von der Forderung nach einer »bedingungslosen Kapitulation« abzurücken und den Japanern zu signalisieren, dass sie ihren Kaiser behalten und den Krieg rasch beenden könnten.

Für die Japaner war der Kaiser heilig und der Mittelpunkt ihrer Shinto-Religion. Mitansehen zu müssen, dass er wie Mussolini in Italien aufgehängt oder in einem Kriegsverbrecherprozess gedemütigt wird, war für sie unerträglich. »Den Kaiser zu hängen«, hieß es in einer Lagebeurteilung aus General Marshalls Stab, »wäre für sie dasselbe wie für uns die Kreuzigung Christi. Sie würden kämpfen und wie die Ameisen sterben.«[125] Doch Byrnes warnte Truman, man würde den Präsidenten politisch »ans Kreuz nageln«, sollte das Kaisertum in Japan erhalten bleiben. Und einmal mehr war es Byrnes' Rat, dem der Präsident folgte. Truman und Byrnes waren überzeugt, ein Mittel zur Hand zu haben, mit dem sie den Japanern auch ohne sowjetische Hilfe eine schnelle Kapitulation zu amerikanischen Bedingungen abringen und somit Stalin die von Roosevelt versprochenen territorialen und wirtschaftlichen Zugeständnisse verweigern konnten.

Truman hatte den Beginn der Potsdamer Dreimächtekonferenz um zwei Wochen hinausgeschoben und damit den Wissenschaftlern Zeit gegeben, die Atombombe zu testen. Seine Rechnung ging auf: Der Test der Atombombe verlief erfolgreich. Stimson überbrachte ihm die Nachricht, und gleich am nächsten Tag begann die Konferenz. Den ausführlichen Bericht las Truman erst später. Die Sprengkraft der Bombe war erschreckend, fast schon jenseits des Vorstellbaren. Schlagartig veränderte sich Trumans Auftreten von Grund auf. »Ich konnte es nicht fassen«, bemerkte Churchill, von dem plötzlichen Wandel zutiefst verblüfft. »Als er, nachdem er den Bericht gelesen hatte, zum Treffen kam, war er ein anderer

Mann. Er sagte den Russen auf den Kopf zu, was ging und was nicht, und beherrschte überhaupt das gesamte Treffen.«[126]

Am 24. Juli unterrichtete Truman Stalin, dass die Vereinigten Staaten sich im Besitz einer, wie Stimson in seinem Tagebuch formulierte, »neuen Waffe von außergewöhnlicher Zerstörungskraft« befanden.[127] Truman war überrascht von Stalins unbeeindruckter Reaktion und fragte sich, ob der Kremlchef verstand, was er ihm gerade offenbart hatte. Was Truman nicht wusste: Klaus Fuchs, ein Mann mit starken ideologischen Überzeugungen und Mitglied der britischen wissenschaftlichen Delegation in Alamagordo, hatte seinen sowjetischen Agentenführern technische Informationen über die Bombe zugespielt. Stalin kannte also bereits den Termin des Tests und erfuhr nun von Truman, dass dieser erfolgreich verlaufen war. Seine Antwort auf Trumans Enthüllung war, wie der britische Außenminister Anthony Eden vermerkte, ein knappes Nicken und ein gemurmeltes »Danke«. Gleich nach der Sitzung rief Stalin offenbar seinen Geheimdienstchef Lawrenti Berija zu sich und kritisierte ihn, weil er erst durch Truman von dem Erfolg des Atombombentests erfahren hatte.

Als Stalin nach dem Treffen in seine Villa in Potsdam zurückkehrte, sagte er laut zu dem späteren sowjetischen Außenminister Andrej Gromyko, dass die Amerikaner ihr atomares Monopol dazu benutzen würden, die Bedingungen in Europa zu diktieren, er aber dieser Erpressung nicht nachgeben werde. Er befahl der Roten Armee, die Vorbereitungen für den Kriegseintritt in Fernost zu beschleunigen – und die sowjetischen Atomwissenschaftler, ihre Forschungen zu beschleunigen. Trumans Verhalten in Potsdam bestärkte Stalin in der Annahme, dass die USA den Krieg im Pazifik möglichst schnell beenden und von den territorialen Konzessionen in Ostasien, die sie der Sowjetunion zugesagt hatten, abrücken wollten.

Am 25. Juli autorisierte Truman eine von Stimson und Marshall unterzeichnete Direktive, die Atombombe gegen Japan ab dem 3. August einzusetzen, sobald die Wetterbedingungen dies zuließen. Er und Byrnes gingen fest davon aus, dass die japanische Regierung das Potsdamer Abkommen, das keinerlei Zusicherungen bezüglich des japanischen Kaisers enthielt, ablehnen würde. Die USA legten sogar ein Veto gegen den sowjetischen Wunsch ein, das Abkommen zu unterzeichnen, da Stalins Unterschrift den Japanern unmissverständlich den bevorstehenden Kriegseintritt der Sowjetunion signalisiert hätte. Die USA betrieben eine höchst hinterlistige Politik – gegenüber der Sowjetunion und gegenüber Japan.

Während der Countdown bis zur Einsatzbereitschaft der Atombombe unerbittlich tickte, fühlten sich die Japaner durch das Fehlen von Stalins Unterschrift unter dem Abkommen ermutigt, ihre zum Scheitern verurteilten diplomatischen Bemühungen darum fortzuführen, einen Kriegseintritt der Sowjetunion und den damit verbundenen sicheren Untergang des japanischen Kaiserreichs zu verhindern. Stimson, der schwerwiegende Bedenken gegen den Einsatz der Atombombe hegte und sie in seinem Tagebuch »die Furchterregende«, »die Schreckliche« und »die Teuflische« nannte,[128] versuchte wiederholt, Truman und Byrnes davon zu überzeugen, den Japanern Zusicherungen zum Fortbestand des Kaiserhauses zu geben, aber seine Bemühungen blieben vergeblich. Als Stimson schließlich Truman vorhielt, man ignoriere ihn, beschied der Präsident seinem ältlichen und schon gebrechlichen Kriegsminister, dass er, sollte ihm sein Kurs nicht passen, ja seine Sachen packen und nach Hause gehen könne.

Truman sollte später zwar stets und mit einem gewissen Stolz die Verantwortung für den Einsatz der Atombombe gegen Japan auf sich nehmen, doch tatsächlich lag laut Groves, aus dessen Feder der finale Einsatzbefehl zum Abwurf der Bombe stammte, die endgültige Entscheidung gar nicht bei Truman. »Soweit es mich betraf, lief seine Entscheidung auf Nichteinmischung hinaus, im Grunde genommen darauf, die bestehenden Pläne nicht aus dem Ruder zu bringen. […] Truman sagte weniger ›ja‹, er sagte vor allem nicht ›nein‹.« Groves bezeichnete Truman abfällig als einen »kleinen Jungen auf einem Schlitten«.[129]

Was Truman zu alldem wirklich dachte, bleibt rätselhaft. Während er die Atombombe zuzeiten als Trumpf gegen Stalin betrachtete, war ihm zugleich auch bewusst, dass sie in Wahrheit ein über den Köpfen der Menschheit schwebendes Damoklesschwert war. »Wir haben«, schrieb er in seinem Potsdamer Tagebuch, »die schrecklichste Bombe in der Geschichte der Welt entdeckt. Sie könnte die im alten Mesopotamien prophezeite Feuerverwüstung sein, nach Noah und seiner märchenhaften Arche.«[130]

Sechs der sieben amerikanischen Fünf-Sterne-Generäle und -Admiräle, die ihren fünften Stern im Zweiten Weltkrieg erhielten – MacArthur, Eisenhower und Henry H. Arnold sowie die Navy-Offiziere Leahy, Ernest King und Nimitz – verurteilten den Einsatz der Atombombe entweder als moralisch verwerflich oder als militärisch unnötig – oder als beides. »Und so sagte [Stimson] mir, dass man sie auf die Japaner abwerfen würde«, erklärte Eisenhower später. »Nun, ich hörte zu und bot ihm nicht an [meine Meinung zu sagen], schließlich war mein Krieg in Europa zu Ende, und es hing nicht von mir ab. Aber allein der Gedanke daran deprimierte mich mehr und mehr. Dann wollte er meine Meinung dazu wissen, also erklärte ich ihm, dass ich aus zwei Gründen dagegen war. Erstens, die Japaner waren bereit zu kapitulieren, demnach war es nicht notwendig, sie mit diesem fürchterlichen Ding zu treffen. Zweitens gefiel es mir ganz und gar nicht, dass unser Land das erste sein sollte, das eine solche Waffe einsetzt.«[131]

General MacArthur, Oberkommandierender der Alliierten Streitkräfte im Pazifik, bewertete die Bombe als »vom militärischen Standpunkt aus betrachtet absolut überflüssig«.[132] Die Japaner hätten, erklärte er später, schon im Mai kapituliert, wenn die USA ihnen nur erlaubt hätten, ihren Kaiser zu behalten.

Die Opposition gegen den Abwurf der Atombombe war so weit verbreitet, dass Groves den Truppenbefehlshabern auferlegte, sämtliche Aussagen zu den Bombardierungen vom Kriegsministerium absegnen zu lassen. »Wir wollten vermeiden, dass MacArthur und andere sagen konnten, wir hätten den Krieg auch ohne die Atombombe gewonnen«, gab Groves später zu.[133] Was General Curtis »Dämon« LeMay kurz nach Kriegsende nicht davon abhielt zu verkünden, dass Japan »auch ohne die Atombombe und den Kriegseintritt Russlands innerhalb von zwei Wochen kapituliert hätte«[134] und dass »die Atombombe nichts mit dem Ende des Krieges zu tun hatte«.[135]

Der amerikanische Zielfindungsausschuss hatte mehrere potentielle Abwurfstellen auf den japanischen Hauptinseln ausgewählt. Gegen den heftigen Widerstand von Groves strich Stimson Kyoto, die alte Kaiserstadt, von der Zielliste und ersparte ihr damit die Auslöschung. Am Ende fiel die Wahl auf Hiroshima, eine Stadt, die von LeMays Bombern bisher bewusst nicht ins Visier genommen worden war. Hier konnten die USA der Welt ihre neue Superwaffe präsentieren.

Am 6. August 1945 um 2.45 Uhr Ortszeit hoben auf der Insel Tinian drei B-29-Bomber ab und nahmen Kurs auf Japan. Das Führungsflugzeug, die *Enola Gay*, so benannt nach der Mutter des Piloten Paul Tibbets, hatte eine Uranbombe mit dem Namen »Little Boy« geladen. Sechseinhalb Stunden später konnte die Crew der *Enola Gay* ihr Ziel ausmachen. Die dem Untergang geweihte Stadt lag still im Licht der Morgensonne unter ihnen.

Der Tag begann gerade für die 300 000 Zivilisten, 43 000 Soldaten und 45 000 koreanischen Zwangsarbeiter, die in Hiroshima lebten. Das Ziel war eine Brücke unweit des Stadtzentrums. Um 8.15 Uhr, pünktlich nach Plan, ging die B-29 mit der Atombombe an Bord auf 9450 Metern Höhe und mit einer Geschwindigkeit von 530 Kilometer pro Stunde in den Zielanflug über.

Unmittelbar nach Ausklinken der Bombe vollzog Tibbets ein scharfes Wendemanöver, um die Maschine möglichst schnell aus dem Bereich der Druckwelle herauszubringen. Nach dem Ausklinken trieb eine Windböe die Bombe von ihrem Zielkurs ab in Richtung auf das Shima-Krankenhaus unweit der anvisierten Brücke. Nach einem freien Fall von fast 9000 Metern wurden die beiden Hälften des Uransprengkopfs 600 Meter über der Stadt von einer Sprengladung aufeinandergeschossen und verwandelten sich in pure Energie.

Die inzwischen knapp 15 Kilometer entfernte B-29 wurde von der Druckwelle durchgeschüttelt. Der Feuerball expandierte mit Urgewalt und umhüllte das dichtbesiedelte Stadtzentrum; die Druckwelle und die gewaltige Hitze zertrümmerten Gebäude und setzten die Überreste in Flammen. Ein Gebiet von rund drei Kilometern Durchmesser wurde vollständig zerstört. Als die Crew an Bord der *Enola Gay* eineinhalb Stunden später aus knapp 650 Kilometern Entfernung zurückblickte, konnte sie immer noch den über zwölf Kilometer in den Himmel ragenden Atompilz sehen.

Am Detonationspunkt, wo die Temperaturen bis zu 3000 Grad Celsius erreichten, ließ der Feuerball »Menschen in Bruchteilen von Sekunden zu Bündeln qualmender schwarzer Kohle verglühen«.[136] Zehntausende starben sofort. Bis Ende 1945 waren schätzungsweise 140 000 Menschen an den Folgen des Atombombenabwurfs auf Hiroshima gestorben, bis 1950 an die 200 000. Offiziell vermeldeten die USA 3243 getötete japanische Soldaten. Unter den Opfern befanden sich auch 23 amerikanische Kriegsgefangene, von denen einige den Abwurf nur überlebten, um anschließend von aufgebrachten Japanern zu Tode geprügelt zu werden.

Als Truman an Bord der *USS Augusta* vom Abwurf der Bombe auf Hiroshima erfuhr, ging er von einem Crewmitglied zum nächsten und setzte sie wie ein mittelalterlicher Ausrufer von der großartigen Neuigkeit in Kenntnis. »Das ist das größte Ereignis in der Geschichte«, rief er.[137] Daraufhin schrieb die katholische Kirchenangestellte und Pazifistin Dorothy Day: »Wir haben 318 000 Japaner umgebracht […] und Mr. Truman jubelt. Präsident Truman. ›True Man‹, ein wahrer Mann; was für ein eigenartiger Name, wenn man es recht bedenkt. Wir sprechen von Jesus Christus als wahrem Gott und wahrem Menschen. Und darin, dass ihm nach jubeln war, ist Truman ein wahrer Mensch seiner Zeit.«[138]

Aber die Japaner kapitulierten nicht. Stalin, der inzwischen 1,5 Millionen Soldaten in den Fernen Osten verlegt hatte, griff am 9. August getreu seinem Roosevelt gegebenen Versprechen an drei Fronten die japanisch besetzte Mandschurei an. Was folgte, war ein Blutbad. Die Kwantung-Armee wurde praktisch ausgelöscht. Die Schätzungen der japanischen Verluste belaufen sich auf bis zu 700 000 Tote, Verwundete und Gefangene. Gleichzeitig griff die Rote Armee die Japaner auch in Korea sowie auf den Kurilen und auf Sachalin an. Dass diese gewaltige Offensive weitgehend in Vergessenheit geraten konnte, ist dem Umstand geschuldet, dass am Vormittag des 9. August, also noch bevor die Japaner Zeit gehabt hätten, auf die sowjetische Invasion zu reagieren, die Vereinigten Staaten ihre zweite Atombombe auf das Land abwarfen – dieses Mal eine auf den Spitznamen »Fat Man« getaufte Plutoniumbombe, und zwar auf die Industriestadt Nagasaki. Die Bombe mit einer Sprengkraft von 22 Kilotonnen explodierte ironischerweise über der größten katholischen Kathedrale in ganz Asien. 40 000 Menschen starben sofort. 250 von ihnen waren Soldaten.

Am 10. August, einen Tag nach der Auslöschung von Nagasaki, schrieb Henry Wallace in seinem Tagebuch über Truman und Byrnes: »Es liegt auf der Hand, dass die Haltung von Truman, Byrnes sowie des Kriegs- und Marineministeriums […] letztendlich einen Krieg [mit Russland] provozieren wird.«[139] Doch weder die Nachricht vom zweiten Atombombenabwurf noch der unzutreffende Bericht von Heeresminister Anami Korechika, die USA verfügten über hundert Atombomben, verstärkten die Bereitschaft der Regierung in Tokio zu einer bedingungslosen Kapitulation. Hiroshima und Nagasaki waren schließlich nicht die ersten japanischen Städte, die seit Anfang 1945 von amerikanischen Bomben ausradiert worden waren. Ob nun 200 Flugzeuge und mehrere tausend Bomben oder ein Flugzeug und eine Bombe – offensichtlich war das kein großer Unterschied.

Die wirklich verheerende Nachricht für die japanische Führung an diesem 9. August war die sowjetische Invasion, Nagasaki hingegen nur eine weitere von den Amerikanern zerstörte Stadt. Denn dass die Rote Armee die japanischen Streitkräfte in ihrer reichsten Kolonie, dem Marionettenstaat Mandschukuo, einfach überrannte, ließ in Tokio die Alarmglocken schrillen. »Die Nachricht über die furchtbare Wüstenei, in die Hiroshima verwandelt worden war, verbreitete sich nur nach und nach«, erklärte der Stellvertretende Stabschef des Heeres, General Kawabe Torashiro, nach dem Krieg. »Im Vergleich dazu war der sowjetische Kriegseintritt, als er dann tatsächlich erfolgte, ein gewaltiger Schock. In den Berichten, die Tokio erreichten, hieß es, dass die russischen Truppen ›in Schwärmen einfielen‹. Der Schock, der uns erfasste, war umso größer, als wir in der dauernden Angst davor gelebt und uns mit Schrecken vorgestellt hatten, dass ›die gewaltigen Truppen der Roten Armee in Europa nun gegen uns ins Feld geschickt wurden‹.«[140]

Premierminister Suzuki Kantaro sagte, Japan müsse auf der Stelle kapitulieren, andernfalls werde »die Sowjetunion nicht nur die Mandschurei, Korea und Karafuto [Sachalin] erobern, sondern auch Hokkaido – und damit das Fundament Japans zerstören. Wir müssen den Krieg beenden, solange wir mit den Vereinigten Staaten verhandeln können.«[141] »Im japanischen Kabinett fand«, so das Ergebnis einer im Januar 1946 vom Nachrichtendienst der Einsatzabteilung des Kriegsministeriums erstellten streng geheimen Studie, »der Einsatz der Atombombe durch die USA kaum Erwähnung. Der Abwurf der Bombe lieferte den willkommenen Vorwand [...], einen Grund, den Krieg zu beenden. Aber es [...] lässt sich mit an Sicherheit grenzender Wahrscheinlichkeit sagen, dass die Japaner nach dem Eintritt Russlands in den Krieg ohnehin kapituliert hätten.«[142] Die Sowjets würden nämlich nicht nur das japanische Reich zerstören, sie würden auch, ohne mit der Wimper zu zucken, das Kaisertum auslöschen. Schließlich hatten sie 1918 ihren Zaren mitsamt seiner Familie exekutiert.

Am 14. August, fünf Tage, nachdem die USA die zweite Atombombe auf Nagasaki abgeworfen hatte und noch während japanische Soldaten in der Mandschurei verzweifelt gegen die Rote Armee kämpften, übte Kaiser Hirohito seine persönliche Macht aus. Seit Jahrhunderten hatten die japanischen Kaiser ohne Kontakt zu ihren Untertanen gelebt und waren von diesen als göttliche Wesen verehrt worden. Nun jedoch wandte sich Hirohito direkt an das japanische Volk und befahl über den Rundfunk die Kapitulation. Für die meisten von ihnen war es das erste Mal, dass sie die Stimme ihres Gottes vernahmen.

Die Schrecken und das Blutvergießen des Zweiten Weltkriegs ließen viele Menschen gegen das Leid anderer abstumpfen. Freeman Dyson, später ein weltbekannter Physiker, der damals dem aus 300 Bombern bestehenden britischen Tiger-Force-Geschwader angehörte, sagte dazu: »Mich ekelte dieses fortdauernde Abschlachten wehrloser Japaner noch mehr an als das Abschlachten wehrhafter Deutscher. Trotzdem hörte ich nicht auf. Damals kämpfte ich schon so lange im Krieg, dass ich mich an den Frieden kaum noch erinnern konnte. Kein zeitgenössischer Dichter fand Worte, diese Seelenleere zu beschreiben, die es mir ermöglichte, weiter zu töten, zu töten ohne Hass und ohne Reue. Shakespeare aber hatte es verstanden, und er hatte für Macbeth diese Worte geschrieben: ›Ich bin einmal so tief in Blut gestiegen/ Daß, wollt ich nun im Waten stillestehn/ Rückkehr so schwierig war als durchzugehn.‹«[143]

Kein Wunder also, dass 85 Prozent der Amerikaner in der Überzeugung, die Abwürfe hätten den Krieg beendet, den Einsatz der Atombombe guthießen. 23 Prozent sagten sogar, sie wünschten, die Japaner hätten nicht so schnell kapituliert, sodass die USA noch mehr Bomben auf sie hätten abwerfen können. Die Schätzungen, die Truman zu den vermiedenen amerikanischen Verlusten abgab, stiegen von Jahr zu Jahr, von »Tausenden« damals zu erwartenden toten US-Soldaten kurz nach den Bombenabwürfen bis auf eine halbe Million

1 US-General Smedley Butler (rechts), der auf den Philippinen, in China und Lateinamerika kämpfte, beschrieb sich selbst als »hochklassigen Gangster für das Big Business, die Wall Street und den Kapitalismus«.

2 Die Zentrale der United Fruit Company in New Orleans. Als Ergebnis des Spanisch-Amerikanischen Krieges 1898 erwarb die UFC auf Kuba rund 800 000 Hektar Land für 20 Cent pro Hektar.

3 Pflugarbeiten auf einer kubanischen Zuckerrohrplantage.

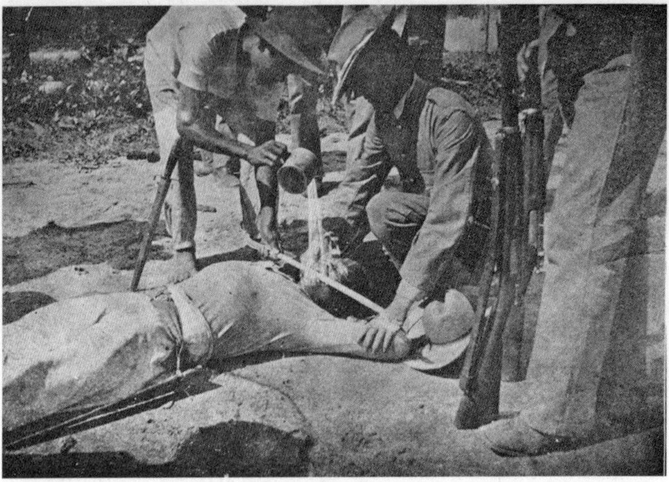

4 Während des Unabhängigkeitskampfes der Filipinos gegen die Amerikaner waren Gräueltaten an der Tagesordnung. Die US-Truppen wandten schon damals die Folter des »Waterboarding« an.

5 Von US-Truppen getötete Filipinos in einem Massengrab.

6 Während des Ersten Weltkriegs wurden Hunderte Gegner der Wehrpflicht ins Gefängnis geworfen, darunter auch der Sozialist Eugene Debs (hier bei einer Ansprache in Chicago). Er hatte zum Widerstand gegen den Krieg aufgerufen und erklärt: »Lasst die Kapitalisten selber kämpfen und ihre eigenen Leute opfern, und es wird nie wieder einen Krieg auf dieser Erde geben.«

7 Präsident Woodrow Wilson bei einer Rede im kalifornischen Berkeley, September 1919. 1916 war er mit dem Wahlspruch »Er hat uns aus dem Krieg herausgehalten« wiedergewählt worden, trat dann aber, getrieben von dem Wunsch, den USA eine Rolle bei der Gestaltung der Nachkriegsordnung zu sichern, 1917 in den Krieg ein.

8 Ho Chi Minh, nach dem Zweiten Weltkrieg Gegenspieler der USA im Vietnamkrieg, lieh sich Smoking und Melone aus, um auf der Pariser Friedenskonferenz 1919 Präsident Wilson eine Petition zu überreichen, in der er das Selbstbestimmungsrecht auch für Vietnam einforderte – vergeblich.

THE GAP IN THE BRIDGE.

9 Wie diese Karikatur aus dem *Punch* vom Dezember 1919 illustriert, verurteilte die Entscheidung des US-Kongresses, dem Völkerbund nicht beizutreten, diesen zur weitgehenden Bedeutungslosigkeit.

10 Ansturm auf eine US-Bank, Februar 1933. Zwischen 1930 und 1933 ging ein Fünftel aller US-Banken Pleite. Bei Roosevelts Amtsantritt waren alle Bankgeschäfte unterbrochen oder stark beschränkt worden.

11 Der republikanische Senator Gerald Nye leitete 1934 Kongressanhörungen zur US-Rüstungsindustrie, in denen die gewaltigen Kriegsprofite amerikanischer Munitionshersteller ans Tageslicht kamen.

12 Die deutsche Ausgabe von Henry Fords antisemitischer Hetzschrift *The International Jew*, gelesen von vielen Naziführern, darunter auch Hitler.

13 Demonstration von Arbeitslosen 1934 in Camden, New Jersey. Im Gefolge der Weltwährungskrise stieg die Arbeitslosigkeit, und es kam zu landesweiten Streiks, vor allem in der Textilindustrie.

14 Vertriebene Kleinpächter am Highway 60 in Missouri. Während der Großen Depression wurde die wirtschaftliche Not der Afroamerikaner durch Rassismus und Diskriminierung zusätzlich verschärft.

15 Churchill und Roosevelt an Bord der Prince of Wales während der Atlantik-Charta-Konferenz im August 1941, in der beide das Recht aller Völker auf Selbstbestimmung und freie Teilnahme am Welthandel proklamierten, jedoch unter Wahrung britischer Kolonialausprüche.

16 Amerikanische Geschütze im Rahmen des Leih-und-Pacht-Programms zur Unterstützung der britischen Kriegsanstrengungen. Das Programm verstärkte die amerikanische Beteiligung am Krieg in Europa.

17 Während die US-Propaganda zwischen bösen Nazi-Führern und »guten Deutschen« unterschied, fand eine solche Unterscheidung im Falle Japans nicht statt. Japaner wurden ausnahmslos als Ungeziefer, Kakerlaken oder Ratten verunglimpft. Aufgrund der Executive Order 9066 vom 19. Februar 1942 wurden im Westen der USA lebende Japaner und japanischstämmige Amerikaner deportiert und interniert (siehe oben links).

18 General Curtis LeMay, der führende Kopf hinter den Brandbombenangriffen auf japanische Städte im Zweiten Weltkrieg, übernahm 1948 das Kommando über das Strategic Air Command (SAC) der U.S. Air Force und baute sie zu einer schlagkräftigen Streitmacht um, jederzeit bereit, gegen die Sowjetunion in den Kampf zu ziehen.

19 In der Nacht vom 9. auf den 10. März 1945 flogen auf Befehl von General LeMay 334 US-Bomber einen Brandbomben-Angriff auf Tokio. Die Bomben zerstörten über 40 Quadratkilometer der Stadt, mindestens 80 000 Menschen verloren ihr Leben, nahezu eine Million wurde verletzt. Die Opfer, berichtete LeMay, wurden »zu Tode versengt, gekocht und gebacken«.

20 Robert Oppenheimer und Leslie Groves am Ground Zero des Trinity-Atombombentests. Die beiden Leiter des Manhattan-Projekts waren in jeder Hinsicht gegensätzliche Persönlichkeiten, doch ergänzte sich Groves' ruppiger, tyrannischer Stil bestens mit Oppenheimers Fähigkeit, seine Kollegen zu inspirieren und zu Höchstleistungen anzutreiben.

21 Pilot Paul Tibbets (in der Mitte mit Pfeife) und seine Crew vor der Enola Gay, die am 6. August 1945 die erste Atombombe auf Hiroshima abwarf.

22 Präsident Truman mit James Byrnes (links) und Henry Wallace auf Roosevelts Beerdigung. Als Trumans einstiger Mentor im Senat stieg Byrnes zum engsten außenpolitischen Berater des neuen US-Präsidenten auf – und überzeugte ihn davon, Wallace aus seinem Kabinett zu entlassen.

23 Der Atompilz über Hiroshima am 6. August 1945.

24 Nagasaki nach dem Atombombenabwurf am 9. August 1945. 40 000 Menschen starben sofort, 70 000 bis Ende 1945 und 140 000 bis 1950. Der Hauptankläger beim Nürnberger Prozess, Telford Taylor, bekundete: »Im Falle von Hiroshima kann man über das Für und Wider streiten, für Nagasaki aber habe ich noch keine einzige plausible Rechtfertigung gehört.«

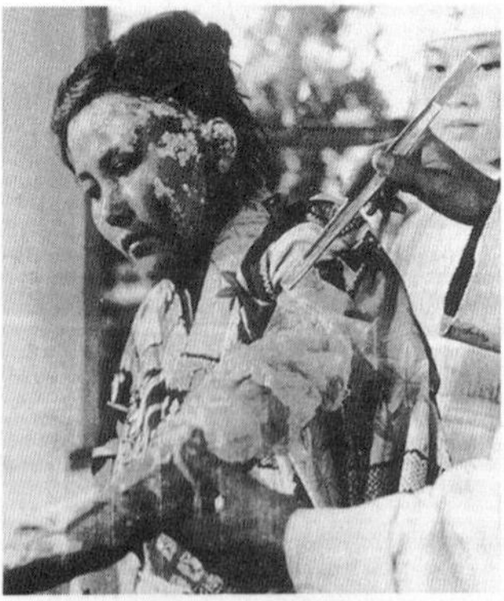

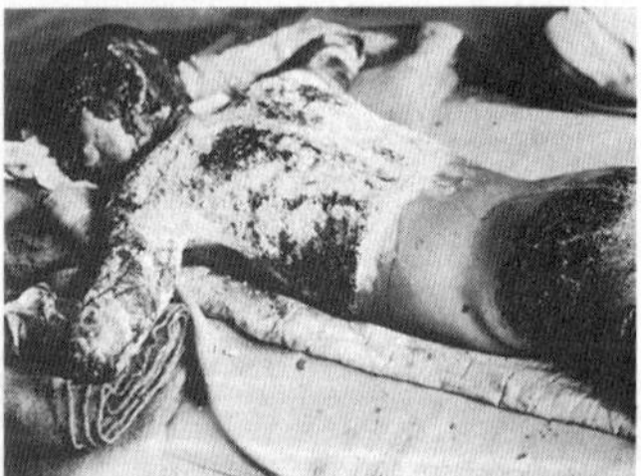

25 Die schwer verwundeten und verbrannten Überlebenden litten unsägliche Qualen. Die Hibakusha, die Explosionsopfer, beschrieben es als Gang durch die Hölle.

26 General Douglas MacArthur während seiner umjubelten Abschiedstour 1951, nachdem er von Truman wegen seiner wiederholten Forderung, China anzugreifen, entlassen worden war.

27 Auch nach Beginn der Friedensverhandlungen im Frühjahr 1951 setzten die USA ihren Luftkrieg in Korea uneingeschränkt fort. Praktisch jede größere Stadt in Nordkorea lag in Trümmern. Zwischen drei und vier Millionen Koreaner kamen ums Leben, dazu über eine Million Chinesen und 37 000 Amerikaner.

28 Der republikanische Senator Joseph McCarthy aus Wisconsin wurde zum hässlichen Gesicht des amerikanischen Antikommunismus in der Mitte des 20. Jahrhunderts.

29 Auch wenn McCarthys Name zum Synonym für die »Red Scare«, die »Rote Angst«, wurde, die in den 1950er Jahren in den USA grassierte – der mächtige Mann im Hintergrund war FBI-Boss J. Edgar Hoover, dessen Behörde 1960 Ermittlungen gegen über 400 000 Einzelpersonen und Gruppen führte. Darüber hinaus nutzte Hoover seine Kontakte zu den Medien, um die antikommunistische Hysterie im Land zu schüren.

30 Demonstration von Anhängern des iranischen Premierministers Mossadegh in Teheran im Februar 1953. Mossadegh, der in seinem Land enorm populär und auch international respektiert war, wurde 1953 von der CIA gestürzt.

31 Präsident Eisenhower und Außenminister Dulles begrüßen den südvietnamesischen Präsidenten Ngo Dinh Diem in Washington. Die USA hatten Diem anstelle des französischen Günstlings Bao Dai an der Spitze der Regierung in Saigon installiert. Diem verlor keine Zeit, gegen ehemalige Viet-Minh-Mitglieder im Süden des Landes vorzugehen, von denen Tausende hingerichtet wurden.

32 Im August 1957 führte die Sowjetunion einen erfolgreichen Test mit der weltweit ersten Interkontinentalrakete durch. Waffen dieser Art konnten den gewaltigen militärischen Vorsprung der USA ausgleichen, die auf NATO-Stützpunkten in Europa Bomber stationiert hatten. Als die Sowjets im Oktober 1957 mit einer solchen Rakete den Satelliten Sputnik ins Weltall schossen, reagierten viele Amerikaner panisch.

33 Fidel Castro im September 1960 auf einer Sitzung der UN-Vollversammlung. Der Revolutionsführer hatte am Neujahrstag 1959 die USA-freundliche Diktatur Fulgencio Batistas gestürzt. Als die US-Regierung das neue Regime wirtschaftlich in die Knie zu zwingen suchte, wandte sich Castro hilfesuchend an die Sowjetunion.

ein Jahrzehnt später. Und fast ein halbes Jahrhundert später pries Präsident George H. W. Bush »Trumans harte, kalkulierte Entscheidung, [mit der er] Millionen von amerikanischen Leben rettete«.[144]

Die Kontroverse um den Kernwaffeneinsatz gegen Hiroshima und Nagasaki wühlt die amerikanische Gesellschaft bis heute auf; 1995 musste das Smithsonian Air and Space Museum in Washington nach heftigen Protesten der American Legion, der Air Force Association sowie konservativer Kongressabgeordneter eine kritische Ausstellung zu den Atombombenabwürfen absagen.

1988 druckte das angesehene Politikmagazin *New Republic* einen Aufsatz von Paul Fussell ab, der als 2nd Lieutenant Anfang August 1945 im Pazifik gekämpft hatte. »Ungeachtet der aufgesetzten Männlichkeit, die wir nach außen hin demonstrierten«, schrieb Fussell unter der Überschrift »Thank God for the Atom Bomb«, »heulten wir vor Erleichterung und Freude. Wir würden weiterleben. Wir würden nach alledem doch noch erwachsen werden.«[145] Fussell war, wie Millionen andere aus seiner Generation und wie seither viele Millionen Amerikaner, überzeugt, dass Truman und die Atombombe sie davor bewahrt hatten, Japan besetzen zu müssen. Doch wer den Sieg der Bombe zuschreibt, beleidigt damit in gewissem Sinne die Erinnerung an die unzähligen Männer und Frauen, die in jahrelangen erbitterten Kämpfen ihr Leben ließen, um Japan niederzuringen.

Bei einem Zusammentreffen mit Henry Wallace kurz nach dem Krieg äußerte sich Robert Oppenheimer zutiefst besorgt über das »mögliche Abschlachten von Dutzenden Millionen Menschen«.[146] Zuvor schon hatte er amerikanische Spitzenmilitärs und Politiker davon in Kenntnis gesetzt, dass die USA aller Wahrscheinlichkeit nach innerhalb von drei Jahren über Waffen mit einer bis zu 7000-mal höheren Sprengkraft als die Hiroshima-Bombe verfügen würden. Um die Befürchtungen der Sowjets wegen der Absichten der USA zu mildern, schlug er deshalb vor, die Atomtechnologie unter internationale Kontrolle zu stellen. »Das Schuldbewusstsein der Atomwissenschaftler«, notierte Wallace in seinem Tagebuch, »gehört zu dem Erstaunlichsten, was mir je begegnet ist.«[147]

Wallace war mit Oppenheimer einer Meinung. Nun brauchte man einen Olivenzweig, und der kam aus einer Ecke, aus der man es am wenigsten erwartet hätte. Henry Stimson, »der Colonel«, war ein Soldat reinsten Wassers, aber er war auch entsetzt von den Kräften, die zu entfesseln er mitgeholfen hatte, und nun wollte er den Geist zurück in die Flasche zwingen. Anfang September 1945 schickte Stimson ein Memo an Truman, in dem er erklärte, dass »unsere Beziehungen zu Russland offensichtlich [...] von dem Problem der Atombombe dominiert werden«. Man sollte, riet er, die Sowjets als Verbündete behandeln: »Wenn wir diese Waffe eher demonstrativ an der Hüfte tragen, wird das ihre Unterstellungen und ihr Misstrauen gegenüber unseren Zielen und Motiven nur verstärken. [...] Die wichtigste Lektion, die ich in einem langen Leben gelernt habe, lautet, dass der einzige Weg, das Vertrauen eines Menschen zu gewinnen, darin besteht, ihm zu vertrauen. Und der sicherste Weg, sein Vertrauen zu verspielen, ist, ihm zu misstrauen und das auch zu zeigen.«[148] Falls die Sowjets einem Verbot der Kernwaffenforschung in beiden Ländern zustimmen und sich dafür einem internationalen Kontrollsystem unterwerfen, dann, so der Kriegsminister weiter, sollten die USA ihre Atombomben vernichten.

Truman widmete die historische Kabinettssitzung vom 21. September 1945 – die letzte, an der Stimson teilnahm – der Debatte über diesen Vorschlag. Wallace stellte sich hinter Stimson und verwies auf die Absurdität des Versuchs, ein atomares »Monopol« aufrechterhalten zu wollen. »Anschließend ging ich«, schrieb er später über die Sitzung, »ausführlich auf den gesamten wissenschaftlichen Hintergrund ein und legte dar, dass es ausländische jüdische Wissenschaftler gewesen waren, die im Herbst 1939 den Präsidenten für die Idee begeistert hatten. Weiter verwies ich darauf, in welchem Maße der gesamte Ansatz in Europa entstanden war und dass es unmöglich sein würde, die Sache unter Verschluss zu halten, egal wie sehr wir uns darum bemühten.«[149]

Marineminister James Forrestal – Byrnes weilte in London – wandte ein, dass man den Sowjets nicht trauen könne. »Die Russen sind«, erklärte er, »wie die Japaner in ihrer Denkweise grundsätzlich orientalisch.«[150] Das Kabinett war tief gespalten über Stimsons Vorschlag, der die USA eindeutig auf die Seite des Friedens gestellt hätte. Aber Truman schwankte, und schlussendlich beugte er sich der von Byrnes und Forrestal angeführten Hardliner-Fraktion. Damit war der Weg in den befürchteten, potentiell selbstmörderischen atomaren Rüstungswettlauf vorgezeichnet.

Als Truman im Oktober 1945 schließlich Robert Oppenheimer empfing, bat er ihn um eine Einschätzung, wie lange es dauern würde, bis die Russen eine eigene Atombombe entwickelt hätten. Auf Oppenheimers Entgegnung, dass er das nicht sagen könne, erwiderte Truman, dass er die Antwort kenne: »Sie werden es niemals schaffen.« Fassungslos angesichts der trotzigen Ignoranz des Präsidenten und frustriert darüber, dass dieser die Tragweite der sich abzeichnenden Krise nicht zu verstehen vermochte, rief Oppenheimer aus: »Mr. President, ich habe das Gefühl, dass Blut an meinen Händen klebt.« Truman reagierte wütend. »Ich erwiderte, dass das Blut an meinen Händen klebe und er die Sorge darum mir überlassen solle.« Hinterher sagte Truman zu Dean Acheson: »Ich will diesen Hurensohn nie wieder in meinem Büro sehen.«[151]

Später wurde Oppenheimer von rechtsgerichteten Konservativen als Agent der Sowjetunion beschimpft. Er musste zahllose Untersuchungen durch das FBI über sich ergehen lassen, seine Sicherheitsfreigabe wurde 1954 widerrufen. Sein eigentliches Verbrechen in den Augen der amerikanischen Behörden war, dass er den Bau der neuen Wasserstoffbombe ablehnte, die er für eine Genozid-Waffe hielt.

Entgegen den Erwartungen von Trumans innerem Kreis machte der Abwurf der Atombomben auf Hiroshima und Nagasaki die Sowjetunion keineswegs gefügiger. Die Rote Armee besetzte die Nordhälfte der Koreanischen Halbinsel und stand somit den amerikanischen Truppen im Süden Auge in Auge gegenüber. Korea sollte sich später zu einem Brennpunkt des Kalten Kriegs entwickeln, der die Welt ein weiteres halbes Jahrhundert in Atem halten sollte.

Dabei hatten die Atombombenabwürfe Moskau durchaus beeindruckt. Aber statt eingeschüchtert zu reagieren, versetzte Hiroshima »die Spitzen der sowjetischen Militärs in Alarmstimmung«, erinnerte sich der Sohn des späteren russischen Außenministers Andrej Gromyko, Anatoli, an eine Bemerkung seines Vaters. »Die Stimmung im Kreml und im Generalstab war neurotisch, das Misstrauen gegenüber den Alliierten wuchs rasch. Man sprach darüber, ein großes Landheer zu behalten, mit dessen Hilfe man ausgedehnte Territorien unter Kontrolle bringen konnte, um auf diese Weise die potentiellen Verluste durch Atombombenabwürfe zu begrenzen.«[152]

Die Japaner selbst durften – für viele eine grausame Ironie der Geschichte – ihren Kaiser schließlich doch behalten, was nach Ansicht der meisten Experten ausschlaggebend für die Stabilität im Nachkriegsjapan war. Negative politische Folgen hatte diese Entscheidung für Truman übrigens nicht.

Wie Truman aber vorhergesehen hatte, erwuchs aus der Entwicklung, die von ihm angestoßen worden war, eine Gefahr für das Fortbestehen des Lebens auf der Erde. Selbst den eigentlich so kampfeslustigen Churchill plagten moralische Zweifel, wie er bei einem Besuch Trumans gegen Ende von dessen Präsidentschaft bekundete. »Alle waren in einer überschwänglichen Stimmung, besonders Dad«, beschrieb Trumans Tochter Margaret die Szene. »Dann, ohne Vorwarnung, wandte sich Churchill ihm zu und sagte: ›Mr. President, ich hoffe, Sie haben Ihre Antwort für die Stunde vorbereitet, in der Sie und ich vor Petrus stehen und er zu uns sagt: ›Wie ich höre, sind Sie beide verantwortlich für den Abwurf dieser Atombomben. Was haben Sie zu Ihrer Rechtfertigung vorzubringen?‹«[153]

Obwohl Harry Truman das Amt mit so niedrigen Zustimmungswerten verließ, dass seitdem nur George W. Bush in ihre Nähe gekommen ist, wird er in der Liste der bedeutendsten US-Präsidenten heute als ein »near-great President«, ein »beinahe großer Präsident« geführt und von Republikanern und Demokraten gleichermaßen mit Lob überhäuft. Die frühere Nationale Sicherheitsberaterin und spätere Außenministerin Condoleezza Rice, von der George W. Bush sagte, dass er ihr »alles verdankt, was ich über die Sowjetunion weiß«, kürte Truman im *Time Magazine* zu ihrem »Mann des Jahrhunderts«.[154]

David McCullough gewann mit seiner 1993 erschienenen Truman-Biographie eine große Leserschaft und den Pulitzer-Preis, zwei Jahre darauf folgte eine mit dem Emmy für den besten Fernsehfilm ausgezeichnete Adaption auf dem Kabelsender HBO, die viele Millionen Zuschauer sahen. In dem Mythos, den der Film erschafft, werden Henry Stimson und General George Marshall als Männer gezeichnet, die auf den Emporkömmling Truman herabblicken, auf den kleinen Mann, der unbeirrt seinem moralischen Gewissen folgt. Ihre tatsächlichen Positionen zur Atombombe und zu Japan werden hingegen falsch dargestellt. Ganz unterschlagen wird in dem Film die sowjetische Sichtweise, und nicht anders ergeht es den zentralen Figuren Henry Wallace und James Byrnes.

Der wirkliche Harry Truman war allerdings weitaus düsterer als McCulloughs heroischer Underdog. So sehr Truman das auch immer bestritt, war seine irrige und tragische Entscheidung, die Atombombe gegen Japan einzusetzen, nicht als Mittel zur schnelleren Beendigung des Kriegs gedacht, sondern vielmehr als eine – ebenso skrupellose wie überflüssige – Warnung an Moskau, dass die Vereinigten Staaten, ohne sich um humanitäre Bedenken zu scheren, dieselben Bomben gegen die Sowjetunion einsetzen könnten, falls diese sich in Europa oder Asien weiterhin einmischte. Auf einer höheren moralischen Ebene allerdings *wusste* Truman, dass er damit einen Prozess in Gang setzte, der das Ende des menschlichen Lebens auf der Erde bedeuten konnte, wie er selbst bei mindestens *drei* Anlässen explizit erklärte – und dennoch das Projekt weiter rücksichtslos vorantrieb. Menschen ohne notwendigen Grund zu töten, ist ein Kriegsverbrechen. Die Menschheit mit der Ausrottung zu bedrohen, geht darüber weit, sehr weit hinaus.

Henry Wallace war sich dessen deutlicher bewusst als irgendein anderes Regierungsmitglied. Und doch ist der Mann, der mit allen Kräften dafür kämpfte, das US-Atomwaffenmonopol zu beenden, von der Geschichte weitgehend vergessen worden. Nach seinem Austritt aus der Regierung 1946 ging Wallace 1948 als Kandidat der neugegründeten Progressive Party ins Rennen um das Weiße Haus. In einer Zeit der zunehmenden internationalen Spannungen verhallte seine Botschaft des Friedens jedoch weitgehend ungehört. Von Truman und der Presse wiederholt als Sympathisant der Kommunisten attackiert, konnte Wallace nicht einmal drei Prozent der Stimmen auf sich vereinen. Nach der Wahl zog Wallace sich aus der Politik zurück. Als er immer heftiger dafür angegriffen wurde, während seines Wahlkampfs Kommunisten Aufnahme gewährt zu haben, knickte er später unter dem Druck des Koreakriegs und der McCarthy-Ära ein und distanzierte sich öffentlich von der Sowjetunion. Dennoch hielt er an seinen progressiven Idealen fest und kritisierte später auch die amerikanische Intervention in Vietnam. Ansonsten führte er ein ruhiges Leben auf seiner Farm im Bundesstaat New York, wo er Ende 1965 starb.

In einer ironischen Wendung der Dinge, wie sie wohl nur der amerikanische Kapitalismus hervorbringt, wurde die Hi-Bred Corn Company, die Wallace 1926 gegründet hatte, Ende der 1990er Jahre für über neun Milliarden US-Dollar von der Du Pont Corporation übernommen – eine bittersüße Mahnung an all jene, die *Mr. Smith geht nach Washington* immer wieder als naiv und kommunistisch verunglimpft hatten.

Henry A. Wallace ist einer der unbesungenen Helden des Zweiten Weltkriegs, er zeigte der Welt ein freundlicheres Amerika. Obwohl sein Traum permanent auf Widerstand stieß, lebt er noch immer fort. Den Fußspuren anderer folgend, die vor ihm gegangen waren, baute Wallace weiter an dem Fundament, auf dem wieder andere seine Arbeit fortführten. »Niemand«, hatte Franklin Roosevelt einmal gesagt, »wurzelte tiefer im amerikanischen Boden als Wallace.«[155] Heute erinnert sich kaum einer mehr an den hitzigen Chicagoer Parteitag der Demokraten im Juli 1944 und daran, wie kurz Wallace davorstand, als Vizepräsident nominiert zu werden.

Es war der Tag, am dem Roosevelt den schwerwiegendsten Fehler seiner glanzvollen Karriere als Politiker beging und den Parteibossen gestattete, Harry Truman anstelle von Wallace für das Amt des Vizepräsidenten aufzustellen. Roosevelt hätte sich wehren und, mit Rückendeckung der Parteimitglieder, Wallace ein weiteres Mal neben sich als Vizepräsident durchsetzen können. Doch der Präsident war es müde, seine Vision vom Weltfrieden weiter zu verteidigen – müde und dem Tode nah. Dieser traurige Moment ist ein eindrucksvoller Beleg für die Fehlbarkeit des Menschen in der Geschichte. Zu fehlen ist nicht tragisch, menschlich sein schon. Was wäre aus diesem Land, aus der Welt wohl geworden, wäre im April 1945 nicht Truman, sondern Wallace als 33. US-Präsident auf Roosevelt gefolgt? Wären im Zweiten Weltkrieg keine Atombomben zum Einsatz gekommen? Hätten wir das atomare Wettrüsten und den Kalten Krieg verhindern können? Hätten die Bürger- und die Frauenrechte in den USA bereits in den unmittelbaren Nachkriegsjahren triumphiert? Wäre der Kolonialismus schon Jahrzehnte früher zu Ende gegangen und wären die Früchte von Wissenschaft und Industrie gerechter auf der Erde verteilt worden? Wir werden es nie erfahren.

6

Ein goldener Moment und bleierne Zeiten

Als der Zweite Weltkrieg in Europa zu Ende ging, feierten amerikanische und sowjetische Soldaten an der Elbe gemeinsam den Sieg über Nazi-Deutschland – ohne dass ihnen in den Sinn gekommen wäre, dass ihre Länder schon bald erbitterte Feinde sein würden.

Für einen kurzen Moment in der Geschichte standen die Vereinigten Staaten, die anderen Siegermächte überragend, an der Spitze der Welt. Die USA hatten 405 000 Tote zu beklagen, die Sowjetunion dagegen 27 Millionen. Die amerikanische Wirtschaft boomte. Die Exporte hatten sich gegenüber dem Vorkriegsniveau mehr als verdoppelt. Die Industrieproduktion war in den Kriegsjahren jährlich um 15 Prozent gestiegen. Die USA saßen auf zwei Dritteln der globalen Goldreserven und hielten drei Viertel des weltweit investierten Kapitals. Unglaubliche 50 Prozent der Güter und Dienstleistungen weltweit gingen auf das Konto des Landes. Die Vereinigten Staaten hatten bereits 1944 auf der Konferenz von Bretton Woods, New Hampshire, die beiden neuen beherrschenden ökonomischen Institutionen des Kapitalismus installiert: die Weltbank und den Internationalen Währungsfonds, beide mit einem Budget von sieben bis acht Milliarden US-Dollar ausgestattet.

Präsident Truman, der sich mit der Untersuchung von Ausgabenexzessen im Senat einen Namen gemacht hatte, stand nun vor der Aufgabe, eine gigantische Demobilisierung zu beaufsichtigen. Zugleich aber machte sich in dieser veränderten Gesellschaft, deren Heimatfront prosperiert hatte, während die Soldaten in Europa und Asien im Einsatz gewesen waren, ein dauerhaftes Unbehagen breit.

In Europa und Asien hatte der Zweite Weltkrieg bis zu 70 Millionen Todesopfer gefordert – zwei Drittel davon Zivilisten. Hiroshima war ein unheilvolles Menetekel. Die Große Depression war überstanden, aber die Wirtschafts- und Sozialplaner in den USA fürchteten eine Rückkehr der Krise und sorgten sich über die Konsequenzen der weltweiten Armut und der zahllosen entwurzelten, heimatvertriebenen und arbeitslosen Menschen. Drohte eine Revolution über den Globus hinwegzufegen? Was würde aus den amerikanischen Auslandsinvestitionen und Handelsinteressen werden?

In Frankreich kam die Kommunistische Partei, deren gut 500 000 Parteimitglieder im Widerstand heldenmütig gegen die Nazis gekämpft hatten, bei den Wahlen 1945 auf 26 Prozent. In Italien traten derweil 1,7 Millionen Menschen in die Kommunistische Partei ein. Selbst in Großbritannien wandten sich die Menschen, von zwei Weltkriegen erschöpft und verarmt, entgegen ihrer Gewohnheit an den Staat, der ihr Leben erträglicher gestalten sollte. Und das Schicksal, das Winston Churchill zu einem der angesehensten Staatsmänner seiner Zeit erhoben hatte, verabschiedete ihn nun in einer an eine griechische Tragödie gemahnenden Wendung ins Abseits.

Sein Nachfolger als Premierminister, Clement Attlee, verkörperte das neue sozialistische Europa. Attlee versprach, ein kostenloses Gesundheitssystem für alle Briten aufzubauen, und befürwortete die vollständige Verstaatlichung vieler traditionsreicher britischer Industrien – ein Premierminister, dem es nicht um das Empire ging, sondern um die Einrichtung eines vollwertigen Wohlfahrtstaats. Churchill dagegen stand für das Empire. Ende 1942, als der Fortbestand Großbritanniens auf dem Spiel stand, hatte er gesagt: »Ich bin nicht Premierminister des Königs geworden, um die Liquidierung des Britischen Empire zu leiten.«[156]

Doch genau das sollte er mit ansehen müssen: die sukzessive Zerschlagung des Britischen Weltreichs. Unter Attlee wurden

Indien, Pakistan, Burma, Sri Lanka, Jordanien und Palästina in die Unabhängigkeit entlassen. Die neue Weltordnung war, wie Attlee wusste, eine amerikanische. Die USA gewährten Großbritannien einen frühestens in 50 Jahren zurückzuzahlenden Kredit über knapp vier Milliarden US-Dollar und pachteten nun sogar Militärstützpunkte auf britischem Boden. Großbritannien war auf bestem Wege, ein Vasallenstaat der USA zu werden.

Franklin D. Roosevelt, der seit jeher eine Abneigung gegen die Institutionen der britischen Monarchie und des Empire gehegt und aus seiner Ablehnung der repressiven Politik Londons in Indien, Griechenland und andernorts keinen Hehl gemacht hatte, war erfolgreich einen Mittelkurs zwischen Großbritannien und der Sowjetunion gefahren. Die Idee, den Wiederaufbau der Sowjetunion durch einen großen amerikanischen Kredit zu fördern, war während des Kriegs offen diskutiert worden und hatte viel Unterstützung erhalten. Doch Truman ließ es an Roosevelts Umsicht missen und neigte – zu einer Zeit maximaler amerikanischer Stärke – immer mehr der britischen Seite zu. Als die Sowjets nicht annährend die Hilfsleistungen bekamen, die Washington den Briten gewährte, waren sie tief enttäuscht und ahnten bereits, dass die Kriegsallianz das erste Opfer der Nachkriegsära sein würde.

Auf einem Außenministertreffen Mitte September 1945 in London kritisierte James Byrnes den russischen Außenminister Molotow scharf wegen des sowjetischen Vorgehens in Osteuropa. Im Gegenzug hielt Molotow Byrnes die auf den Ausschluss der Sowjetunion zielende amerikanische Politik in Italien, Griechenland und Japan vor und fragte Byrnes, frustriert von dessen Feindseligkeit, ob er eine Atombombe in seiner Hosentasche versteckt habe. »Sie kennen uns Südstaatler nicht«, gab Byrnes zurück. »Wir tragen unsere Artillerie in der Hosentasche herum. Und wenn Sie nicht endlich mit diesen Querschüssen aufhören und uns zur Sache kommen lassen, werde ich eine Atombombe aus meiner Hosentasche ziehen und es Ihnen ordentlich geben.«[157]

Im Dezember drängte Handelsminister Henry Wallace Truman, dem Russlandhasser Leslie Groves, der nach wie vor die alleinige Kontrolle über die amerikanischen Atombomben hatte, diese Zuständigkeit zu entziehen. Zuvor hatte Groves sich für einen Präventivschlag gegen jeden potentiellen Rivalen ausgesprochen, der Anstalten machte, »Atombomben herzustellen oder in seinen Besitz zu bringen«.[158]

Die Sowjetunion, die im antifaschistischen Kampf die führende Rolle gespielt hatte und nun die größte Armee der Welt unterhielt, bereitete etlichen amerikanischen Politikern und Militärs Alpträume. Laut einer Gallup-Meinungsumfrage von Anfang 1946 waren 26 Prozent der Amerikaner der Überzeugung, dass die Sowjetunion die Weltherrschaft anstrebte. 13 Prozent dachten dasselbe von den Briten.

Ungeachtet des Rechtsrucks in der Regierung Truman hofften die Sowjets weiterhin auf den Fortbestand der Allianz aus Kriegszeiten und bemühten sich nach Kräften, ihre frustrierten kommunistischen Verbündeten in China, Italien, Frankreich und Griechenland im Zaum zu halten. Stalin, dessen zentrales außenpolitisches Ziel es war, eine weitere Gefährdung seines Landes durch Deutschland und Japan für alle Zeiten auszuschließen, stand zu Hause vor enormen Problemen. Die Sowjetunion litt unter bitterer Armut und war in ihren westlichen Landesteilen immer noch in einen heftigen und anhaltenden Partisanenkrieg verstrickt, wovon insbesondere die Ukraine betroffen war. Die Sowjetunion war in den Vereinten Nationen isoliert, und die USA hatten das Monopol auf die Bombe. Dennoch gaben die Vereinigten Staaten dem Eindruck Nahrung, die Sowjetunion wäre darauf aus, die Welt zu erobern.

In Deutschland standen die beiden Systeme bereits in offenem Widerspruch zueinander. Roosevelt hatte einst davon gesprochen, Deutschland nach dem Krieg in einen Agrarstaat zu verwandeln, doch später hatte man in Washington beschlossen, die deutsche Wirtschaft als Schlüsselelement für eine gesamteuropäische ökonomische Erholung wiederaufzubauen. Angesichts der Entwicklung Westdeutschlands in den Folgejahren war das im Grunde keine schlechte Entscheidung, doch damals war es äußerst ignorant gegenüber den Sorgen eines Landes, das in jüngster Vergangenheit gleich zweimal von deutschen Invasoren heimgesucht worden war. In der Tat handelte es sich hier um einen tiefgreifenden Interessenkonflikt, und in den Augen vieler Amerikaner waren die Sowjets, die in der Ostzone in großem Umfang Industrieanlagen demontierten und in ihr vom Krieg verwüstetes Land schafften, nichts weiter als Plünderer.

Schon im 19. Jahrhundert hatte es Zusammenstöße zwischen dem Zarenreich und dem Britischen Empire gegeben, die beide ihren Einfluss im Osmanischen Reich und in Iran zu mehren suchten. Insbesondere hatte Russland für seine Marine wiederholt einen Zugang zum Mittelmeer gesucht.

Während der Russischen Revolution 1917 war Churchill als Erster Lord der Admiralität ein glühender Feind des Kommunismus gewesen, der, wie er verkündete, noch »in der Wiege erwürgt« werden sollte. Er hatte die Vereinigten Staaten in eine militärische Aktion gegen das neue kommunistische Regime hineinzuziehen versucht, und an der blutigen Konterrevolution beteiligten sich dann auch 40 000 britische und 15 000 amerikanische Soldaten, ein Umstand, der die amerikanisch-sowjetischen Beziehungen von Anfang an vergiftete. Erst 1933 unter Roosevelt erkannten die USA die Sowjetunion endlich an.

Churchill, nun ohne Amt und Gunst, brannte auf eine Konfrontation. Und zu der sollte es, was kaum überraschte, im Nahen Osten kommen. Großbritannien kontrollierte 72 Prozent der nahöstlichen Erdölvorkommen, die USA hatten zehn Prozent und wollten mehr. Dasselbe galt für die Sowjetunion, die während des Krieges große Gebiete im Norden Irans besetzt hatte, um die Ölvorkommen vor den Nazis zu schützen – und nun mit den Briten, die im Süden des Landes saßen, aneinandergerieten. Weitere Sorgen bekundete Churchill hinsichtlich der sowjetischen Gebietsforderungen gegenüber der Türkei, welche die britische Einflusssphäre im Nahen Osten bedrohten.

Die Aufdeckung eines sowjetischen Spionagerings in Kanada Anfang Februar 1946 verlieh Churchills Mahnungen zusätzliche Glaubwürdigkeit. Und dann wurde eine Rede Stalins, in der er einen neuen Fünfjahresplan zum Wiederaufbau der Sowjetunion proklamierte, als aggressiv missverstanden und fälschlicherweise in dem Sinne interpretiert, dass Stalin einen Krieg zwischen den beiden Systemen für unausweichlich hielt. In dieser Situation erinnerte Winston Churchill Anfang März 1946 die Welt daran, dass man nach wie vor mit ihm zu rechnen habe. In Fulton, Missouri, nicht weit von Trumans Zuhause, hielt er eine der folgenreichsten Reden des Kalten Krieges – eine Rede, die für viele die Sowjetunion zum Reich des Bösen machen sollte.

Truman stellte Churchill als »einen der großen Männer unseres Zeitalters« vor, ein »großer Engländer« zwar, aber auch ein »halber Amerikaner«, wie der US-Präsident betonte. Am Westminster College in Fulton verkündete der britische Ex-Premier vom Podium: »Von Stettin an der Ostsee bis hinunter nach Triest an der Adria hat sich ein ›Eiserner Vorhang‹ über den Kontinent gesenkt. [...] In einer wachsenden Zahl von Ländern [...] stellen die kommunistischen Parteien oder Fünften Kolonnen eine wachsende Herausforderung und Gefahr für die christliche Zivilisation dar. [...] Ich glaube nicht, dass Sowjetrussland Krieg will. Aber es will die Früchte des Krieges und die unbeschränkte Verbreitung seiner Macht und Doktrin.«[159]

Diese Rede markierte einen Quantensprung in der kriegerischen Haltung gegenüber der Sowjetunion. Die *New York Times* spendete Churchills Rede Beifall und attestierte ihr, sie sei gesprochen worden »mit der Kraft des Propheten, der schon einmal recht behalten hat«.[160] Ein unverkennbar verstimmter Stalin warf Churchill vor, mit den »Kriegstreibern« unter einer Decke zu stecken, die der »rassistischen Theorie«

anhingen, nur die englischsprachigen Völker könnten »das Schicksal der ganzen Welt bestimmen«.[161]

Die *Chicago Tribune* pflichtete Churchills Bewertung der Situation in Osteuropa zwar bei, kritisierte aber scharf, dass der britische Ex-Premier »um Hilfe für sein altes und böses Empire bittet [...], um rund um die Welt die britische Tyrannei aufrechtzuerhalten. Wir dürfen uns nicht zu Spießgesellen von Sklavenhaltern machen.«[162] Churchill sei, kommentierte Claude Pepper, demokratischer Senator aus Florida, »ebenso sehr gegen Russland eingestellt wie gegen die Arbeiterbewegung in seinem eigenen Land«, und bekundete sein Entsetzen darüber, dass »sich Mr. Churchill auf die Seite der alten Chamberlain-Tories stellt, die im Laufe ihres antisowjetischen Kreuzzugs die Nazis gestärkt haben«.[163] Auch Eleanor Roosevelt verurteilte Churchills hetzerische Bemerkungen, und James Roosevelt, der älteste Sohn des verstorbenen Präsidenten, forderte Truman auf, Henry Wallace zu einem Treffen mit Stalin nach Moskau zu schicken, um die Wogen zu glätten.

Im darauffolgenden Monat, am ersten Jahrestag von Roosevelts Tod, entwarf Wallace eine ganz andere Vision: »Besser und effektiver für eine maximale Produktion und optimale Verteilung zu sorgen, ist der einzige Weg, den Kommunismus in der Welt zu besiegen. Machen wir daraus einen fairen, engagierten und vor allem friedlichen Wettstreit im Dienste der gesamten Menschheit. [...] Der Ursprung all unserer Fehler ist die Angst. [...] Russland fürchtet eine angelsächsische Umschließung. Wir fürchten eine kommunistische Übernahme. Wenn diese Ängste fortbestehen, wird der Tag kommen, an dem unsere Söhne und Enkel für diese Ängste mit Strömen von Blut bezahlen werden. [...] Aus Angst verhalten sich unsere großen Nationen wie in die Enge getriebene Tiere und denken nur an ihr Überleben. [...] Vor einem Monat hat Mr. Churchill das angelsächsische Jahrhundert ausgerufen. Vor vier Jahren habe ich das amerikanische Jahrhundert zurückgewiesen. Heute weise ich das angelsächsische Jahrhundert mit noch größerer Entschlossenheit zurück. Der gemeine

Mann überall auf der Welt wird eine Wiederauferstehung des Imperialismus nicht tolerieren, auch nicht unter einer aufgeklärten angelsächsischen Atombomben-Schirmherrschaft. Die Bestimmung der englischsprachigen Völker ist es, der Welt zu dienen, nicht sie zu beherrschen.«[164]

In der Folge von Churchills Rede verschlechterten sich die Beziehungen zwischen den ehemaligen Verbündeten rapide. Als sowjetische Truppen über die vereinbarte Abzugsfrist im März hinaus im nördlichen Iran verblieben, drohte Truman mit Krieg. »Sollten die Russen das iranische Öl kontrollieren, entweder direkt oder indirekt«, warnte er, »würde das einen schweren Verlust für die westliche Welt bedeuten.«[165]

Gegenüber Henry Jackson, dem demokratischen Senator aus Washington, behauptete Truman später, er habe den sowjetischen Botschafter Andrej Gromyko ins Weiße Haus zitiert und ihm gedroht, dass »wir die Bombe auf Russland abwerfen«,[166] sollten die sowjetischen Truppen nicht binnen 48 Stunden aus dem Iran abziehen. Truman brüstete sich, 24 Stunden später habe kein einziger russischer Soldat mehr im Iran gestanden. Die Sowjets zogen sich in der Tat zurück, wahrscheinlich aber aus anderen Gründen als der atomaren Erpressung. Weniger als zwei Monate später stellten die USA Reparationszahlungen aus Westdeutschland an die Sowjetunion ein, auf welche diese dringend angewiesen war. Und auch die beiden Atombombentests – die ersten seit Kriegsende –, welche die USA im Juli 1946 auf den Marshall-Inseln im Pazifik durchführten, sandten eine unmissverständliche Botschaft Richtung Moskau.

Im September desselben Jahres versuchte Henry Wallace vor 20 000 Zuhörern im New Yorker Madison Square Garden, dem beginnenden Wahnsinn ein Ende zu setzen: »Je unnachgiebiger wir sind, desto unnachgiebiger werden auch die Russen. [...] Ich bin überzeugt, zu einer Zusammenarbeit gelangen zu können, sobald Russland erkennt, dass unser vorrangiges Ziel weder die Rettung des Britischen Weltreichs noch der Erwerb von Erdöl im Nahen Osten mit dem Leben amerikanischer Soldaten ist. […] Im Rahmen eines freundschaftlichen und friedlichen Wettbewerbs werden die russische Welt und die amerikanische Welt schrittweise einander ähnlicher werden. Die Russen werden sich gezwungen sehen, mehr und mehr persönliche Freiheiten zu gewähren, und wir werden mehr und mehr mit den Problemen der sozioökonomischen Gerechtigkeit befasst sein.« Wer aber, warnte er, »auf die Atombombe vertraut, wird früher oder später durch die Atombombe umkommen«.[167]

Die Rede wurde weltweit in den Nachrichten kommentiert, sehr zum Missfallen von Außenminister James Byrnes, der Truman ein Ultimatum stellte: Entweder er entlässt Wallace, oder er, Byrnes, nimmt seinen Hut. In der folgenden Kontroverse erhielt Wallace, der letzte Politiker aus den Tagen des New Deal, zwar breite Unterstützung von Leuten wie Eleanor Roosevelt und Albert Einstein, nicht aber von Trumans engsten Beratern. Marineminister James Forrestal sah in Wallace im besten Fall ein Sicherheitsrisiko und ließ den Handelsminister insgeheim durch den Nachrichtendienst der Marine überwachen. Die gewonnenen Informationen teilte er mit FBI-Boss J. Edgar Hoover, der ebenfalls schwere Zweifel an Wallace' Loyalität hegte. Wallace wiederum sah in Hoover eine Art »amerikanischen Himmler«.[168]

Truman, der zuerst bestätigt hatte, die komplette Rede vorab gelesen zu haben, versuchte später, das abzuleugnen. Gefangen in seinem eigenen Lügengeflecht, ließ er in seinem Tagebuch seinem Unmut freien Lauf. Wallace, schrieb er da, ist »ein hundertprozentiger Pazifist. Er will, dass wir unsere Streitkräfte auflösen, den Russen unsere atomaren Geheimnisse verraten und einem Haufen Politbüro-Abenteurer im Kreml vertrauen. So einen ›Träumer‹ kann ich nicht verstehen.«[169]

Truman feuerte Wallace, und mit Wallace' Ausscheiden aus dem Kabinett war die letzte Chance vertan, ein nukleares Wettrüsten noch zu verhindern. Das Jahr 1947 sollte zum

Wendepunkt werden, denn damals stürzten sich die USA Hals über Kopf in den Kalten Krieg, zu Hause und rund um die Welt.

Hinter den Befreiungsbewegungen in Kolonien wie Britisch-Malaia, Französisch-Indochina und Niederländisch-Indien stehe, so die Verantwortlichen in Washington, Stalin und treibe dort die Weltrevolution voran. Verhandlungen mit ihrem früheren Verbündeten kamen für sie nicht in Frage, und für Grautöne war in ihrem schwarz-weißen Weltbild kein Platz.

In Griechenland stürzte die britische Armee die populäre linke Nationale Befreiungsfront, setzte die Monarchie wieder ein und installierte eine rechtsgerichtete Diktatur, woraufhin es zu einem kommunistisch geführten Aufstand und einem bis 1949 andauernden Bürgerkrieg kam. Nach dem strengen Winter 1946/1947 konnten die finanziell ausgebluteten Briten den Aufstand im Land nicht mehr kontrollieren und baten die Vereinigten Staaten, die Führung im Kampf gegen die griechischen Kommunisten sowie bei der Modernisierung der türkischen Armee zu übernehmen. »Innerhalb einer Stunde«, fasste ein Mitarbeiter des State Department den Vorgang später zusammen, »hatte Großbritannien die Führung der Welt [...] an die Vereinigten Staaten übergeben.«[170]

Die kriegsmüde amerikanische Öffentlichkeit verspürte wenig Lust auf kostspielige Initiativen, doch Truman forderte in einer Ansprache vor beiden Häusern des Kongresses 400 Millionen Dollar und entwarf eine neue Vision von Amerika als dem Weltpolizisten: »Der Fortbestand des griechischen Staates ist heute durch die terroristischen Aktivitäten mehrerer tausend bewaffneter Männer unter Führung der Kommunisten bedroht. [...] In diesem Moment der Weltgeschichte muss beinahe jede Nation ihre Wahl zwischen verschiedenen Lebensweisen treffen. Ich bin der Ansicht, dass es die Politik der Vereinigten Staaten sein muss, die freien Völker zu unterstützen, die sich der Unterwerfung durch bewaffnete Minderheiten oder durch Druck von außen widersetzen.«[171]

Mit dieser Rede, in der er existentielle Bedrohungen nicht von peripheren unterschied und das Schicksal von Völkern überall auf der Welt mit der Sicherheit der Vereinigten Staaten verknüpfte, traf Truman eine folgenschwere Aussage. Seine Worte beschränkten sich nicht auf Griechenland, sondern konnten ebenso gut auf Korea, Vietnam, den Irak und Afghanistan übertragen werden. Nach einer hitzigen Debatte stimmte der Kongress für Trumans Antrag.

Moskau fühlte sich von Trumans kriegerischer Sprache vor den Kopf gestoßen und warf den USA vor, unter dem Deckmantel der Wohltätigkeit eine Politik der imperialistischen Expansion zu betreiben und die Monroe-Doktrin auf die Alte Welt anwenden zu wollen.

Henry Wallace, der nun außerhalb der Regierung stand und die Opposition anführte, nannte es »absoluten Unsinn«, die türkische oder griechische Regierung als demokratisch zu bezeichnen, und warf Truman vor, Roosevelts Traum von einem weltweiten Frieden zu verraten. »Wenn Präsident Truman einen weltweiten Konflikt zwischen Ost und West verkündet«, mahnte er, »teilt er der sowjetischen Führung mit, dass wir uns auf einen Krieg vorbereiten. […] Präsident Truman kann ebenso wenig den Wandel in der Welt verhindern, wie er das Kommen der Flut oder den Sonnenuntergang verhindern kann. Doch wenn Amerika erst einmal für Widerstand gegen den Wandel steht, haben wir verloren. Amerika wird die meistgehasste Nation der Welt werden.« Wallace, der vorhersah, dass die Sowjets die amerikanischen Vorstöße mit gleicher Münze heimzahlen würden, warnte: »Trumans Politik wird zur Ausbreitung des Kommunismus in Europa und Asien führen.«[172]

Zwei Monate später unterstützten die Russen einen kommunistischen Putsch in Ungarn, der die demokratisch gewählte Regierung in Budapest hinwegfegte. »Der Putsch in Ungarn«, schrieb die *New York Times* dazu, »ist die Antwort Russlands auf unser Vorgehen in Griechenland und in der Türkei.«[173] Und dieses Vorgehen trug entscheidend dazu bei, dass die Sowjetunion eine neue, strengere Ordnung in Osteuropa errichtete.

Der Bürgerkrieg in Griechenland spitzte sich weiter zu, und im Juni 1947 trafen als »Berater« bezeichnete amerikanische Militärangehörige auf dem Kriegsschauplatz ein. Die Vereinigten Staaten rüsteten die rechtsgerichtete griechische Monarchie großzügig mit Waffen aus und tolerierten die von ihr durchgeführten Massenverhaftungen und Exekutionen politischer Gegner. Es war ein äußert brutal geführter Krieg, in dem Taktiken – manche davon altbekannt, andere neu – Anwendung fanden, die später auch im Vietnamkrieg eingesetzt werden sollten: Massendeportationen in Konzentrationslager, die Zerschlagung von Gewerkschaften, die massenhafte Verhaftung von den Frauen und Kindern Aufständischer, Folter und Napalmangriffe auf Dörfer. Griechenland blieb in den Händen reicher Unternehmer, viele davon Nazi-Kollaborateure; die Opfer waren hauptsächlich Arbeiter und Bauern, die gegen die Nazis gekämpft hatten.

Eine Zeitlang unterstützte die Sowjetunion die linken Rebellen in Griechenland. Doch im Februar 1948 befahl Stalin dem jugoslawischen Präsidenten Josip Tito sowie den Nachbarstaaten Albanien und Bulgarien, ihre Hilfe für die griechische Guerillabewegung einzustellen. »Glaubst du etwa«, kanzelte er Tito ab, »dass die Vereinigten Staaten, die mächtigste Nation der Welt, zulassen werden, dass du ihren Verkehrsweg im Mittelmeer unterbrichst? Unsinn! Und wir haben keine Seestreitkräfte. Der Aufstand in Griechenland muss unterbunden werden, und zwar so schnell wie möglich.«[174]

Doch Tito, der seinen eigenen blutigen Krieg gegen die Nazis gefochten und keine Angst vor Stalins Meuchelmördern hatte, verweigerte sich dem Befehl aus Moskau, woraufhin Stalin Jugoslawien aus der internationalen kommunistischen Bewegung exkommunizierte und damit unnachgiebige Verbündete wie Mao in China gegen sich aufbrachte. »Zum ersten Mal in der Geschichte könnte es«, kommentierte das amerikanische Außenministerium, »in der internationalen

Gemeinschaft nun einen […] von Moskau unabhängigen […] kommunistischen Staat geben. Dass der Kreml durch einen seiner Vasallen erfolgreich in die Schranken gewiesen werden kann, ist ein neuer Faktor von fundamentaler Bedeutung in der weltweiten kommunistischen Bewegung.«[175] Doch obgleich die Vereinigten Staaten Tito insgeheim unterstützten, hielten sie unbeirrt an ihrer Rhetorik vom monolithischen kommunistischen Block fest. In den öffentlichen Erklärungen führender amerikanischer Politiker blieb die Sowjetunion das Zentrum einer kommunistischen Verschwörung mit dem Ziel, die Welt zu unterjochen.

Doch die Wahrheit war, wie immer, nicht so einfach. »Stalin hat mir gegenüber nicht einmal sein Wort gebrochen«, bestätigte der alte Löwe Churchill 1956, nach seiner zweiten Amtszeit nun endgültig im Ruhestand, in einem Interview. »Wir waren in Sachen Balkan einer Meinung. Ich sagte, er könne Rumänien und Bulgarien haben, und er sagte, wir könnten Griechenland haben. […] Er unterschrieb ein Blatt Papier und hielt sein Wort. Auf diese Weise haben wir Griechenland gerettet.«[176]

Dass Stalin den griechischen Aufständischen die Unterstützung verweigerte, besiegelte ihren Untergang, und 1949 endete der Bürgerkrieg mit dem Sieg der nationalen Regierung. US-Vertreter begrüßten den Sieg, die Menschen in Griechenland dürften das jedoch anders gesehen haben. Über 100 000 Griechen starben in dem Bürgerkrieg, 700 000 gingen ins Exil. Die nachfolgenden Regierungen in Athen benutzten den Staatsapparat – die Polizei, das Militär und die Geheimdienste –, um das Land brutal zu unterdrücken.

Innenpolitisch entschied Truman unter dem Druck der republikanischen Rechten, auf das wachsende Unbehagen der Amerikaner angesichts des Kommunismus zu reagieren, obwohl der Präsident, wie sein Rechtsberater Clifford Clark später eingestand, »der sogenannten Roten Angst keine allzu große Bedeutung zumaß und sie für Geschwafel hielt«.[177] Um mögliche »Subversive« aufzuspüren, ordnete Truman 1947 an, die politische Loyalität aller Staatsbediensteter zu überprüfen. Um in Verdacht zu geraten, genügte es schon, falsche Ansichten über Religion, Sexualität, Außenpolitik oder die Rassenfrage zu vertreten. Bis 1952 verhandelten sogenannte Loyalitätsausschüsse über 22 000 Fälle, über 4000 Bundesbeamte wurden entlassen oder reichten ihren Rücktritt ein.[178]

Im Oktober 1947 hielt der Ausschuss für unamerikanische Umtriebe des Repräsentantenhauses seine ersten, in der Öffentlichkeit stark wahrgenommenen Anhörungen zu kommunistischen Einflüssen in Hollywood ab. Die Filmstadt war ein leichtes Ziel. Die Bosse der Filmindustrie distanzierten sich von allen Filmschaffenden, die unter Anklage standen, und gelobten, niemanden mehr einzustellen, der kommunistischer Aktivitäten verdächtigt worden war. Obwohl viele Hollywood-Stars die Hexenjagd während der McCarthy-Ära öffentlich verurteilten, wurde die ominöse »Schwarze Liste« durch eine noch längere »Graue Liste« ersetzt und Hunderten weiterer Filmschaffender die Arbeit unmöglich gemacht. Zu den bereitwilligen Zeugen, die vor den Ausschüssen aussagten, gehörten der Präsident der Schauspielergewerkschaft Ronald Reagan, die Schauspieler Robert Taylor und Gary Cooper sowie der Studioboss Walt Disney.

In der Zeit von 1948 bis 1954 wurden in den USA mehr als vierzig explizit antikommunistische Filme gedreht, Science-Fiction-Parabeln wie *Kampf der Welten* von H. G. Wells, die eine kommunistische Bedrohung implizierten, gar nicht eingerechnet. Das FBI unter seinem auf Öffentlichkeitswirkung bedachten Präsidenten J. Edgar Hoover, dessen größte Obsession der Kampf gegen den Kommunismus war, führte den Großteil der Ermittlungen gegen vermeintliche Kommunisten in Amerika. Die Beschuldigten wussten zumeist nicht einmal die Grundlage der Anschuldigungen. In seiner Paranoia misstraute Hoover selbst dem Weißen Haus, dem Pentagon und dem Justizministerium. Er hielt seine – legalen und illegalen – Maßnahmen geheim, zum Beispiel Pläne für die Masseninternierung von mutmaßlichen Kommunisten im Falle eines erwarteten sowjetischen Angriffs.

Im Juli 1947 drückte Truman den National Security Act durch den Kongress, der eine riesige neue Bürokratie unter der Führung des radikal antikommunistischen James Forrestal als erstem Verteidigungsminister der USA erschuf. Mit dem Gesetz wurde auch die Central Intelligence Agency (CIA) aus der Taufe gehoben und mit vier Aufgabenbereichen ausgestattet, von denen drei die Sammlung, Analyse und Verbreitung von Geheimdienstinformationen betrafen. Als am gefährlichsten sollte sich der vierte Aufgabenbereich erweisen, festgelegt in einem vage formulierten Absatz, mit dem der CIA die Wahrnehmung »anderer Aufgaben und Pflichten bezüglich geheimdienstlicher Tätigkeiten, die die nationale Sicherheit betreffen« nach Maßgabe des Präsidenten übertragen wurde.

Die CIA sollte die schwammige Formulierung dazu nutzen, weltweit Hunderte verdeckter Operationen durchzuführen, über achtzig davon in Trumans zweiter Amtszeit. Ihr erster Erfolg war, die Wahl in Italien 1948 so zu beeinflussen, dass ein Sieg der Kommunistischen Partei verhindert werden konnte. Demokratie war offenkundig nur dann eine Tugend, wenn sie den amerikanischen Interessen diente. Die hin und wieder als »unsichtbare Armee des Kapitalismus« apostrophierte CIA markierte wahrhaftig den Beginn eines neuen Amerika, errichtet auf einem geheimen Staat im Staate, der in den folgenden Jahrzehnten äußerst rasch wachsen sollte.

Ungeachtet seiner öffentlichen Erklärungen hatte Truman von Anfang an gefürchtet, die CIA könnte sich in eine »Gestapo« oder eine »Militärdiktatur« verwandeln.[179] Kurz nach dem Attentat auf John F. Kennedy 1963 forderte Truman die CIA völlig überraschend, aber sehr explizit auf, sämtliche Operationen einzustellen und sich auf die Sammlung von Geheimdienstinformationen zu beschränken. Sein Gastkommentar erschien in der *Washington Post*, wurde eigenartigerweise aber in anderen Medien kaum diskutiert und geriet rasch in Vergessenheit.

General George C. Marshall, der die alliierten Armeen im Zweiten Weltkrieg zum Sieg geführt hatte, plante eigentlich, ohne großes Aufheben in den verdienten Ruhestand zu wechseln. Doch Truman, der von Byrnes inzwischen genug hatte, erzwang dessen Rücktritt und berief im Januar 1947 Marshall zum neuen Außenminister.

Marshall – im Januar 1948 vom *Time*-Magazin erneut zum »Mann des Jahres« gekürt – hielt die von Truman an die Wand gemalte kommunistische Bedrohung insgeheim für übertrieben und war überzeugt, dass die beste Methode, Kriege zu gewinnen, darin bestand, sie erst gar nicht ausbrechen zu lassen. Seiner Meinung nach brauchte das in Schutt und Asche liegende, notleidende Europa keine militärische, sondern eine humanitäre Intervention. Im Juni 1947 lud Marshall zahlreiche europäische Führer zur Abschlussfeier an die Harvard University ein, um ihnen seinen Plan zum wirtschaftlichen Wiederaufbau des Kontinents vorzustellen – die Geburtsstunde des sogenannten Marshall-Plans. »Unsere Politik«, erklärte der General und Außenminister, »richtet sich nicht gegen irgendein Land oder irgendeine Doktrin, sondern gegen Hunger, Armut, Verzweiflung und Chaos.«[180]

Was die Vereinigten Staaten nach dem Zweiten Weltkrieg taten, ist in der Geschichte des Imperialismus eine große Ausnahme. Die USA halfen ihren alten Rivalen Deutschland und Japan wieder auf die Beine und machten sie zu ökonomisch starken Vasallenstaaten. »Es ist ein schwieriges Programm«, fuhr Marshall fort, »und Sie wissen weitaus besser als ich um die politischen Schwierigkeiten, die damit einhergehen. Aber ich hege nicht den geringsten Zweifel daran, dass dieses Programm, wenn wir uns dafür entscheiden, erfolgreich sein wird.«[181] Am Ende pumpten die USA von 1948 bis 1952 durch den Marshall-Plan 13 Milliarden Dollar nach Europa. Dabei waren Großbritannien, Frankreich und Deutschland die größten Hilfsempfänger, was die Angst der Russen vor einem wiedererstarkenden Deutschland weiter anheizte. Das Angebot, in den Plan miteinbezogen zu werden, lehnte Moskau ab, da man den USA zu viel Einfluss auf die sowjetische Wirtschaft hätte einräumen müssen.

Als die freigewählte tschechoslowakische Regierung, die übrigens von der Kommunistischen Partei angeführt wurde, Marshalls Hilfsangebot akzeptierte, ging das für den misstrauischen Stalin zu weit, und er verlangte von den Tschechoslowaken, den Plan zurückzuweisen. Im Februar 1948 wurde in Prag ein stalinistisches Regime installiert. Liberale in den USA und Europa waren entsetzt. »Subversion ist natürlich ein wichtiges Instrument der kommunistischen Eroberung«, brachte der US-Schauspieler James Cagney die westliche Sichtweise auf den Punkt. »1948 ist die Tschechoslowakei eine funktionierende Demokratie in Osteuropa. Plötzlich eine Streikwelle. Konservative Elemente fliehen aus der Hauptstadt. Aber Jan Masaryk, Sohn des größten Helden des Landes, entscheidet sich dagegen und bleibt im Außenministerium. Zwei Wochen später wird seine Leiche entdeckt. Ob er ermordet wurde oder Selbstmord beging, ist bis heute ungeklärt.«[182]

Die Umstände von Masaryks Tod – er war aus dem Toilettenfenster seines Dienstsitzes gestürzt – erschienen insbesondere Verteidigungsminister Forrestal höchst verdächtig und verstärkten seine Neigung, den Russen böse Absichten zu unterstellen. Marshall hingegen hatte schon im vorangegangen November bei einer Kabinettssitzung im Weißen Haus angekündigt, dass die Russen in nächster Zeit »aus rein defensiven Erwägungen« in der Tschechoslowakei intervenieren würden.[183] Doch Truman nutzte die öffentliche Empörung, um nicht nur den Marshall-Plan, sondern auch ein vom Pentagon seit längerem gefordertes Aufrüstungsprogramm im Eilschritt durch den Kongress zu bringen. Zur selben Zeit traf die Regierung in Washington die folgenschwere Entscheidung, sich für einen unabhängigen westdeutschen Staat einzusetzen.

Für Truman waren der Marshall-Plan und die Truman-Doktrin »die zwei Hälften derselben Walnuss«.[184] Der Marshall-Plan förderte in der Tat den Wiederaufbau in Europa, doch ein Großteil der Hilfe wurde dazu verwendet, amerikanische Exportprodukte zu kaufen. Kaum Mittel hingegen wurden in den Wiederaufbau europäischer Erdölraffinieren investiert, was den großen amerikanischen Ölkonzernen erlaubte, eine dominante Position auf dem europäischen Markt zu erringen.

Insgeheim profitierte auch die CIA stark vom Marshall-Plan, und der Geheimdienst leitete große Summen aus dem Programm in verdeckte Operationen um. Nach dem Putsch in der Tschechoslowakei genehmigte Truman im Sommer 1948 eine massive Ausweitung weltweiter verdeckter Einsätze, darunter auch Guerillaoperationen in der Sowjetunion und in Osteuropa. Bei einer Operation in der Ukraine wurde die Organisation Ukrainischer Nationalisten unterstützt, deren Kampfeinheiten nun in der von Hunger heimgesuchten und von den Sowjets wenig kontrollierten Region ihr Unwesen trieben und Tausende von Juden, Russen und Polen umbrachten, die gegen einen eigenständigen ukrainischen Staat waren. Von 1949 an schleuste die CIA fünf Jahre lang ukrainische Nationalisten per Flugzeug und Fallschirm zurück in die Ukraine. Für die Sowjets stellte sich das so dar, als hätten sie feindliche Kämpfer in die Nähe der kanadischen oder mexikanischen Grenze zu den Vereinigten Staaten geschleust, und zeigt, wie weit die Vereinigten Staaten zu gehen bereit waren, um die sowjetische Herrschaft an der Peripherie wie auch im Innern ihrer Interessensphäre zu schwächen.

Gleichermaßen aktiv war die CIA in Deutschland, wo sie 1949 die sogenannte Organisation Gehlen von der US-Armee übernahm. Gehlen, ein früherer Nazi, der für Hitler die geheimdienstliche Aufklärung in Osteuropa und der Sowjetunion geleitet hatte, baute ein Netzwerk aus Nazis und Kriegsverbrechern auf, teilweise rekrutiert aus den Reihen von Gestapo und SS. In den darauffolgenden Jahren zeichnete Gehlens Geheimdienst das schlimmste vorstellbare Bild der Sowjetunion und ihrer Aktivitäten. »Gehlen fütterte uns mit dem, was wir hören wollten«, gestand ein pensionierter CIA-Mitarbeiter später ein. »Wir benutzten sein Material permanent und fütterten damit wiederum alle anderen: das Pentagon, das Weiße Haus, die Presse. Auch sie liebten es. Aber es war alles übertriebenes Zeug über die bösen Russen und hat diesem Land großen Schaden zugefügt.«[185]

Als die Westalliierten im Juni 1948 die Währungsreform in ihren drei Sektoren von Berlin durchführten, sah Moskau darin einen entscheidenden Schritt auf dem Weg zu einem unabhängigen und wiederbewaffneten westdeutschen Staat sowie einen Bruch des Versprechens, Reparationen aus den wirtschaftlich stärkeren westlichen Besatzungszonen zu leisten – und ließ alle Straßen- und Bahnverbindungen zwischen den Westzonen und West-Berlin unterbrechen.

Die Westmächte würden die vereinbarte Nachkriegslösung für ein vereinigtes Deutschland unterlaufen und hätten damit, verkündete Stalin, ihre Zugangsrechte verwirkt. Die westliche Presse verurteilte die Berlinblockade durch die Sowjetunion scharf und warf den Russen vor, sie würden versuchen, die Zivilbevölkerung auszuhungern und so in die Unterwerfung zu zwingen. Doch im Gegensatz zu dieser weitverbreiteten Ansicht garantierte die Sowjetunion ungeachtet ihrer sonstigen Fehler den Westberlinern auch weiterhin Zugang zu Nahrungsmitteln und Kohle aus der Ostzone oder direkt aus russischen Lieferungen – wie amerikanische Geheimdienstanalysten bestätigten, die in einem Bericht vom Oktober 1948 schrieben, dass die »Blockade der Straßen-, Bahn- und Wasserverbindungen nach Berlin weder faktisch noch von der Absicht her eine vollständige ökonomische Blockade darstellt«.[186] Woran die meisten Menschen sich dagegen erinnern, ist die von General Curtis LeMay während der folgenden elf Monate organisierte Luftbrücke, mit der in einem heroischen defensiven Unternehmen gegen die sowjetische Aggression die legendären »Rosinenbomber« die 2,2 Millionen Einwohner in der abgeriegelten Stadt mit Nahrungsmitteln und Brennstoff versorgten. »Wir stehen sehr dicht vor einem Krieg«, schrieb Truman, der bereit war, den Einsatz von Atomwaffen zu autorisieren, im September 1948.[187]

Die amerikanische Initiative löste weder in Frankreich, wo man ein remilitarisiertes Deutschland fürchtete, noch in Großbritannien sonderliche Begeisterung aus, doch die USA setzten darauf, dank ihres Atommonopols die Oberhand behalten zu können. Hartnäckig wies Washington alle sowjetischen Kompromissangebote zurück, bis ein Grundgesetz vorlag, das den neuen westdeutschen Staat skizzierte, und im April 1949 die NATO gegründet wurde. Der Nordatlantikvertrag verpflichtete die Vereinigten Staaten zum ersten Mal in ihrer Geschichte in Friedenszeiten zu einer Militärallianz mit Westeuropa.

Nachdem Washington seine Ziele erreicht hatte, erklärte es sich zu neuerlichen Gesprächen über die Zukunft Deutschlands bereit – woraufhin die Sowjets die Berlinblockade aufhoben. Deutschland war nun offiziell geteilt, und im Gegenzug für ihre Hilfe an diese Staaten sollten die USA, zusammen mit der NATO, Frankreich, Großbritannien, Italien und Deutschland militärisch aufrüsten und später Atomwaffen auf deutschem Boden stationieren. Im Prinzip erklärten die USA damit Westeuropa zur ersten Verteidigungslinie in einem dritten Weltkrieg und zu dessen potentiellen Ausgangspunkt.

Im Vorfeld der Präsidentschaftswahlen 1948 – die Republikaner galten als haushohe Favoriten – ließ sich Henry Wallace von der Progressive Party als Präsidentschaftskandidat aufstellen. »Je mehr Menschen 1948 für den Frieden stimmen«, verkündete er auf einer Wahlkampfrede, »umso deutlicher wird die Welt sehen, dass die Amerikaner nicht hinter der reaktionären Kriegspolitik der beiden großen Parteien in Washington stehen, die die Welt in zwei bewaffnete Lager trennt und unausweichlich in den Tag münden wird, an dem amerikanische Soldaten in ihren Winteruniformen im russischen Schnee liegen.«[188] »Die Völker der Welt«, beharrte er, »müssen sehen, dass es ein anderes Amerika gibt als diese von Truman geführte, von der Wall Street dominierte und vom Militär unterstützte Gruppe, die den Namen der amerikanischen Demokratie überall auf der Welt in den Dreck zieht.«[189]

Trumans innerer Kreis griff Wallace mit einer bösartigen antikommunistischen Hetzkampagne an und spannte Liberale für sich ein, die dem früheren Vizepräsidenten vorwarfen, sich als willfähriges Instrument Moskaus herzugeben. »Weder will ich noch werde ich jemals«, tönte Truman, »die politische Unterstützung von Henry Wallace und seinen Kommunisten akzeptieren.«[190]

Obwohl Wallace wiederholt jede Nähe zum Kommunismus abstritt und warnte, dass die Kommunistenhetze dazu missbraucht würde, um die amerikanischen Freiheiten einzuschränken, stürmten aufgebrachte Menschenmengen seine Wahlkampfveranstaltungen, verweigerten ihm Universitäten das Recht, auf dem Campus zu sprechen, und wurden manche seiner Unterstützer von ihren Arbeitgebern gefeuert. Wallace' Kandidat für das Amt des Vizepräsidenten, der demokratische Senator Glen Taylor aus Idaho, wurde in Birmingham, Alabama, von der Polizei verhaftet und verprügelt, nachdem er versucht hatte, eine Kirche, in der eine Versammlung des Southern Negro Youth Congress stattfand, durch eine mit »Farbige« markierte Tür zu betreten. »Dieser Vorfall ist ein weiterer Beweis für die Heuchelei«, telegrafierte Wallace an Taylor, »im Ausland Milliarden von Dollar im Namen der Verteidigung der Freiheit auszugeben, während die Freiheit zu Hause mit Füßen getreten wird.«[191]

Die Anschuldigungen, er würde mit den Kommunisten gemeinsame Sache machen, und die abweisende Haltung der großen Zeitungen gegenüber Wallace forderten ihren Tribut. Wallace' Wahlkampagne geriet zu einem Desaster, und am Ende landete er abgeschlagen noch hinter einem Befürworter der Rassentrennung aus South Carolina auf dem vierten Platz. Immerhin scheinen viele Punkte seiner progressiven innenpolitischen Agenda, insbesondere im Bereich der Bürgerrechte, Truman im Wahlkampf beeinflusst zu haben. Ironischerweise gab das den Ausschlag und löste in letzter Minute einen Ansturm demokratischer Wähler aus, die nun einen republikanischen Sieg befürchteten und Truman einen Überraschungssieg gegen den großen Favoriten Thomas Dewey bescherten.

Auch wenn Trumans Sieg 1948 zu den großen Außenseiter-triumphiert-in-letzter-Sekunde-Wundergeschichten der US-Politik gehört, sollte Harry Truman – nicht anders als Churchill – in seiner zweiten Amtszeit mit ansehen müssen, wie seine Macht nach und nach zerbröckelte. In den folgenden vier Jahren verlor er zusehends an Unterstützung und Zuspruch, und als er 1953 aus dem Amt schied, hatte er historisch niedrige George-W.-Bush-Zustimmungswerte.

Der erste von drei Rückschlägen – allesamt Entwicklungen, die hätten vorhergesehen werden können – kam im September 1949. »Uns liegen«, verkündete Truman einer geschockten Nation, »Hinweise darauf vor, dass sich in den letzten Wochen in der UdSSR eine Atomexplosion ereignet hat.«[192] Schon 1948 hatte Robert Oppenheimer gewarnt: »Unser Atommonopol ist wie eine Eistorte, die in der Sonne schmilzt.«[193] Und Henry Wallace hatte Truman und seinen Falken bereits 1945 ins Stammbuch geschrieben, dass sie mit ihrer Annahme, die USA würden ihr Atommonopol dauerhaft bewahren können, einem furchtbaren Irrtum aufsäßen.

Mit einem Mal fühlten sich die Menschen in Amerika verwundbarer denn je, und das atomare Wettrüsten, das Wallace und viele der am Bau der Atombombe beteiligten Wissenschaftler so gefürchtet hatten, eskalierte nun mit der Entscheidung der Vereinigten Staaten, die Entwicklung der Wasserstoffbombe voranzutreiben.

Im Oktober 1949 dann rief Mao Tse-tung die kommunistische Volkrepublik China aus. Damit stand das einwohnerstärkste Land der Welt unter kommunistischer Kontrolle. Maos Sieg im Chinesischen Bürgerkrieg gegen die Kuomintang von Chiang Kai-shek war unbestreitbar das wichtigste revolutionäre Ereignis, seit die Bolschewiki 1917 in Russland nach der Macht gegriffen hatten. »Die Rote Flut«, orakelte das

Time-Magazin, »droht die Welt zu verschlingen.«[194] Und General Douglas MacArthur legte im *Life*-Magazin nach: »Der Sturz Chinas bringt die Vereinigten Staaten in Gefahr.«[195]

Gerade so, als wäre die Niederlage der korrupten Nationalisten in China nicht absehbar gewesen, tobte die konservative China-Lobby in den USA und gab nicht nur der Sowjetunion, den Demokraten und den China-Experten im State Department die Schuld an dem Debakel, sondern auch Außenminister George Marshall – Vorwürfe, die sich samt und sonders als falsch erweisen sollten. Die Sowjetunion, die der eigenen Sicherheit schon lange den Vorzug vor der Weltrevolution gab, hatte den chinesischen Revolutionären nur minimale Unterstützung und wenig Ermutigung zukommen lassen. Zwar schloss Stalin im Februar 1950 ein Bündnis mit Mao, drängte zugleich aber den radikalen chinesischen Führer, die Beziehungen zu den USA nicht zu gefährden. Beide Seiten, die USA und China, stellten übertriebene Forderungen aneinander. Die Entschlossenheit Maos, den revolutionären Wandel weiter voranzutreiben, und die Weigerung der USA, der neuen Regierung mit einem Sitz in den Vereinten Nationen zu Legitimität zu verhelfen, während sie zugleich problemlos andernorts Diktaturen anerkannte, verurteilten alle Bemühungen um Frieden und Annäherung zum Scheitern.

Im Juni 1950 überfielen nordkoreanische Truppen Südkorea; aus dem Kalten Krieg war ein heißer geworden. Sowohl der von den Sowjets im Norden installierte Diktator Kim Il Sung wie auch der von den USA unterstützte Diktator Syngman Rhee im Süden hatten wiederholt gedroht, das Land gewaltsam wiederzuvereinen. Beunruhigt durch den von den USA betriebenen Wiederaufbau Japans, mit dem die Sowjetunion beziehungsweise Russland in diesem Jahrhundert schon zwei blutige Kriege ausgefochten hatte, erteilte Stalin Kim grünes Licht für einen Angriff auf den Südteil der Halbinsel. Der Krieg sei, sagte Stalin zu Kim Il Sung, eine Möglichkeit, den Vereinigten Staaten ihr »unaufrichtiges, perfides und arrogantes Verhalten in Europa, auf dem Balkan, im Nahen

Osten und insbesondere die von ihr betriebene Gründung der NATO« zu vergelten.[196] Andererseits wollte Stalin, der sich über die Stärke der USA im Klaren war, mit dem Angriff auf Südkorea keinen größeren Krieg vom Zaun brechen.

Korea, hatten die Vereinigten Stabschefs und das State Department zuvor öffentlich erklärt, liege außerhalb des Bereichs, auf dessen Verteidigung Amerika in Ostasien eingestellt sei. Doch nach dem kommunistischen Sieg in China und angesichts der revolutionären Bewegungen, die in Vietnam, Malaya und auf den Philippinen die vom Westen gestützten Regime bedrohten, stand Truman unter Druck, irgendwo Flagge zu zeigen, wozu nun Korea ausgewählt wurde. »Wenn wir Korea im Stich lassen«, proklamierte Truman, »werden die Sowjets einfach immer weitermachen und sich Asien Stück für Stück einverleiben. Wenn wir Asien verlieren sollten, wäre als Nächstes der Nahe Osten an der Reihe, und niemand vermag zu sagen, was in Europa passieren würde.«[197]

Obwohl die USA Zehntausende Soldaten nach Korea schickten, weigerte sich Truman hartnäckig, die Intervention als »Krieg« zu bezeichnen, und sprach stattdessen von einer »Polizeiaktion«. Nominell handelte es sich zwar um einen Einsatz der Vereinten Nationen, doch die USA stellten die Hälfte der Bodentruppen und praktisch die gesamten See- und Luftstreitkräfte. Der Großteil der übrigen Bodentruppen waren Südkoreaner. Truman entschied außerdem, auf eine Autorisierung durch den Kongress zu verzichten, ein unheilvolles Vorbild für zahlreiche spätere amerikanische Interventionen. Am Ende zahlte Truman für den blutigen und sich ohne klare Entscheidung über drei Jahre hinziehenden Koreakrieg einen hohen Preis.

Marineminister James Forrestal hatte durch seine Ansichten zwar das vergiftete antisowjetische Klima in Washington mitgeprägt, doch nach einer Reihe von politischen Auseinandersetzungen mit Truman, bei denen er den Kürzeren gezogen hatte, wurde er im März 1949 aus dem Amt entlassen. Nach der Abschiedszeremonie war Forrestal »am Boden zerstört«.[198]

Als sein Freund John McCone, der spätere CIA-Direktor, Forrestal einen Besuch abstattete, ließ der zunehmend paranoide Ex-Minister die Jalousien herunter und suchte sich einen Platz weitab vom Fenster, um kein leichtes Ziel für Scharfschützen abzugeben. Ob er damit nun Kommunisten oder jüdische »zionistische Agenten« meinte, sagte er nicht. In amerikanischen Zeitungen kursierten Gerüchte, die es auch in die internationale Presse schafften, wonach Forrestal im Schlafanzug durch die Straßen gerannt sei und »Die Russen kommen« geschrien habe. Schließlich ließ das Pentagon verlauten, dass Forrestal sich zu einer routinemäßigen medizinischen Untersuchung ins Bethesda Naval Hospital in Maryland begeben habe. Die Ärzte diagnostizierten bei ihm eine reaktive Depression.

Allein in seinem Zimmer im 15. Stock litt er unter permanentem Verfolgungswahn und war überzeugt, dass ihm dasselbe Schicksal wie dem tschechoslowakischen Außenminister Jan Masaryk bevorstand – und man ihn aus dem Fenster stoßen würde. Doch dann verbesserte sich sein Zustand wieder. Am Abend des 22. Mai 1949 blieb er lange auf und schrieb den Chorgesang aus der Sophokles-Tragödie »Ajax« ab, in dem die Untertanen des Königs den Tod fern der Heimat beklagen. Als Forrestal zu dem Wort »Nachtigall« kommt, legt er seinen Stift aus der Hand. Aus dem 15. Stock springt er in die Tiefe.[199]

Der Philosoph und Kolumnist Walter Lippmann verglich den ersten Verteidigungsminister der Vereinigten Staaten mit einem Arzt, der eine Krankheit studiert und dann selbst an ihr erkrankt. Zurück ließ Forrestal ein gerade aus der Taufe gehobenes Pentagon-Establishment, das in jenen, die für eine andere Welt kämpften, nur kommunistische Verschwörer sah.

Bis heute hält sich die irrige Vorstellung, die Vereinigten Staaten wären in Reaktion auf eine weltweite sowjetische Aggression in den Kalten Krieg eingetreten. Ohne Zweifel installierte die Sowjetunion in Polen, Ungarn, Rumänien, Bulgarien, Ostdeutschland, Albanien und der Tschechoslowakei repressive und, wenn unter Druck gesetzt, auch brutale Diktaturen. Ebenso unzweifelhaft ist aber auch, dass die Sowjets zunächst bereit waren, in diesen Ländern ihnen freundlich gesinnte Regierungen zu akzeptieren, bis der Westen anfing, die kommunistische Ideologie und die Sicherheit der Sowjetunion zu bedrohen.

In dieser Phase der Nachkriegszeit trugen die Vereinigten Staaten mit ihrem atomaren Monopol die Hauptverantwortung für den Ausbruch des Kalten Kriegs, nicht die Sowjetunion. »Das Problem nach einem Krieg ist der Sieger«, hatte der Pazifist A. J. Muste schon 1941 geschrieben. »Er denkt, er habe soeben bewiesen, dass Krieg und Gewalt sich auszahlen. Wer soll ihm nun eine Lehre erteilen?«[200]

Die USA halfen, Westeuropa zu befreien, aber die nachfolgenden Entwicklungen machten deutlich, dass das Land von Angst erfasst, ja durch sie fast gelähmt war und darauf mit Aggression antwortete. Zu diesen Entwicklungen gehörte, dass Truman sich in zunehmendem Maße den Ansichten radikaler Antikommunisten anschloss, in deren Augen die Sowjetunion auf die Eroberung der Welt aus war, und dass er Roosevelts Übereinkommen mit Stalin zurückwies. Weitere Punkte waren, dass er den provokativen und unnötigen Abwurf der Atombomben auf Japan autorisierte, dass er zum Kampf gegen die Kommunisten in Griechenland aufrief und dass er die kommunistische Gefahr zu Hause und im Ausland übertrieben zeichnete. Churchills Rede in Fulton, der Aufbau der NATO, die Teilung und Wiederbewaffnung Deutschlands und die Entwicklung immer neuer und stärkerer Atom- und Wasserstoffbomben, mit denen die USA die Sowjetunion bedrohten, wiesen in dieselbe Richtung. Und schließlich wurden diejenigen, die diese Entwicklung kritisierten, zum Schweigen gebracht.

Warum diese Angst? Wir Amerikaner, so wurde gesagt, sind ein Volk von Einwanderern in ein neues Land, Menschen, die auf die eine oder andere Weise Verfolgung, Armut und Angst entkommen sind und immer noch, wiewohl durch zwei gewaltige Ozeane vom Rest der Welt getrennt, von dieser fortwährenden Angst beherrscht werden. Auch unsere Kinder und Kindeskinder werden von ihr infiziert. Uns ist der – von uns so geliebte – Mythos vom Neuanfang in einem neuen Land beigebracht worden, der Mythos vom amerikanischen Exzeptionalismus, der Sonderstellung der Vereinigten Staaten von Amerika, der Mythos von einem neuen Jerusalem, von der Stadt auf dem Berg. Aber ist es tatsächlich notwendig, die Angst vor Verfolgung so zu überzeichnen, vor einer Bedrohung von außen, vor den korrumpierten Ausländern, die immer für das Alte und Schlechte stehen?

Im frühen 21. Jahrhundert befinden sich in den USA 300 Millionen Schusswaffen in Privatbesitz. Wir sind die am schwersten bewaffnete Nation der Welt. Doch wenn ein Land sich in einem extremen Maß schützt, wird dieser Schutz psychologisch unweigerlich als unzureichend erscheinen. Oftmals wächst dann das Feindbild im Verhältnis zur Verteidigungsbereitschaft, was in einen immer übertriebeneren Energieaufwand in dem vergeblichen Versuch mündet, eine Angst auszumerzen, die dabei doch niemals nachzulassen scheint.

Seit Anbeginn der Zeit sind Angst und Unsicherheit unausweichliche Bestandteile menschlichen Daseins. Man muss sie ebenso akzeptieren wie Geburt und Tod. »Besiegt eure Furcht und ich verspreche euch, ihr werdet auch den Tod besiegen«, soll schon Alexander der Große gesagt haben. Wenn wir unsere Angst und unsere Unsicherheit zu ertragen und zu beherrschen lernen, werden wir wie von selbst stärker. Die Ironie des – privaten wie öffentlichen – Lebens liegt darin, dass im Laufe der Zeit der Feind als das ursprüngliche Objekt der Angst zur Überraschung der einstigen Feinde ein Freund, nicht selten sogar ein bester Freund, oder Verbündeter wird.

Im Rückblick ist unübersehbar, dass die US-Führung die Bedrohung durch einen Feind stark übertrieb, den sie zu brauchen meinte, um die Weltlage als einen existentiellen Kampf zwischen zwei gegensätzlichen Gesellschaftssystemen fassen zu können. Henry Wallace, der vor der Angst als Ursprung aller unserer Fehler warnte, hatte darauf hingewiesen, dass ein förderlicher Wettstreit zwischen den beiden Systemen möglich war. Aber die Falken in der amerikanischen Regierung hielten das für undenkbar und taten Wallace entweder als naiv oder als Verräter ab. James Forrestal, einer dieser Hardliner und erster Verteidigungsminister der Vereinigten Staaten, setzte seinem Leben ein gewaltsames Ende – ein merkwürdiges Omen für eine amerikanische Außenpolitik, die sich zunehmend vor ihrem eigenen Schatten fürchtete.

Mitte des 20. Jahrhunderts hatten die Vereinigten Staaten die Grundlage für eine neue Weltordnung gelegt. Sie hatten sich zu einem ausgewachsenen, dabei speziellen Imperium entwickelt, das allen anderen wirtschaftlich ebenso eindeutig überlegen war wie militärisch. Amerika trat als Weltpolizei auf und bekannte sich zugleich zu Freiheit und Demokratie. Die Aufgabe eines Polizisten aber besteht im Aufspüren und Festnehmen von Feinden. Kein Wunder also, dass sich die folgenden sechzig Jahre der amerikanischen Geschichte nach einem bereits erprobten Muster entfalteten, in Form von immer mehr verdeckten, den Bewohnern des Imperiums unbekannten Aktivitäten, von mehr und mehr regionalen Kriegen und einer immer wieder durchgesetzten Vorherrschaft.

7

Kalte Krieger an der Macht – die Ära Eisenhower

1952 wurde der Republikaner Dwight David Eisenhower in einem Erdrutschsieg, bei dem er 39 der damals 48 US-Bundesstaaten für sich entschied, zum Präsidenten der Vereinigten Staaten gewählt. »Ike«, wie der Held des Zweiten Weltkriegs auch genannt wurde, war ebenso behutsam wie stark. Er wusste, dass der Militarismus seine Grenzen hatte, und lehnte den Koreakrieg als »nutzlos« ab.[201] Bald nach seinem Amtsantritt beendete er den Krieg auf der Halbinsel, flößte den Amerikanern wieder Selbstvertrauen und Optimismus ein und verkündete: »Nun blicken wir voran in die Zukunft, erfüllt vom Glauben an uns selbst, an unser Land und an den Schöpfer, der unser aller Vater ist.«[202]

Eisenhower vertraute aber nicht nur auf den Schöpfer, sondern auch auf das mächtigste Waffenarsenal, das eine Nation je angehäuft hatte. Nur drei Tage vor seiner Wahl testeten die Vereinigten Staaten ihre erste Wasserstoffbombe an dem Ort, der bis dahin die Insel Elugelab gewesen war. Die 65 Tonnen wiegende Bombe war zu schwer, um sie von einem Flugzeug abzuwerfen. Die Insel brannte sechs Stunden lang unter einer 160 Kilometer breiten Pilzwolke und war dann für immer verschwunden.

Wer war dieser neue amerikanische Präsident mit dem Gesicht eines Großvaters? Auf der Potsdamer Konferenz hatte er sich gegen die Atombombenabwürfe auf Japan ausgesprochen. 1942 hatte er vehement auf die Eröffnung einer zweiten Front in Europa gedrängt, um die Russen im Osten zu entlasten, und tobte, als Churchill Roosevelt davon überzeugte, stattdessen in Nordafrika anzugreifen. Eisenhower stand auf freundschaftlichem Fuß mit dem sowjetischen General Schukow, und auch Stalin schätzte ihn sehr. »General Eisenhower«, lobte der Sowjetführer, »ist ein großer Mann, nicht nur wegen seiner militärischen Erfolge, sondern auch wegen seiner humanen, freundlichen, herzlichen und offenen Art.«[203]

Im Jahr 1945 war Eisenhower der erste hochrangige Amerikaner überhaupt, der vom Dach des Lenin-Mausoleums eine Parade auf dem Roten Platz verfolgte. Und Anfang März 1953, lediglich sechs Wochen nach seiner Vereidigung, eröffnete sich ihm eine ungeahnte Chance von historischer Dimension. Josef Stalin war tot. Trotz seiner außergewöhnlichen Brutalität hatten die meisten Sowjetbürger ihren Staatschef verehrt, weil er die Nation zum Sieg über die Nazis geführt und das rückständige Land in einen modernen Industriestaat verwandelt hatte.

Während die Sowjetunion trauerte, fühlten sich die neuen, noch etwas unsicheren Führer im Kreml endlich befreit von dem übermächtigen Geist des Mannes, der wie ein Zar aus längst vergangenen Zeiten für mehr als zwei Jahrzehnte über das Land geherrscht hatte. Sie wagten eine Entspannung im Verhältnis zum kapitalistischen Westen. Sie wollten in erster Linie die Lebensqualität ihrer Bürger verbessern und riefen zur Koexistenz und zu einem friedlichem Wettstreit der Systeme auf. Die Frage war, wie die neue amerikanische Regierung darauf reagieren würde.

Winston Churchill, 1951 ein zweites Mal zum britischen Premier gewählt, blickte inzwischen auf ein halbes Jahrhundert in der internationalen Diplomatie zurück, vom goldenen Zeitalter der europäischen Imperien bis zum furchtbaren Aufstieg des Faschismus und dem Blutbad des Zweiten Weltkriegs. Doch das neue, nukleare Zeitalter barg für den alten Mann einen besonderen Schrecken. Er drängte Washington, diese einmalige Gelegenheit zu ergreifen, und forderte einen internationalen Gipfel mit der sowjetischen Führungsspitze. Auch Eisenhower sprach bei einem Auftritt in Washington

Mitte April mit beredten Worten vom Frieden: »Jede Kanone, die gebaut wird, jedes Kriegsschiff, das vom Stapel gelassen wird, jede abgefeuerte Rakete bedeutet letztlich einen Diebstahl an denen, die hungern und nichts zu essen bekommen, an denen, die frieren und keine Kleidung haben. [...] So sollten Menschen niemals leben. [...] Unter der dunklen Wolke des drohenden Kriegs hängt die Menschheit an einem Kreuz aus Eisen.«[204]

Von der Rede inspiriert, druckten die Sowjets sie in hoher Auflage nach, doch zwei Tage später erhielten sie eine ernüchternde Antwort von Eisenhowers Außenminister John Foster Dulles. Die sowjetische »Friedensoffensive« sei, polterte Dulles, eigentlich eine »Friedensdefensive«, eine bloße Reaktion auf die Stärke der USA, und in Wahrheit würden die Kommunisten »weiter pausenlos konspirieren, um jede wirklich freie Regierung auf der Welt von innen her zu stürzen«.[205] Das war beleidigend, und die perplexen Sowjets fragten sich, ob nun der moderate Eisenhower oder der Hardliner Dulles für die neue amerikanische Regierung sprach.

Dulles, Sohn eines presbyterianischen Priesters, der in den 1920er und 1930er Jahren als Anwalt bei der Großkanzlei Sullivan und Cromwell an der Wall Street Karriere gemacht hatte, wankte nicht einen Moment in seinem hartnäckigen Schutz amerikanischer Wirtschaftsinteressen – oder in seinem Hass auf den Kommunismus. Auch wenn er später vehement dementieren sollte, jemals mit den Nazis Geschäfte gemacht zu haben, so hatte er als Anwalt doch Unternehmen und Banken geholfen, deutsche Anleihen im Wert von über einer Milliarde US-Dollar in den USA zu verkaufen. Auch hatte er viel mit dem für das Hitler-Regime sehr wichtigen I.G.-Farben-Konzern zu tun gehabt. Als Eisenhowers Außenminister war Dulles auf eine aggressive Politik zur Befreiung von Bürgern fixiert, die unter sowjetischer Herrschaft lebten.

Zu Beginn von Eisenhowers Präsidentschaft hatte sich die Polizeiaktion in Korea zu einem zweieinhalbjährigen Alptraum ausgewachsen, einem brutalen Bodenkrieg, dessen verlustreiche Schlachten und endlose Manöver mit dem Ziel, diese oder jene bedeutungslose Bergflanke zu erobern, ebenso frustrierend waren wie die Einsätze in den Dschungeln Südvietnams eineinhalb Jahrzehnte später.

Im Kampf gegen die von der Sowjetunion ausgebildeten und ausgerüsteten nordkoreanischen Soldaten war der Weltkriegsheld General Douglas MacArthur im Herbst 1950 trotz wiederholter Warnungen aus Peking mit seinen Truppen weit auf die chinesische Grenze im Norden vorgerückt. Truman gegenüber hatte er noch versichert, dass die Chinesen niemals in den Krieg eingreifen würden, doch im Spätherbst strömten Hunderttausende chinesische Soldaten über den Grenzfluss Yalu nach Nordkorea und trieben die Hals über Kopf zurück nach Süden fliehenden amerikanischen und alliierten Einheiten vor sich her. Das *Time*-Magazin sprach von der »schlimmsten Niederlage, die den USA je zugefügt wurde«.[206] Und Truman schrieb in sein Tagebuch: »Es sieht so aus, als hätte der Dritte Weltkrieg begonnen.«[207]

Unabhängig voneinander drohten MacArthur und Truman auf einer Pressekonferenz im November 1950 mehrfach den Einsatz von Atombomben an, ein Schritt, den laut einer Gallup-Umfrage 52 Prozent der amerikanischen Öffentlichkeit guthießen. MacArthur präsentierte eine Liste mit 26 Zielen und forderte den Abwurf von acht weiteren Atombomben auf die vorrückenden chinesischen Verbände sowie auf »kritische Konzentrationen feindlicher Luftmacht«.[208]

General Curtis LeMay bot sich freiwillig zur Durchführung der Angriffe an. Ohne dass die Öffentlichkeit davon erfuhr, führten zur gleichen Zeit amerikanische und sowjetische Kampfpiloten Luftkämpfe gegeneinander – es war das einzige Mal während des Kalten Kriegs, dass die beiden Mächte in längere direkte Kampfhandlungen miteinander verwickelt waren.

Als die *New York Times* über den katastrophalen Niedergang des amerikanischen Ansehens in der Welt berichtete, begann MacArthur von seinem Hauptquartier in Tokio aus, die Schuld für das militärische Debakel anderen in die Schuhe zu schieben, und drängte auf einen uneingeschränkten Krieg gegen China. Da Truman, wie MacArthur wusste, einen Waffenstillstand anstrebte, stellte er selbst den Chinesen ein Ultimatum. Als ein entsprechendes Schreiben MacArthurs vor dem Kongress verlesen wurde, empfahlen die Vereinigten Stabschefs einstimmig, ihm das Kommando zu entziehen. Truman folgte ihrem Rat und entließ MacArthur.

Das Drama um die Entlassung MacArthurs wegen Befehlsverweigerung und der Schock darüber, dass die allmächtige amerikanische Armee nicht imstande war, die schlecht ausgerüsteten chinesischen Bauernsoldaten zu besiegen, ließen Trumans Zustimmungswerte auf ein Rekordtief von nur noch 22 Prozent sinken.

Ohne dass ein Sieg in Aussicht gewesen wäre, flogen die UN-Truppen nach dem Vorbild der Bombenkampagne gegen Japan fünf Jahre zuvor Monat um Monat massive konventionelle Bombenangriffe gegen Ziele im Norden und Süden der Halbinsel. Die Waffe der Wahl dabei war Napalm. Praktisch jede größere Stadt in Nordkorea wurde bis auf die Grundmauern niedergebrannt, und auch im Süden der Halbinsel blieb kaum ein Stein auf dem anderen.

Während Mao einen weltweiten Krieg in Erwägung zog, drängte Stalin die Nordkoreaner im Sommer 1951 an den Verhandlungstisch. Doch ein schneller Durchbruch blieb aus, und am Ende zogen sich die Verhandlungen über zwei Jahre hin.

Ungeachtet einiger Fortschritte bei den Verhandlungen und der sowjetischen Friedensinitiative nach dem Tod Stalins drohte Eisenhower nun damit, den Krieg auszuweiten, und brachte gegenüber seinen Kommandeuren das Kaesong-Gebiet in Nordkorea zur Sprache, um der Welt dort die neuen taktischen Atombomben der USA vorzuführen. Die Vereinigten Stabschefs und der Nationale Sicherheitsrat sprachen sich für atomare Angriffe auf China aus, und Eisenhower und Dulles sorgten dafür, dass die kommunistische Führung in Peking Kenntnis von diesen Drohungen erhielt.

Die USA gingen nun auch dazu über, die Staudämme unweit der nordkoreanischen Hauptstadt Pjöngjang zu bombardieren, was große Überschwemmungen verursachte und die Reisernte in der Region zerstörte. In den Nürnberger Kriegsverbrecherprozessen nach dem Zweiten Weltkrieg waren vergleichbare Maßnahmen der Nazis in den Niederlanden 1944 als Kriegsverbrechen verurteilt worden.

Beide Seiten hatten immer höhere Verluste zu beklagen, und schließlich wurde im Juli 1953 ein Waffenstillstandsvertrag unterzeichnet, der das Land exakt entlang jener Linie teilte, an der drei Jahre zuvor der Krieg ausgebrochen war. Die USA nahmen zwar für sich in Anspruch, den Kommunismus aufgehalten zu haben, galten aber als Verlierer, weil sie nicht gewonnen hatten.

Eisenhowers Drohungen mit der Atombombe hätten, erklärte sein damaliger Vizepräsident Richard Nixon später, hervorragend funktioniert und ihm, Nixon, die Vorteile der Unberechenbarkeit bewusst gemacht und ihn zu seiner »Madman«-Theorie inspiriert, der »Theorie vom verrückten Präsidenten«, die er dann zwei Jahrzehnte später an Nordvietnam ausprobierte.

Die Botschaft an die asiatischen Völker, die es wagten, die amerikanischen Interessen herauszufordern, war unüberhörbar. Zwischen drei und vier Millionen Koreaner waren tot – bei einer Gesamtbevölkerung von 30 Millionen mindestens zehn Prozent –, dazu über eine Million Chinesen und 37000 Amerikaner. China hatte sich gegen die Supermacht USA behauptet, nicht anders als später die Vietnamesen, und damit viel internationales Prestige gewonnen. Deshalb blockierte Washington bis 1971 die Aufnahme Chinas in die Vereinten Nationen. Im Vergleich zu China sahen die Sowjets schwach aus, und die Kluft zwischen Moskau und Peking vertiefte sich weiter. Churchill war es, der die eigentliche Bedeutung des Koreakriegs für die USA am klarsten formulierte: »Korea spielt jetzt genau genommen keine große Rolle mehr. Ich habe von dem verdammten Land erst mit 74 zum ersten Mal gehört. Die wahre Bedeutung des Koreakriegs liegt darin, dass er zur Wiederaufrüstung Amerikas geführt hat.«[209]

Am 31. Dezember 1949 war George Kennan, der Architekt der amerikanischen Eindämmungspolitik, wegen der zunehmend militaristischen Ausrichtung der amerikanischen Außenpolitik von seinem Posten als Direktor der Planungsabteilung im Außenministerium zurückgetreten. Zu seinem Nachfolger berufen wurde der Forrestal-Protegé und Wall-Street-Insider Paul Nitze. Dieser übernahm umgehend die Führung bei der Vorbereitung des Berichts »NSC-68« des Nationalen Sicherheitsrats, der eine fundamentale militärische Neuausrichtung der Vereinigten Staaten propagierte. Doch das Memorandum zeichnete ein dermaßen düsteres Bild der sowjetischen Absichten und übertrieb so offensichtlich die militärischen Fähigkeiten der Sowjetunion, dass es zunächst niemand wirklich ernst nahm. Der Ausbruch des Koreakriegs jedoch ließ all das plötzlich plausibel erscheinen und beschleunigte den Weg der USA in den Hypermilitarismus.

Nach der Annahme von »NSC-68« vervierfachte sich das amerikanische Verteidigungsbudget auf nahezu 50 Milliarden US-Dollar. Die restlichen 1950er Jahre hindurch sollten die Militärausgaben bei über 50 Prozent des US-Haushalts liegen. Unter Eisenhower wurde der Aufbau einer permanenten Kriegswirtschaft betrieben. Oder anders ausgedrückt: Nicht mehr General Motors war gut für Amerika, sondern der Antikommunismus war gut fürs Geschäft. Mittel und Zweck hatten die Rollen getauscht.

In seinem Präsidentschaftswahlkampf hatte Eisenhower denn auch wenig dafür getan, die Temperatur des Kalten Kriegs zu senken, im Gegenteil. Er hatte die Sowjetfeindlichkeit mit Aufrufen angeheizt, über die von den Demokraten propagierte »Eindämmung« hinauszugehen und – wie von den Republikanern gefordert – die »Befreiung« des Ostblocks in Angriff zu nehmen.

Obwohl Eisenhower den Gift und Galle spritzenden antikommunistischen Senator Joe McCarthy aus Wisconsin verachtete und in privaten Kreisen dessen Vorgehen verurteilte, stellte er sich in seinem Wahlkampf nicht hinter seinen Mentor George Marshall, den McCarthy wegen des »Verlusts« von China während seiner Zeit als Außenminister des Verrats bezichtigte. Marshall sei, polterte McCarthy, »ein Mann falsch bis ins Mark«, und verlangte dessen Rücktritt.[210] »Und wenn es im State Department auch nur einen Kommunisten gäbe«, verkündete er, »dann wäre das einer zu viel.«[211]

Marshall verweigerte eine Antwort und sagte zu Truman, dass es kaum der Mühe wert wäre, wenn er an diesem Punkt seines Lebens tatsächlich bekunden müsste, kein Verräter zu sein. Dennoch reichte er wenig später seinen Rücktritt vom Posten des Verteidigungsministers ein. McCarthy machte seit Anfang 1950 immer wieder Schlagzeilen, nachdem er am 9. Februar in Wheeling, West Virginia, behauptet hatte, er halte »hier in meiner Hand eine Liste mit 205 Namen von Personen, über deren Mitgliedschaft in der Kommunistischen Partei der Außenminister informiert wurde und die dennoch weiter im Außenministerium arbeiten und unsere Außenpolitik gestalten«.[212] Am nächsten Tag sprach er bei einem weiteren Auftritt in einem anderen Bundesstaat nur noch von 57 Verdächtigen.

Obwohl Truman nichts gesagt hatte, als es darauf angekommen war, verurteilte er in einer seiner besten Reden – eine Rede, die sich zu Herzen zu nehmen nachfolgende Präsidenten gut beraten gewesen wären – die hysterische Stimmung im Land, die er selbst so fleißig geschürt hatte. »Nun, ich werde Ihnen sagen, wie wir den Kommunismus nicht bekämpfen werden. Wir werden unser großartiges FBI nicht in eine Gestapo-Geheimpolizei umbauen. Eben das würden einige Leute am liebsten tun. Wir werden nicht zu kontrollieren versuchen, was unsere Bürger lesen und sagen und denken. Wir werden die Vereinigten Staaten nicht in ein rechtsgerichtetes totalitäres Land umbauen, um einer von links kommenden totalitären Bedrohung zu begegnen. Kurz gesagt, wir werden die Demokratie nicht beenden. Wir werden unsere Grundrechte, die Bill of Rights, bewahren.«[213]

Dennoch kam die politische Debatte in den 1950er Jahren in den Vereinigten Staaten fast zum Erliegen, da Eisenhower niemals öffentlich verurteilte, dass Extremisten aus taktischen Gründen wahlweise von der »Roten Gefahr« oder der »Rosa Gefahr« fabulierten, die angeblich von Schwulen und Lesben ausging.

Hinter den Kulissen lag die wahre Macht bei FBI-Direktor J. Edgar Hoover, der auf Eisenhowers rückhaltlose Unterstützung bauen konnte. Hoover, der Telefone anzapfen, Briefe öffnen, Wanzen installieren, in Büros einbrechen und Tresore knacken ließ, rechtfertigte sein Vorgehen gerne mit der angeblichen Gefahr eines Überraschungsangriffs der Sowjets auf die USA. 1956 etwa warnte er Eisenhower, die Sowjets könnten in Manhattan eine atomare »Dreckbombe« zünden, die Hunderttausende Menschen töten und New York für Jahre unbewohnbar machen würde.

Hoover war zutiefst überzeugt, dass die Kommunisten seit dem Ersten Weltkrieg hinter der Bürgerrechtsbewegung der schwarzen Amerikaner standen und seitdem jede schwarze Führungsfigur ausspioniert hatten. Darüber hinaus war sein FBI an vielen weiteren Fronten aktiv, spielte seinen hochrangingen Kontakten in der Presse vertrauliche Informationen zu und initiierte 1956 unter der Bezeichnung COINTELPRO – kurz für »Counter Intelligence Program« – ein geheimes Programm, das mit Hilfe schmutziger Tricks landesweit schlussendlich an die 2300 linksgerichtete Organisationen ausschalten sollte; 1960 führte das FBI Ermittlungen gegen mehr als 400 000 Einzelpersonen und Gruppen. All dies geschah mit Unterstützung Eisenhowers.

Patriotische Feiern und Treueschwüre überzogen nicht nur die politische Landschaft. Die antikommunistische Paranoia hatte die Nation fest im Griff. Die Filmindustrie in Hollywood wurde zur Zielscheibe einer zweiten, noch zerstörerischeren Runde von Anhörungen. Unzählige Künstler und Bürger wurden vor Komitees zitiert und gedrängt, Namen zu nennen. Die Schriftstellerin Mary McCarthy sah den Zweck der Anhörungen nicht in der Bekämpfung der Subversion, sondern darin, die Amerikaner davon zu überzeugen, dass »Verrat die Norm für jeden guten Bürger« sei.[214] Es funktionierte. Der bekannte Enthüllungsjournalist I. F. Stone hatte schon zuvor die Versuche verurteilt, aus »einer ganzen Generation von Amerikanern Spitzel zu machen«.[215]

Das Bild der Sowjetunion, dieses großartigen Alliierten der USA im Zweiten Weltkrieg, war schwer beschädigt durch die Berliner Luftbrücke, die vielen Spionageaffären, den Koreakrieg und die Enthüllungen über die brutalen Säuberungen unter Stalin. Tatsächlich aber fügte die »Rote Angst« den USA selbst weit mehr Schaden zu als ihre Auslöser. Unbestritten ist, dass sie für den Niedergang der legalen Kommunistischen Partei der USA verantwortlich war, deren Mitgliederzahl von 80 000 kurz vor Ende des Zweiten Weltkriegs auf nur noch 10 000 Mitte der 1950er Jahre abstürzte, davon wahrscheinlich 1500 Informanten im Dienste des FBI.

Vor allem aber verurteilte die »Rote Angst« die amerikanische Linke, die Gewerkschaften und all jene politischen und kulturellen Organisationen zur Bedeutungslosigkeit, die in den 1930er Jahren die Reformen des New Deal vorangetrieben hatten. Mit Ausnahme der Bürgerrechts- und der Antiatombewegung verschwanden in den 1950er Jahren die linksgerichtete Opposition und progressive Reformisten von der politischen Bühne der USA, und auch die Gewerkschaftsbewegung sollte niemals wieder zu alter Stärke zurückfinden.

Bis heute gelten die 1950er Jahre unter Eisenhower in den USA als die Ära der einsamen, bekümmerten Angestellten in ihren grauen Flanellanzügen. Die Gesellschaft war von Duckmäusertum und fügsamem Opportunismus geprägt.

Aus Furcht, die Rüstungsausgaben könnten das Land in den Bankrott treiben, forderten Eisenhower und Dulles unter dem Schlagwort »New Look« eine neue Verteidigungsstrategie, die darauf hinauslief, das Personal der Streitkräfte zu reduzieren und dafür vermehrt auf kostengünstigere Atomwaffen zu setzen, die »genauso wie jede andere Munition zur Verfügung« stünden.[216] Dahinter stand die Annahme, dass jeder Krieg mit der Sowjetunion früher oder später zu einem umfassenden Atomkrieg eskalieren würde.

Eisenhower, einst Gegner der Atomwaffe, versicherte nun dem britischen Botschafter, er werde sich lieber atomisieren lassen als zum Kommunisten machen (»I'd rather be atomized than communized«).[217] Den Amerikanern erklärte er, dass es keinen Unterschied zwischen konventionellen und atomaren Waffen gebe. »Ich sehe«, sagte er 1955 zu einem Journalisten, »keinen Grund, warum man sie nicht ganz genauso einsetzen sollte wie eine Gewehrkugel oder jede andere Waffe.«[218]

Churchill war entsetzt, nicht anders als der für die *New York Times* schreibende Kolumnist und Pulitzer-Preisträger James Reston, der sich fassungslos fragte, warum nicht ein einziger Kongressabgeordneter Eisenhowers ohne Zustimmung des Kongresses erfolgte Festlegung auf eine »schlagartige atomare Vergeltung« kritisiert hatte.

Im August 1953 zündeten die Russen in der Wüste von Kasachstan einen Wasserstoffbomben-Prototyp mit einer Sprengkraft von 400 Kilotonnen. Die westliche Welt war geschockt. Offensichtlich hatten die sowjetischen Wissenschaftler gegenüber dem Westen stark aufgeholt und lagen offenbar nur noch zehn Monate hinter dem amerikanischen Wasserstoffbombenprogramm zurück.

Im Dezember 1954 ordnete Eisenhower an, 42 Prozent der amerikanischen Atombomben und 36 Prozent der Wasserstoffbomben außerhalb der USA und in größerer Nähe zur Sowjetunion zu stationieren. Währenddessen intensivierten er und Dulles ihre Anstrengungen, die den Einsatz von Atomwaffen umgebenden Tabus zu überwinden.

In einer Rede vor den Vereinten Nationen im Dezember 1953 stellte Eisenhower den 3500 faszinierten Delegierten sein »Atome für den Frieden«-Programm vor. Ohne auf die Warnungen der Wissenschaftler vor der Verbreitung von Atomwaffen zu hören, schlug er die Schaffung einer internationalen Atomenergiebehörde vor, um die friedliche Nutzung der Nukleartechnik weiterzuentwickeln und zugänglich zu machen. Die US-Regierung versprach in der Folgezeit den Menschen in den USA und anderswo »so billige Energie, dass sich der Preis nicht mehr messen lässt«.[219] In den folgenden Jahren sollte die amerikanische Regierung diverse Initiativen für den zivilen Einsatz von Atombomben verfolgen, etwa in Alaska Häfen aus dem Fels zu sprengen, Erdölvorkommen zu erschließen, unterirdische Reservoire zu schaffen, Dampf zu erzeugen oder Meerwasser zu entsalzen. Es gab Pläne, mit Hilfe von Atombomben einen größeren und besseren Panamakanal anzulegen, das Wetter zu manipulieren und sogar die polaren Eisschilde zu schmelzen.

Doch dann, im März 1954, lief der Test einer großen Wasserstoffbombe auf den Marshall-Inseln aus dem Ruder, Inselbewohner und japanische Fischer wurden radioaktiv verseucht. Der internationale Aufschrei war gewaltig; der Begriff »Fallout« fand Eingang in den Sprachgebrauch, und weltweit wuchs der Widerstand gegen Atomwaffentests. Neue Organisationen entstanden, und Menschen gingen auf die Straße.

Der angesehene blockfreie indische Premierminister Jawaharlal Nehru beschimpfte die amerikanischen Führer als »gefährliche selbstbezogene Wahnsinnige«, die nicht davor zurückschreckten, »jedes Volk und jedes Land in die Luft zu jagen, das sich ihrer Politik in den Weg stellt«.[220] Die ganze Welt, klagte Eisenhower vor dem Nationalen Sicherheitsrat, »scheint uns für Stinktiere, Säbelrassler und Kriegstreiber zu halten«,[221] während Dulles besorgt vermeldete, dass inzwischen schon »Vergleiche zwischen unserer Militärmaschine und der Hitlers gezogen werden«.[222]

Ende 1959 jedoch konnte Eisenhower immer noch eloquent seine Position vertreten und darauf bauen, dass man ihm Glauben schenkte. »Ich bin hierhergekommen«, verkündete er in einer Rede vor dem indischen Parlament in Neu-Delhi, »als Repräsentant einer Nation, die nicht einen Hektar vom Land anderer Völker für sich will und die keine Kontrolle über die Regierung anderer Völker anstrebt, einer Nation, die weder im Handel noch in der Politik ein Programm der Expansion verfolgt oder nach Macht gleich welcher Art auf Kosten anderer Völker strebt.«[223] Für Nehrus Angriffe auf die Regierung in Washington gab es aber neben der atomaren Aufrüstung noch andere Gründe. Der indische Premier wusste mehr als die amerikanische Öffentlichkeit. Er wusste, dass Eisenhower nicht die Wahrheit sagte.

Im Iran wandten sich die Briten mit der Warnung, die Ölvorkommen im Nahen und Mittleren Osten könnten unter sowjetische Kontrolle geraten, mit einem Hilfsersuchen an die CIA. Anders als die Koreanische Halbinsel war die ölreiche Region, die sich vom Kaspischen Meer bis zum Persischen Golf erstreckt, von strategischer Bedeutung für den Westen.

Der demokratisch gewählte und ungemein populäre iranische Premierminister Mohammad Mossadegh war der erste Iraner überhaupt, der an einer europäischen Universität einen Jura-Abschluss erworben hatte; das *Time*-Magazin hatte ihn zum Mann des Jahres 1951 gekürt. In der gesamten Region inspirierte er die Massen, die von nationalistischem Fieber erfasst waren und darauf brannten, ihre Angelegenheiten selbst in die Hand zu nehmen.

Mossadegh war zwar, wie CIA-Chef Allen Dulles und sein Bruder John Foster wussten, kein Kommunist, doch fürchteten sie eine Machtübernahme durch die kleine iranische Kommunistische Partei. Mit Eisenhowers voller Unterstützung trugen sie der CIA auf, den »Verrückten Mossadegh« aus dem Weg zu schaffen, woraufhin die amerikanischen Geheimdienstler im Iran Journalisten bestachen, Militärs und

Parlamentarier kauften und sich der Dienste extremistischer muslimischer Krieger bedienten – einer Terrorgruppe.

Im August 1953 sorgten bestellte Demonstranten auf den Straßen von Teheran für Chaos und streuten das Gerücht, Mossadegh sei Jude und Kommunist. Die CIA und der britische Geheimdienst heuerten Kleinkriminelle an, die in ihrem Auftrag Moscheen zerstörten. Zu den Aufrührern gehörte auch Ajatollah Khomeini, der spätere iranische Führer. Mossadegh und Tausende seiner Anhänger wurden wegen Landesverrats verhaftet, etliche hingerichtet. Nach Mossadeghs Sturz installierten die USA den Schah an der iranischen Staatsspitze, drehten den Geldhahn auf und rüsteten das Land in den folgenden zweieinhalb Jahrzehnten zu ihrem militärisch stärksten Verbündeten in der Region auf.

Auf Kosten des britischen Anteils erhielten fünf amerikanische Ölkonzerne einen vierzigprozentigen Anteil an einem neuen iranischen Ölkonsortium. In den westlichen Medien wurde dies zwar als ein großer Sieg bejubelt, doch die politischen Kosten waren enorm. Hatten die Sowjets nach Stalins Tod auf einen Wandel in der Haltung des Westens gehofft, installierten die Vereinigten Staaten stattdessen eine weitere Marionettenregierung in einem Land, mit dem die Sowjetunion eine 2000 Kilometer lange Grenzen teilte – ein Affront, den die Führung in Moskau zusammen mit dem 1949 gegründeten NATO-Bündnis als Beleg dafür sah, dass der Westen gegenüber der Sowjetunion eine Strategie der Einkreisung verfolgte.

»Blowback« (Rückstoß) ist ein Geheimdienstbegriff für die unbeabsichtigten gravierenden Auswirkungen einer verdeckten Operation auf die Zivilbevölkerung eines betroffenen Landes. Und in diesem Fall hatte Amerika, ungeachtet des vorübergehenden Erfolgs und des Zugangs zu neuen Ölvorkommen, die Bürger einer stolzen Nation gegen sich aufgebracht.

Es sollte 25 Jahre dauern, bis der Blowback Wirkung zeigte. 1979 hatten die Iraner genug von manipulierten Wahlen und der Unterdrückung durch den SAVAK, den für seine Folterpraktiken verhassten iranischen Geheimdienst. Sie rebellierten, schlossen sich der von Ajatollah Khomeini geführten islamischen Revolution an und verjagten den Schah. Der inszenierte Staatsstreich im Iran sollte die Beziehungen zwischen Teheran und Washington für über drei Jahrzehnte vergiften, von 1979 bis in die Präsidentschaft von George W. Bush und Barack Obama hinein.

Die CIA war nun voll in Fahrt, und schon im darauffolgenden Jahr betrieb sie den Sturz des populären guatemaltekischen Präsidenten Jacobo Árbenz Guzmán, der die amerikanischen Wirtschaftsinteressen in seiner verarmten mittelamerikanischen Nation herausforderte. Guzmán kündigte Pläne für eine großangelegte Agrarreform an, deren Auftakt die Verstaatlichung von 95 000 Hektar Land der United Fruit Company bildete, von denen der US-Konzern 90 Prozent allerdings gar nicht bewirtschaftete. In den Augen von Außenminister Dulles war Árbenz, unter dem 1952 die kleine Kommunistische Partei des Landes legalisiert worden war, ein heimlicher Kommunist, der, wenn man ihn nicht stoppte, dem sowjetischen Einfluss in der Region die Tür öffnen würde. In Wahrheit war der Einfluss der gerade einmal 4000 Mitglieder zählenden kommunistischen Partei in Guatemala minimal.

Von Stützpunkten in Honduras und Nicaragua aus griffen im Juni 1954 von der CIA ausgebildete Söldnertruppen an; Árbenz floh und wurde durch eine Militärjunta ersetzt. Außenminister Dulles jubelte: »Die Zukunft Guatemalas […] liegt jetzt in den Händen von Führern, die loyal zu Guatemala stehen und sich nicht auf verräterische Weise zu den Agenten eines ausländischen Despotismus gemacht haben, der Guatemala für seine ruchlosen Absichten zu missbrauchen suchte. Die Ereignisse der letzten Monate und Tage fügen der großen Tradition der amerikanischen Nationen ein neues und glorreiches Kapitel hinzu.«[224]

Árbenz' Nachfolger, der antikommunistische Junta-Chef

Carlos Castillo Armas, installierte eine brutale Militärdiktatur; Todesschwadrone trieben ihr Unwesen. Drei Jahre später, im Sommer 1957, fiel Armas einem Attentat zum Opfer. Der demokratisch gewählte Árbenz hatte gewarnt, dem Land stünden »zwanzig Jahre blutiger faschistischer Tyrannei« bevor.[225] Er irrte. Die Tyrannei, die auf seinen Sturz folgte, sollte vierzig Jahre dauern und an die 200 000 Guatemalteken das Leben kosten.

Das Etikett »Kommunist« bezeichnete nun nicht mehr allein diejenigen, die das Sowjetsystem verteidigten, sondern wurde überall und zu jeder Zeit auf alle angewendet, die progressive Veränderungen in ihrem Land anstreben: Gewerkschaftsführer, Reformer, Bauernaktivisten, Menschenrechtler oder auch Priester, die das Evangelium predigten und Selbsthilfegruppen organisierten, die radikale oder pazifistische Botschaften propagierten.

Zur selben Zeit entfalteten sich in Vietnam Ereignisse von noch größerer Tragweite. Die Briten hatten einen beträchtlichen Teil ihres Kolonialreichs aufgegeben, doch die Franzosen, von der deutschen Invasion im Zweiten Weltkrieg tief gedemütigt, kämpften weiter verbissen um ihre Kolonien in Afrika und Indochina.

Wie die Briten, die sich in Iran Washingtons Hilfe sichern wollten, verteufelten auch die Franzosen ihren Feind, diesmal in Indochina. Ho Chi Minh sei, tönte es aus Paris, ein kommunistischer Fanatiker, obwohl man dort genau wusste, dass er dieselbe Rebellion repräsentierte, mit der es Frankreich schon seit dem späten 19. Jahrhundert zu tun hatte. Das vietnamesische Volk kämpfte für seine Unabhängigkeit, und das bereits lange vor der Russischen Revolution und dem Aufstieg der kommunistischen Ideologie. Doch in den 1950er Jahren ging man automatisch davon aus, dass der Kommunismus in Asien von Moskau aus gesteuert würde. Tatsächlich jedoch hatte Stalin in Asien so gut wie immer Vorsicht walten lassen und schon Mao signifikante Hilfe versagt – nicht anders als Ho

Chi Minh, denn der starke Mann der Sowjetunion versprach sich wenig davon, die Franzosen gegen sich aufzubringen.

Ho, der während des Zweiten Weltkriegs als Anführer des Widerstands gegen die japanischen Besatzer amerikanische Unterstützung erhalten hatte, bat Truman um Hilfe beim Aufbau eines unabhängigen vietnamesischen Staates. Truman antwortete ihm nicht einmal, und 1950 fand Ho Chi Minh heraus, warum: Der amerikanische Präsident unterstützte die andere Seite.

Anfang 1954 schaffte Ho Chi Minhs Bauernarmee, die Viet Minh, tonnenschwere Flugabwehrgeschütze und Haubitzen durch dichten, nahezu unpassierbaren Dschungel und über unwegsames Berggelände bis nach Dien Bien Phu, eine Stadt im Nordosten des Landes, um eine dort von den Franzosen errichtete Festung zu belagern. Dass die Vereinigten Staaten für 80 Prozent der französischen Kriegskosten in Indochina aufkamen, rechtfertigte Eisenhower damit, dass nach einem Sturz Vietnams die Länder in der Region wie Dominosteine an die Kommunisten fallen würden, zuerst Thailand, dann Indonesien, Malaysia und letztlich selbst Japan.

Die Entsendung von Bodentruppen schloss Eisenhower zwar kategorisch aus, doch die Vereinigten Stabschefs entwarfen unter der Bezeichnung »Operation Vulture« Pläne für massive Luftangriffe auf Viet-Minh-Positionen, die auch die Option auf einen Einsatz von zwei oder drei taktischen Atombomben mit einschlossen. Später sollte Eisenhower entsprechende Meldungen zwar dementieren, aber hochrangige französische Beamte bestätigten, dass Dulles ihnen zwei Atombomben angeboten hatte. Doch die Franzosen lehnten, wie auch die Briten, die Washington ebenfalls hatte mit einbeziehen wollen, diese Option ab, und am 7. Mai, nach 55 verlustreichen Tagen, kapitulierten die Franzosen in Bien Dien Phu. Die Tage des französischen Kolonialreichs in Asien waren gezählt.

Ho Chi Minhs Truppen kontrollierten nun den Großteil des Landes, doch auf Druck der Sowjets und Chinesen, die eine amerikanische Intervention fürchteten, akzeptierte er im Juli 1954 auf der Genfer Indochinakonferenz den Vorschlag, Vietnam entlang des 70. Breitengrads vorübergehend zu teilen. Die Viet Minh sollten sich in den Nordteil, die von den Franzosen unterstützten Kräfte in den Süden zurückziehen.

1956 sollten, so der Plan weiter, landesweite Wahlen mit dem Ziel stattfinden, das Land wiederzuvereinigen. Die USA versprachen, sich nicht einzumischen, taten das aber doch und installierten in dem buddhistisch geprägten Südvietnam eine konservative und korrupte Regierung. Deren Präsident, Ngo Dinh Diem, verlor keine Zeit, die innenpolitische Opposition auszuschalten und Kommunisten verhaften zu lassen, von denen Tausende exekutiert wurden.

Mit Rückendeckung der USA sabotierte Diem anschließend die wichtigste Vereinbarung des Genfer Abkommens und sagte die Teilnahme Südvietnams an den landesweiten Wahlen ab. Wären diese, erklärte Eisenhower später, »zu diesem Zeitpunkt abgehalten worden, hätten wahrscheinlich 80 Prozent der Vietnamesen für den Kommunisten Ho Chi Minh gestimmt«.[226] Nach dem Wortbruch Diems flammte der Aufstand wieder auf, und ein paar Jahre später war aus dem Krieg der Franzosen ein Krieg der Amerikaner geworden.

Am anderen Ende der Welt inspirierte der Kampf der Vietnamesen gegen die französische Kolonialherrschaft die algerischen Revolutionäre, die in einem brutalen, acht Jahre andauernden Befreiungskrieg von 1954 bis 1962 die Franzosen aus ihrem Land vertrieben, eine Niederlage, die das Ende des französischen Kolonialreichs auch in Afrika bedeutete.

1953 bot Eisenhower dem faschistischen Diktator in Spanien, Francisco Franco, einen großzügigen Kredit im Austausch für die Erlaubnis an, in seinem Land Atomwaffen stationieren zu dürfen. Nur zwei Jahre später wurde Spanien in die Vereinten Nationen aufgenommen, ein Privileg, das dem kommunistischen China nach wie vor verweigert wurde. Die USA unterstützten auch Portugal, das im südlichen Afrika an einem heruntergekommenen Kolonialreich festhielt, in dem es riesige Plantagen und Rassentrennung gab. Dasselbe galt für Südafrika, wo die Minderheit der Weißen die schwarze Bevölkerungsmehrheit rücksichtslos unterdrückte. Mitte der 1950er Jahre war das Ansehen der Vereinigten Staaten, die sich mit einigen der reaktionärsten Regimen verbündet hatten, unter den Menschen in der Dritten Welt auf einen absoluten Tiefpunkt gesunken.

Amerikas Fähigkeit zur massiven atomaren Vergeltung mochte genügen, um die Machtbalance mit der Sowjetunion zu bewahren, es sollte sich aber als nutzlos für die Eindämmung der revolutionären Aufwallung in den Entwicklungsländern erweisen, die einen Kurs der Blockfreiheit zwischen dem kapitalistischen und dem kommunistischen Lager zu steuern wünschten und es für obszön hielten, Milliarden für Waffen auszugeben, während Mittel für die Entwicklung der armen Länder knapp waren. Von der Warte der Blockfreien aus betrachtet, war der Kalte Krieg, den die USA unter Eisenhower führten, weniger ein Krieg gegen den Kommunismus als gegen die armen Länder der Welt, mit Ressourcen als Siegespreis.

Im indonesischen Bandung kamen 1955 Staatsführer aus 29 asiatischen und afrikanischen Ländern zusammen. Gastgeber war der indonesische Präsident Sukarno, der den Kampf gegen die niederländische Kolonialherrschaft angeführt hatte. Die Stars der Konferenz waren der jugoslawische Präsident Tito, der trotz mehrerer Attentatsversuche sein Land aus Stalins Griff befreit hatte, der ägyptische Präsident Gamal Abdel Nasser, der sich gegen das Britische Empire gestellt hatte, Jawaharlal Nehru, der erste indische Premierminister, Präsident Kwame Nkrumah aus Ghana und Ho Chi Minh aus Vietnam. Israel, das als Verbündeter der USA betrachtet wurde, war nicht eingeladen, das kommunistische China hingegen schon. Das Gastgeberland Indonesien war das nach Einwohnern viertgrößte Land der Erde und beherbergte die größte muslimische Gemeinschaft wie auch die drittgrößte Kommunistische Partei der Welt.

Dulles verkündete, Neutralität sei im gegenwärtigen weltpolitischen Kontext ein überholtes Konzept, dazu unmoralisch und kurzsichtig. In einer ebenso merkwürdigen wie wenig bekannten Episode dieser Zeit organisierte der Geheimdienst von Chiang Kai-sheks nationalchinesischer Regierung mit Unterstützung der CIA ein Attentat auf den nach Indonesien reisenden Tschu En-lai. Bei einem Zwischenstopp in Hongkong wurde eine Bombe an Bord von Tschus Flugzeug geschmuggelt. Die Bombe explodierte zwar wie vorgesehen, doch der Premier- und Außenminister Rotchinas überlebte den Anschlag, weil er das Flugzeug gewechselt hatte – nicht aber die 16 Menschen, die sich noch an Bord der Maschine befanden. Tschu verlor kein Wort über den mysteriösen Zwischenfall, und die Konferenz der Blockfreien wurde ein großer Erfolg. Allerdings sollten viele der in Bandung anwesenden unabhängigen Staatsführer früher oder später von den Vereinigten Staaten gestürzt werden.

Nach Stalins Tod machte man sich in der Sowjetunion daran, die eigene Vergangenheit aufzuarbeiten. Ministerpräsident Nikita Chruschtschow, der wie Eisenhower aus einfachen Verhältnissen stammte und die Schrecken des Zweiten Weltkriegs als Politkommissar in der Schlacht um Stalingrad hautnah miterlebt hatte, versetzte der kommunistischen Welt im Februar 1956 einen Schock, als er in emotionalen Worten schreckliche Wahrheiten über die jüngere Vergangenheit seines Landes offenbarte. Chruschtschow sprach detailliert über Stalins mörderische Terrorherrschaft. Millionen Menschen waren ihr zum Opfer gefallen und die russische Gesellschaft in einen Konformismus gezwungen worden, der unvergleichlich schlimmer war als der in der USA virulente. Er distanzierte sich von Stalins Personenkult und stieß eine dringend erforderliche Politik der Entstalinisierung an.

Die plötzliche Kehrtwende schlug in der kommunistischen Welt ein wie eine Bombe, und viele der führenden Kommunisten auf der Welt waren vor den Kopf gestoßen. Der Große Vorsitzende Mao in China tobte. In vielen osteuropäischen

Ländern kam es zu Unruhen. In der ungarischen Hauptstadt Budapest versammelte sich eine aufgebrachte Menschenmenge vor dem Parlament, stieß eine dort aufgestellte gigantische Stalin-Statue vom Sockel und lynchte in den Straßen Geheimdienstoffiziere.

Chruschtschow ließ die Rebellen in Ungarn zunächst gewähren. Doch dann kündigte der gemäßigte ungarische Ministerpräsident Imre Nagy die Abhaltung freier Wahlen und den Austritt Ungarns aus dem Warschauer Pakt an, der 1955 als Gegengewicht zur NATO gegründet worden war. Chruschtschow gelangte zu der Überzeugung, dass er nun eingreifen musste, wollte er nicht von den Hardlinern in Moskau aus dem Amt gejagt werden. Russische Panzer rollten durch die Straßen von Budapest und schlugen den Volksaufstand in blutigen Kämpfen nieder, in denen an die 2500 Ungarn ums Leben kamen. Obgleich diese Zahl neben den Opfern, welche die Interventionen der USA in der Dritten Welt forderten, verblasst, wurde der Ungarische Volksaufstand von 1956 zu einem der symbolträchtigsten Ereignisse des Kalten Kriegs und Sinnbild für die Brutalität der Sowjetherrschaft.

Das *Time*-Magazin kürte den ungarischen Freiheitskämpfer zum »Mann des Jahres« 1956 – während, ohne Wissen der amerikanischen Öffentlichkeit, die USA ihre »Hard Power«, ihre ökonomische und militärische Übermacht, rund um den Globus weiter massiv zur Geltung brachten. Ein zentrales Ziel der Aktivitäten war der indonesische Präsident Sukarno. Die CIA-Pläne zur Beseitigung des Staatschefs grenzten mitunter ans Groteske – unter anderem spielten Pornofilme und schöne russische Blondinen eine Rolle – und gipfelten in einem versuchten Militärputsch, bei dem CIA-Piloten Ziele in Indonesien bombardierten. Eisenhower stritt eine Beteiligung der USA kategorisch ab, doch die Lüge flog auf, als der US-Pilot Al Pope über Indonesien abgeschossen und auf einer Pressekonferenz vorgeführt wurde. Aus Zorn über die amerikanischen Machenschaften näherte Sukarno sich der Sowjetunion an. Die USA sollten noch acht weitere Jahre benötigen, um in einem der blutigsten Massaker des Jahrhunderts das Machtgefüge auf Indonesien in ihrem Interesse umzukrempeln.

Im Herbst 1957 musste Eisenhower Soldaten nach Little Rock, Arkansas, entsenden, um neun schwarze Schüler vor einem wütenden, rassistischen Mob zu beschützen, der sie am Besuch an einer vormals rein weißen High School hindern wollte – ein Vorfall, der dem amerikanischen Image in der Welt einen weiteren schweren Schlag versetzte. Umgekehrt mehrte die Sowjetunion am 4. Oktober 1957 ihr internationales Ansehen mit dem Start des Sputnik, dem ersten von Menschen in eine Erdumlaufbahn geschossenen Satelliten.

Die USA besaßen Atombomben. Doch mit einem Mal besaßen die Sowjets den Weltraum – und Raketen. In Amerika saß der Sputnikschock tief, und der Mehrheitsführer im Senat, der Demokrat Lyndon B. Johnson, warnte, die Russen könnten bald schon »wie Jungs, die Steine von Autobahnbrücken werfen, auf uns Bomben aus dem Weltall werfen«.[227] Eisenhower tat die ganze Aufregung als völlig übertrieben ab. Die Russen hätten doch bloß, meinte er, »eine kleine Stahlkugel in die Luft geschossen«.[228] Und um seine Gelassenheit zu unterstreichen, spielte er in jener Woche noch fünf Runden Golf.

Der Grund für die entspannte Haltung des Präsidenten war, dass er längst über Informationen zu den sowjetischen Raketen verfügte, die er allerdings nicht öffentlich bekanntmachen konnte – das amerikanische Militär hatte streng geheime U-2-Aufklärungsflugzeuge entwickelt, die zu diesem Zeitpunkt schon seit über einem Jahr in einer Höhe von 21 000 Metern sowjetisches Territorium überflogen und per hochauflösender Kamera festhielten, wie weit die Russen im Rüstungswettlauf tatsächlich noch zurücklagen. »Ich konnte«, brüstete sich CIA-Direktor Allen Dulles später, »mir jeden einzelnen Grashalm in der Sowjetunion anschauen.«[229]

Einen Monat später schossen die Sowjets den sehr viel größeren, sechs Tonnen schweren Sputnik 2 ins All. Gleichzeitig streckte Chruschtschow Eisenhower die Hand entgegen und rief zu einem friedlichen Wettstreit im Weltraum sowie zur Beendigung des Kalten Kriegs auf. Doch statt darauf einzugehen, protzte »Ike«, der unter enormem politischen Druck stand, öffentlich mit der großen und weiter wachsenden militärischen Überlegenheit der Vereinigten Staaten. »Wir liegen weit vor den Sowjets [...], sowohl im Hinblick auf die Quantität wie auf die Qualität. Und wir gedenken, diesen Vorsprung zu halten«, tönte er und verwies auf die mit Atomwaffen ausgerüsteten amerikanischen U-Boote und die riesigen Flugzeugträger.[230]

Nichtsdestotrotz ergriffen die Demokraten die Initiative. John McCormack, Führer der demokratischen Mehrheitsfraktion im Repräsentantenhaus, orakelte, die USA stünden vor der nationalen Auslöschung. Zu jenen, die damals mit Begeisterung das Schlagwort von der »Missile Gap«, der »Raketenlücke«, aufgriffen, gehörte auch der junge Senator der Demokraten aus Massachusetts – John F. Kennedy. Eisenhower kanzelte die Kritiker zwar als »scheinheilige, heuchlerische Bastarde« ab, doch die unheilvollen Aussichten ließen sich nicht leugnen.[231]

Der Präsident gab eine geheime Sicherheitsstudie in Auftrag, die maßgeblich von Paul Nitze verfasst wurde, dem antikommunistischen Hardliner und ehemaligen Forrestal-Protegé von der Wall Street. Der Eisenhower im November 1957 übergebene »Gaither Report« kam zu verheerenden Schlüssen – und wurde, offenbar von Nitze selbst, der *Washington Post* zugespielt, der zufolge die USA »in der größten Gefahr ihrer bisherigen Geschichte« schwebten.[232] In bester Yellow-Press-Manier zeichnete die renommierte Tageszeitung das Bild einer Nation, die zu einer zweitklassigen internationalen Macht herabsank, und forderte in schrillen Tönen eine bis in die 1970er Jahre durchzuhaltende enorme Aufstockung der Militärausgaben.

In seinem 1957 erschienenen Roman *Das letzte Ufer*, auf den zwei Jahre später eine international bejubelte Verfilmung folgte, beschrieb der englische Schriftsteller Nevil Shute das dramatische Schicksal einer Handvoll Überlebender eines globalen Atomkriegs, die in der südaustralischen Großstadt Melbourne in dem Wissen auf den radioaktiven Fallout warten, dass der Rest der Menschheit bereits ausgelöscht wurde.

Auf einer Feier wurde Winston Churchill gefragt, ob er sich vorstellen könne, ein Exemplar von *Das letzte Ufer* an Eisenhower zu schicken. »Das wäre«, erwiderte der nun im Ruhestand befindliche und einstmals so wilde Kalte Krieger resigniert, »reine Geldverschwendung. Eisenhower ist so konfus geworden. [...] Ich glaube, dass die Erde bald zerstört wird. [...] Und wenn ich der Allmächtige wäre, würde ich sie nicht wieder neu erschaffen, sonst würde man sie doch nur ein weiteres Mal zerstören.«[233]

Auch nach zwei Herzinfarkten schien Eisenhower noch ein anständiger, wohlmeinender Mann, doch er wirkte etwas verloren und nicht mehr am Puls der Zeit. Direkt vor seiner Nase, in Amerikas Hinterhof, stürzten Fidel Castro und seine Mitstreiter Anfang 1959 den kubanischen Diktator Fulgencio Batista, unter dessen Herrschaft amerikanische Unternehmen über 80 Prozent der kubanischen Ressourcen kontrolliert hatten. Castro führte eine Landreform durch und reformierte das Bildungssystem. Er ließ große Ländereien beschlagnahmen, darunter über 400 000 Hektar aus dem Eigentum von United Fruit und zwei weiteren US-Konzernen. Castro bot United Fruit Entschädigungszahlungen an, was der Konzern aber ablehnte. Wie viele blockfreie Führer in der Dritten Welt nahm Castro Hilfsangebote aus der Sowjetunion an.

Im April 1959 reiste Castro in die USA und traf sich kurz mit Vizepräsident Nixon, der dem kubanischen Staatsführer eine naive Haltung zum Kommunismus attestierte und später seine Eliminierung befürwortete. Als dann amerikanische und britische Ölkonzerne sich weigerten, russisches Öl in ihren kubanischen Raffinerien zu verarbeiten, verstaatlichte Castro sie kurzerhand und drohte darüber hinaus, sämtliches amerikanische Eigentum auf der Insel einzuziehen. Eisenhower verhängte zur Strafe ein striktes Handelsembargo gegen Kuba und schnitt damit die Kubaner unter anderem von ihren Absatzmärkten für Zucker ab, woraufhin die Sowjets und Chinesen Castro anboten, den Zucker abzunehmen.

Das Embargo sollte Kuba schwer treffen. Obwohl es seit Anfang des 21. Jahrhunderts mehrfach gelockert wurde, sollte es über ein halbes Jahrhundert von zehn aufeinanderfolgenden US-Regierungen aufrechterhalten werden. Die Generalversammlung der Vereinten Nationen verurteilte das Embargo in dieser Zeit 23-mal mit einer großen Mehrheit, zuletzt im Herbst 2014, als 188 Mitgliedsländer für eine Aufhebung stimmten – und nur zwei dagegen, die USA und Israel.

Im März 1960 erteilte Eisenhower grünes Licht für einen von der CIA ausgeheckten Plan, eine paramilitärische Truppe aus Exilkubanern aufzustellen und mit ihrer Hilfe Castro zu stürzen – ein Plan, der explizit auch die Möglichkeit eines Mordanschlags auf Castro vorsah. Dem kubanischen Revolutionär, der zu einem weltweiten Symbol geworden war, durfte man keine weiteren Erfolge erlauben.

In seinem Roman *Herz der Finsternis* schilderte Joseph Conrad in eindrücklichen Bildern die entsetzlichen Zustände in Belgisch-Kongo um 1900. Seitdem hatte sich in der Kolonie nicht viel verändert, und als die Belgier 1960 schließlich aus dem Kongo abzogen, flog der neue sozialistische Premierminister Patrice Lumumba, der verzweifelt auf Hilfe angewiesen war, nach Washington. Doch Eisenhower weigerte sich, ihn zu empfangen. CIA-Direktor Dulles beschrieb Eisenhower den Staatschef als eine Art afrikanischen Fidel Castro und brachte ihn dazu, einen Plan zu dessen Ermordung zu autorisieren. Das Vorhaben misslang, was aber nichts daran änderte, dass der Kongo in einem anarchischen Bürgerkrieg versank und Lumumba im Januar 1961 im Beisein von belgischen Offizieren von meuternden Militärs abgesetzt wurde. Der erste freigewählte kongolesische Premier wurde gefoltert und ermordet – und stieg in der Folgezeit zu einem Märtyrer und Symbol für den antiimperialistischen Kampf der Dritten

Welt auf. Viele gaben den USA die Schuld an seinem Tod. Die CIA ignorierte den UN-Friedensplan und unterstützte Joseph Mobutu als neuen Premierminister des Kongo. Mobutu, ein ehemaliger Mitstreiter Lumumbas, der sich später gegen ihn gewandt hatte, installierte ein Terrorregime, plünderte das an Rohstoffen reiche Land rücksichtslos aus, hinterging auch seine Geldgeber in Washington und ließ zahllose Kongolesen ermorden, um seine Macht zu bewahren. Schlussendlich herrschte der milliardenschwere Diktator drei Jahrzehnte über das zwischenzeitlich in Zaire umbenannte Land und war in dieser Zeit der verlässlichste Verbündete der CIA in Afrika.

Am Ende schien Eisenhower doch erkannt zu haben, was für ein Monster seine Regierung erschaffen hatte – und fast schon um Vergebung dafür zu bitten. »Wir waren gezwungen«, erklärte der scheidende US-Präsident in seiner bemerkenswerten Abschiedsrede vom Januar 1961, »eine permanent arbeitende Rüstungsindustrie von gewaltigem Ausmaß zu errichten. Dreieinhalb Millionen Männer und Frauen sind direkt im Verteidigungssektor beschäftigt. [...] Dessen umfassender Einfluss – wirtschaftlich, politisch und selbst spirituell – macht sich in jeder Stadt, in jedem Bundesstaat und in jeder Bundesbehörde bemerkbar. [...] Wir in den Regierungsgremien müssen uns wappnen gegen die – beabsichtigte oder unbeabsichtigte – unbefugte Einflussnahme durch diesen militärisch-industriellen Komplex. [...] Wir dürfen niemals zulassen, dass das Gewicht dieses Konglomerats unsere Freiheiten oder unsere demokratischen Prozesse gefährdet.«[234] Unter vier Augen sagte er zu Allen Dulles: »Ich hinterlasse meinem Nachfolger einen Scherbenhaufen.«[235] Damit kam Eisenhower der Wahrheit recht nahe. Selbst wenn man vom Sturz ausländischer Regierungen und den bedenkenlosen weltweiten Interventionen absieht, war es immer noch Eisenhower, der mehr als jeder andere zur Schaffung ebenjenes militärisch-industriellen Komplexes beitrug, vor dem er nun warnte.

Unter Ike bauten die USA ihre Nuklearkapazität von tausend auf über 22 000 Atombomben aus. Insgesamt autorisierte er die Anschaffung von über 30 000 Kernwaffen, von denen viele noch unter seinem Nachfolger Kennedy in Dienst gestellt wurden. Atombomben waren nun das Fundament des amerikanischen Imperiums und verliehen dem neuen Imperator, dem Präsidenten der Vereinigten Staaten, eine geradezu mystische Macht. Diese Macht forderte eine zunehmend erstickend wirkende Geheimhaltung und andere Machtbefugnisse, die weit über die ursprünglichen verfassungsmäßigen Rechte der Exekutive hinausgingen. Die Bomben selbst waren nicht einmal besonders teuer, doch die immense Infrastruktur um sie herum kostete große Summen: die Stützpunkte in den USA und im Ausland sowie die unterschiedlichen Trägersysteme, also Langstreckenbomber, Raketen, Flugzeugträger und U-Boote.

Darüber hinaus war es Eisenhower, der die Drohung mit einem nuklearen Angriff zu einem akzeptablen Instrument der amerikanischen Außenpolitik erhob. In einem Interview im *Life*-Magazin verteidigte Außenminister Dulles 1956 diese Hochrisiko-Politik mit dem Verweis auf drei Gelegenheiten, bei denen die amerikanische Regierung mit einem Nuklearkrieg gedroht und die Kommunisten, genauer gesagt China, so zum Einlenken gezwungen hatte – in Korea, in Vietnam und 1955 in der Krise um die Formosastraße. Tatsächlich taten die USA dasselbe gegenüber der Sowjetunion während der Suezkrise 1956 und noch einmal 1958 gegenüber China im Konflikt um die unmittelbar vor der Küste der Volksrepublik liegenden, aber zu Taiwan gehörenden Inseln Quemoy und Matsu. Eisenhowers Nachfolger im Weißen Haus sind ohne Ausnahme seinem Beispiel gefolgt und haben den tatsächlichen oder vermeintlichen Feinden gedroht, wenn diese den Forderungen der USA nicht nachkamen.

Zudem hatte Eisenhower – was bis heute kaum bekannt ist – seinen regionalen Oberbefehlshabern sowie bestimmten anderen Kommandeuren die Genehmigung erteilt, einen Atomwaffeneinsatz anzuordnen, wenn sie das nach den Umständen für zwingend erforderlich hielten und keine Verbindung zum Präsidenten herstellen konnten. Und ebenfalls mit Eisenhowers Genehmigung hatten mehrere dieser Befehlshaber diese Befugnis auf ihnen unterstellte Offiziere übertragen – mit der Folge, dass zu einer Zeit, als es noch keine Sperrvorrichtungen gab, Dutzende ihre Finger am Abzug hatten.

Im August 1960 genehmigte Eisenhower einen Plan für einen zeitgleichen Atomangriff auf China und die UdSSR innerhalb der ersten 24 Stunden eines Krieges mit diesen Ländern. Die konservative Schätzung der zu erwartenden Todesopfer durch die Atomexplosionen und den radioaktiven Fallout belief sich auf 600 Millionen – über hundertmal mehr Menschen, als im Holocaust ermordet wurden. Hinzu kam die Gefahr eines nuklearen Winters, der womöglich alles Leben auf der Erde ausgelöscht hätte.

Im Nachhinein betrachtet hätte Eisenhower als Führer der mächtigsten Nation der Erde in ihrer vielleicht längsten spannungsreichen Epoche die Welt mit entschlossenem Handeln in eine andere Richtung lenken können. Aus Moskau kamen Signale, die darauf hindeuteten, dass der Kreml zu einem Kurswechsel bereit war. Doch beschränkt durch ideologisches Denken, politische Erwägungen, die Bedürfnisse eines militarisierten Staates und eine begrenzte Vorstellungskraft, versäumte es Eisenhower wiederholt, die sich bietenden Gelegenheiten zu ergreifen.

Es ist ein interessantes Detail, dass 1953, als Eisenhower zusehends zum Kalten Krieger mutierte, sein Mentor George Marshall als erster und bislang einziger Berufsoffizier mit dem Friedensnobelpreis ausgezeichnet wurde. In seiner Dankesrede mahnte der Vater des Marshallplans ein besseres Verständnis der Geschichte und der Ursachen von Kriegen an. »Die Kosten des Krieges«, sagte er, »stehen mir ständig vor Augen, ordentlich aufgelistet in unzähligen Kontobüchern, deren Spalten Grabsteine sind.«[236] Marshall, der zwei Weltkriege und die Weltwirtschaftskrise mitgemacht hatte, war ein zurückhaltender Mann und trug im Gegensatz zu vielen anderen Generälen seine Orden selten in der Öffentlichkeit; das großzügige Angebot eines Verlages für seine Memoiren lehnte er ab. Bis zu seinem Tod 1959 überragte er in respektierter, aber auch einsamer Größe die politische Landschaft der USA, von vielen auf der Rechten mit Ablehnung gestraft wegen seiner mäßigenden Haltung in einer Zeit der Eiferer und wegen der Toleranz, die er so überzeugend verkörperte.

Die Amerikaner erinnern sich an die Eisenhower-Jahre zweifellos als eine Zeit des Friedens und des Wohlstands, und weil damals ein Krieg mit der Sowjetunion durchaus möglich schien, gebührt ihm zweifelsohne auch Respekt dafür, einen solchen Waffengang vermieden zu haben. Die unausweichliche Wahrheit jedoch lautet, dass Dwight D. Eisenhower, der hochgeschätzte 34. Präsident der Vereinigten Staaten von Amerika, die Menschheit mit der ungeheuerlichsten Expansion militärischer Macht in ihrer Geschichte auf einen gefährlichen Kurs Richtung Auslöschung steuerte. Als er aus dem Amt schied, war die Welt eine weitaus gefährlichere geworden, als sie noch bei seiner Vereidigung gewesen war.

8

Kennedy oder die Lichtgestalt am Abgrund

Die heißumkämpfte Präsidentschaftswahl von 1960 drehte sich vor allem um die Frage, wie mit dem Kommunismus umzugehen sei. Wie es 2008 Barack Obama tun sollte, positionierte sich der junge Herausforderer John F. Kennedy als Kandidat des Wandels. Dabei konnte er dem streng antikommunistischen Republikaner Richard Nixon vorwerfen, nicht genug unternommen zu haben, um den Rückstand bei den Atomraketen sowie ein kommunistisches Regime nur 140 Kilometer vor der Küste Floridas zu verhindern.

Kennedy errang einen knappen, vielleicht sogar »gestohlenen« Wahlsieg, doch gewann Amerikas erster katholischer Präsident mit Witz und Eleganz die Herzen der Menschen in Washington und auf der ganzen Welt. Nach König Artus' sagenumwobener, friedfertiger Tafelrunde erhielt seine Regierung den Spitznamen »Camelot«. Mit der opportunistischen, aber politisch klugen Ernennung des Texaners Lyndon B. Johnson zu seinem Vizepräsidenten bestätigte er das Misstrauen, das der liberale Flügel seiner Partei gegen ihn hegte.

Im Jahr 1952 in den Senat gewählt, hatte es Kennedy als liberaler Unterstützer des Kalten Krieges vermieden, Joseph McCarthy, einen alten Freund der Familie, zu kritisieren. Sein jüngerer Bruder Robert hatte sogar in McCarthys Stab gedient. In Anspielung auf den Titel von Kennedys Buch *Zivilcourage (Profiles in Courage),* das den Pulitzerpreis erhielt, äußerte Eleanor Roosevelt, sie wünsche sich von Kennedy »etwas weniger Profil und etwas mehr Courage«.[237]

Sein Team, zusammengestellt aus Vertretern von Stiftungen, Konzernen und der Finanzwelt sowie Progressiven und Intellektuellen, wurde angesichts der in ihm versammelten Intelligenz, Tatkraft und Zuversicht als das bislang beste und glanzvollste eines Präsidenten bezeichnet, was insbesondere der Nationale Sicherheitsberater McGeorge Bundy verkörperte, einst der erste Yale-Bewerber mit Bestnoten in allen drei Aufnahmeprüfungen.

Ins Verteidigungsressort holte sich Kennedy den Zivilisten und Außenseiter Robert McNamara, der für seinen computerartigen Verstand berühmt war und die Ford Motor Company geleitet hatte. McNamara weckte sogleich das Misstrauen der Generäle, indem er das Pentagon einer haarkleinen Kontrolle unterwarf. Eisenhower hatte ihnen einen Plan für einen verheerenden Atomkrieg an die Hand gegeben. Der entsetzte McNamara stieß im Pentagon auf eine paranoide Kultur und eine Menge Worst-Case-Szenarios. Als Kennedy seinen statistisch denkenden Verteidigungsminister aufforderte zu ermitteln, wie groß der Rückstand der USA bei den Atomraketen tatsächlich war, kam nach drei Wochen das Ergebnis, dass dieser nicht existierte. Und nach mehreren Monaten stellten sich sogar erhebliche Ungleichgewichte heraus: Die USA verfügten über annähernd 25 000, die Sowjets nur über 2500 Nuklearwaffen. Den 1500 schweren Bombern der USA, von denen tausend in Europa, also in Reichweite zur UdSSR stationiert waren, standen ganze 192 sowjetische gegenüber. Und bei den Interkontinentalraketen lag das Verhältnis zwischen den USA und der UdSSR bei 45 zu 4.

In Eisenhowers Plan zu einer Invasion auf Kuba wurde Kennedy von Allen Dulles eingeweiht, der ihm versicherte, die Kubaner würden einen Einmarsch mit einem Volksaufstand unterstützen. Trotz scharfer Proteste mehrerer ziviler Berater scheute der unerfahrene Präsident davor zurück, eine Operation zu blockieren, die von Eisenhower und den Vereinigten Stabschefs unterstützt wurde.

Drei Tage vor der Operation im April 1961 setzten acht US-amerikanische B-26-Bomber, geflogen von Exilkubanern, die

Hälfte von Castros Luftwaffe außer Gefecht. Wie später Colin Powell bei seinem peinlichem Auftritt vor dem UN-Sicherheitsrat in Sachen Irak 2003 stritt Amerikas UN-Botschafter Adlai Stevenson jede Beteiligung seines Landes an der Aggression gegen Kuba ab. Weder von Florida noch von einem anderen Teil der USA aus seien Luftangriffe ausgegangen. Stevenson präsentierte die Fotografie eines Militärflugzeugs, das angeblich von einem kubanischen Überläufer geflogen worden sei. Es wurde bald als CIA-Maschine entlarvt.

Als 1500 bis 1600 Exilkubaner auf sieben Schiffen, zwei im Besitz der United Fruit Company, in der Schweinebucht landeten, stießen sie dort auf kampfbereite kubanische Soldaten. Der erwartete Volkaufstand blieb aus. Als die Invasoren um direkte US-Unterstützung nachsuchten, schockierte Kennedy die CIA, indem er, wie er schon im Vorfeld angekündigt hatte, die erbetene Hilfe verweigerte – aus Furcht vor sowjetischen Gegenmaßnahmen gegen West-Berlin.

Auf einer Nachtsitzung bedrängten ihn die Militärchefs und der CIA-Verantwortliche für Geheimoperationen drei Stunden lang, Bodentruppen zu entsenden und die Rebellen aus der Luft zu unterstützen. Sie erwarteten das einfach von ihm – Eisenhower wäre zu diesem Schritt zweifelsohne bereit gewesen. Es wäre »verwerflich, fast verbrecherisch«, so der Vorsitzende der Vereinigten Stabschefs, den Rebellen den Boden unter den Füßen wegzuziehen.[238] Aber Kennedy blieb standhaft. Über hundert Rebellen wurden getötet, rund 1200 gerieten in Gefangenschaft. Die Invasion in der Schweinebucht leitete ein außergewöhnlich turbulentes Jahrzehnt ein, das die Welt verändern sollte: die 1960er Jahre.

Die schmutzige Affäre prägte den Präsidenten zutiefst: »Der erste Ratschlag an meinen Nachfolger lautet«, so teilte er einem einflussreichen Journalisten und Freund mit, »beim Anblick der Generäle nicht das Gefühl zuzulassen, dass deren Meinung in militärischen Angelegenheiten nur deshalb irgendetwas wert sei, weil sie Militärs sind.«[239] Auch wenn Kennedy allmählich zu begreifen schien, wovor Eisenhower gewarnt hatte, so musste er doch sehr schnell sehr viel lernen, wollte er der Logik des Kalten Krieges nicht in die Falle gehen.

In der Öffentlichkeit übernahm Kennedy für das Fiasko die volle Verantwortung, schimpfte im Privaten aber über die »Hurensöhne« – die Vereinigten Stabschefs – und »diese Bastarde von der CIA«, die er »in tausend Stücke zerschmettern und in alle Winde zerstreuen«[240] werde. In einem unglaublichen Schritt feuerte er, wenngleich diplomatisch, den Geheimdienstdirektor Allen Dulles sowie zwei weitere Spitzenbeamte und unterstellte alle CIA-Mitarbeiter in Übersee den jeweiligen US-Botschaftern im Land.

Dank seines wachsenden Misstrauens fiel es Kennedy 1961 leichter, dem Druck seiner Militär- und Geheimdienstberater standzuhalten, Truppen in den kleinen Binnenstaat Laos zu entsenden. Dabei hatte Eisenhower ihn gewarnt, dass ein solcher Schritt im Kampf gegen die Kommunisten notwendig werden könnte. Die Vereinigten Stabschefs erwarteten von Kennedy, dass er einer großangelegten Invasion Priorität einräumte. Arthur Schlesinger, ein Berater und angesehener Historiker, sagte später: »Nach [der Invasion in] der Schweinebucht verachtete Kennedy die Vereinigten Stabschefs. [...] Er tat sie als einen Altherrenklüngel ab. [Ihren Vorsitzenden Lyman] Lemnitzer hielt er für einen Trottel.«[241] So setzte Kennedy im Fall von Laos auf Neutralität und verärgerte damit das Pentagon, was ihm noch Ärger bereiten sollte.

In düsterer Stimmung reiste er im Juni 1961 nach Wien zum ersten Gipfeltreffen mit Chruschtschow. Dieser warf dem jungen US-Präsidenten Amerikas weltweiten Imperialismus vor. »Wir in der UdSSR«, so teilte er später einem Besucher aus dem Senat mit, »sind der Meinung, dass der revolutionäre Prozess eine Existenzberechtigung haben muss.«[242] Sein Kernproblem war dabei Deutschland angesichts der erschreckenden Aussicht, dass die Bundesrepublik die Kontrolle über nahe der Sowjetunion stationierte US-Atomwaffen erhalten könnte. Auch waren bis 1961 knapp 15 Prozent der ostdeutschen Bevölkerung, ungefähr 2,6 Millionen Menschen, auf der Suche nach einem besseren Leben vor allem über die offene Berliner Sektorengrenze nach Westdeutschland geflohen – eine Demütigung und offene Wunde für die Sowjets, die jetzt danach strebten, dass die beiden deutschen Staaten vertraglich anerkannt und die westlichen Streitkräfte aus Westberlin abgezogen würden. Einem amerikanischen Journalisten erklärte Chruschtschow:

> Wir haben mit Deutschland eine deutlich längere gemeinsame Geschichte. Wir erlebten, wie rasch sich Regierungen in Deutschland verändern können und wie leicht Deutschland zu einem Werkzeug des Massenmordes werden kann. [...] Bei uns gibt es ein Sprichwort: ›Gebt einem Deutschen eine Schusswaffe. Früher oder später richtet er sie auf Russen.‹ [...] In euren Vereinigten Staaten herrscht wohl der Glaube, es gäbe hier keine öffentliche Meinung. Seid euch da nicht so sicher. In Sachen Deutschland hat unser Volk feste Vorstellungen. Ich glaube nicht, dass eine Regierung den Versuch, sich hierin gegen sie zu stellen, überleben würde. [...] Wir könnten Deutschland in einigen Minuten zermalmen. Aber [...] wir fürchten [...] die Fähigkeit Deutschlands, die Vereinigten Staaten dazu zu verleiten, einen Atomkrieg vom Zaun zu brechen. Wie oft muss man sich verbrennen, ehe man dem Feuer Respekt entgegenbringt?[243]

Kennedy verabschiedete sich aus Wien mit der Bemerkung zu Chruschtschow: »Ich sehe einen eiskalten Winter heraufziehen.«[244] Noch im gleichen Sommer verschärfte Kennedy in einer Rede säbelrasselnd die Berlinkrise: »Die Quelle der Unruhe und Spannungen auf der Welt ist heute Moskau, nicht Berlin. Und wenn ein Krieg ausbricht, wird er von Moskau, nicht von Berlin ausgehen.«[245] Kennedy kündigte an, den Militäretat um 3,4 Milliarden Dollar zu erhöhen, die Einberufungen um 300 000 Mann auszuweiten und in einem landesweiten Programm öffentliche und private Atombunker zu bauen. Dabei mahnte er die Bürger: »Heute im thermonuklearen Zeitalter würde jede Fehlkalkulation auf einer Seite hinsichtlich der Absichten der anderen in wenigen Stunden mehr Vernichtung über uns bringen als alle Kriege in der Geschichte der Menschheit zusammen.«[246]

Die Staaten des Warschauer Pakts reagierten mit drastischen Maßnahmen. Ab 13. August errichteten DDR-Truppen quer durch Berlin Sperren, um den Strom der flüchtenden Ostdeutschen aufzuhalten. Rasch trat Beton an die Stelle des Stacheldrahts. Um Flagge zu zeigen, schickte Kennedy 1500 US-Soldaten von bundesdeutschem Gebiet nach West-Berlin, wo sie von Vizepräsident Johnson empfangen wurden.

Im selben Monat nahm die Sowjetunion die Atombombentests wieder auf. Als Kennedy davon erfuhr, brach es aus ihm heraus: »Noch mehr beschissene Aussichten!«[247] Trotz der nuklearen Überlegenheit der USA versuchte die Luftwaffe durchzusetzen, dass die Anzahl der Atomraketen auf 3000 erhöht würde. Nach zähem Ringen konnte McNamara in einem Kompromiss ein Ziel von tausend Stück erreichen.

Im Oktober zündeten die Sowjets die mit 30 Megatonnen bislang größte Bombe und in der darauffolgenden Woche eine weitere mit 50 Megatonnen Sprengkraft, dem rund Dreitausendfachen der von Hiroshima. Kennedys Wut war damit ausreichend angestachelt, um Dulles' Hartliner-Kurs fortzuführen.

Ein außenstehender Beobachter konnte von den Amerikanern im Sommer und Herbst 1961 den Eindruck haben, sie hätten den Verstand verloren: Die Nation diskutierte ausgiebig, ob in Privathäusern Atombunker eingebaut werden müssten und ob es ethisch vertretbar sei, Nachbarn und Freunde über den Haufen zu schießen, um den eigenen Unterstand zu schützen, ein Phänomen, das die »Erschieße-deinen-Nächsten-Debatte« genannt wurde. Trotz des Drucks in Rundfunk und Presse richteten sich überraschend wenig Bürger einen Bunker ein, sei es aus Resignation oder der Einsicht, dass in ihm ein sinnvolles Überleben schwierig werden würde.

In der Rückschau verminderte der Bau der monströsen Berliner Mauer die unmittelbare Kriegsgefahr, da sie Chruschtschow half, seine Hardliner zu beschwichtigen. Kennedy bekannte: »Eine Mauer ist keine sehr schöne Lösung, aber tausendmal besser als ein Krieg.«[248]

Anders verhielt es sich mit Kennedys Kubapolitik. Er hatte den politisch wichtigen Exilkubanern in Florida zugesagt, das Castro-Regime zu stürzen, was die Spannungen mit der Sowjetunion verschärfen sollte. Anfang November entfesselte er die Operation Mongoose, eine von seinem Bruder Robert beaufsichtigte Terrorkampagne, um Kubas Wirtschaft zu ruinieren und insgeheim die bislang stümperhaften Versuche fortzusetzen, Castro zu ermorden.

Auf der Suche nach einem Vorwand für ein militärisches Eingreifen billigten die Vereinigten Stabschefs die Operation Northwoods einschließlich eines »Rembember the *Maine*«-Zwischenfalls nach dem Vorbild des US-Kriegsschiffs, dessen Untergang vor Havanna 1898 den Spanisch-Amerikanischen Krieg ausgelöst hatte. Der Plan beinhaltete ein breites Spektrum von Aktionen: eine von den USA inszenierte Geiselnahme durch die kubanische Regierung, den Abschuss einer Verkehrsmaschine, vorzugsweise mit College-Studenten an Bord, die Versenkung von Schiffen mit kubanischen Flüchtlingen auf dem Weg nach Florida sowie eine Serie von Zwischenfällen rund um den Militärstützpunkt Guantanamo. Was immer es am Ende auch sein würde, es sollte dem kubanischen Regime in die Schuhe geschoben werden.

Obgleich Kennedy den Plan ablehnte, brachten die im Jahr 1962 von den USA unternommenen Schritte die Sowjets zu der Überzeugung, dass eine Invasion auf Kuba unmittelbar bevorstünde. Im Januar nötigten die USA die lateinamerikanischen Staaten dazu, Kuba aus der Organisation Amerikanischer Staaten auszuschließen. Im Frühjahr, Sommer und Herbst 1962 führten sie in der Karibik eine Serie großangelegter Militärmanöver durch, eines mit Beteiligung von 79 Schiffen, 300 Flugzeugen und über 40 000 Soldaten. Das letzte, das im Oktober mit 7500 Marineinfanteristen stattfand, trug den Codenamen »Ortsac« und simulierte die Landung auf einer Insel mit anschließendem Sturz des dortigen Regimes. Die Botschaft war deutlich: »Ortsac« rückwärts gelesen ergab »Castro«.

Ebenso beabsichtigte Kennedy, den Kommunisten in Vietnam Paroli zu bieten. Doch dem Geschichtskenner müssen bei der Aussicht auf einen weiteren Bodenkrieg in Asien Zweifel gekommen sein. Als junger Kongressabgeordneter hatte er 1951, während des Debakels im Koreakrieg, Vietnam besucht und davon abgeraten, die französischen Kolonialisten zu unterstützen. Später redete er ausführlich von der Notwendigkeit, die Unterstützung der Araber, Afrikaner und Asiaten zu gewinnen, die »den weißen Mann hassten […], der sie geschröpft, geschlagen, ausgebeutet und beherrscht«[249] habe. Er hatte bereits darauf hingewiesen, dass es widersprüchlich war, das französische Kolonialreich in Afrika und Asien zu unterstützen, sich aber gegen das sowjetische Vorgehen in Ungarn und Polen zu wenden. Doch nun, als Präsident, verteidigte er ein korruptes südvietnamesisches Regime, das öffentliche Versammlungen, unangenehme politische Parteien und sogar Tanzen in der Öffentlichkeit verbot.

Eisenhowers Dominotheorie übernehmend, wies Kennedy nachdrücklich darauf hin, dass Vietnam den Eckpfeiler der freien Welt in Südostasien bilde, den »Finger im leck gewordenen Deich«. Im Mai 1961 reiste Lyndon B. Johnson nach Vietnam, salbte Diem zum »Winston Churchill Südostasiens«, malte ein düsteres Bild der Lage und drängte auf mehr US-Engagement. Die Generäle und McNamara stimmten überein, dass ein Sieg der Kommunisten nur durch US-Kampftruppen abzuwenden sei. Aber Kennedy, ein dekorierter Veteran des Zweiten Weltkriegs, widersetzte sich einer Truppenentsendung. Zu Schlesinger sagte er: »Die Soldaten marschieren ein, die Kapellen spielen, die Menge jubelt, und vier Tagen später haben es alle vergessen. Dann heißt es, wir müssten weitere

Truppen entsenden. Das ist wie mit einem Drink. Wenn die Wirkung nachlässt, braucht man noch einen.«[250]

Aber als Bewunderer des Partisanenkriegs im Zweiten Weltkrieg, als die Briten im Dschungel von Burma hinter den feindlichen Linien gekämpft hatten, billigte er die übrigen Ratschläge seiner Generäle für eine Ausweitung des Militärengagements. Das US-Personal in Vietnam wuchs sprunghaft von 800 bei seiner Amtsübernahme auf über 16000 Berater 1963. Auch ließ Kennedy zu, dass eine wachsende Armee von CIA-Agenten und zahlreiche amerikanische zivile Vertragspartner an diesen neuen operativen Honigtopf drängten. Unter Kennedys dreijähriger Präsidentschaft unternahm die CIA weltweit 163 größere verdeckte Operationen, nur sieben weniger als in den gesamten acht Jahren unter Eisenhower.

In seiner frühen Phase wurde der Vietnamkonflikt zuweilen als »CIA-Krieg« bezeichnet, was Kennedy an der Militärakademie West Point mit der Bemerkung bestätigte, es sei »ein anderer Typ Krieg, neu in seiner Intensität, alt in seinen Ursprüngen [...] geführt mit Hinterhalten [...], die den Feind zermürben und erschöpfen, anstatt ihn zu stellen.«[251] Das Gegenteil sollte eintreten.

Unter Kennedy und weitgehend ohne Wissen der amerikanischen Öffentlichkeit verpflanzten die USA Dorfbewohner mit vorgehaltener Waffe in stacheldrahtumzäunte Siedlungen, wo sie von unzuverlässigen südvietnamesischen Regierungstruppen bewacht wurden. Und sie versprühten auf Guerillaterrain Entlaubungsmittel – mit verheerenden Langzeitfolgen für Umwelt und Gesundheit, die Vietnamesen wie Amerikaner zu spüren bekommen sollten.

Vor allem war es die Kubakrise im Oktober 1962, die Kennedy vor Augen führte, welche katastrophalen Auswirkungen seine konfrontative Politik im Kalten Krieg haben konnte. Am Sonntag, den 14. Oktober lieferte eine Aufklärungsmaschine vom Typ U-2 Aufnahmen, die bewiesen, dass auf Kuba sowjetische Mittelstreckenraketen stationiert waren – ein Schock.

Chruschtschow hatte Kennedy mit seinem Versprechen,

auf Kuba keine Offensivwaffen zu stationieren, hinters Licht geführt und damit einen gewaltigen Fehler begangen. Eine direkte militärische Konfrontation mit den USA war das letzte, was sich die Sowjets 1962 wünschen konnten. Mit um die zehn Interkontinentalraketen, die zuverlässig amerikanischen Boden erreichen konnten, und knapp 300 Atomsprengköpfen hatten sie gegen die 5000 Atombomben und annähernd 2000 Langstreckenraketen und -bomber der USA nicht die geringste Chance.

Die amerikanische Öffentlichkeit sollte niemals begreifen, was Chruschtschow dazu antrieb, auch weil die Medien die sowjetischen Maßnahmen auf Kuba als offene Aggression darstellten. Aus sowjetischer Sicht hingegen war die Stationierung eine vernünftige Antwort auf die verschiedenen Anzeichen für einen geplanten atomaren Erstschlag der Amerikaner. Auch schreckten die Raketen von einer drohenden Invasion auf Kuba ab, das zu einem Bauern im Schachspiel der Mächte geworden war. Die Raketen würden die USA zwingen, sich einen Angriff zweimal zu überlegen, und ihnen, nach Chruschtschows Worten, »ein wenig von ihrer eigenen Medizin verabreichen«.[252] Auch war Chruschtschow fraglos ein echter Bewunderer Castros, der aus eigener Kraft an die Macht gelangt und zu einer Figur mit gewaltiger Symbolkraft für die Dritte Welt aufgestiegen war. Und schließlich waren die Raketen für Chruschtschow ein kostengünstiges Mittel, um diejenigen in der kommunistischen Welt zu beschwichtigen, die seine Führungsstärke in Frage stellten. Es bleibt aber dabei: Sein Schritt war hochriskant.

Chruschtschow hatte beabsichtigt, die Stationierung der Atomraketen am 7. November, zum 45. Jahrestag der bolschewistischen Revolution, öffentlich bekanntzugeben. Doch indem er, wie Militäranalyst Daniel Ellsberg hervorhebt, die Stationierung von ballistischen Raketen und Nuklearsprengköpfen geheim hielt, hatte Chruschtschow eine wirkungsvolle Abschreckung in eine destabilisierende Provokation verwandelt, die auf ihre Urheber zurückschlug.

Die Amerikaner haben damals nie begriffen, dass sich die Sprengköpfe bereits auf Kuba befanden. Bis heute erkennen nur wenige den Ernst der Kubakrise und die Lehren, die aus ihr zu ziehen waren. Das Vermächtnis des Hardliners Dulles, bis zum Äußersten zu gehen, hatte ein Monster hervorgebracht.

Als sich Kennedy zwei Tage nach Entdeckung der Startrampen mit seinen wichtigsten Beratern zu einer streng geheimen Sitzung traf, hatte er die Hoffnung, die endgültige Installierung der Raketen doch noch zu verhindern. Drei Tage später, am 19. Oktober, beriet er sich mit den Vereinigten Stabschefs. Sie drängten darauf, die Raketen ohne Vorwarnung mit präzisen Luftschlägen zu vernichten und anschließend eine umfassende Invasion auf Kuba zu starten. LeMay versicherte Kennedy, dass die Sowjets keinen Gegenschlag riskieren würden. Der Luftwaffengeneral hielt einen Atomkrieg mit der UdSSR für unvermeidlich und meinte, dass die USA diesen gegenwärtig aller Voraussicht nach gewinnen würden. Eine zweite Gelegenheit werde sich nicht bieten. Er wetterte gegen den russischen Bären: »Nehmen wir ihm das Bein direkt unter den Hoden ab. Oder, noch besser, nehmen wir ihm die Hoden gleich mit ab.«[253] Nach der Sitzung sagte Kennedy seinem Berater Kenny O'Donnell: »Wenn wir auf sie hören, wird keiner von uns am Leben bleiben, um ihnen klarzumachen, dass sie sich geirrt haben.«[254]

McNamara argumentierte, angesichts der US-Raketen in der Türkei, die in großer Nähe zur Sowjetunion stationiert seien, habe sich am strategischen Kräftegleichgewicht nichts geändert. Kennedy stimmte zu, verwies aber auf die politische Symbolik: Wenn sich die USA mit der Stationierung der Raketen abfänden, schwächten sie ihre Position in der Welt, insbesondere in Lateinamerika. Seinem Bruder Robert vertraute Kennedy an, dass er mit einem Amtsenthebungsverfahren rechne, wenn er nach dem Schweinebucht-Desaster jetzt nicht entschlossen reagiere.

Die Kubakrise wurde für Kennedy zum Charaktertest. Er

hatte sich als Marineleutnant im Südpazifik tapfer geschlagen und Menschenleben gerettet, von Generälen in Uniform ließ er sich nicht mehr einschüchtern. In den nachfolgenden Tagen sollte er die Ratschläge solcher älterer Herren, darunter Paul Nitze, Dean Acheson und sogar Dwight Eisenhower, zurückweisen. Stattdessen setzte er auf eine Seeblockade, eine »Quarantäne«, wie er sie nannte, um herunterzuspielen, dass es sich auch dabei um einen kriegerischen Akt handelte. Am 22. Oktober, acht Tage nach den Luftaufnahmen, informierte Kennedy feierlich das amerikanische Volk: »Alle Schiffe jedweder Art mit Kurs auf Kuba, egal welcher Nation oder aus welchem Hafen, werden zurückgeschickt, falls auf ihnen Ladungen mit Offensivwaffen entdeckt werden. [...] Sollten diese offensiven militärischen Vorkehrungen fortdauern und die Bedrohung für die [westliche] Hemisphäre erhöhen, sind weitere Aktionen gerechtfertigt.«[255] Kennedy stellte die USA als unschuldiges Opfer einer sowjetischen Aggression aus heiterem Himmel dar und verschwieg, dass die Amerikaner seit Ende 1959 einen terroristischen Krieg gegen Kuba führten.

Das weltpolitische Klima heizte sich dramatisch auf. Angespannt klebten die Menschen an ihren Fernseh- und Radiogeräten. Auch Kinder schauten die Nachrichten, zusammen mit ihren angsterfüllten Eltern. Am selben Tag wurde die strategische Luftflotte (Strategic Air Command, SAC) in Alarmstufe 3 und zwei Tage später, erstmals in ihrer Geschichte, in die noch dringlichere Stufe 2 versetzt. Sie stand nun bereit, Angriffe auf Ziele in der Sowjetunion zu fliegen – ein Beschluss, den SAC-Kommandeur General Thomas Power auf Grundlage der noch von Eisenhower gegebenen Vollmacht traf und folglich ohne Absprache mit dem Präsidenten. Die Welt stand am Rand des atomaren Abgrunds. Verschärfend wirkte zudem, dass der Befehl nicht, wie zu erwarten, in codierter Form, sondern im Klartext ausgegeben wurde, damit ihn die sowjetischen Funkaufklärer abfangen und nach Moskau weiterleiten würden. Nach erfolgtem Befehl blieb die SAC-Flotte, von Tankflugzeugen versorgt, in der Luft. Einem

Verteidigungsanalysten hatte General Power schon 1960 verraten: »Letztendlich geht es darum, die Bastarde zu erledigen! Sehen Sie, wenn es bei Kriegsende noch zwei Amerikaner und einen Russen gibt, haben wir gewonnen!« Der Analyst entgegnete klug: »Nun, dann sorgen sie besser dafür, dass ein Mann und eine Frau übrigbleiben.«[256]

Es folgte eine Reihe erschreckender Zwischenfälle, die sämtlich einen Holocaust hätten auslösen können. Zum Beispiel schoss das SAC eine Testrakete in Richtung der Marshall-Inseln ab, woraufhin offizielle Stellen irrtümlich meldeten, Tampa und Minnesota würden angegriffen. Am 25. Oktober beschlossen die sowjetischen Führer, ihre Raketen aus Kuba abzuziehen, hofften aber, als Gegenleistung einen Abzug der amerikanischen Jupiter-Mittelstreckenraketen aus der Türkei zu erreichen. Noch ehe sie die Entscheidung umsetzen konnten, erhielt Chruschtschow fehlerhafte Informationen, wonach die Invasion auf Kuba demnächst beginne. Am 26. Oktober überflogen amerikanische Militärmaschinen auf Baumwipfelhöhe Kuba. Vor Floridas Küste waren 250 000 US-Soldaten zusammengezogen worden, 2000 Bombereinsätze waren geplant. Castro sagte einen US-Angriff innerhalb von 72 Stunden voraus. Die über 42 000 Mann starke sowjetische Streitmacht auf Kuba, die von einem Stalingrad-Veteranen befehligt und von 100 000 Kubanern verstärkt wurde, verfügte über annähernd hundert taktische Atomwaffen, die der US-Aufklärung entgangen waren.

Chruschtschow verlor die Kontrolle über die Situation. In einem dramatischen Moment fragte er seine Generäle, ob sie dafür garantieren könnten, dass eine Fortsetzung des eingeschlagenen Kurses nicht zum Tod von 500 Millionen Menschen führe. »Was hätte es mir in meiner letzten Stunde schon gebracht zu wissen, dass zwar unsere große Nation und die Vereinigten Staaten zerstört sind, unsere nationale Ehre aber unversehrt?«

In einem dringlichen Schreiben – laut McNamara die »seltsamste diplomatische Botschaft, die ich je gesehen habe« – bat

Chruschtschow schlicht um das Versprechen, von einer Invasion Kubas abzusehen. Die beiden Länder, so warnte er, würden unweigerlich in einen Krieg schlittern. »Falls ein Krieg ausbrechen sollte, steht es nicht in unserer Macht, ihn zu beenden – der Krieg endete erst dann, wenn er durch Städte und Dörfer gefegt ist und Tod und Zerstörung gesät hat.«[257]

Am 27. Oktober ereignete sich ein Zwischenfall, den Schlesinger als den gefährlichsten Moment nicht nur im Kalten Krieg, sondern »in der Geschichte der Menschheit«[258] bezeichnete. Russische Kriegsschiffe hielten auf die »Quarantänelinie« zu. Von den vier sie schützenden sowjetischen U-Booten geriet eines ins Visier eines US-Verbandes um den Flugzeugträger *USS Randolph.* Nach einer Verfolgungsjagd, die den ganzen Tag lang andauerte, versuchten die amerikanischen Schiffe, die B-59 über 160 Kilometer vor der Blockadezone mit Übungswasserbomben zum Auftauchen zu zwingen, ohne zu wissen, dass es mit Atomwaffen bestückt war. Als die Akkumulatoren immer schwächer wurden, gingen an Bord bis auf die Notbeleuchtung alle Lichter aus. Die Temperatur schnellte in die Höhe. Der Kohlendioxidgehalt in der Luft stieg auf ein fast tödliches Maß an, Männer brachen bewusstlos zusammen. Der Funkoffizier berichtete später: »Die Amerikaner haben uns mit etwas Stärkerem getroffen. […] Wir dachten, das war's – das Ende.«[259] Panik brach aus. Vergebens versuchte Kommandant Walentin Sawitsky den Generalstab zu erreichen. In der Annahme, der Krieg sei bereits ausgebrochen und sie würden in Schimpf und Schande sterben, wenn sie untätig blieben, erteilte er den Befehl, den Atomtorpedo abschussbereit zu machen, und verlangte die notwendige Zustimmung der beiden anderen Offiziere an Bord. Zum Glück für die Menschheit konnte ihn der Offizier Wassili Archipow beruhigen und von dem Abschuss abbringen, womit er wahrscheinlich im Alleingang den Ausbruch eines Atomkriegs verhinderte.

Als entscheidender Wendepunkt in dieser dramatischen Konfrontation erreichte den Nationalen Sicherheitsrat der

USA dann noch die Meldung, dass über Kuba ein U-2-Aufklärer abgeschossen worden war, ein Vorgehen, zu dem Chruschtschow keine Genehmigung erteilt hatte. Die Vereinigten Stabschefs drängten zum sofortigen Handeln und verlangten, sämtliche Abschussrampen und Raketen auszuschalten. Kennedy antwortete mit einem Nein. Der Abschuss der U-2 demonstrierte ihm und Chruschtschow, dass sie über ihre gewaltigen Militärmaschinerien die Kontrolle verloren.

Wie gelähmt verfolgten die Amerikaner die Fernsehberichte über eine alptraumhaften Entwicklung, die sie sich bislang nicht hatten vorstellen können. Später schilderte Robert McNamara seine Stimmung am Abend des 27. Oktober, einem Samstag, als er die Sonne über dem Potomac untergehen sah. »Es war ein wunderschöner Herbstabend, der Höhepunkt der Krise. Ich trat ins Freie, um ihn zu zu betrachten und zu riechen, denn ich dachte, es sei mein letzter Samstag.«[260]

In Washington und New York verbrannten sowjetische Diplomaten ihre Akten. Angehörige des Washingtoner Beamtenapparates hatten diskret damit begonnen, ihre Familien aus der Hauptstadt zu bringen. Sie wiesen ihre Frauen und Kinder an, zügig so weit wie möglich nach Süden zu fahren.

In einem letzten verzweifelten Versuch, die Militärmaschinerie doch noch zu stoppen, schickte Kennedy seinen Bruder an diesem Samstag zu einem Treffen zum sowjetischen Botschafter Anatoli Dobrynin. Die Vereinigten Staaten, so ließ er ausrichten, seien zu einem Angriff bereit, falls sich die Sowjetunion nicht sofort verpflichten sollte, ihre Raketenstellungen auf Kuba zu entfernen. Er versprach, dass die USA auf eine Invasion Kubas verzichten und in vier bis fünf Monaten ihre Jupiter-Raketen aus der Türkei abziehen würden. Dobrynin übermittelte die eilige Botschaft an Chruschtschow, der in seinen Memoiren später behaupten sollte, Robert Kennedy habe die Botschaft noch verzweifelter formuliert. Demnach habe der Präsident befürchtet, »dass das Militär ihn [...] stürzen und die Macht ergreifen wird«.[261]

Der nächste Morgen dämmerte gnädig herauf. Die Sowjets erklärten sich zum Abzug der Raketen bereit. Die Welt atmete in einem einzigen kollektiven Seufzer auf. Hinter den Kulissen schwelte die Krise noch drei Wochen weiter und endete schließlich am 20. November, als die Sowjets von den Kubanern die Kontrolle über ihre taktischen Atomwaffen und Il-28-Bomber zurückerhielten. Die Waffen sollten die Insel tatsächlich verlassen. Als interessantes Detail fällt in der Rückschau auf, dass die sowjetischen Raketen während der gesamten Krise niemals betankt gewesen waren. Weder wurden Rotarmisten einberufen, noch gab es Drohungen gegen Berlin.

Dreißig Jahre später, im Jahr 1992, erfuhr McNamara zu seinem Entsetzen, dass die amerikanischen Truppen bei einem Einmarsch auf Kuba nicht nur auf viermal so viele sowjetische und fast dreimal so viele kubanische Soldaten wie erwartet gestoßen wären, sondern wahrscheinlich wären auch hundert taktische Nuklearwaffen eingesetzt worden. Angesichts der 100 000 Amerikaner, die wahrscheinlich umgekommen wären, hätten die USA, so McNamara, mit einem vernichtenden Schlag gegen Kuba geantwortet – mit dem Risiko eines uneingeschränkten Atomkriegs zwischen den USA und der UdSSR. Dieser hätte Hunderte von Millionen Menschenleben, ja vielleicht die Menschheit ausgelöscht. Forscher stellten jüngst fest, dass zur Zeit der Kubakrise auf der Insel Okinawa eine große Streitmacht von atomar bestückten Raketen und F-100-Kampfbombern mit Wasserstoffbomben einsatzbereit gemacht worden war. Ihr wahrscheinliches Ziel war nicht die Sowjetunion, sondern China.

Die Militärs im Pentagon reagierten empört, dass die Krise ohne einen Angriff auf Kuba zu Ende ging. McNamara erinnerte sich an ihre Verbitterung: »Der Präsident berief die Stabschefs ein, um ihnen für ihre Unterstützung während der Krise zu danken, worauf sich eine höllische Szene abspielte. Curtis LeMay sagte: ›Wir haben verloren. Wir hätten da einfach hineingehen und sie plattmachen sollen!‹«[262]

Der Löwenanteil an dem Verdienst, den Krieg noch verhindert zu haben, kommt eher Chruschtschow als Kennedy zu. Dafür wurde er diffamiert wie drei Jahrzehnte später Michail Gorbatschow, der unfreiwillig und mit demokratischer Legitimation der Auflösung der Sowjetunion vorsaß. Chruschtschows Nachgiebigkeit trug ihm bei den Chinesen den Vorwurf der Feigheit ein, und russische Falken meinten, er habe sich »in die Hosen gemacht«.[263] Dagegen glaubten im Pentagon viele, ihre Kriegsbereitschaft habe die Sowjets zum Einlenken gezwungen, woraus sie folgerten, dass militärische Überlegenheit auch anderswo zum Sieg führe, insbesondere in Vietnam: Einmal mehr hielten es die US-Verantwortlichen für notwendig, sich dort dem Kommunismus entgegenzustemmen.

Entschlossen, niemals mehr so gedemütigt zu werden und aus Schwäche kapitulieren zu müssen, zogen die Sowjets ihre eigenen Schlüsse und begannen mit dem massiven Ausbau ihrer Nuklearstreitmacht, um mit den USA gleichzuziehen. Der durch die Krise geschwächte Chruschtschow sollte im darauffolgenden Jahr aus dem Amt gedrängt werden.

Zuvor schrieb er Kennedy allerdings noch einen langen, bemerkenswerten Brief:[264] »Das Unheil brachte auch Gutes [...] [, denn] die Menschen spürten den Hauch der Flammen des thermonuklearen Krieges deutlicher.« In diesem Sinne unterbreitete er eine Reihe kühner Vorschläge, um »in unseren Beziehungen alles, was eine neue Krise auslösen könnte«, zu beseitigen. Er schlug einen Nichtangriffspakt zwischen den Staaten von Nato und Warschauer Pakt vor. Warum nicht, so fragte er, »alle Militärblöcke auflösen«, alle Nuklearwaffentests aussetzen – in der Atmosphäre, im Weltall, unter Wasser und auch unter der Erde. Er schlug Lösungen für die Konflikte um die beiden deutschen Staaten und um China vor.

Interessanterweise kam es um die gleiche Zeit unter dem kurzen Pontifikat Johannes' XXIII., einer der bislang beliebtesten Päpste, zu einem machtvollen Wiedererwachen des Christentums. Johannes berief das Zweite Vatikanische Konzil ein und veröffentlichte eine neue Enzyklika, mit der er die katholische Welt aufrüttelte. Unter dem Titel *Pacem in Terris,* »Frieden auf Erden«, stieß sie einen Wandel im Denken an, insbesondere in Lateinamerika, wo Priester, Nonnen und Laien die Botschaft des Evangeliums zu den Armen und Verfolgten trugen und sie ermunterten, ihr Schicksal in die eigene Hand zu nehmen, um ihre elende Existenz zu überwinden. Diese »Befreiungstheologie« sollte im Hinterhof der Vereinigten Staaten zu zahlreichen Problemen mit Kennedys Nachfolgern führen.

Auch wenn Kennedy Chruschtschows Avancen nur lauwarm aufnahm, entwickelten sich seine Anschauungen weiter und durchliefen im Jahr nach der Kubakrise einen bemerkenswerten Wandel. Allmählich sah er im Konfliktherd Vietnam eine Gelegenheit, die Ost-West-Konfrontation zu entschärfen, war sich aber bewusst, dass dies nicht leicht sein würde.

Über Kennedys wahre Absichten im Vietnamkrieg wurde eine zeitweise erbitterte Debatte geführt, wozu auch die Verwirrung um seine widersprüchlichen Äußerungen und uneindeutigen Signale beitrug. Zweifellos stand er unter gewaltigem Druck, Kurs zu halten, und noch im Juli 1963 teilte er auf einer Pressekonferenz mit, dass »ein Rückzug für uns [...] einen Zusammenbruch nicht nur Südvietnams, sondern auch Südostasiens bedeuten würde«.[265] Privat äußerte er allerdings Zweifel an dieser Sichtweise. Ende 1962 hatte er Mike Mansfield, den angesehenen Mehrheitsführer der Demokraten im Senat, gebeten, sich vor Ort ein Bild von der Lage zu machen. Mansfield kehrte aus Vietnam mit einer zutiefst pessimistischen Einschätzung zurück und empfahl den USA den Abzug ihrer Streitkräfte. Sein Berater Kenny O'Donnell schilderte Kennedys Reaktion: »Den Präsidenten brachte das unerwartete Argument des Senators so sehr aus dem Konzept, dass er ihm zunächst nichts entgegnen konnte. Als wir später [darüber] redeten, sagte er mir: ›Ich habe mich über Mike geärgert, weil er mit unserer Politik überhaupt nicht einverstanden ist, und über mich selbst, weil ich gemerkt habe, dass ich mit ihm übereinstimme.‹«[266]

Am 11. Juni 1963 liefen schockierende Bilder des buddhistischen Mönchs Thich Quang Duc um die Welt, der sich aus Protest gegen das korrupte südvietnamesische Regime auf einer verkehrsreichen Kreuzung verbrannt hatte. McNamara bedrängte die Vereinigten Stabschefs, einen Plan für einen schrittweisen Rückzug zu erstellen. Kennedy billigte diesen im Mai 1963, konnte ihn aber nicht formell verabschieden. Zum Jahresende sollten die ersten tausend Soldaten abgezogen werden. Im September schickte Kennedy McNamara und General Maxwell Taylor, den neuen, ihm nahestehenden Vorsitzenden der Vereinigten Stabschefs, auf eine zehntägige Erkundungstour nach Vietnam. Am 2. Oktober lieferten sie ihm ihren Bericht mit der Empfehlung, mit dem Truppenabzug vor Ende 1963 zu beginnen und diesen bis Ende 1965 abzuschließen.

Kennedy machte seinen Entschluss in seinem National Security Action Memorandum 236 öffentlich, das er am 11. Oktober unterzeichnete und der Presse zukommen ließ. Zweifellos war er innerlich zerrissen. So hatte er O'Donnell erklärt: »1965 werde ich einer der unpopulärsten Präsidenten der Geschichte sein. Ich werde überall als Kommunistenbeschwichtiger verurteilt werden, aber es ist mir egal. Wenn ich versuchen würde, sofort vollständig aus Vietnam abzuziehen, bekämen wir es mit einer neuen Joe-McCarthy-Panik zu tun. Aber nach meiner Wiederwahl kann ich es in Angriff nehmen. Sorgen wir also besser dafür, dass ich wiedergewählt werde.«[267]

Die Republikaner verlangten seinen Kopf. Der New Yorker Gouverneur Nelson Rockefeller warf ihm vor, er sei dem Kommunismus gegenüber zu nachsichtig und hänge dem naiven Glauben an, die Sowjetführer seien »vernünftig« und strebten »eine grundlegende Übereinkunft mit dem Westen« an. Rockefeller, ein moderater Republikaner, erklärte: »Die Grundlagen unserer Sicherheit werden untergraben.« Kennedy habe die kommunistische Aggression in Laos nicht unterbunden, bei der Invasion in der Schweinebucht Luftunterstützung verweigert und »dem Bau der Berliner Mauer tatenlos zugesehen«.[268] Rockefeller musste sich in den Vorwahlen dem extremistischen republikanischen Senator Barry Goldwater stellen, der 1964 die Nominierung zum Präsidentschaftskandidaten erringen sollte.

Noch im Oktober 1963 unterstützte Kennedy in der Hoffnung, die Lage in Südvietnam könne sich so verbessern, den Sturz des repressiven Regimes von Präsident Diem, wenn auch nicht dessen Ermordung. Als Diem und sein Bruder vom südvietnamesischen Militär getötet wurden, reagierte Kennedy sichtlich erschüttert, blieb aber bei seiner Einstellung.

Dass Kennedy einen Rückzug aus Vietnam beabsichtigte, sollten später unter anderem Robert McNamara, Arthur Schlesinger, Mike Mansfield, der stellvertretende Außenminister Roger Hilsman, Ted Sorensen, Senator Wayne Morse, Kenny O'Donnell sowie der Sprecher des Repräsentantenhauses Tip O'Neill bestätigen. Als Daniel Ellsberg in der zweiten Jahreshälfte 1967 – noch vor der Wendung der öffentlichen Meinung gegen den Krieg 1968 – mit Robert Kennedy sprach, sagte dieser ihm, dass sein Bruder »absolut entschlossen« gewesen sei, »keine Bodentruppen zu entsenden«. Ellsberg fragte ihn, ob sein Bruder einen Sieg der Kommunisten akzeptiert hätte, worauf Robert Kennedy antwortete: »Wir hätten schon irgendwie dafür gesorgt, dass eine Regierung ans Ruder kommt, die uns um einen Abzug bittet oder mit der anderen Seite verhandelt. Wir hätten es gehandhabt wie in Laos.« Ellsberg fragte ihn, warum sein Bruder einen so klaren Blick gehabt habe, während die meisten seiner erfahreneren Berater noch immer voll auf Sieg gesetzt hätten. Robert brauste auf: »Weil wir vor Ort waren! Wir waren 1951 dabei. Wir haben gesehen, wie es den Franzosen erging. Wir haben es miterlebt. Mein Bruder war absolut entschlossen, uns das unter allen Umständen zu ersparen.«[269]

In den bemerkenswerten letzten Monaten seines Lebens erwog Kennedy sogar einen Kurswechsel gegenüber Castros Kuba – eine Außenbeziehung, bei der er beständig auf die falsche Politik gesetzt hatte. Aber so, wie er sich an die Hoffnung auf einen Sieg in Vietnam klammerte und zugleich Schritte zu einem Truppenabzug unternahm, leitete er eine weitere CIA-Sabotagekampagne auf Kuba ein und erkundete gleichzeitig verschiedene Wege, um mit Castro diskret ins Gespräch zu kommen. Jean Daniel teilte er unmittelbar vor einem Treffen des einflussreichen französischen Journalisten mit Castro mit: »Ich glaube, es gibt kein Land auf der Welt [...], wo die wirtschaftliche Kolonisierung, Demütigung und Ausbeutung schlimmer waren als in Kuba, auch mit verursacht durch die Politik meines Landes während des Batista-Regimes.«[270] Daniel traf mit Castro schließlich zwei Tage vor Kennedys Ermordung zusammen. Castro kritisierte die USA, zeigte aber auch Bewunderung für Kennedys Fähigkeiten und äußerte ebenfalls die Hoffnung auf einen Neustart. Kennedy, so versicherte er, »hat noch die Möglichkeit, in den Augen der Geschichte zum größten Präsidenten der Vereinigten Staaten aufzusteigen, zu dem Führer, der zuletzt vielleicht doch begreift, dass eine Koexistenz zwischen Kapitalisten und Sozialisten möglich ist«.[271]

Kennedy sah sich mitten im Kalten Krieg mit der unumstößlichen Wahrheit der US-Politik konfrontiert: Man muss Stärke zeigen. Wer als weich oder schwach wahrgenommen wird, kann sich nicht behaupten. Und gerade diese Regel ist an der Macht so irritierend. Kennedy war deutlich eingeschränkt durch die Addison'sche Krankheit und die Folgen der Wirbelsäulenoperationen, denen er sich nach den Verwundungen aus dem Zweiten Weltkrieg hatte unterziehen müssen. Obwohl abhängig von Schmerzmitteln, im Griff unbändiger Triebe und verstrickt in ein Gespinst aus Täuschungen, mit denen er nicht nur sich selbst, sondern auch seiner Frau und seinem Land etwas vormachte und die seine Kuba- und Vietnampolitik prägten, ging John Kennedy scheinbar unerschütterlich seinen Weg. Wie Roosevelt half ihm seine Anmut, dass ihm in der neuen Ära der Fernsehrealität vieles verziehen wurde.

Im Juni 1963 hielt er auf einer Abschlussfeier an der hauptstädtischen American University eine Ansprache, die zu den außergewöhnlichsten Reden eines US-Präsidenten im 20. Jahrhundert gehört. Ohne Mitwirkung der Vereinigten Stabschefs, der CIA oder dem Außenministerium war sie aus einem Entwurf des Herausgebers der *Saturday Review* und des Friedensaktivisten Norman Cousins hervorgegangen, der als Kontaktperson zwischen Kennedy und Chruschtschow fungiert hatte. Kennedy ermunterte seine Zuhörer dazu, im sowjetischen Volk Menschen zu sehen, und forderte ein Ende des Kalten Krieges.

> Welche Art von Frieden meine ich? Nach welcher Art von Frieden streben wir? Nicht nach einer Pax Americana, die der Welt durch amerikanische Kriegswaffen aufgezwungen wird. [...] Lassen Sie uns zweitens unsere Haltung gegenüber der Sowjetunion überprüfen. [...] Dennoch ist es traurig, [...] die Größe der Kluft, die uns trennt, zu erkennen. [...] Wenn wir unsere Differenzen auch noch nicht ganz aus der Welt schaffen können, so können wir doch zumindest dazu beitragen, dass die Welt trotz Meinungsverschiedenheiten sicher bleibt. Denn letztlich bildet die Tatsache, dass wir alle Bewohner dieses Planeten sind, doch das uns im Tiefsten gemeinsame Band. Wir alle atmen die gleiche Luft, uns allen liegt die Zukunft unserer Kinder am Herzen, und wir sind alle sterblich.[272]

Im September des Jahres verabschiedete der Senat mit 80 zu 19 Stimmen einen Vertrag über die Beschränkung von Atomtests. Ted Sorensen, Kennedys Redenschreiber, meinte dazu, dass »kein anderer Erfolg im Weißen Haus dem Präsidenten eine größere Genugtuung verschaffte«.[273] In einer weiteren verblüffenden Wende forderte Kennedy, an die Stelle des Wettlaufs ins All, der vielleicht mehr als jede andere Initiative seine Handschrift trug, eine amerikanisch-sowjetische Erkundung des Weltraums und eine gemeinschaftliche Expedition zum Mond zu setzen. Dazu sagte er: »Es gibt das Völkerrecht und die Charta der Vereinten Nationen. Warum sollte der erste Flug des Menschen zum Mond ein Wettkampf zwischen Nationen sein?«[274]

Als John F. Kennedy 1964 zum Auftakt der Kampagne für seine Wiederwahl in die Innenstadt von Dallas einfuhr, hatte er sich in den höchsten Geheimdienst-, Militär- und Wirtschaftskreisen mächtige Feinde gemacht, ganz zu schweigen von der Mafia, den Verfechtern der Rassentrennung in den Südstaaten sowie den Anhängern und Feinden Castros. Sein Sündenregister war, wie sie fanden, lang: Er hatte der Invasion in der Schweinebucht die Unterstützung versagt, die CIA entmachtet, ihre Führungskräfte entlassen, sich einem Engagement in Laos widersetzt, ein partielles Atomtestverbot besiegelt, den Ausstieg aus dem Vietnamkrieg geplant, den Wettlauf ins All aufgegeben, den Nationalismus in der Dritten Welt gefördert, mit einer Beendigung des Kalten Krieges geliebäugelt und – wohl am verwerflichsten – sich in der Kubakrise auf einen Handel eingelassen. Der Zorn seiner Gegner saß tief.

Kennedy hatte den Bestseller *Sieben Tage im Mai* von 1962 gelesen, in dem die Vereinigten Stabschefs aus Wut über einen neuen Atomvertrag, den ein liberaler Präsident mit den Sowjets abgeschlossen hat, einen Staatsstreich durchführen. Einem Freund sagte Kennedy: »Das ist möglich. Das könnte in diesem Land geschehen.«[275] Gäbe es einen dritten Invasionsversuch auf Kuba, sei so etwas möglich.

Nach den Todesschüssen von Dallas schloss die Warren-Kommission, die stark unter dem Einfluss von Ex-CIA-Direktor Allen Dulles stand, dass Lee Harvey Oswald der einzige Attentäter gewesen sei, obwohl dieser im Gegensatz zu den meisten Einzeltätern mit einem Anliegen energisch seine Unschuld beteuerte. Trotz der wirkungsvollen Vorverurteilung durch amerikanische Medien äußerten vier der sieben Kommissionsmitglieder Zweifel. Auch Lyndon B. Johnson, Robert Kennedy und Gouverneur John Connally, der bei dem Attentat verletzt worden war, stellten die Ergebnisse in Frage.

Die Öffentlichkeit empfand den Kommissionsbericht als unbefriedigend. Welche Personen und Motive tatsächlich hinter dem Kennedy-Mord steckten, wird wahrscheinlich nie ans Licht kommen. Bekannt ist indes, dass zu Kennedys Feinden auch einige jener Kräfte zählten, die 1944 dafür gesorgt hatten, dass Roosevelt nicht mit Henry Wallace ins Rennen um das Weiße Haus ging, weil dieser die USA auf einen ähnlichen friedfertigen Weg hatte führen wollen.

Ein ähnlich unwürdiges, wenn auch unblutiges Schicksal traf Chruschtschow: Er wurde 1963 von Gegnern im Kreml entmachtet. Er wurde zu einem Kritiker des Sowjetregimes und schmuggelte seine Memoiren außer Landes, um sie im Westen unter dem Titel *Chruschtschow erinnert sich* veröffentlichen zu lassen. Sie wurden zum Bestseller. Nach seinem Tod 1971 wurde er in einem Winkel des Moskauer Nowodewitschi-Friedhofs beigesetzt. Ein Grabmal bekam er erst nach Jahren.

Auch künftige Generationen verdanken diesen beiden tapferen Männern, die in den atomaren Abgrund blickten und vor ihm zurückscheuten, viel, wenn nicht sogar ihre schiere Existenz. Besonderen Dank schulden sie auch einem sowjetischen U-Boot-Offizier, der ganz allein den Ausbruch eines Atomkrieges verhinderte.

Mit dem Regierungsantritt von Vizepräsident Lyndon B. Johnson traten gegenüber Kennedys Politik bedeutende Veränderungen ein, insbesondere gegenüber der Sowjetunion und Vietnam. Bei seiner Antrittsrede im Januar 1961 hatte Kennedy eine Botschaft der Hoffnung verkündet: »Mögen nun und hier Freund und Feind erfahren, dass die Fackel weitergereicht wurde an eine neue Generation von Amerikanern.«[276] Nach Kennedys Ermordung am 22. November 1963 ging die Fackel zurück an die ältere Generation, an Leute wie Johnson, Nixon, Ford und Reagan, an Führungsfiguren, die Kennedys Versprechen aus seinem letzten Jahr systematisch zerstören und das Land auf den Kurs des Krieges und der Unterdrückung zurückführen sollten. Aber auch wenn die

Vision Chruschtschows und Kennedys mit ihnen in der Versenkung verschwand, so ging sie doch nicht vollständig unter. Die Saat der beiden Staatsmänner sollte lange nach ihrem Tod aufgehen und Früchte tragen.

Für jeden, der die 1960er Jahre bewusst erlebt hat, war die Kubakrise nach der Kriegshysterie um Berlin ein erschreckendes Erlebnis, einer von vielen Alpträumen oder Schlägen in die Magengrube für eine neue Generation von Amerikanern, die historische Ereignisse von einer noch nie gesehenen Dynamik, Dramatik und Brutalität durchmachen mussten. Bald darauf folgte der Vietnamkrieg, ein blutiges Gemetzel und ein selbstverschuldeter Alptraum Amerikas, der Vietnamesen und Amerikaner fast ein Jahrzehnt lang in einem mörderischen Strudel mit sich riss. Weitere Schrecken folgten gegen Ende der Dekade. Aber im Rückblick erscheint jener Nachmittag in Dallas, als John F. Kennedy am helllichten Tag in den Kopf geschossen wurde, als ein schreckliches Omen für die Zukunft. Das amerikanische Volk erstarrte beim Anblick seines toten Präsidenten, als habe es in das Antlitz der scheußlichen Gorgo aus der griechischen Mythologie geschaut.

9

Vietnam: der Bruchpunkt

Im April 1967 brach der Friedensnobelpreisträger Dr. Martin Luther King sein Schweigen zur US-Invasion in Vietnam:

> Als ich mich unter den verzweifelten, zurückgewiesenen und wütenden jungen Männern bewegte, sagte ich ihnen, dass Molotowcocktails und Schusswaffen ihre Probleme nicht lösen könnten. […] Aber sie fragten mit Recht: ›Was ist mit Vietnam?‹ […] Wenn Amerikas Seele vollkommen vergiftet wird, muss Vietnam ein Teil der Krankheit sein. […] Eine Nation, die Jahr um Jahr mehr Geld für militärische Verteidigung als für Sozialprogramme ausgibt, nähert sich dem spirituellen Tod. […] Dieses Bedürfnis, gesellschaftliche Stabilität aufrechtzuerhalten, um unsere Investitionen zu schützen, ist dafür verantwortlich, dass in Guatemala konterrevolutionäre Kräfte wüten. Es erklärt, warum amerikanische Hubschrauber gegen Guerillakämpfer in Kolumbien im Einsatz sind und warum amerikanisches Napalm und Green-Berets-Spezialkräfte auch schon gegen Rebellen in Peru in Aktion traten. […] [Die wütenden jungen Männer] fragen, ob unsere Nation nicht auch massive Gewalt einsetzt, um ihre Probleme zu lösen und gewünschte Veränderungen herbeizuführen. Ihre Fragen trafen mich ins Mark. Mir wurde klar, dass ich meine Stimme nie wieder gegen die Gewalt der Unterdrückten in den Ghettos erheben konnte, ohne gegen den größten Exporteur von Gewalt in der Welt von heute aufzustehen: meine eigene Regierung.[277]

Zwei Tage nach seinem Amtsantritt, am Vortag von Kennedys Beisetzung, teilte Lyndon B. Johnson seinen Militärberatern mit, er werde Vietnam nicht aufgeben. Er war immer gegen Kennedys Rückzugsmemorandum gewesen und veröffentlichte zwei Tage später eine neue Denkschrift, in der er ankündigte, dass die USA jetzt robuster an den Konflikt herangehen würden. Seine Gedanken zur Außenpolitik waren auf eine primitive Weise tiefgründig. »Auf der Welt leben 3 Milliarden Menschen, von denen wir nur 200 Millionen sind. Zahlenmäßig sind wir im Verhältnis 15 zu eins unterlegen. Wenn Macht vor Recht käme, würden sie über die Vereinigten Staaten herfallen und sich an dem bedienen, was wir besitzen. Wir haben, was sie wollen.«[278]

Wer waren »sie«? So plump seine Anschauungen auch sein mochten, seine Worte liefen letztlich darauf hinaus, dass der eigentliche Kampf nicht zwischen dem Kommunismus und der freien Welt, sondern zwischen der Ersten und der Dritten Welt ausgefochten wurde. In einer Abkehr von Kennedys Reformversuchen stellte Johnson mit der neuen, nach dem US-Diplomaten Thomas C. Mann benannten »Mann-Doktrin« klar, dass alle lateinamerikanischen Länder danach beurteilt würden, inwieweit sie die 9 Milliarden Dollar schweren US-Investitionen schützten und nicht etwa die Interessen ihrer eigenen Bevölkerung. Die USA würden rechte Diktaturen nicht länger benachteiligen und zogen Militärunterstützung als die klügere Investition fortan Kennedys Wirtschaftshilfe vor.

Das fünftgrößte Land der Welt, das ressourcenreiche Brasilien, sollte diese neue Ausrichtung als Erstes zu spüren bekommen. 1964 setzte sein demokratisch gewählter Präsident João Goulart eine Landreform um und strebte eine gewisse Kontrolle über das ausländische Kapital im Land an. Mit der diplomatischen Anerkennung Kubas schaufelte er sich dann endgültig sein Grab, denn Castros Beispiel, darüber war man sich in Washington einig, durfte auf keinen Fall Schule machen. Johnson reduzierte die US-Hilfen drastisch, woraufhin die Inflation in die Höhe schoss. Während die CIA Protestveranstaltungen gegen die Regierung finanzierte, stachelte die US-Botschaft rechte Offiziere zum Umsturz auf. Wenige Tage später verhängte das neue Regime den Ausnahmezustand. Allein im ersten Monat wurden 50 000 Menschen verhaftet, Folter wurde gängige Praxis. US-Hilfen und Investitionen flossen nach Brasilien. Das repressive Militärregime, das sich über zwanzig Jahre an der Macht halten sollte, schuf die weltweit größte Kluft zwischen Arm und Reich.

Erneut begannen auf dem südamerikanischen Kontinent Dominosteine zu fallen, allerdings fielen die Demokratien. Im Jahr 1965 schickte Johnson 23 000 Soldaten in die Dominikanische Republik, um einen Volksaufstand niederzuschlagen, der nach einem Militärputsch die verfassungsmäßige Ordnung wiederherzustellen versuchte. Seinem Rechtsberater teilte Johnson mit: »Es gibt keinen Zweifel, dass dieses Mal Castro dahintersteckt. [...] Sie wiegeln andere Länder in der [westlichen] Hemisphäre auf. Das ist vielleicht Teil eines umfassenden kommunistischen Komplotts, das mit Vietnam zusammenhängt.«[279]

In Griechenland, der Wiege der Demokratie, wo der Kalte Krieg mit angeschoben worden war und die US-Regierung viele Jahre eine rechte Regierung gestützt hatte, sah es danach aus, als würde eine neue Sehnsucht nach Demokratie den altgedienten liberalen Georgios Papandreou wieder in das Amt des Ministerpräsidenten tragen. Johnson rief den griechischen Botschafter an und sagte: »Hören Sie, Herr Botschafter, zum Teufel mit Ihrem Parlament und Ihrer Verfassung! Amerika ist ein Elefant. Zypern ist ein Floh. Griechenland ist ein Floh. Wenn die beiden Flöhe weiterhin den Elefanten piesacken, dann werden sie vielleicht vom Rüssel des Elefanten plattgemacht, und zwar richtig! [...] Wir zahlen gute amerikanische Dollar an die Griechen, Herr Botschafter. [...] Wenn mir Ihr Ministerpräsident etwas von Demokratie, Parlamenten und Verfassungen erzählen will, dann haben er, sein Parlament und seine Verfassung vielleicht nicht mehr lange Bestand.«[280]

Und so kam es dann auch. 1967 riss die Militärjunta die Macht an sich, verbot Miniröcke, lange Haare bei Männern sowie ausländische Zeitungen, machte Kirchenbesuche zur Pflicht, wandte sexuelle Folterungen an und übte sich in zahlreichen anderen Grausamkeiten. Ihr neuer Ministerpräsident, der als Hauptmann eines mit den Nazis kollaborierenden Sicherungsbataillons Jagd auf griechische Widerstandskämpfer gemachte hatte, wurde als erster CIA-Agent Premierminister eines europäischen Landes.

Den meisten Widerstand gegen die Ziele der USA leisteten asiatische Länder mit Ausnahme Japans, das sich zu einem wohlhabenden Satellitenstaat entwickelte und sich von den USA dafür bezahlen ließ, dass die Supermacht auf seinem Territorium Militärbasen unterhielt. Ohne dass man in Washington irgendetwas geahnt hatte, zündete China im Oktober 1964 seine erste Atombombe. In Indonesien, das an Südostasiens wichtigsten Schifffahrtsrouten liegt, war die Kommunistische Partei mit 3,5 Millionen Mitgliedern zur weltweit größten hinter der sowjetischen und der chinesischen herangewachsen. Sukarno, der mehrere von Amerika unternommene Umsturzversuche überstanden hatte, verärgerte die USA zusätzlich mit der Ankündigung, einen Atombombentest durchzuführen, auch wenn ihm China letztlich die Unterstützung verweigerte. Und als er Nordvietnam anerkannte, Gummiplantagen in amerikanischem Besitz enteignete und amerikanische Ölgesellschaften zu verstaatlichen drohte, bekam er Lyndon B. Johnsons harte Hand zu spüren. Washington konnte auf die Armee zurückgreifen, deren Offiziere fast zur Hälfte von der US Army geschult worden waren. So führte im Oktober 1965 General Suharto, unterstützt von der CIA, die Armee in einen Vernichtungsfeldzug gegen Sukarnos Unterstützer.

In den darauffolgenden Monaten zogen Suhartos Milizen und ein ziviler Mob von Haus zu Haus und töteten eine halbe bis eine Million mutmaßlicher Kommunisten und ihre Angehörigen. Amerikanische, britische und australische Geheimdienste hatten der Armee Tausende Namen von Kommunisten, Pädagogen und Reformern zur Verfügung gestellt. Nach Sukarnos erzwungenem Rücktritt 1967 folgte ihm Suharto nach, um mit seiner Familie und einer Reihe von US-Konzernen das Land jahrzehntelang auszuplündern, bis er von der Bevölkerung, angeführt von studentischen Aktivisten, 1998 gestürzt wurde. In der Öffentlichkeit ist weitgehend unbekannt, dass der Staatsstreich in Indonesien in Washingtoner Kreisen als die größte CIA-Einzeloperation in ihrer Geschichte gepriesen wurde. 1968 zählte die CIA das indonesische Massaker in einem inzwischen veröffentlichten Geheimbericht zu den größten Massenmorden des 20. Jahrhunderts.

McGeorge Bundy, der unter Kennedy Nationaler Sicherheitsberater gewesen war, schrieb später in einer Kritik der amerikanischen Vietnampolitik, Indonesien sei der wahre Knackpunkt in Asien und für die Ziele der USA weitaus wichtiger gewesen als Vietnam, wo das US-Engagement »unnötig« gewesen sei. Dennoch verblasst aus historischer Sicht selbst das Blutbad in Indonesien angesichts dessen, was die Vereinigten Staaten in Vietnam anrichteten.

Über Vietnams Geschichte und den jahrhundertelangen erbitterten Widerstand gegen chinesische und französische Invasionen wussten Johnson und seine Berater kaum etwas. Die nationalistischen Aspekte von Ho Chi Minhs Bewegung vollkommen unterschätzend, gingen sie davon aus, dass sie nur genug Zerstörungen anrichten und Menschen töten müssten, um die Vietnamesen zum Nachgeben zu zwingen. Schon im Januar 1964, nur zwei Monate nach Kennedys Tod, verstärkten Johnson und McNamara die verdeckten Militäraktionen gegen Nordvietnam, bei denen Spezialeinheiten Sabotageakte gegen Brücken, Eisenbahnlinien und Hafenanlagen unternahmen, Nordvietnamesen entführten und grenznahe Dörfer bombardierten.

Johnson verfügte über ein geradezu krankhaftes Talent zur Lüge. Wie 2003 nach der vergeblichen Suche nach den Massenvernichtungswaffen im Irak sollte das amerikanische Volk feststellen, dass es über die Hintergründe des Vietnamkrieges getäuscht worden war. Im August 1964 nutzten Johnson und McNamara einen angeblichen Zwischenfall im nordvietnamesischen Golf von Tonkin als Vorwand, um den Krieg in Vietnam auf eine neue Eskalationsstufe zu hieven. Dabei gaben die Medien ihre Darstellung wieder, wonach ein US-Schiff angegriffen worden sei. Johnson eilte in den Kongress, um sich ein direktes Eingreifen der USA absegnen zu lassen. Die Tonkin-Resolution wurde vom Repräsentantenhaus nach vierzig Minuten Debatte mit 416 zu null Stimmen und vom Senat mit 88 zu zwei verabschiedet. Wenige Tage später teilte Johnson seinem Unterstaatssekretär mit: »Zum Teufel, diese dämlichen Seeleute haben nur auf fliegende Fische geschossen.«[281] Senator Wayne Morse kommentierte in weiser Voraussicht: »Ich bezweifle, dass das amerikanische Volk versteht, was diese Resolution wirklich bedeutet. Sie ist darauf angelegt, den Präsidenten der Vereinigten Staaten zu ermächtigen, ohne Kriegserklärung Krieg zu führen.«

Bei der Präsidentschaftswahl 1964 brachte Johnson seinem Gegner Barry Goldwater, dem Senator von Arizona, der mit dem Einsatz von Kernwaffen in Vietnam drohte, eine vernichtende Niederlage bei. Sein Erfolg wurde als ein Erdrutschsieg des Friedens verkauft. Nach der Wahl leitete Johnson allerdings einen stetigen Prozess der Eskalation ein, indem er deutlich die »Feuer-frei-Zonen« vergrößerte, in denen alles, was sich bewegte, als legitimes Ziel galt. Zudem weitete er das US-Arsenal der einsetzbaren Waffen aus, zu denen bald auch Napalm, Streubomben und weißer Phosphor gehörten, der sich bis auf die Knochen durchbrennt und viele Opfer einen qualvollen Tod sterben lässt – Waffen, die in den Nürnberger Prozessen als illegale chemische Kampfmittel gegolten hätten.

Johnsons Lügen über seine Pläne vervielfachten sich. Im April 1965 ließ er 75 000 Mann Kampftruppen nach Vietnam entsenden, die bis Ende 1967 auf über eine halbe Million aufgestockt wurden. Während die Anzahl der monatlich Einberufenen auf 35 000 anstieg, suchten die USA nach dem Bruchpunkt, an dem Vietnam unter dem schieren Ausmaß der Gewalt zusammenbrechen würde. Als die Vereinigten Stabschefs auf einer Sitzung noch mehr Feuerkraft oder einen totalen Krieg verlangten, beschimpfte sie Johnson allerdings lautstark, wie Major Charles Cooper sich erinnerte: »Stellt euch einmal vor, ihr wärt ich, der Präsident der Vereinigten Staaten, und fünf Unfähige kämen in euer Büro und versuchten euch den Beginn des dritten Weltkriegs aufzuschwatzen. […] Das Risiko ist zu hoch. Wie könnt ihr verdammten Arschlöcher einfach ignorieren, was China dann vielleicht unternimmt? Ihr habt mir gerade mein Büro verpestet, ihr dreckigen Scheißkerle. Zum Teufel, schert euch auf der Stelle raus.«[282] Die Generäle verließen den Raum. Und bald darauf steigerte Johnson seinen Bombenkrieg gegen Nordvietnam. Auf seine unnachahmliche Weise erklärte er George McGovern seine Strategie, diese Bombardements so zu intensivieren, dass sie keine heftige Reaktion Chinas und Nordvietnams hervorrufen würden: »Ich arbeite mich ihr Bein zentimeterweise weiter nach oben. […] So gelange ich an die Muschi, ehe sie merken, was gespielt wird.«[283]

Über dem kleinen Vietnam luden die USA dreimal so viele Bomben ab wie im gesamten Zweiten Weltkrieg auf allen Schauplätzen. Am Boden hatte Kennedy die Maßnahme gebilligt, über 5 Millionen Bauern aus ihren Dörfern zu vertreiben und in stacheldrahtumzäunten Lagern zu internieren. Zigtausend angebliche Kommunisten, viele davon Reformer oder Kritiker des Regimes, wurden in der »Operation Phönix« ermordet, allerdings ohne dass die Widerstandsbewegung dadurch nennenswert gebremst worden wäre. Die Ermordung von Zivilisten wurden gängige Praxis. Derweil gaukelte die US-Militärführung der Öffentlichkeit mit übertriebenen Angaben zu den feindlichen Verlusten vor, dass die Kommunisten in den letzten Zügen lägen, während sie andererseits immer mehr Soldaten verlangte. Fünf südvietnamesische Regierungen kamen und gingen, von denen sich die letzte mit massiver Korruption und Gewalt gegen das eigene Volk an der Macht zu halten versuchte.

An den amerikanischen Universitäten regten sich immer mehr Aktivisten, und im Oktober 1967 kam es an der University of Wisconsin zu einer der ersten gewaltsamen Ausschreitungen. Überzeugt, dass Kommunisten hinter den Antikriegsprotesten steckten, wies Johnson die CIA an, mit massiver Ausspähung und anderen probaten Methoden entsprechende Beweise zu sammeln. Unter dem Codenamen »Chaos« führte die CIA fast sieben Jahre lang im Inland illegale Operationen durch. Sie erfasste 300000 Bürger und Organisationen in einer Computerdatei und legte umfassende Akten zu mehr als 7000 Einzelpersonen an, ohne eine kommunistische Beteiligung an den Protesten nachweisen zu können.

Zu den prominentesten Zielpersonen des FBI zählte der Friedensnobelpreisträger Dr. Martin Luther King jr. Das schwarze Amerika stand kurz vor dem Aufstand. Waren schon seit Jahren in größeren Städten der USA immer wieder Krawalle aufgeflammt, so erschütterten im Sommer 1967 25 mindestens zwei Tage dauernde größere sowie dreißig kleinere Unruhen die Vereinigten Staaten. Polizei und Nationalgarde töteten in Newark 26 und in Detroit 43 Schwarze.

Im März 1967 enthüllte die Zeitschrift *Ramparts*, dass die CIA die Studentenorganisation National Student Association finanziell unterwandert hatte. Weitere liberale Gruppen erwiesen sich als Kollaborateure des Geheimdiensts, denn CIA-Gelder flossen an kommunistenfeindliche Professoren, Journalisten, Entwicklungshelfer, Missionare, Arbeiterführer und Bürgerrechtsaktivisten, damit sie für die Behörde schmutzige Aufgaben erledigten. Zu den in Misskredit Geratenen zählten die Ford Foundation, Radio Free Europe, Radio Liberty und der antitotalitäre Kongress für kulturelle Freiheit.

Auch McNamara, der eine rationale Denkweise pflegte, kamen allmählich Zweifel. Im Oktober 1967 hinderten Infanteristen 100000 Demonstranten daran, bis vor das Pentagon zu ziehen. McNamara, der ihnen untersagt hatte, ihre Waffen zu laden, beobachtete von einem Befehlsstand auf dem Dach aus einsam die Szenerie. In der Führung inzwischen isoliert, war er der Verzweiflung nahe. Gerüchte über einen angeblichen Nervenzusammenbruch erreichten Johnson. »Wir können uns einen zweiten Forrestal einfach nicht leisten«, sagte er unter Anspielung auf den Verteidigungsminister, der sich nach einem psychischen Kollaps aus dem 16. Stock eines Marinehospitals in den Tod gestürzt hatte. Als McNamara ins Feld führte, dass eine weitere Intensivierung des Bombenkriegs nichts bewirken würde, packte Johnson die Wut. Einmal äußerte er bezüglich eines anderen Mitarbeiters, welche Art Loyalität er bevorzugte: »Ich will nicht Loyalität. Ich will *Loyalität.* Ich will, dass er mir mittags im Schaufenster bei Macy's den Arsch leckt und sagt, er duftet nach Rosen. Ich will seinen Schwanz in der Tasche haben.«[284]

Johnson drängte McNamara aus dem Amt und gab bekannt, dass er Präsident der Weltbank würde. In seiner letzten Kabinettssitzung, so berichtete ein Berater, sei McNamara schließlich zusammengebrochen: »Dieser gottverdammte Bombenkrieg hat nicht das Geringste gebracht. Er hat nichts bewirkt. Es wurden mehr Bomben abgeworfen als auf ganz Europa im gesamten Zweiten Weltkrieg, und es hat einen Dreck bewirkt!«[285]

Das Jahr 1968 brachte eine dramatische Wende. Ende Januar starteten nordvietnamesische Truppen und der Vietkong am vietnamesischen Neujahrstag Überraschungsangriffe auf die meisten größeren Städte Südvietnams. Obwohl die Offensive schließlich abgewehrt werden konnte und viele Angreifer getötet wurden, machte sich in Washington Verzweiflung breit. Eine Gruppe altgedienter Politiker beider Parteien nahm eine Neubewertung der Lage vor. Die Zeit des Rückzugs war angebrochen.

Lyndon B. Johnson sah seine Führungsstärke in Zweifel gezogen – eine schwere Kränkung für sein übergroßes Ego. Seine Popularitätswerte sanken in den Keller. Von inneren und äußeren Feinden umringt, schockierte er die Öffentlichkeit im März 1968 nach einem schlechten Abschneiden in der ersten Vorwahl mit der Ankündigung, dass er nicht für eine zweite Amtszeit ins Rennen gehe. Die Nation war fassungslos. Der Mann an der Spitze des kriegführenden Landes wollte aufgeben.

Für die amerikanischen Gegner des Krieges war dies ein großer Triumph. Aber vielen Menschen in Amerika wie auch in neutralen und verbündeten Staaten erschienen die USA jetzt als eine führungslose Nation, die ihre moralische Glaubwürdigkeit verspielt hatte. Der Kaiser stand ohne Kleider da, als ein »Papiertiger«, wie die Chinesen sagten. Von inneren Dämonen angetrieben, hatte Johnson es zugelassen, dass sein Herzenswunsch, große soziale Reformen anzustoßen, den Gemetzeln in Vietnam geopfert worden war. »[Das Sozialreformprogramm] Great Society zu verlieren«, so lamentierte er gegen Ende des Jahrzehnts gegenüber einem Historiker, »war ein schrecklicher Gedanke, aber nicht so schrecklich wie der, die Verantwortung dafür zu tragen, dass Amerika einen Krieg gegen den Kommunismus verlor. Es kann wohl nichts Schlimmeres geben.«[286] Ein Mann, der ein Großer der Geschichte hätte werden können, hatte sein soziales Gewissen verleugnet, weil er an einer typisch amerikanischen Obsession litt: an der Angst vor Schwäche.

Hoovers FBI unternahm alles, um gegen die Antikriegsbewegung in der gleichen Weise vorzugehen, wie es jahrelang den Kampf gegen die Bürgerrechtsbewegung geführt hatte. Hunderte von Agenten unterwanderten die Organisationen der Neuen Linken. Die Pressesprecher von FBI und CIA setzten alles daran, Kriegskritiker zu diffamieren und sie als unpatriotisch hinzustellen. Besondere Sorge bereitete Hoover, dass die Antikriegsproteste mit dem Freiheitskampf der Afroamerikaner verschmelzen könnten, weil in den Kämpfen unverhältnismäßig viele schwarze Soldaten fielen. In der festen Überzeugung, dass hinter der Bürgerrechtsbewegung Kommunisten steckten, verfolgte er mit aller Kraft Martin Luther King und tat nichts zu seinem Schutz, bis dieser im April 1968 – angeblich wieder von einem verrückten Einzeltäter – erschossen wurde. Hoover hatte ihm in einem hasserfüllten anonymen Drohbrief sogar den Selbstmord nahegelegt.

Einmal mehr brachen in ganz Amerika Rassenunruhen aus. Die katholischen Priester und Brüder Philip und Daniel Berrigan landeten im Gefängnis, weil sie öffentlich Einberufungsbefehle verbrannt hatten. Benjamin Spock, der weltweit prominenteste Kinderarzt, William Sloane Coffin, Kaplan an der Yale University, der junge Filmstar Jane Fonda und der Schwergewichtsweltmeister Muhammad Ali erhoben Einspruch gegen den Krieg.

Im Jahr 1968 beflügelte der charismatische Robert Kennedy überall in Amerika die Phantasie jüngerer und älterer Kriegsgegner. Getreu dem Vermächtnis seines Bruders forderte er ein neues Amerika, in dem die Hautfarbe keine Rolle mehr spielte. In ihm lebte der Geist von Camelot. Die Hoffnung auf Wandel und Reformen erhielt neue Nahrung. Johnson, der insgeheim hoffte, doch noch in letzter Minute zum Präsidentschaftskandidaten berufen zu werden, fürchtete ihn. Aber das Schicksal schlug mit kaum vorstellbarer Grausamkeit gegen die Kennedys zu. Wieder war es ein Attentat unter kaum glaublichen Umständen: An dem heißen Juniabend nach seinem Sieg in den kalifornischen Vorwahlen gab ein angeblich verwirrter junger Palästinenser auf Robert Schüsse ab, die er nicht überleben sollte. Sie trafen die Reformbewegung mitten ins Herz.

Seit 1964 strömten die in den Nachkriegsjahren geborenen Babyboomer in die Colleges. Von Idealismus beseelt, voller Verachtung für die Ideologie des Kalten Krieges und angeödet von den konformistischen Werten und Ängsten ihrer Eltern, starteten sie eine Protestwelle, die rund um den Globus lief. In den Industrieländern gingen Studenten und Arbeiter auf die Straßen. Unruhen erschütterten Prag, Tokio, West-Berlin, Turin, Madrid, Rom und Mexiko-Stadt, wo Hunderte protestierende Studenten von Soldaten erschossen wurden.

Im Sommer 1968 gerieten in Chicago während des Nominierungsparteitags der Demokraten Abertausende protestierende Kriegsgegner und Medienvertreter mit der Polizei aneinander, die mit brutaler Härte gegen sie vorging. Das Fernsehen zeigte jetzt eine Wirklichkeit, wie sie die Öffentlichkeit noch nie gesehen hatte: amerikanische Hoheitsträger traten inner- und außerhalb des Landes als Aggressoren auf. Der Vietnamkrieg unterzog die Nation einer Zerreißprobe. Schon wurde die Kluft zwischen Gegnern und Befürwortern mit jenem Bürgerkrieg verglichen, der ein Jahrhundert zuvor das Land zerrissen hatte.

Das furchtbare Chaos spülte schließlich den strammen Antikommunisten und Republikaner Richard Nixon an die Macht, der 1960 gegen Kennedy eine bittere Niederlage erlitten hatte. Dabei hätte er sein so lange verfolgtes Ziel fast verfehlt. Im aufgepeitschten politischen Klima erreichte George Wallace, der rechtsgerichtete, die Rassentrennung befürwortende Gouverneur von Alabama, der mit General a. D. Curtis LeMay an seiner Seite ins Rennen ging, in Meinungsumfragen überraschende 21 Prozent – nur einen Monat vor der Wahl eine Bedrohung für Nixons Wahlsieg. Die Ressentiments der von ihm später so genannten »schweigenden Mehrheit« halfen Nixon, er punktete mit seiner Law-and-Order-Botschaft bei den aufgeschreckten weißen Wählern, die Gettounruhen, Ausschreitungen an den Universitäten und die ausufernde Kriminalität satthatten. So errang er einen denkbar knappen Sieg.

Auch Nixon forderte einen »Geheimplan« zur Beendigung des Krieges in Vietnam, allerdings ohne sich mit Einzelheiten aufzuhalten. Anstelle von Frieden, Recht oder Ordnung brachte er dem Land allerdings noch mehr Krieg, Chaos und Unordnung und wurde der bis heute einzige Präsident, der sich am Ende schmachvoll aus dem Amt zurückziehen musste.

Tatsächlich weitete Nixon mit seinem Sicherheitsberater und späteren Außenminister Henry Kissinger den Krieg, der noch sieben Jahre dauern sollte, erheblich aus. Die Hälfte ihrer Verluste erlitten die US-Soldaten unter Nixons Präsidentschaft. Kissinger sagte später: »Ich weigere mich zu glauben, dass wir eine kleine viertklassige Macht wie Nordvietnam nicht an den Punkt bringen können, an dem sie zerbricht.«[287] Er und Nixon machten sich daran, diesen Punkt ausfindig zu machen.

Wie sich herausstellte, bestand Nixons geheimer Plan zur Beendigung des Krieges darin, die US-Truppen ab April 1969 abzuziehen, sie durch Vietnamesen zu ersetzen, die von den USA ausgebildet und bewaffnet würden, und derweil Nordvietnam und den Vietkong mit systematischen und gnadenlosen Bombardements in die Unterwerfung zu zwingen. Zudem startete er nach zwei Monaten im Amt eine geheime Luftkampagne gegen Gebiete von Vietnams Nachbarstaat Kambodscha, um Stützpunkte der Nordvietnamesen zu zerstören. Mit dubiosen Mitteln verschleierte er sie gegenüber dem Kongress. Selbst Mitglieder der Bomberbesatzungen glaubten, sie träfen Ziele in Vietnam.

Nixon zog Parallelen zu Eisenhowers Drohung mit einem Atombombeneinsatz, die nach seiner Meinung den Koreakrieg beendet hatte. Gegenüber einem Mitarbeiter prahlte er: »Ich nenne es die ›Madman‹-Theorie. […] Ich will die Nordvietnamesen Glauben machen, dass ich jetzt dem Punkt angelangt bin, an dem ich zu allem fähig bin, um den Krieg zu beenden. Wir spielen ihnen einfach die Nachricht zu, dass […] ›Kommunisten für Nixon zu einer Obsession geworden sind. Wenn er wütend wird, ist er nicht mehr zu bremsen – und er hat die Hand am Roten Knopf.‹ Dann steht zwei Tage später Ho Chi Minh persönlich in Paris und bettelt um Frieden.«[288]

Obwohl für die meisten Amerikaner die Ereignisse in Vietnam im Dunkeln blieben, kam die Wahrheit doch gelegentlich ans Licht. So berichtete im November 1969 der freie Journalist Seymour Hersh, dass eineinhalb Jahre zuvor US-Truppen 500 Zivilisten im Dorf My Lai niedergemetzelt hatten. Wegen starker Sympathien für den Feind firmierte die Ortschaft bei der Armee als »Pinkville« – sinngemäß »Stadt der Rotangehauchten«. Säuglinge, Schwangere und Alte wurden vergewaltigt, skalpiert und in Stücke gehackt, als die Situation außer Kontrolle geriet. Dabei war kein einziger klar nachgewiesener Schuss auf die US-Soldaten abgegeben worden. Es war symptomatisch für die damals zunehmende Verrohung – und erinnerte an die Haltung gegenüber den Japanern im Zweiten Weltkrieg –, dass 65 Prozent der US-Bürger in Meinungsumfragen angaben, dass sie die Nachricht von dem Massaker nicht tangiert habe. Der einzige für die Tat verurteilte Offizier wurde von Nixon teilweise begnadigt – mit starker öffentlicher Zustimmung.

Nixon kannte kaum Skrupel. Mit Kissinger plante er für Herbst 1969 einen barbarischen Angriff auf Vietnam, bei dem möglicherweise auch Atomwaffen zum Einsatz kommen sollten. Durchkreuzt wurden die Pläne durch die »Vietnam-Moratorium« genannten Proteste am 15. Oktober, an denen sich Millionen Menschen überall in den USA beteiligten; im November strömte eine Dreiviertelmillion Demonstranten nach Washington. Unbeirrt versetzte Nixon insgeheim das Militär in Alarmbereitschaft, ließ 18 mit Atomwaffen bestückte B-52-Bomber die Eiskappe des Nordpols in Richtung Sowjetunion überfliegen und versuchte den Kreml einmal mehr erfolglos dazu zu bewegen, Druck auf die Nordvietnamesen auszuüben, damit diese die Friedensbedingungen der USA akzeptierten.

Le Duan, der nach Ho Chi Minhs Tod 1969 die Führung übernahm, eröffnete einem Journalisten später, dass die USA Vietnam bei 13 Gelegenheiten den Einsatz von Atomwaffen angedroht hätten – ohne die Haltung Vietnams dadurch irgendwie zu beeinflussen. Obwohl die Vietnamesen für ihre Unabhängigkeit einen entsetzlich hohen Blutzoll zahlen sollten, hatten sie doch eine grundsätzliche Wahrheit erkannt, die Amerikas Führer niemals begriffen. Der vietnamesische Außenminister drückte es später so aus: »Wir wussten, dass sie nicht auf ewig in Vietnam bleiben konnten. Aber Vietnam muss ewig in Vietnam bleiben.«[289]

Der Krieg, der um Vietnams Unabhängigkeit geführt wurde, entschied sich am Faktor Zeit, nicht an Gebietsgewinnen und Opferzahlen. Ein Jahrhundert zuvor hatte Amerikas sechster Präsident John Quincy Adams die Nation davor gewarnt, »im Ausland auf die Suche nach Ungeheuern zu gehen, die es zu vernichten gilt«.[290] Hier in Vietnam waren die USA auf ihr gefährlichstes Ungeheuer gestoßen, auf ein Volk, das deshalb nicht zu besiegen war, weil es seine Heimat gegen ausländische Invasoren verteidigte. Die USA gewannen alle größeren Schlachten, aber niemals den Krieg.

Laut seinem Rechtsberater John Dean und anderen Insidern trieb Nixon eine geradezu obsessive Angst vor den protestierenden Kriegsgegnern um. Mitunter zügelte er seine Kriegslüsternheit, um nicht noch mehr Öl ins Feuer zu gießen. Im April 1970 – er stählte seine Tapferkeit mit Alkohol und schaute sich immer wieder den Kinofilm *Patton – Rebell in Uniform* an – kündigte Nixon allerdings eine gemeinsame Bodenoffensive von Amerikanern und Südvietnamesen in Kambodscha an, um Stützpunkte entlang der Grenze zu zerstören. Bei anschließenden Protesten wurden an der Kent State University in Ohio vier und am Jackson State College in Mississippi zwei Studenten erschossen. Vier Millionen ihrer Kommilitonen und 350 000 Universitätsangestellte und -dozenten nahmen landesweit an Protestaktionen teil. Über ein Drittel der Universitäten stellten den Lehrbetrieb ein. In einer Woche gingen dreißig Gebäude des Reserveoffizier-Ausbildungskorps an Hochschulen in Flammen auf oder wurden bei Sprengstoffanschlägen verwüstet. Die Proteste und gewaltsamen Ausschreitungen erfassten mehr als 7000 Hochschulen. Kissinger bezeichnete Washington als eine »Stadt im Ausnahmezustand«, in der das Staatsgefüge zerfalle.[291]

Der Luftkrieg wurde intensiviert. »Alles, was fliegen kann«, so Nixon 1970, »soll eingreifen und sie in Grund und Boden bomben.«[292] Sich eher der Diktion eines Banditen als der eines Staatsmanns bedienend, übermittelte Kissinger den Befehl, »alles, was fliegt oder sich bewegt«[293] zu bombardieren – Worte, die ein Angeklagter in den Nürnberger Prozessen hätte äußern können. Nach seinem Rücktritt auf seine Rechtsverletzungen angesprochen, erwiderte Nixon: »Naja, wenn es der Präsident tut, bedeutet dies, dass es nicht illegal ist.« In den vorangegangenen fünf Jahren war Kambodscha schweren Luftangriffen und einem eskalierenden Bürgerkrieg ausgesetzt. Hunderttausende Kambodschaner, darunter viele Zivilisten, waren umgekommen. Der Bombenkrieg gegen das Land endete erst im August 1973, als der Kongress die benötigten Mittel zusammenstrich. Bis dahin hatten die USA über 100 000 Ziele getroffen. Wegen der ruinierten Wirtschaft strömten immer mehr Flüchtlinge in die Hauptstadt Phnom Penh.

Die Bombardements trieben immer mehr Bauern in die Reihen der Roten Khmer, der kommunistischen Rebellen. 1975 entrissen sie dem korrupten Militärregime, das von den USA unterstützt worden war, schließlich die Macht und überzogen das eigene Volk mit erneutem Terror. Hatte der Krieg der USA bereits einer halben Million Kambodschaner das Leben gekostet, so starben während Pol Pots Schreckensherrschaft noch einmal ungefähr 1,5 Millionen Menschen. Rund ein Viertel der Bevölkerung des Landes wurde in dieser Zeit ausgelöscht.

Derweil entschieden zahlreiche Soldaten in Vietnam selbst, ob sie ins Gefecht zogen. In einem bemerkenswerten Bekenntnis verriet 1971 die Armeezeitschrift *Armed Forces Journal*, dass die Demoralisierung der Truppen in Vietnam einen Grad erreicht habe, der außer der Meuterei des französischen Militärs 1917 und dem Zusammenbruch der russischen Armee im gleichen Jahr alles Bisherige übertreffe. Doch das focht Nixon nicht an. Während er Kambodscha mit einem Bombenhagel überzog und den gleichfalls verheerenden, 1964 begonnenen verdeckten Luftkrieg gegen das kleine Laos fortsetzte, bombardierte er erstmals seit 1968 wieder nordvietnamesische Städte – mit sprunghaft ansteigenden Opferzahlen.

Nach seinem Erdrutschsieg 1972 gegen den Kriegsgegner George McGovern entfesselte Nixon mit dem zwölftägigen

»Weihnachtsbombardement« gegen den Norden die bislang schwersten Angriffe seit Kriegsbeginn. Nach einem unüberhörbaren weltweiten Aufschrei wurde im Monat darauf in Paris ein Friedensabkommen geschlossen. Es war im Wesentlichen dieselbe Übereinkunft, die schon 1968 Lyndon B. Johnson angeboten worden war und die Richard Nixon insgeheim unterminiert hatte, um die Wahl für sich zu entscheiden. Die USA stimmten zu, an Nordvietnam 3,25 Milliarden Dollar als Wiederaufbauhilfe zu zahlen, widerriefen diese Zusage aber später. Die versprochenen Wahlen wurden von einem lavierenden südvietnamesischen Regime während der nächsten eineinhalb Jahre immer wieder verschoben.

Nixon holte die letzten amerikanischen Kampftruppen im März 1973 nach Hause. Wie später im Irak und in Afghanistan investierten die USA gewaltige Summen in die Ausbildung und Ausrüstung eines korrupten Verbündeten, der fortan eigenständig weiterkämpfen sollte. Diese Rechnung ging so wenig auf wie Nixons Strategie, sich wie ein Verrückter zu gebärden. Um Zeit für die südvietnamesische Armee zu gewinnen, ordnete er im April 1973 die intensivsten Luftangriffe auf Nord- und Südvietnam während des gesamten Krieges an. Dann aber zwang ihn der übermächtige Druck der Watergate-Enthüllungen, diesen Befehl zu widerrufen.

Der Krieg schleppte sich zwei weitere Jahre dahin, bis die südvietnamesische Armee schlichtweg zusammenbrach und ihre Soldaten die Flucht ergriffen. Im April 1975 überrannten nordvietnamesische Truppen Saigon. Verstörende Bilder brannten sich unauslöschlich in die amerikanische Psyche ein: Zivilisten flohen, südvietnamesische Soldaten, zuallererst die Offiziere, desertierten und Marineinfanteristen der US-Botschaft prügelten auf verzweifelte verbündete Südvietnamesen ein, um sie von den letzten Hubschraubern fernzuhalten, mit denen sie vom Dach des Botschaftsgebäudes noch hätten entkommen können. Die Berichterstattung war Wasser auf die Mühlen aufgebrachter Kriegsbefürworter, die wie Nixon behaupteten, die Medien hätten Vietnam verkauft.

Immer tiefer im Sumpf des sogenannten Watergate-Skandals versinkend, entwickelte Nixon derweil paranoide Ängste vor innenpolitischen Gegnern und weiteren Enthüllungen über seine diversen Rechtsbrüche. Angesichts seiner wachsenden Unberechenbarkeit wies sein Verteidigungsminister insgeheim die Militärführer an, seinen Befehlen nicht mehr zu folgen. Sein System stand vor dem Zusammenbruch. Als alle Unterstützung weggebröckelt war, kündigte er seinen Rücktritt an. Während Nixon so einem Amtsenthebungsverfahren entging, kamen über vierzig seiner Mitarbeiter vor Gericht und wurden verurteilt, einige zu Gefängnishaft. Ihn selbst begnadigte sein frisch ernannter Nachfolger, der ehemalige Vizepräsident Gerald Ford. Als der Krieg, Lyndon B. Johnson und Richard Nixon allmählich von den TV-Bildschirmen verschwanden, blieb ein amerikanisches Volk zurück, dessen Vertrauen in die eigene Staatsführung aufs schwerste erschüttert war.

Kissinger, inzwischen Außenminister, kam ungeschoren davon. Er und Nordvietnams Le Duc Tho bekamen 1973 den Friedensnobelpreis verliehen. Kissinger heimste internationalen Beifall dafür ein, dass er das sinkende Schiff der Nixon-Administration mit Bedacht weitersteuerte. Dagegen besaß Le Duc Tho den Anstand, den Friedensnobelpreis in dem Wissen abzulehnen, dass der Frieden längst nicht erreicht war.

Während die USA ihre Wunden leckten, dachten nur wenige an den Schalthebeln der Macht darüber nach, welche Lehren aus dem Geschehen zu ziehen seien. Eisenhowers Dominotheorie hatte sich als Schimäre erwiesen. Der Virus war nicht, wie befürchtet, übergesprungen. Thailand, Malaysia, Singapur, Indonesien, Taiwan, die Philippinen und vor allem Japan prosperierten allesamt und blieben fest im westlichen Lager verankert.

Besorgt wegen des Ansehensverlustes in Asien und ohne Einsicht darin, welche Folgen die Unterstützung von Diktaturen zeitigt, hatten sich Nixon und Kissinger mit frischem Mut

Lateinamerika zugewandt, um dort die amerikanische Macht zu behaupten. Chile hatte sich seit 1932 als eine vorbildliche Demokratie bewiesen, sollte aber Nixon und Kissinger nicht überleben. Als der Sozialist Salvador Allende 1970 die Wahlen mit dem Versprechen gewann, US-Unternehmen wie IT&T zu verstaatlichen, die maßgeblich die chilenische Wirtschaft kontrollierten, wies Nixon seinen CIA-Chef an: »Sorgen Sie für einen Aufschrei der Wirtschaft.«[294] Alle internationalen Institutionen, darunter die Weltbank mit Robert McNamara an der Spitze, verschworen sich zum Sturz der Staatsführung. Die CIA finanzierte Oppositionsparteien, betrieb Propaganda und Desinformation, verteilte Schmiergelder und organisierte Demonstrationen sowie gewaltsame Streiks gegen die Regierung. Und schließlich billigte sie die Ermordung des Oberbefehlshabers der chilenischen Armee, General René Schneider, der geschworen hatte, die Demokratie zu verteidigen.

Als Salvador Allende im Dezember 1972 seine Vorwürfe gegen die USA der UN-Vollversammlung vortrug, erntete er stürmischen Applaus, unterzeichnete damit aber wohl auch sein Todesurteil: »Wir sehen uns Kräften gegenüber, die im Schatten operieren, ohne Flagge, mit schlagkräftigen Waffen, aus höchst einflussreichen Positionen heraus. [...] Wir sind potentiell reiche Länder, leben aber in Armut. Wir wenden uns hier- und dorthin mit der Bitte um Kredite und Hilfen, und doch sind wir große Exporteure von Kapital. Dies ist ein klassisches Paradox des kapitalistischen Wirtschaftssystems.«[295]

Die CIA drängte ihre chilenischen Agenten zum Handeln. Am 11. September 1973 führte die Militärspitze unter General Augusto Pinochet ihren Staatsstreich durch. Während die Putschisten sich dem Präsidentenpalast näherten, hielt Allende eine letzte Radioansprache: »Ich werde nicht zurücktreten. [...] Das Auslandskapital und der mit der Reaktion verbündete Imperialismus haben ein solches Klima geschaffen, dass die Streitkräfte mit ihren Traditionen brechen. [...] Es lebe Chile! Es lebe das Volk! Es leben die Werktätigen! Das sind meine letzten Worte, und ich habe die Gewissheit, dass mein Opfer nicht vergeblich sein wird. Ich habe die Gewissheit, dass es zumindest eine moralische Lektion sein wird, die den Treuebruch, die Feigheit und den Verrat verurteilt.«[296] Mit einem Sturmgewehr, das ihm Castro geschenkt hatte, nahm sich Allende das Leben.

Pinochet errichtete eine grausame Diktatur, die über 3200 Gegner ermordete oder verschwinden ließ, unter anderem durch die Todesschwadron »Karawane des Todes«. Abertausende landeten im Gefängnis und wurden gefoltert. Für das chilenische Volk hat das Datum des 11. September eine weitaus tragischere Bedeutung als für das amerikanische. Es markiert den Untergang ihrer Demokratie, die den USA zum Opfer gefallen war. 1976 folgte Argentinien mit einem bis 1983 dauernden »schmutzigen Krieg« gegen Linke, in dem zwischen 9000 und 30000 Menschen umkamen oder verschwanden.

Das Pinochet-Regime in Chile wurde rasch anerkannt, bekam Unterstützung und hielt sich bis 1998 an der Macht. Die von den USA ausgebildete chilenische Geheimpolizei DINA stand unter der Führung von Oberst Manuel Contreras, der Kontakte zur CIA unterhielt und von ihr bezahlt wurde. Er organisierte Todesschwadronen, die in Lateinamerika, Europa und den USA Jagd auf Regimegegner machten. Selbst nach Washington, D.C., sandte er Agenten, um dort mit einer Autobombe einen regimekritischen ehemaligen chilenischen Diplomaten zu ermorden. Unter dem Codenamen »Operation Condor« führten die Geheimdienste der Militärregime in Chile, Argentinien, Uruguay, Bolivien, Paraguay und Brasilien gemeinschaftlich Attentate durch. Mordkommandos jagten und töteten über 13000 Regimegegner außerhalb ihrer Heimatländer. Hunderttausende weitere landeten in Konzentrationslagern. Die USA unterstützten zumindest die Kommunikation zwischen den beteiligten Geheimdienstchefs.

Im Jahr 2007 wurde ein interner Bericht der CIA zur Veröffentlichung freigegeben. Demnach war die CIA aktiv am

Aufbau und dem Einsatz ausländischer Polizei- und Antiterroreinheiten sowie der Ausbildung von fast 800 000 Offizieren und Polizeibeamten in 25 Ländern beteiligt, einschließlich der Leiter von Geheimpolizei und Todesschwadronen. Federführend war James Jesus Angleton gewesen, der Chef der US-Spionageabwehr, der von dem Gedanken besessen war, die Sowjetunion unterwandere seine Organisation und sei dabei, einen Großteil der Erde unter ihre Kontrolle zu bringen.

Nach einem finsteren Jahrzehnt, geprägt durch den Vietnamkrieg, die Watergate-Affäre und ersten Untersuchungen der CIA-Aktivitäten durch den Kongress herrschte unter den Amerikanern Verwirrung. In was für einem Land lebten sie? Die Antwort war beunruhigend. Aber trotz tiefer Gräben zwischen links und rechts, Jung und Alt genossen die US-Bürger einen wachsenden Wohlstand und das Aufweichen der strikten Regeln in Bezug auf Sexualität und Geschlechterrollen. Selbst im Verhältnis zwischen den Rassen kam langsam etwas in Gang. Die Kriegssteuern wurden abgeschafft, ebenso wie die Wehrpflicht.

Die meisten Amerikaner genossen die Früchte des Wirtschaftswunders der 1960er Jahre, ein Boom, der teilweise durch den militärisch-industriellen Komplex und seine massenhaften Waffenverkäufen gespeist wurde. So musste die US-Armee beispielsweise über 5000 von insgesamt knapp 12 000 in Vietnam verwendeten Hubschraubern ersetzen. Zwischen 1951 und 1965 erhielten Unternehmen in Kalifornien Rüstungsaufträge im Wert von 67 Milliarden US-Dollar, die zu einer Wiederbelebung des verödeten amerikanischen Westens beitrugen; in aufstrebenden Städten entstanden zahllose Arbeitsplätze. Dies veränderte auch das Machtgefüge im Kongress, da viele aufstrebende Abgeordnete von der Rüstungsindustrie abhängig waren.

Wie später im Falle der Konflikte in Irak und in Afghanistan bezahlte die Regierung den Krieg, indem sie mehr Geld drucken ließ, wodurch sie die Konvertierbarkeit des Dollars in Gold überforderte, die Währung schwächte und zu einem Haushaltsdefizit beitrug, das von drei Milliarden Anfang der 1960er Jahre auf schwindelerregende 25 Milliarden Dollar 1968 anstieg. Während Spekulationsgeschäfte eine Blütezeit hatten und Steueroasen immer attraktiver wurden, landeten immer weniger Investitionen in der Realwirtschaft.

In Vietnam grassierte zudem die Korruption. Die USA verfrachteten gewaltige Gütermengen auf den Kriegsschauplatz, wo riesige Einkaufszentren, genannt »PX«, in einer exotischen Landschaft wie Miniaturausgaben von Las Vegas auf dem Boden schossen und Konsumträume weckten. Der Schwarzmarkt florierte, als eine Flut von Autos, Kühlschränken, Fernsehgeräten, unbekannten Lebensmitteln und Spirituosen die Wirtschaft des Entwicklungslandes aufmischte. Kriegswaffen verschwanden, abgezweigt von Amerikanern inner- und außerhalb der Streitkräfte, die sie mit großer krimineller Energie an Süd- wie Nordvietnamesen weiterverkauften. Wie in den meisten Kriegen blieben die Finanzskandale hinter Trümmer und Chaos verborgen.

Derweil mehrten sich in den USA die unheilvollen Vorzeichen. Fabriken wanderten in Entwicklungsländer oder den gewerkschaftsfreien Süden des Landes ab. In den alten Industriestädten des Nordens machte sich Verfall breit: zunehmende Arbeitslosigkeit, heruntergekommene Wohnhäuser, schlechte Schulen und immer mehr Drogen. Die Reallöhne stagnierten nicht nur, sie sanken in den folgenden dreißig Jahren. Mit dem Lebensstandard der Mittelschicht und der Arbeiterschaft ging es kontinuierlich bergab.

Im Jahr 1971 hob Nixon den Goldstandard von 35 Dollar für eine Feinunze Gold auf und kündigte den Bretton-Woods-Vertrag, der die Weltwirtschaftsordnung der Nachkriegszeit geprägt hatte. Die OPEC, die Organisation ölexportierender Länder hauptsächlich des Nahen und Mittleren Ostens, fühlte sich nun stark genug, um die Vereinigten Staaten dafür abzustrafen, dass sie im Jom-Kippur-Krieg 1973 Israel unterstützt hatten. Im Verlauf des nächsten Jahres vervierfachten sich die Ölpreise. Die USA, die bis 1950 ihren Ölbedarf vollständig aus der eigenen Produktion gedeckt hatten, waren inzwischen zu einem Drittel auf Importe angewiesen.

Das Land durchlief lange Zyklen von Inflation und Rezession, während die Finanzwelt der Wall Street von der wachsenden Volatilität und Unsicherheit profitierte. Die für Spekulationsblasen anfällige Wirtschaft erreichte mit der großen Rezession von 2008 ihren Tiefpunkt. In der Rückschau wird deutlich, dass der Vietnamkrieg die letzte bedeutende Phase sozialer und politischer Reformen in den USA beendet hatte.

War das Land zu einem »Papiertiger« geworden, zu einem Staat, der auf Pump lebte und nur noch von Tag zu Tag zu weiterzumachen versuchte? Diese Frage sollte die nationale Vorstellungskraft die 1970er und sogar noch die 1980er Jahre hindurch bis in die 1990er hinein beschäftigen, als mit dem Untergang der Sowjetunion ein Bewusstsein amerikanischer Vorherrschaft wiedererwachte.

Der damals gültige Mythos besagte, dass Amerika den Krieg in Vietnam verloren hatte. Doch der Linguist, Historiker und Philosoph Noam Chomsky befand: »Er gilt als verloren, als Niederlage, weil die Maximalziele verfehlt wurden, die darin bestanden, [Vietnam] in so etwas wie die Philippinen zu verwandeln. Während das nicht gelungen ist […], wurden die Hauptziele erreicht. Es war möglich, Vietnam zu zerstören und sich zurückzuziehen.« An anderer Stelle schrieb er: »Südvietnam […] war praktisch vernichtet, und die Aussichten darauf, dass Vietnam jemals zu einem Vorbild für etwas werden könnte, waren im Grunde verschwunden.«[297]

Als ein alternder und klügerer Robert McNamara 1995 erneut nach Vietnam reiste, räumte er geradezu schockiert ein, dass entgegen der offiziellen US-Schätzung nicht zwei Millionen, sondern 3,8 Millionen Vietnamesen umgekommen waren. Umgerechnet auf die US-Bevölkerung hätte dieser Anteil ungefähr 27 Millionen amerikanischen Todesopfern entsprochen. Die USA verbuchten demgegenüber 58 000 Gefal-

34 Auf ihrem Gipfel im Juni 1961 in Wien warf Chruschtschow den USA weltweiten Imperialismus vor und erklärte Kennedy, dass die amerikanisch-sowjetischen Beziehungen von der Lösung der deutschen Frage abhingen. Frustriert sagte Kennedy beim Gehen: »Ich sehe einen eiskalten Winter heraufziehen.«

35 Auf dem Höhepunkt der Kubakrise konferiert Kennedy mit dem Exekutivkomitee des Nationalen Sicherheitsrats.

36 Der brasilianische Präsident João Goulart im April 1962 in New York. Als er sich weigerte, seinem Volk Sparmaßnahmen aufzubürden, und stattdessen eine Landreform und ein Programm zur Kontrolle von ausländischem Kapital initiierte und Kuba anerkannte, fiel er einem US-gestützten Putsch zum Opfer.

37 Honduranische Truppen 1965 auf dem Weg in die Dominikanische Republik, um die US-Invasion zu unterstützen. Die USA schlugen einen Volksaufstand nieder, der darauf zielte, den demokratisch gewählten Präsidenten Juan Bosch wiedereinzusetzen, der zuvor vom Militär gestürzt worden war.

38 General Nguyen Van Thieu mit Präsident Johnson (hinten) und Luftwaffengeneral Nguyen Cao Ky mit Verteidigungsminister McNamara (vorn). Ky und Thieu standen an der Spitze der südvietnamesischen Regierung, die im Mai 1965 die Macht ergriffen hatte. Johnsons außenpolitischer Berater William Bundy kommentierte später, das neue Regime sei »uns allen als unterste Schublade, absolut unterste Schublade erschienen«.

39 Unter Präsident Johnson wurde das Arsenal der in Vietnam eingesetzten Waffen um Napalm, Streubomben und weißen Phosphor ausgeweitet, der sich bis auf die Knochen durchbrennt und viele Opfer einen qualvollen Tod sterben ließ.

40 Leichen von Vietnamesen nach dem von US-Soldaten verübten Massaker im Dorf My Lai. Im November 1969 erfuhren die Amerikaner durch den Journalisten Seymour Hersh, dass US-Streitkräfte dort rund 500 Zivilisten niedergemetzelt hatten, hauptsächlich Frauen, Kinder und alte Männer.

41 Antikriegsdemonstranten beim Marsch auf das Pentagon im Oktober 1967. Als der Widerstand gegen den Vietnamkrieg anschwoll, ging das FBI gegen die Bewegung vor.

42 Präsident Nixon begrüßt den indonesischen Präsidenten Suharto, der nach einem von den USA unterstützten Massaker an einer halben bis einer Million Kommunisten die Macht ergriffen hatte. Die CIA nannte das Gemetzel später »einen der schlimmsten Massenmorde des 20. Jahrhunderts«.

43 Auf einer Pressekonferenz am 30. April 1970 kündigt Nixon die US-Invasion in Kambodscha und damit eine Erweiterung des Vietnamkrieges an. Die Entscheidung löste international eine dramatische Protestwelle aus.

44 Salvador Allende erhält am 24. Oktober 1970 vor seinem Haus die Nachricht, dass er zum chilenischen Präsidenten gewählt wurde. Am 3. November trat er das Amt an. Zwei Tage später verlangte Nixon seine Absetzung.

45 General Augusto Pinochet begrüßt im Juni 1976 US-Außenminister Henry Kissinger. Nach dem Sturz Allendes durch einen von der CIA unterstützten Putsch riss Pinochet die Macht an sich und ließ über 3200 politische Gegner ermorden. Tausende weitere landeten im Gefängnis und wurden schwer gefoltert.

46 Im November 1975 nahmen Präsident Ford und sein Stabschef Donald Rumsfeld eine umfassende Kabinettsumbildung vor. Rumsfeld übernahm das Verteidigungsministerium. Viele sahen ihn, den Nixon als »skrupellosen kleinen Bastard« bezeichnet hatte, als treibende Kraft hinter dem Revirement. Er warnte vor einer drohenden militärischen Übermacht der Sowjetunion; Entspannung sei deshalb nicht im Interesse der USA.

47 Gleich nach seinem Amtsantritt kündigte Präsident Ford an, dass der umstrittene Kissinger Außenminister und Nationaler Sicherheitsberater bleiben würde.

48 Trotz der düsteren Menschenrechtslage im Iran stand Präsident Carter unverbrüchlich zum bedrängten Schah und brachte damit die Mehrheit der Iraner gegen die USA auf. Auf einer opulenten Silvesterfeier 1978 in Teheran schmeichelte Carter seinem Gastgeber: »Unsere Freundschaft ist unersetzlich, und meine Dankbarkeit gilt dem Schah, der mir mit seiner Weisheit und Erfahrung eine wertvolle Hilfe war.« Kurz nach Carters Abreise im Januar 1979 brachen Unruhen aus und zwangen den Schah ins Exil.

49 Proteste gegen den Schah während der Iranischen Revolution.

50 Präsident Ronald Reagan mit CIA-Direktor William Casey, Multimillionär, Ex-Chef der Börsenaufsicht und frommer Katholik, der laut seinem Stellvertreter Robert Gates zur CIA gestoßen war, um »gegen die Sowjetunion Krieg zu führen«.

51 Ein Flugblatt zur Unterstützung der »nicaraguanischen Freiheitskämpfer«, das die Studentenorganisation der Republikaner verteilte, nachdem Reagan die Contras zur »moralischen Entsprechung der Gründerväter« stilisiert hatte. Die »Freiheitskämpfer« waren berüchtigt für ihre Folterungen und für Massaker an der Zivilbevölkerung.

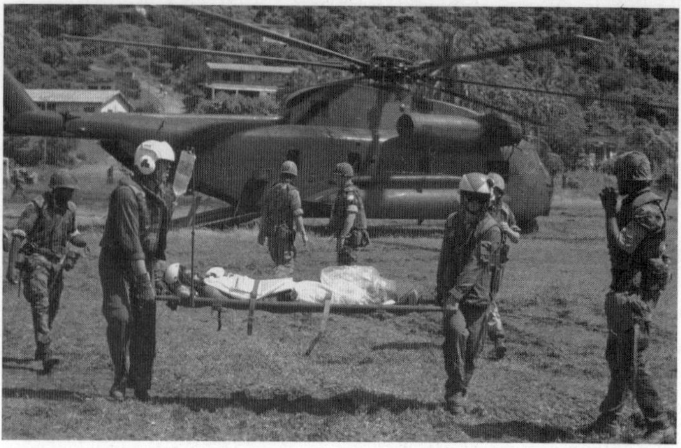

52 Ende 1983 nahm die US-Regierung »instabile Verhältnisse« zum Vorwand, um in den kleinen Inselstaat Grenada einzumarschieren und die revolutionäre Regierung Maurice Bishops zu stürzen. In der logistisch stümperhaft durchgeführten Operation starben 19 US-Soldaten. Neun Hubschrauber gingen verloren.

53 Reagan mit Oberstleutnant Oliver North und dem Führer der nicaraguanischen Contras Adolfo Calero im Weißen Haus. North, ein draufgängerischer Marineinfanterist mit Hang zum Größenwahn, war Drahtzieher des illegalen Programms, der iranischen Regierung Waffen zu verkaufen, um mit dem Erlös die Contras zu finanzieren.

54 In einer Fernsehansprache erläutert Reagan die Strategic Defense Initiative (SDI). Das Vorhaben zum Aufbau einer Raketenabwehr im Weltraum, im Volksmund »Krieg der Sterne« genannt, erwies sich in Reagans Verhandlungen mit Sowjetführer Gorbatschow als entscheidender Stolperstein.

55 Gorbatschow und Reagan während des Gipfels in Reykjavík. Völlig überraschend unterbreitete der Sowjetführer Reagan ein mutiges Paket von Abrüstungsvorschlägen.

56 Beamte der US-Antidrogenbehörde DEA führen General Manuel Noriega in eine US-Maschine. Noriega war lange von der CIA finanziert worden, weil er die Contras in Nicaragua unterstützt hatte. Trotzdem entsandte Präsident Bush im Dezember 1989 15 000 US-Soldaten, um Noriega zu stürzen.

57 Verteidigungsminister Dick Cheney mit Kronprinz Sultan, seinem saudischen Kollegen. Nachdem US-Botschafterin April Glaspie Saddam Hussein am 25. Juli 1990 versichert hatte, dass Bush »keine Meinung« zum irakischen Grenzstreit mit Kuwait habe, eilten Cheney sowie die Generäle Colin Powell und Norman Schwarzkopf mit manipulierten Fotos, die einen angeblichen irakischen Truppenaufmarsch an ihrer Grenze zeigten, zu den Saudis. So verschafften sie sich den angestrebten Brückenkopf in der Region.

58 Die Generäle Powell und Schwarzkopf mit Staatssekretär Paul Wolfowitz während einer Pressekonferenz zur »Operation Wüstensturm«. Der Einsatz einer gewaltigen US-Streitmacht von 700 000 Soldaten wurde mit der Truppenstärke der Iraker gerechtfertigt, die Schwarzkopf auf eine Million schätzte.

59 Die »Operation Wüstensturm« begann am 17. Januar 1991 mit einem fünfwöchigen Bombardement mit modernsten High-Tech-Waffen. Anschließend griffen die Streitkräfte einer Koalition aus 22 Ländern die demoralisierten irakischen Soldaten in Kuwait an. Auf dem sogenannten »Highway des Todes« wurden fliehende Iraker regelrecht abgeschlachtet.

60 Die schwelenden Trümmer der eingestürzten Türme des World Trade Centers in New York zwei Tage nach den Al-Qaida-Anschlägen vom 11. September 2001.

61 Paul Wolfowitz, Donald Rumsfeld, Colin Powell und Scooter Libby beraten am 12. September 2001 im Kabinettssaal über die Antwort der US-Regierung auf die Anschläge vom Vortag.

62 Betende Gefangene im US-Gefängnis Guantanamo auf Kuba. Ein Terrorabwehr-Experte des FBI sagte aus, dass nur bei fünfzig der fast 800 Häftlinge eine Inhaftierung gerechtfertigt gewesen sei.

63 Amerikanische Kriegsgegner demonstrieren am Washington Monument in der US-Hauptstadt. Als der Einmarsch in den Irak näher rückte, schlossen sich Millionen Menschen auf der ganzen Welt den Protesten an.

64 Präsident Obama und sein Sicherheitsteam verfolgen im Lageraum des Weißen Hauses die Operation zur Tötung Osama bin Ladens.

65 US-Drohne MQ-1 Predator im Einsatz über Afghanistan. Während Drohnen von den Offiziellen als Präzisionswaffe gegen feindliche Kämpfer gepriesen werden, sind ihnen längst Hunderte von Zivilisten zum Opfer gefallen.

lene und rund 200 000 Verwundete. Sie hatten in Südvietnam 9000 von 15 000 Dörfern zerstört. Im Norden verwüsteten sie alle sechs Industriestädte, 28 von 30 Provinzstädten und 96 von 116 Kreisstädten. In den ländlichen Gebieten stecken bis heute unzählige Blindgänger im Boden. Zudem wurde das Land mit 72 Millionen Litern Entlaubungsmittel verseucht, denen Vietnams Urwälder fast vollständig zum Opfer fielen. Allein die Auswirkungen der chemischen Kampfmittel betrafen bereits mehrere Generationen und sind bis heute in den Hospitälern des Südens, wo Agent Orange eingesetzt wurde, zu besichtigen: abgestorbene Föten in Glasbehältern, Kinder, die mit schrecklichen Erbkrankheiten und Missbildungen zur Welt kamen, sowie im Vergleich zum Norden deutlich erhöhte Krebsraten. Es ist schwer zu glauben, dass in den USA das Hauptaugenmerk im Zusammenhang mit Vietnam dennoch viele Jahre lang der Fahndung nach 1300 verschollenen US-Soldaten galt, von denen einige Hundert in nordvietnamesische Gefangenschaft geraten sein sollten – Stoff für Hollywood-Kassenschlager. Niemals haben sich die Vereinigten Staaten für die Leiden der Vietnamesen offiziell entschuldigt oder sie auch nur gewürdigt. Und ihren Staat erkannten sie erst 1995, zwanzig Jahre nach Kriegsende, durch US-Präsident Bill Clinton an.

Seit diesem Krieg bemühten sich die amerikanischen Konservativen, das »Vietnamsyndrom« zu bewältigen, das zum Schlagwort für Amerikas Widerwillen wurde, Truppen zu Kampfeinsätzen ins Ausland zu entsenden. Dass die jungen Amerikaner heute über einen Krieg, der eine ganze Generation in seinen Bann zog und tief geprägt hat, eher wenig wissen, ist kein Zufall angesichts bewusster und systematischer Bemühungen, ihn aus dem historischen Gedächtnis zu tilgen. So äußerte beispielsweise Ronald Reagan: »Es ist Zeit, dass wir anerkennen, dass unsere Sache eine edle war. […] Wir entehren das Andenken von 50 000 jungen Amerikanern, die für diese Sache gestorben sind, wenn wir Schuldgefühlen nachgeben, als hätten wir etwas Schändliches getan.«[298]

Nicht nur Konservative haben Geschichtsklitterung betrieben. So stimmte Bill Clinton in den Chor der Verfälscher mit ein, als er sagte: »Was wir von den politischen Entscheidungen in der Vietnam-Ära auch halten, die tapferen Amerikaner, die dort kämpften und starben, hatten edle Motive. Sie kämpften für die Freiheit und Unabhängigkeit des vietnamesischen Volkes.«[299] Kein Wunder, dass erstaunliche 51 Prozent der 18- bis 29-jährigen US-Bürger in einer Gallup-Umfrage 2014 äußerten, der Vietnamkrieg sei ein lohnenswerter Kampf gewesen.

Die Bilanz dieses Krieges wurde in beschönigende Lügen verpackt. Im November 1982 wurde das Vietnam Veterans Memorial in Washington eingeweiht, in dessen Mauer die Namen der 58 280 gefallenen oder vermissten Amerikaner eingemeißelt sind. Die Botschaft ist klar: Diese amerikanischen Opfer sind die eigentliche Tragödie des Vietnamkrieges. Doch man stelle sich vor, die Namen der 3,8 Millionen getöteten Vietnamesen und die von Millionen umgekommenen Kambodschanern und Laoten seien mit eingemeißelt worden – die 150 Meter lange Wand erstreckte sich über eine Länge von rund 13 Kilometern.

Die angebliche Schmach von Vietnam sollten in den kommenden Jahrzehnten Ronald Reagan, die beiden Bushs und ein wenig sogar noch Barack Obama rächen. Paradoxerweise stellte dieser Krieg den Tiefpunkt im Wirken der Generation des Zweiten Weltkrieges dar, zu der Johnson, Nixon, Reagan, George H. W. Bush und sämtliche Generäle und Führungsstäbe zählten – die »größte Generation«, als die sie Ende der 1990er Jahre von den dominierenden Medien gefeiert wurde. Unbeachtet blieb dabei freilich die übertriebene Selbstsicherheit, mit der sie nach dem Zweiten Weltkrieg Vietnam als eine viertklassige Macht abtaten, die sich leicht in die Knie zwingen ließe. Hochmut – die »Hybris« der alten Griechen – kommt vor dem Fall. Zudem führte dieser anfangs undurchsichtige Krieg in Amerikas Wirtschaft, Gesellschaft und Moralempfinden zu gewaltigen Verwerfungen, zu einem Bürgerkrieg, der das Land bis auf den heutigen Tag spaltet. Vieles wurde geleugnet, wenig in Erinnerung behalten, nichts bereut und wohl kaum eine Lehre aus ihm gezogen. Wenn Geschichte nicht im Gedächtnis bleibt, wiederholt sie sich so lange, bis sich ihre Bedeutung nicht mehr ignorieren lässt.

John Adams, der zweite Präsident der Vereinigten Staaten, sagte einst: »Die Macht glaubt stets, sie habe eine große Seele [...] und diene Gott, während sie all seine Gebote verletzt.«[300] Deshalb mündete die Geschichte immer wieder unausweichlich in ein tragisches Blutvergießen, bei dem die USA nur allzu oft auf Seiten der Unterdrücker standen.

Durch finanzielle und militärische Hilfe, Programme zur Drogenbekämpfung, polizeiliche und militärische Ausbildung, gemeinsame Militärübungen, ausländische Stützpunkte und gelegentliche Militärinterventionen stärkten die USA in aller Welt Tyrannen, die ausländische Investoren begünstigten, damit diese billige Arbeitskräfte und heimische Ressourcen zugunsten der Imperialmacht ausbeuteten. So hatten es Briten und Franzosen gehalten, und so hielten es auch die Amerikaner. Anstatt vergewaltigender und plündernder Mongolen fielen über diese Länder bestens ausgebildete, wohlmeinende, mit Aktenkoffern bewehrte Banker und Konzernmanager her, die im Namen von Modernisierung, Demokratie und Zivilisation und zum Vorteil der Vereinigten Staaten und ihrer Verbündeten ganze Volkswirtschaften ausplünderten. Während des Kalten Krieges umschifften Politiker und Medien die Debatte über die moralischen Grundlagen der US-Außenpolitik mit Plattitüden über deren angebliche Wohltaten und der Behauptung, wonach harte und sogar schmutzige Taktiken notwendig seien, um Feuer mit Feuer zu bekämpfen. Die Kissingers dieser Welt sprachen von »Realpolitik«.

Aber auch noch nach dem Zusammenbruch der Sowjetunion Anfang der 1990er Jahre blieb die US-Politik dieselbe. Immer wieder schlug sich Amerika auf die Seite der herrschenden Klassen oder des Militärs gegen jene, die von unten kamen und Veränderungen wollten. Das war Amerikas Krieg gegen die Armen dieser Welt, die Wehrlosen, die »Kollateralschäden«.

Aber ging es in den Jahrzehnten vor 1989 wirklich nur um den Kampf gegen den Kommunismus? Oder versuchten die Entscheidungsträger, die wahren Motive zu verschleiern? George Kennan, Amerikas führender Stratege in den Anfangsjahren des Kalten Krieges, brachte in einer Denkschrift von 1948 die Sache auf den Punkt:

> Mit 50 Prozent des Reichtums auf der Welt, aber nur 6,3 Prozent ihrer Bevölkerung [...] sind wir unweigerlich das Objekt von Neid und Missgunst. Unsere eigentliche Aufgabe [...] besteht darin, ein Muster für [internationale] Beziehungen zu entwickeln, das es uns erlaubt, diese Position der Ungleichheit aufrechtzuerhalten. [...] Dazu müssen wir uns von allen Sentimentalitäten und Tagträumen verabschieden. [...] Wir müssen aufhören, über vage und [...] unrealistische Ziele wie Menschenrechte, die Erhöhung von Lebensstandards und Demokratisierung zu reden. [...] Wir müssen mit offenen Machtkonzepten vorgehen. Je weniger uns idealistische Slogans behindern, desto besser.[301]

Dabei hatte George Kennan, ein Intellektueller, der 2005 im Alter von 101 Jahren starb, niemals ein politisches Amt angestrebt. Selbst in seinen kühnsten Träumen hätte er sich niemals ein Ausmaß an Barbarei wie in der heraufziehenden Präsidentschaft von Ronald Reagan vorgestellt.

10

Zwischenzeit und Hochrüstung - von Nixon zu Reagan

Im Jahr 1970 frohlockte US-Justizminister John Mitchell: »Dieses Land wird so weit nach rechts rücken, dass man es nicht wiedererkennen wird.«[302] Aber wie weit nach rechts konnten sich die USA noch bewegen? In jenes Jahr fielen der Krieg gegen Vietnam, Kambodscha und Laos, Drohungen mit der Atombombe, Überwachung, Sabotageakte, schmutzige Tricks, Lügen staatlicher Stellen, die Polarisierung zwischen den Rassen und Rechtsbrüche der Regierung. Der Krieg gegen die Drogen, der Putsch in Chile und die Watergate-Affäre standen erst noch an. Aber verglichen mit der Zeit, die Ronald Reagan und George W. Bush einleiten sollten, könnte man auf die Ära Nixon aus heutiger Sicht geradezu wehmütig zurückblicken.

Rechte Kräfte operierten von jeher ungehindert und offen in den dunklen Klüften der amerikanischen Realität, in denen Rassismus, Militarismus, Imperialismus und die blinde Ergebenheit gegenüber dem privaten Unternehmertum gediehen. Der Fanatismus brachte so unterschiedliche Gruppen wie den Ku Klux Klan, die Nazipartei, die Liberty League, die America First Party, die rechtsradikale John Birch Society, die Anhänger von Joseph McCarthy und die Tea Party hervor, die Hass, Bigotterie oder einfach Geschichtsvergessenheit verbreiten.

Ausgehend von Nixons Werben um einen neuen republikanischen Süden und dem Erfolg von George Wallace als Kandidat einer dritten Partei fanden diese Kräfte, die an den Rändern der amerikanischen Politik und in den toten Winkeln des rationalen Denkens angesiedelt gewesen waren, in der Republikanischen Partei ein neues Zuhause, wo sie die einst florierenden gemäßigten und liberalen Kräfte nach und nach an den Rand drängten.

Nixon sagte einmal, Innenpolitik interessiere ihn ungefähr so sehr wie »der Bau von Plumpsklos in Preoria«.[303] Aber ob es ihm gefiel oder nicht, in seiner Amtszeit erhielten die 18-Jährigen das Wahlrecht, wurde die Zensur zurückgefahren und traten Schwule und Lesben aus dem Schatten. Er gründete die Umweltschutzbehörde EPA, unterstützte das Equal Rights Amendment, einen Verfassungszusatz zur Gleichstellung von Frauen, sowie schärfere Arbeitsschutzbestimmungen. Und er stärkte den Voting Rights Act, ein Wahlrechtsgesetz, das für die gleich starke Beteiligung von Minderheiten sorgen sollte. Er befürwortete sogar ein garantiertes jährliches Mindesteinkommen für alle Amerikaner.

Zu spät erkannten seine ehemaligen Verbündeten vom rechten Flügel, dass Nixon nicht mehr der gnadenlose Antikommunist war, den sie aus den 1950er Jahren kannten. Obgleich er Südostasien in Grund und Boden bombte, erschreckte er die Hardliner, als er in einer Kehrtwende 1972 die Volksrepublik China anerkannte, um in Asien den Druck zu lindern, dem die Vereinigten Staaten wegen ihres Bodenkriegs in Vietnam ausgesetzt waren. Und obendrein reiste er in die Sowjetunion und unterzeichnete den historischen SALT-I-Vertrag, um die Anzahl von Raketen und Raketenabwehrsystemen zu begrenzen. Als Nixon 1971 den Goldstandard aufweichte, Lohn- und Preiskontrollen durchsetzte und 1973 schließlich sämtliche verbliebenen US-Truppen aus Vietnam abzog, schien es, als habe er den Verstand verloren und seine Basis in jeder Hinsicht verraten.

Bis zum Watergate-Skandal hatte sich Nixon auf der Rechten wie auf der Linken deutlich mehr Feinde gemacht, als er sich leisten konnte. Um einem Amtsenthebungsverfahren zuvorzukommen, trat er am 9. August 1974 zurück. Damit lag die Präsidentschaft in den Händen des freundlichen Gerald

Ford, von dem Lyndon B. Johnson einmal gesagte hatte, er könne nicht einmal gleichzeitig furzen und kaugummikauen. Ford kündigte an, dass »unser langer nationaler Alptraum vorüber«[304] sei, sandte aber sogleich die falschen Signale aus, indem er Nixon begnadigte.

Eine noch größere Hypothek für die Zukunft waren die Erbitterung und die Rachegelüste, die Nixons Sturz im Herzen der neuen Republikanischen Partei auslöste. Viele Anhänger der Grand Old Party machten sich den legendären Zorn des Gefallenen zu eigen und richteten diesen gegen die Staatsgewalt. Aus Wut auf die sogenannten liberalen Medien, die nach ihrer Auffassung ein verzerrtes Bild vom Vietnamkrieg vermittelt und Nixon aus dem Amt getrieben hatten, investierte ein Netzwerk konservativer Denkfabriken und reicher Stiftungen gewaltige Summen, um ihren Agenden zum Durchbruch zu verhelfen. Dazu zählte eine radikale Rückbesinnung auf das Konzept der Privatisierung, das angeblich Roosevelt mit seinem verhassten New Deal zerstört hatte. Dessen alter Feind, der Geldadel, trat wieder auf den Plan.

Das expandierende rechtsgerichtete Netzwerk konnte mit dem eher moderaten Gerald Ford wenig anfangen und drängte darauf, einen strammen Rechten wie Ronald Reagan, den ehemaligen Gouverneur von Kalifornien, ins Weiße Haus zu bringen. Unter diesem Druck führten Ford und der junge Kongressabgeordnete Donald Rumsfeld, der sich in den 1960er Jahren mit Angriffen auf die Sowjets profiliert hatte, am 4. November 1975 eine größere Kabinettsumbildung durch. Bei diesem sogenannten »Halloween-Massaker« zog Rumsfeld, den Nixon einst einen »skrupellosen kleinen Bastard«[305] genannt hatte, ins Verteidigungsministerium ein. Kissinger blieb Außenminister, verlor aber seinen Posten als Nationaler Sicherheitsberater an General Brent Scowcroft. George H. W. Bush übernahm die CIA, während Dick Cheney seinen Ziehvater Rumsfeld als Stabschef des Weißen Hauses ablöste. Der relativ moderate Vizepräsident Nelson Rockefeller durfte 1976 nicht für dieses Amt kandidieren. Rumsfeld und andere betrieben die Blockade eines neuen SALT-Vertrags, während Ford das Wort »Entspannung«, das mit Kissinger assoziiert wurde, aus dem Weißen Haus verbannte.

Ungeachtet der konservativen Offensive in der Regierung wollten die Menschen einen Wandel und vertrauten das Präsidentenamt dem Gouverneur Jimmy Carter an, einem ehemaligen Erdnussfarmer und langjährigen Sonntagsschullehrer aus Plains, Georgia. Carter besiegte Ford mit denkbar knappem Vorsprung. Der neue Mann im Weißen Haus war alles andere als ein typischer Kandidat gewesen. Er wollte den Rüstungswettlauf beenden, die Entspannung wiederbeleben, Amerikas moralisches Ansehen wiederaufrichten und Lehren aus dem Vietnamkrieg ziehen: »Nie wieder darf sich unser Land militärisch in die inneren Angelegenheiten einer anderen Nation hineinziehen lassen, solange keine direkte und offensichtliche Bedrohung für die Sicherheit der Vereinigten Staaten oder ihrer Menschen besteht.«[306] Er schwor, niemals die »falschen Behauptungen und zuweilen eindeutigen Lügen«[307] zu wiederholen, mit denen seine Vorgänger den Einmarsch in Vietnam gerechtfertigt hatten. Vor den Vereinten Nationen kündigte er an, die USA würden ihr Atomwaffenarsenal um die Hälfte verringern, wenn die Sowjetunion dasselbe täte.

Sich auf seinen Instinkt verlassend, erzielte Carter einige beachtliche Anfangserfolge. Er wirkte am 1978 geschlossenen Camp-David-Abkommen mit, das zum israelischen Rückzug vom 1967 besetzten Sinai sowie zur Aufnahme diplomatischer Beziehungen zwischen Israel und Ägypten führte. Carter handelte auch den SALT-II-Vertrag mit den Sowjets aus, der eine Verringerung der Atomraketen und Bomber vorsah.

Außenpolitisch ziemlich unbedarft, stand Carter allerdings unter dem Einfluss seines Nationalen Sicherheitsberaters Zbigniew Brzezinski. Als Autor, Professor und erbitterter Antikommunist hatte Brzezinski die Aufnahme des vielversprechenden, aber noch ziemlich unbekannten Carters in die Trilaterale Kommission unterstützt, die 1973 David Rockefeller, der Vorstandschef der Chase Manhattan Bank, gegründet hatte, um die kapitalistische Weltordnung zu stärken. Die 180 elitären Mitglieder der Trilateralen Kommission, die sich über drei Kontinente verteilten, lehnten den strammen Antikommunismus der Rechten zwar ab. Aber wie Kissinger vor ihm drängte Brzezinski den liberaleren Außenminister Cyrus Vance an den Rand und orchestrierte die Rückbesinnung auf die Orthodoxie des Kalten Krieges. Er brüstete sich damit, als erster Pole seit 300 Jahren in einer Position zu sein, in der er es den Russen richtig zeigen könne.

Dank massiver Waffenverkäufe an den Iran, welche die Hälfte der gesamten US-Waffenexporte weltweit ausmachten, hatte sich der verhasste Schah an der Macht gehalten. Trotz der düsteren Menschenrechtsbilanz nahmen die Carters an einer opulenten Silvesterfeier in Teheran teil. Jimmy Carter schwärmte: »Für keinen anderen Staatenlenker hege ich eine tiefer empfundene persönliche Dankbarkeit und Freundschaft.«[308] Im selben Jahr hatte der Schah das Kriegsrecht verhängt. Seine Truppen schossen Hunderte von Demonstranten auf den Straßen nieder. Aus Furcht, die Sowjets könnten das allgemeine Chaos nutzen und die iranischen Ölfelder besetzen, mahnte Brzezinski Carter im Dezember 1978, die Vereinigten Staaten stünden jetzt »vor der schwersten amerikanischen Niederlage seit Beginn des Kalten Krieges, deren reale Auswirkungen den Rückschlag in Vietnam in den Schatten stellen«[309] würde.

Nicht einmal zwei Monate später konnte der Schah nur noch durch Flucht sein Leben retten. Der aus dem Exil zurückgekehrte Ajatollah Khomeini verlangte seine Auslieferung, um ihn vor Gericht zu stellen. Von Brzezinski, Kissinger und David Rockefeller gedrängt, gestattete Carter dem Schah, für eine Krebsbehandlung in die Vereinigten Staaten einzureisen, und erzürnte damit die iranische Öffentlichkeit. Im November drangen Studenten in die US-Botschaft in Teheran ein, nahmen 52 Amerikaner als Geiseln und hielten sie 444 Tage lang gefangen. Carters Präsidentschaft lag in Trümmern.

Es schien, als nähmen die Krisen kein Ende. Mittelamerika, das seit Jahrzehnten unter US-gestützten Militärdiktatoren, Armut, Gewalt und Korruption litt, drohte Ende der 1970er Jahre zu explodieren. In Nicaragua ergriffen im Juli 1979 die Sandinisten die Macht – Lateinamerikas erste erfolgreiche Revolution seit der kubanischen zwanzig Jahre zuvor – und nahmen ehrgeizige Reformen der Bereiche Grundbesitz, Bildung und Gesundheit in Angriff. Brzezinski plädierte für eine Militärintervention, um ein Überspringen des revolutionären Funkens auf die Nachbarstaaten Guatemala, Honduras und El Salvador zu verhindern, wo seit einem Jahrhundert vierzig Familien die Herrschaft ausübten. Morde durch rechte Todesschwadronen und Folterungen häuften sich. 1980 wurde der reformorientierte salvadorianische Erzbischof Óscar Romero ermordet. Im selben Jahr standen in El Salvador die Aufständischen der Nationalen Befreiungsfront FMLN kurz vor der nächsten erfolgreichen Revolution, als Carter, von Brzezinski gedrängt, die Militärhilfe für das Regime aufstockte.

Ein weiterer Sturm braute sich über Afghanistan zusammen, einer verarmten Hinterlassenschaft des Britischen Empire, in der die durchschnittliche Lebenserwartung vierzig Jahre betrug. Die Analphabetenquote lag bei 90 Prozent. Die meisten Afghanen lebten als Nomaden oder Bauern in staubigen Dörfern, kaum anders als in der Zeit Alexanders des Großen, der die Region über 2000 Jahre zuvor erobert hatte. Im Juli 1979 sorgte Brzezinski dafür, dass Carter eine heute kaum bekannte Direktive unterzeichnete, die eine geheime Unterstützung der radikalislamischen Gegner des prosowjetischen Regimes in Kabul vorsah. Am selben Tag vermerkte Brzezinski stolz, dass »diese Hilfe eine sowjetische Militärintervention herbeiführen«[310] werde. Die Sowjets, so seine Absicht, sollten ihrerseits in ein Vietnam hineingezogen werden.

Brzezinski erkannte die Angst der Sowjets, dass der afghanische Funke unter den vierzig Millionen Muslimen im sowjetischen Zentralasien einen Flächenbrand auslösen könnte, und verglich die Lage der UdSSR in Afghanistan mit derjenigen der USA bei einem drohenden kommunistischen Aufstand in Mexiko. Zu Recht folgerten die Sowjets, dass die Amerikaner, möglicherweise mithilfe Chinas, in Afghanistan eine Erhebung schürten. Aber noch zögerten sie mit einer Intervention. Der altgediente Außenminister Gromyko wusste, dass »wir weitgehend alles über Bord werfen würden, was wir unter so großen Schwierigkeiten erreicht hatten, insbesondere die Entspannungspolitik, die SALT-II-Verhandlungen ...«[311] Angesichts der Stagnation ihrer kopflastigen, bürokratisch verkrusteten Wirtschaft sahen die Sowjets die Rüstungskontrolle als Chance, der Tretmühle einer faktischen Kriegswirtschaft endlich zu entkommen.

Aber die Provokation wirkte. Staats- und Parteichef Leonid Breschnew, ein solider, phantasieloser Sowjetpolitiker, startete am ersten Weihnachtstag 1979 mit 80 000 Sowjetsoldaten einen großangelegten Einmarsch in Afghanistan. Der Krieg würde in drei bis vier Wochen enden, behauptete er.

Der unerfahrene Carter reagierte übertrieben und bezeichnete die Invasion als die größte Bedrohung des Weltfriedens seit dem Zweiten Weltkrieg. Ein Kolumnist der *New York Times* sah sich genötigt, an die Berlinblockade, den Koreakrieg, die Suezkrise, die Kubakrise und die US-Invasion in Vietnam zu erinnern. Carter zog den US-Botschafter aus Moskau ab und setzte die SALT-II-Gespräche aus. Er schränkte den Handel zwischen den Supermächten ein, sorgte für einen amerikanischen Boykott der anstehenden Olympischen Spiele in Moskau und entsandte seinen Verteidigungsminister, um bei der chinesischen Führung die Möglichkeit von Beziehungen im militärischen Bereich auszuloten.

Auch dehnte er die Truman-Doktrin faktisch auf den benachbarten Iran einschließlich des Persischen Golfs aus, der jetzt als zentral für die US-Interessen galt. Die muslimischen Nationen verurteilten die sowjetische Aggression. Saudi-Arabien schickte Geld. Tausende junger Muslime aus dem gesamten Nahen und Mittleren Osten zogen nach Afghanistan in den Heiligen Krieg gegen die sowjetischen Ungläubigen. Brzezinski reiste zu den Potentaten Pakistans und Saudi-Arabiens, um für die Dschihadisten Finanz- und Militärhilfen einzusammeln. Besonders erbitterten die Gotteskrieger die von den Sowjets unterstützten Reformen zur Emanzipation und Ausbildung der afghanischen Frauen. Brzezinski sollte später mehrfach äußern, dass er keinerlei Reue darüber verspüre, den islamischen Fundamentalismus befeuert zu haben, der den Vereinigten Staaten am 11. September 2001 einen empfindlichen Schlag versetzen und sie über Jahre heimsuchen sollte. Er stellte die rhetorische Frage: »Was ist in der Weltgeschichte wichtiger? Die Taliban oder der Zusammenbruch des Sowjetreichs? Ein paar aufgebrachte Muslime oder die Befreiung Mitteleuropas und das Ende des Kalten Krieges?«[312]

Aber um welchen Preis? Im Bestreben, das Sowjetimperium zu Fall zu bringen, richtete Brzezinski Jimmy Carters Präsidentschaft zugrunde. Entgegen seinem Versprechen, die Verteidigungsausgaben zu kürzen, stockte sie Carter vielmehr von 115 auf 180 Milliarden US-Dollar auf. Er erhöhte die Anzahl der auf die Sowjetunion zielenden Sprengköpfe um mehr als das Doppelte und rückte sogar von seiner früheren Kritik am Vietnamkrieg ab. Vietnamveteranen wurden zu Freiheitskämpfern stilisiert, die »ohne irgendein Bedürfnis, Gebiete zu erobern oder anderen Völkern den Willen Amerikas aufzuzwingen, nach Vietnam« gezogen seien. Paradoxerweise legte Carter mit seiner Politik letztlich die Fundamente für die noch radikaleren Anschauungen, die Ronald Reagan ins Weiße Haus mitbringen sollte.

Noch nie hatte Amerika einen Präsidenten wie Ronald Reagan gehabt, den Charme, Humor, Eleganz, ein gutes Aussehen sowie der zwanghafte Trieb auszeichneten, Amerika in eine Festung der Konservativen zu verwandeln. Bekannt wurde er als herzlicher und volksnaher Schauspieler, dann als Werberepräsentant für General Electric, ehe Reagan acht Jahre als Gouverneur von Kalifornien amtierte. In Hollywood wurde er von vielen als zweitklassiger Mime abgetan, seine erste Autobiographie trug den Titel *Where's the Rest of me*[313] (»Wo ist der Rest von mir?«), der auf seinen Kinofilm *Kings Row* von 1942 anspielte, ein klassisches amerikanisches Kleinstadtdrama. In dem Streifen amputiert ihm der Vater seiner Freundin, ein sadistischer Chirurg, nach einem Unfall ohne Not beide Beine – und kastriert ihn dabei vielleicht auch. Der Film markierte Reagans Wandlung vom Liberalen des New Deal zum Konservativen des Kalten Krieges. Später fand er seinen fehlenden Rest im Kampf gegen den Kommunismus, den er als Präsident der Schauspielergewerkschaft Screen Actors Guild im Kreuzzug gegen die Rote Gefahr ebenso führte wie als FBI-Informant, der Kollegen als Kommunisten denunzierte.

Medienberater Roger Ailes, der später den konservativen TV-Sender Fox News schaffen sollte, konnte auf Taktiken zurückgreifen, die er schon mit Richard Nixon entwickelt hatte, als er den 73-jährigen Präsidenten Reagan daran erinnerte, dass er wegen seiner Themen, nicht wegen irgendwelcher Details gewählt worden war – wegen fröhlicher Gedanken wie in »Morning in America«, einem TV-Werbespot im Präsidentschaftswahlkampf 1984, oder wegen der puritanischen Überzeugung, wonach Amerika – in einer Anspielung auf die Bergpredigt – die »Stadt auf dem Hügel« sei. Reagans Kritiker waren angeblich Defätisten, die »immer zuerst Amerika die Schuld« gäben. Andere Themen waren eher fiktiver Natur: »Wir sind heute in größerer Gefahr als damals nach Pearl Harbour. Unser Militär ist absolut unfähig, dieses Land zu verteidigen.«[314]

Fakten waren stets nebensächlich, solange eine gute Pointe heraussprang. Gerne erzählte Reagan die Story von der »Welfare Queen«, einer geschickten Sozialhilfebetrügerin aus Chicago, die es angeblich mit achtzig Namen, dreißig Adressen und zwölf Sozialversicherungskarten zu steuerfreien Einkünften in Höhe von 150 000 Dollar gebracht hatte. Allerdings passte er die Zahlen immer wieder an die Gutgläubigkeit des jeweiligen Publikums an.

Reagan sah lieber Filme, statt zu lesen, weshalb sein Stab

Themen wie die sowjetische Bedrohung oder das Nahostproblem für ihn visuell aufbereitete. Selbst in kleinen Sitzungen las Reagan seine Erklärungen wie ein Schauspieler von Karteikarten ab. Bei einem Treffen mit Spitzenmanagern der US-Autoindustrie merkte er erst nach längerer Zeit an den verlegenen Reaktionen, dass er die falsche Karte gezogen hatte. Er liebte es, am späten Nachmittag pünktlich zu Nancy, seiner geliebten Ehefrau, nach Hause zu kommen, dann Fitnessübungen zu machen, im Pyjama zu Abend zu essen, fernzusehen und dann früh ins Bett zu gehen.

Im Juni 1987 reiste Reagan nach Berlin und beschwor den Sowjetführer Michail Gorbatschow: »Generalsekretär Gorbatschow, wenn Sie nach Frieden streben, wenn Sie Wohlstand für die Sowjetunion und für Osteuropa wünschen, wenn Sie eine freiheitliche Entwicklung wollen, dann kommen Sie hierher zu diesem Tor. Herr Gorbatschow, öffnen Sie dieses Tor. Herr Gorbatschow, reißen Sie diese Mauer nieder!«[315]

Knapp zweieinhalb Jahre später öffnete sich diese Mauer tatsächlich, worauf 1991 das Sowjetreich zusammenbrach. Der Kalte Krieg war zu Ende. Viele schreiben Reagan das Verdienst zu, ihn gewonnen zu haben. Bewunderer schwärmen von ihm als dem größten Präsidenten seit dem Zweiten Weltkrieg, einem der bedeutendsten überhaupt. Die wahre Geschichte ist freilich deutlich komplexer. Reagan hinterließ Tod und Zerstörung, kam aber auch einer dauerhaften Größe geradezu unerträglich nah.

Reagans lockere Art und sein Mangel an außenpolitischer Erfahrung schufen eine Lücke, welche die antikommunistischen Falken in der Regierung nur zu gerne ausfüllten. Ihr Leitwolf war William Casey, ein Mann, wie ihn die Filmindustrie nicht besser hätte erfinden können, Katholik und Ritter des Malteserordens, der täglich zur Messe ging und jedem, der ihn um Rat bat, das Christentum verkündete. Seine Villa auf Long Island war mit Statuen der Jungfrau Maria vollgestellt. Zunächst Chef der US-Börsenaufsicht, arbeitete Casey des Weiteren für das Office of Strategic Services (OSS), den Nachrichtendienst des US-Kriegsministeriums. Laut Robert Gates, seinem Stellvertreter bei der CIA, »sahen die Reaganisten ihren Einzug als eine feindliche Übernahme an«. Casey hatte *Das internationale Terrornetz*[316] der Publizistin Claire Sterling gelesen und war zu der Überzeugung gelangt, dass hinter dem internationalen Terrorismus die Sowjetunion steckte, auch hinter dem kurz zuvor erfolgten Attentat auf den polnischen Papst Johannes Paul II., einen katholischen Glaubensgenossen.

Laut Melvin Goodman, dem Chef des CIA-Büros für Analysen der Sowjetunion, beruhte ein Großteil von Sterlings Material auf »schwarzer Propaganda«, also auf Vorwürfen gegen den Kommunismus, welche die CIA eigenhändig in der europäischen Presse platziert hatte. Gleichwohl teilte Casey seinen Analysten mit, er habe von Sterling mehr gelernt als von ihnen allen zusammen. Dem stimmte auch Alexander Haig, der knallharte Außenminister, zu und behauptete, die Sowjets hätten ihn in seiner Zeit als Chef der NATO zu ermorden versucht. Während den Fachleuten bekannt war, dass Sterling die sowjetische Unterstützung für die Terrorgruppen in Westeuropa übertrieben dargestellt hatte, säuberten Casey und Gates die CIA so gründlich von unbelehrbaren Analysten, dass die um ihren Sachverstand gebrachte Behörde vollkommen überrascht wurde, als die Sowjetunion am Ende jenes Jahrzehnts Auflösungserscheinungen zeigte.

Auf seiner ersten Pressekonferenz machte Reagan im Stil John Foster Dulles' und James Forrestals die Fortschritte, die in fast zwei Jahrzehnten Entspannungspolitik erzielt worden waren, kurzerhand zunichte: »Die einzige Moral, die [die Sowjets] anerkennen, ist diejenige, die ihre Sache befördert. Das bedeutet, dass sie sich das Recht vorbehalten, jedes Verbrechen zu begehen, zu lügen, zu betrügen, und dass sie das als moralisch, nicht als unmoralisch ansehen, während wir andere Standards an unser Handeln anlegen.«[317] Amerikas Moral, so hob er hervor, sei die überlegene: »Ich war immer der Meinung, dass dank unseres Tuns jedem klargeworden sein muss, dass Amerikaner moralisch handelnde Menschen sind, die […] [ihre] Macht stets nur für das Gute in der Welt eingesetzt haben.«[318]

Reagans Wahl ermutigte überall in der Dritten Welt rechtsgerichtete Kräfte, angebliche Verluste an Grund und Boden oder politischer Macht wettzumachen, die sie wegen der seit dem Vietnamkrieg unsicher agierenden US-Führung verloren zu haben meinten. Dabei griffen sie zu grausamen Mitteln. Insbesondere in Lateinamerika war die Zeit nach der ideologischen Wende Amerikas im Jahr 1980 durch Todesschwadronen, Massaker, das Verschwinden von Menschen, Vergewaltigungen und Folter geprägt.

Der Oberst, der das Team der US-Militärberater in El Salvador leitete, sagte: »Eine wirksame Aufstandsbekämpfung ist ein Rückfall ins Primitive.« Damit beschrieb er treffend die Bemühungen der US-Regierung, nach dem Vietnamkrieg neue Konzepte für die Aufstandsbekämpfung zu testen, die ohne einen großen Beitrag von US-Streitkräften auskamen. Viele hochrangige Offiziere des salvadorianischen, honduranischen und guatemaltekischen Militärs wurden von den USA in der Armeeschule School of the Americas in Panama und nach 1984 in Fort Benning in Georgia ausgebildet. Die – schon in Vietnam ausgefeilten – Methoden zur Niederschlagung von Rebellionen nahmen dort breiten Raum ein.

Bei einem Besuch in Honduras 1982 traf Reagan mit General Efraín Ríos Montt zusammen, dem Präsidenten des Nachbarstaates Guatemala, einem wiedergeborenen evangelikalen Christen, der sich gerade an die Macht geputscht hatte. Reagan beklagte »eine unfaire Behandlung« von Montt und lobte ihn als »Mann von großer persönlicher Integrität«.[319] Unter seiner Herrschaft sollte das guatemaltekische Militär zwischen 1981 und 1983 in den von einem linken Aufstand erfassten Regionen rund 100 000 bäuerliche Maya töten.

Im Grenzgebiet von Honduras sammelten sich ehemalige Angehörige der brutalen Nationalgarde des 1979 vertriebenen und im Jahr darauf in einem Attentat getöteten Diktators von Nicaragua, Anastasio Somoza. Sie bereiteten sich mit Caseys Unterstützung darauf vor, die Macht zurückzuerobern, und bezeichneten sich selbst als Konterrevolutionäre oder »Contras«. Der Krieg begann im März 1982. Damals untersagte der US-Kongress, staatliche Mittel für den Sturz der sandinistischen Regierung zu verwenden. Allerdings heckten Casey und Oliver North, ein militärischer Berater des Nationalen Sicherheitsrates, ein Komplott aus, das an die Tage des OSS im Zweiten Weltkrieg erinnert. In einer ausgeklügelten illegalen Operation, unterstützt von israelischen Waffenhändlern, verkauften die USA Raketen zu Wucherpreisen an ihre Feinde im Iran, um mit den Gewinnen die Contras zu finanzieren. Als Mittelsmänner dienten regelmäßig lateinamerikanische Drogenhändler, denen im Gegenzug ein leichterer Zugang zu den amerikanischen Märkten ermöglicht wurde. Die 15000 Mann starken Contras, die Geiselnahme, Folterung, Vergewaltigung und Mord anwandten, verübten Anschläge auf Krankenhäuser, Schulen, landwirtschaftliche Kooperativen, Brücken und Kraftwerke.

Reagan und Casey belogen den Kongress über die Aktivitäten der CIA im Contra-Krieg. Caseys Stellvertreter Gates urteilte: »Casey machte sich vom Tag seiner Vereidigung an der Missachtung des Kongresses schuldig.«[320] Den verdeckten Krieg gegen Nicaragua rechtfertigte Reagan 1984 mit den Worten: »Das nicaraguanische Volk ist in einem totalitären Kerker, einer Militärdiktatur gefangen, […] die wegen der unerwünschten Präsenz von Tausenden kubanischen, sowjetischen und radikalen arabischen Helfern […] umso gefährlicher ist.«[321] Dabei verstieg er sich zu der Behauptung, die Contras seien die »moralische Entsprechung der Gründerväter und der tapferen Männer und Frauen des französischen Widerstands«.[322] Auf das Konto dieser »moralischen« Bewegung ging der Großteil der 20000 bis 30000 zivilen Todesopfer dieses Bürgerkriegs.

Ähnliche Gräuel ereigneten sich seit 1980 im Nachbarland

El Salvador, wo von US-Soldaten ausgebildete Truppen im Dorf El Mozote Ende 1981 767 Zivilisten erstachen, enthaupteten, vergewaltigten oder mit Maschinenpistolen niedermähten, darunter 358 Kinder unter 13 Jahren. Bis zum Ende des Bürgerkrieges 1992 pumpte der Kongress fast 6 Milliarden Dollar in dieses kleine Land, womit es pro Kopf gerechnet zum größten Empfänger von US-Auslandshilfen weltweit wurde. Reiche Großgrundbesitzer unterhielten rechte Todesschwadronen, die Tausende mutmaßlicher Linker ermordeten. Der Blutzoll dieses Krieges belief sich auf 70 000 Opfer. Bis 1990 verfünffachte sich die Zahl der salvadorianischen Einwanderer in die USA auf eine halbe Million, von denen ein großer Teil illegal eingereist war. Während viele abgeschoben wurden, durften zahlreiche Nicaraguaner bleiben, weil sie angeblich vor der kommunistischen Unterdrückung, tatsächlich aber eher vor dem Contra-Krieg geflohen waren.

Während Reagan im Sumpf der langwierigen Stellvertreterkriege in Nicaragua und El Salvador zu versinken drohte und die Erinnerung an die Niederlage in Vietnam – eine »erhabene Sache«,[323] wie er sie nannte – ihm keine Ruhe ließ, gierte er nach einem leichten militärischen Sieg, um das amerikanische Selbstbewusstsein wiederaufzurichten. Im Oktober 1983 verübte die israelfeindliche Hisbollah, die schiitische »Partei Gottes«, einen Selbstmordanschlag auf einen Stützpunkt der US-Marines im libanesischen Beirut. Die Explosion einer gewaltigen Sprengstoffladung auf einem Lastwagen riss 241 amerikanische Soldaten in den Tod – ein weiterer verheerender Schlag gegen den Stolz Amerikas. Zwei Tage später fielen die USA allerdings nicht in den Libanon, sondern in Grenada ein, eine Karibikinsel mit rund 100 000 Einwohnern. Der Zwergstaat sei, so Reagans Behauptung, eine »sowjetisch-kubanische Kolonie, die zu einer größeren Militärbastion ausgebaut wird, um Terror zu exportieren und die Demokratie zu unterminieren«.[324] Gerade noch rechtzeitig seien die USA eingeschritten.

Wie in einem seiner alten Western schickte Reagan amerikanische Soldaten in die Schlacht. Staatliches Filmmaterial sorgte für die Berichterstattung, weil die Medien, angeblich aus Sicherheitsgründen, ausgesperrt blieben. Die gesamte Operation wurde von Anfang an stümperhaft ausgeführt. 19 Soldaten kamen ums Leben und über hundert wurden verwundet, als sich den US-Truppen eine kleine Einheit schlecht bewaffneter kubanischer Bauarbeiter in den Weg stellte. Die US-Armee verlor neun Hubschrauber. Nach der Invasion, aus militärischer Sicht eine Farce, verlieh die Armee fast 275 Tapferkeitsmedaillen unter den 7000 beteiligten Soldaten, von denen ganze 2500 an den überschaubaren Kampfhandlungen teilgenommen hatten. Stolz verkündete Reagan: »Die Tage unserer Schwäche sind vorüber. Unsere Streitkräfte stehen unerschütterlich ihren Mann und melden sich stolz zurück.«[325]

Auf der anderen Seite des Globus verwandelten Reagan und Casey die begrenzte Unterstützung, die Carter den afghanischen Rebellen gewährt hatte, in die bislang größte verdeckte CIA-Operation, in die über drei Milliarden US-Dollar flossen. Ins Land geschleust wurden die Hilfen über Pakistans General Zia-ul-Haq, einen korrupten Diktator, der die Waffen und das Geld an die radikalste Islamistenfraktion unter Gulbuddin Hekmatyar weiterleitete, einen Mann von legendärer Grausamkeit. Gerüchten zufolge häuteten dessen Kämpfer Gefangene bei lebendigem Leib und patrouillierten durch Kabuls Basare, um Frauen, die keine Vollverschleierung trugen, Säure ins Gesicht zu schütten. Diese Rebellen versorgte die CIA mit 2000 bis 2500 amerikanischen Stinger-Raketen.

Im blutigen Ersten Golfkrieg zwischen Iran und Irak unterstützten die USA gleich beide Seiten. 1983 schickte Reagan Donald Rumsfeld als Sondergesandten nach Bagdad, um Saddam Hussein amerikanische Unterstützung zuzusichern. Mit Genehmigung des Senatsausschusses für Handel schickten US-Unternehmen dem irakischen Diktator mehrere Stämme des Milzbranderregers Anthrax, die dieser später in seinem Biowaffen-Programm verwenden sollte, sowie Insektenvertilgungsmittel zur Herstellung von Chemiewaffen.

Als Präsident schürte Reagan beständig Ängste, indem er die Sowjetunion als »das Reich des Bösen« und als »den Brennpunkt des Bösen in der modernen Welt« brandmarkte.[326] Obwohl die USA in jeder Waffengattung von Bedeutung die Nase vorn hatte, behauptete er Ende 1982: »Heute genießt die Sowjetunion in so ziemlich jeder Hinsicht einen entscheidenden militärischen Vorteil.«[327] Die Militärausgaben schraubte er bis 1985 um 35 Prozent im Verhältnis zu 1980 nach oben.

Über 11 200 strategische Sprengköpfe der USA standen den 9900 der Sowjets gegenüber. Modernere Waffensysteme rollten vom Fließband, auch im Rahmen eines sehr kostspieligen Programms, Atomraketen in Eisenbahnzügen zu transportieren, um sie für einen sowjetischen Erstschlag unerreichbar zu machen. Trotz massenhafter Proteste in ganz Europa stationierten die USA im November 1983 landgestützte Marschflugkörper und ballistische Raketen vom Typ Pershing II in Großbritannien und in der Bundesrepublik Deutschland. Manche sowjetische Entscheidungsträger waren überzeugt, ein US-Angriff stünde unmittelbar bevor. Zwei Jahrzehnte nach der Kubakrise erreichten die Beziehungen zwischen den Supermächten einen neuen Tiefpunkt.

Zur Finanzierung strich Reagan Ermessensprogramme zusammen und verschob so für innen- und sozialpolitische Zwecke bestimmte 70 Milliarden US-Dollar ins Militärbudget. In seinem Krieg gegen Arbeitnehmer und Bedürftige ließ er Gewerkschafter in Handschellen abführen und streikende Fluglotsten feuern, während er im Weißen Haus für befreundete Millionäre elegante Partys veranstaltete. Washington durchwehte wieder ein Hauch des »Goldenen Zeitalters«, jener wirtschaftlichen Blütezeit der 1890er Jahre, in denen die erlauchten »400« an der Spitze der Gesellschaft standen.

Im Juni 1982 protestierten im New Yorker Central Park eine Million Menschen gegen Atomwaffen, darunter ein junger Student der Columbia University namens Barack Obama. Die Bewegung verunsicherte Reagan, weil er sie als ernsthafte Bedrohung für seine Wiederwahl ansah.

Trotz seines Säbelrasselns erschreckte auch ihn der Gedanke an einen Atomkrieg, den er mit dem biblischen Armageddon assoziierte. Nachdem er den höchst erfolgreichen ABC-Fernsehfilm *The Day After – Der Tag danach* gesehen hatte, schrieb Reagan in sein Tagebuch, der Streifen habe ihn »sehr deprimiert zurückgelassen«.[328] Unter dem Einfluss seiner Frau oder auch seines Astrologen überdachte Reagan, beunruhigt über das böse Blut, für das er gesorgt hatte, seinen Umgang mit der Sowjetunion. Später schrieb er in seinen Memoiren: »[Diese] drei Jahre hatten mich etwas Überraschendes über die Russen gelehrt. Viele an der Spitze der Sowjethierarchie hatten aufrichtig Angst vor Amerika und den Amerikanern.«[329] Glaubt man dieser Aussage, so war Präsident Reagan rätselhafterweise nie auf den Gedanken gekommen, dass die Sowjets einen Erstschlag der USA fürchten könnten.

Offenbar in der Hoffnung, die wachsende Empörung über den Rüstungswettlauf beschwichtigen zu können, schlug Reagan im März 1983 die Strategic Defence Initiative (SDI) vor, die auf ein weltraumgestütztes Raketenabwehrschild abzielte. Kritiker nannten es den »Krieg der Sterne«. Diese *Star-Wars*-Phantasie zur Abwehr von Interkontinentalraketen sollte Unsummen verschlingen. Entsprechende Forschungen hatte das Pentagon schon in den 1970er Jahren gestartet, um einem mutmaßlichen Durchbruch der Sowjets bei der Entwicklung von Strahlenwaffen zu begegnen, allerdings ohne dass es ein solches Projekt je gegeben hätte.

Im März 1985 veränderte ein außergewöhnliches Ereignis den Lauf der Geschichte: In der Sowjetunion kam der 54-jährige Michail Gorbatschow an die Macht. Wie Henry Wallace lange vor ihm war der neue Generalsekretär des ZK der KPdSU Agrarexperte. Und wie Chruschtschow zeigte er ein seltenes Maß an Aufrichtigkeit, als er mit Diplomatie und Glück seinen Weg durch die Minenfelder wirtschaftlicher Ineffizienz und ideologischer Lügen suchte. Im Westen weit gereist, strebte er wie Chruschtschow hauptsächlich danach, das Leben seines Volkes zu verbessern. Dabei erkannte er klar das

Problem, dass die Sowjetunion fast ein Viertel ihres Bruttoinlandsprodukts für Rüstung ausgab, um mit den USA militärisch gleichzuziehen. Manche schätzten die Aufwendungen noch höher ein. Die Planwirtschaft, die seit Ende der 1970er Jahre stagnierte, wurde von einer militärisch-industriell-akademischen Führungsriege geleitet, die unübersehbar realitätsfern war. Gorbatschow war bewusst, dass er die Militärausgaben kürzen musste, wollte er der Gesellschaft neues Leben einhauchen.

So machte er sich daran, den Rüstungswettlauf zu beenden und die Ressourcen neu zu verteilen. Auch unternahm er Schritte zur Beendigung des Krieges in Afghanistan, den er von Anfang an als einen »fatalen Irrtum« und eine »blutende Wunde«[330] angesehen hatte. Ähnlich wie Henry Wallace vierzig Jahre zuvor schlug Gorbatschow, der als ganz junger Mann die Schrecken des Krieges erlebt hatte, Reagan in einer Serie außergewöhnlicher Schreiben Freundschaft und friedlichen Wettbewerb vor. Reagan antwortete ermutigend. Im November 1985 trafen sich beide Staatsmänner erstmals in Genf und kamen sich auf persönlicher, wenn auch nicht auf politischer Ebene näher. 1986 schrieb Gorbatschow weitere Briefe, in denen er die Verschrottung sämtlicher Atomwaffen bis zum Jahr 2000 forderte. Reagans Haltung blieb unverändert. Die USA kündigten eine neue Serie von Atomtests an und verstärkten die Unterstützung für die Mudschaheddin in Afghanistan.

Im Oktober 1986 trafen sich Reagan und Gorbatschow im isländischen Reykjavík, wo die beiden Staatschefs die Geschichte beinahe auf Dauer verändert hätten. Gorbatschow unterbreitete mehrere verblüffend mutige Abrüstungsvorschläge. Selbst Paul Nitze, der so viel zur Zerrüttung der Beziehungen beider Länder beigetragen hatte, bemerkte, die sowjetischen Angebote seien »das Beste, was wir in 25 Jahren bekommen haben«.[331] Er und Außenminister George Shultz drängten Reagan dazu, das Angebot für ein weitreichendes Abkommen zur Rüstungskontrolle anzunehmen. Dagegen äußerte der Ideologe Richard Pearl Befürchtungen, ein solcher

Deal könne die sowjetische Wirtschaft stärken. Die Übereinkunft, so seine Warnung, bedeute für Reagans Star-Wars-Programm faktisch das Aus. Dabei wussten er und die anderen Berater, dass es sich um ein Luftschloss, ein äußerst kostspieliges Hirngespinst handelte. An eine mögliche Realisierung glaubte allein Reagan.

In den stockenden Verhandlungen forderte Gorbatschow Reagan zum mutigen Handeln auf. Dessen Antwort schockierte Beobachter: »Es wäre schön«, sagte er, »wenn wir sämtliche Nuklearwaffen abschafften.« Shultz stimmte zu: »Lasst es uns tun.«[332] Gorbatschow erklärte sich bereit, Atomwaffen zu verschrotten, sollte Reagan die Tests für das SDI-Programm für zehn Jahre auf Laborversuche beschränken. Obwohl dem Parteichef und den sowjetischen Wissenschaftlern klar war, dass die Raketenabwehr nicht in der Lage sein würde, die USA vor einem sowjetischen Großangriff zu schützen, befürchteten sie amerikanische Schritte zur Aufrüstung im Weltraum und in der Folge die Aufgabe des ABM-Vertrags, der Raketenabwehrsystemen Grenzen setzte und eine der wenigen hemmenden Faktoren im Rüstungswettlauf war.

Shultz und sogar Paul Nitze versuchten Reagan umzustimmen, scheiterten aber tragisch. Reagan erklärte, die Beschränkung auf Labortests würde ihm innenpolitisch, insbesondere bei seiner rechten Basis, schaden. Am Ende des Treffens steckten die Verhandlungen in einer Sackgasse. Als sie das Gebäude verließen, versuchte es Gorbatschow ein letztes Mal: »Herr Präsident, ich bin bereit, auf der Stelle ins Haus zurückzukehren und das Dokument zu den Fragen zu unterzeichnen […], wenn sie von ihren Plänen, den Kosmos zu militarisieren, absehen.« Reagan antwortete: »Es tut mir außerordentlich leid.«[333]

Die beiden Supermächte hatten es um Haaresbreite verfehlt, einen Prozess einzuleiten, der zur Abschaffung der Atomwaffen geführt hätte, vereitelt durch das Hirngespinst vom Krieg der Sterne, der es 1986 mit Mühe bis ins Laborstadium geschafft hatte. Erbittert machte Gorbatschow für das Scheitern der Gespräche Reagans Pläne verantwortlich, die Sowjetunion durch ein neues Wettrüsten wirtschaftlich auszubluten. Dem Politbüro erklärte er, dass er es nicht nur mit dem »Klassenfeind« – den kapitalistischen Vereinigten Staaten –, sondern auch mit Präsident Reagan zu tun habe, »der äußerste Primitivität, einen schmalen Horizont und geistiges Unvermögen an den Tag gelegt«[334] habe. Im Anschluss gaben die USA für das SDI-Programm weit über 100 Milliarden US-Dollar aus – mit veranschlagten Gesamtkosten von über einer Billion Dollar. Angesichts des Problems, dass das System durch eine Vielzahl von Gegenmaßnahmen wie Radartäuschung oder Attrappen leicht zu überfordern wäre, sowie wegen zahlreicher weiterer offener Fragen erscheint es bis heute ungewiss, ob sich im Weltraum jemals eine funktionstüchtige Raketenabwehr installieren ließe.

Sowjets wie Amerikaner hofften die Abrüstungsgespräche wiederzubeleben. Aber noch im selben Monat wurde die Reagan-Administration von einem Skandal erschüttert. Im Oktober 1986 wurde über Nicaragua eine Frachtmaschine abgeschossen. Der einzige Überlebende räumte ein, dass sie im Rahmen einer CIA-Operation unterwegs gewesen war. Anhörungen im Kongress offenbarten, dass die Regierung bis zum Hals in illegale, korrupte und stümperhaft durchgeführte Geschäfte verstrickt war, bei denen sie zum Freikauf amerikanischer Geiseln im Libanon Waffen an den Irak und den Iran geliefert und Versuche unternommen hatte, in Teheran »moderate« Gruppen zu unterstützen, die es dort nicht gab. Die Verantwortlichen hatten mit einer ganzen Schar dubioser Charaktere zusammengearbeitet, darunter Panamas starker Mann Manuel Noriega. Zudem erfuhren die Amerikaner, dass die CIA – ein eklatanter Verstoß gegen das Verbot des Kongresses, in Nicaragua einen Umsturz zu befördern – mit Erlösen aus den Geschäften die Contras finanziert und nicaraguanische Häfen vermint hatte. Senator Barry Goldwater, ein Aushängeschild der Konservativen, sah sich zu einer heftigen

Rüge an die Adresse Bill Caseys veranlasst: »Ich bin stinksauer. Dies ist ein Bruch des Völkerrechts, ein kriegerischer Akt.«[335]

Die detaillierte Aufarbeitung der schmutzigen Operation beschäftigte Reagan einen Großteil seiner letzten beiden Jahre im Amt. Mit rührender Arglosigkeit erklärte er auf einer Pressekonferenz lediglich, er sei über die Iranpolitik, die in einem Aspekt schwerwiegende Mängel offenbart habe, nicht umfassend informiert gewesen. Wie sich herausstellte, hatte er von den Machenschaften seiner Untergebenen wenig mitbekommen, geschweige denn diese unter Kontrolle gehabt. Reagan wandte sich an die Nation und erklärte: »Vor einigen Monaten versicherte ich dem amerikanischen Volk, dass ich nicht Waffen gegen Geiseln getauscht habe. Mein Herz und meine Überzeugung sagen mir immer noch, dass das stimmt. Tatsachen und Beweise sagen aber, dass es nicht stimmt.«[336] Nixon hätte man so eine Entschuldigung nicht abgenommen. Aber Reagan hatte wohl eine zu gütige Aura, um sich vor Gericht verteidigen zu müssen oder gar im Gefängnis zu landen. Und das Washingtoner Establishment kam offenbar zu dem Schluss, dass die Nation ein Amtsenthebungsverfahren oder einen weiteren erzwungenen Rücktritt nicht verkraften würde. Reagan durfte seine Zeit im Weißen Haus zu Ende bringen. Er schied als ein verwirrter alter Mann aus dem Amt.

Seine Untergebenen kamen weniger glimpflich davon. Zu den Verurteilten zählten zwei Nationale Sicherheitsberater, von denen einer Selbstmord beging, sowie Oliver North und der stellvertretende Außenminister Elliott Abrams, der in der zweiten Bush-Administration wieder auftauchen sollte. Verteidigungsminister Caspar Weinberger, Abrams und weitere Personen wurden verurteilt oder zumindest angeklagt, aber von Reagans Nachfolger begnadigt. CIA-Direktor Casey entging seinem Schicksal, indem er am Tag nach Eröffnung des Prozesses an einem Hirntumor verstarb. Auch Vizepräsident George H. W. Bush kam ohne Strafverfolgung davon. Er bestand darauf, dass er »nicht eingeweiht gewesen« sei und »keine operationelle Rolle« gehabt habe. In seinem Tagebuch, das er, für ihn vollkommen überraschend, herausgeben musste, hatte er vor dem Auffliegen des Skandals allerdings eingeräumt: »Ich bin einer der wenigen Leute, die von den Einzelheiten volle Kenntnis haben.«[337] Der Abschlussbericht des unabhängigen Untersuchungsgremiums stellte fest, dass die strafrechtlichen Ermittlungen gegen Bush bedauerlicherweise unzureichend geführt worden seien.

Inmitten der schmutzigen Affäre reiste Gorbatschow aus dem Bedürfnis heraus, doch noch etwas zu bewegen, im Dezember 1987 nach Washington und unterzeichnete den INF-Vertrag über nukleare Mittelstreckensysteme, eine wichtige Etappe und das erste Abkommen überhaupt, dass die Zerstörung einer ganzen Klasse von Atomwaffen vorsah, in der noch dazu die UdSSR einen Vorsprung hatte.

Im Mai 1988 begannen die Sowjets mit dem Abzug ihrer Truppen aus Afghanistan. Als sie sondierten, ob Amerika an einer Eindämmung des islamischen Extremismus mitwirken würde, wiesen die USA die Verantwortung für ein Problem zurück, das maßgeblich auf sie zurückging. Ihr Ziel hatten sie ja erreicht, denn bis zu 20 000 Araber waren nach Pakistan geströmt, um sich dem Heiligen Krieg gegen die sowjetischen Ungläubigen anzuschließen, darunter ein junger Erbe eines saudischen Baukonzerns, der es sich leisten konnte, eine Freiwilligenarmee zu unterhalten: Osama bin Laden. Tausende weitere strömten in die pakistanischen Koranschulen, wo sie radikalisiert und für den Dschihad angeworben wurden, viele mit Lehrbüchern, die vom Omaha's Center for Afghanistan Studies der Universität Nebraska entwickelt, von der USAID-Behörde für Entwicklungszusammenarbeit finanziert und von der CIA verbreitet worden waren. In den 1980er Jahren gaben die Saudis 75 Milliarden Dollar aus, um ihren radikalen Islam, den Wahabismus, überall auf der Welt unters Volk zu tragen.

Eine Million Afghanen starben im Krieg. Fünf Millionen – ein Drittel der Bevölkerung – flohen nach Pakistan und in den Iran. Ende der 1980er Jahre brachten Islamisten mit Verbindungen zum pakistanischen Geheimdienst Afghanistan unter ihre Kontrolle. Cheryl Bernard, Expertin der Denkfabrik RAND, deren Ehemann Zalmay Khalilzad als US-Botschafter in Afghanistan gedient hatte, sagte dazu: »Wir haben uns ohne Not dafür entschieden […], gemeingefährliche Verrückte gegen [die Sowjets] ins Feld zu schicken. […] Wir wussten genau, was das für Leute und Organisationen waren, schauten aber weg. Es gibt heute in Afghanistan einfach deshalb keine gemäßigten Politiker mehr, weil wir es zuließen, dass diese Spinner alle umgebracht haben.«[338] Zu den Opfern dieser von den USA bewaffneten und ausgebildeten Fanatiker zählten die afghanischen Frauen, die ins finstere Mittelalter zurückgestoßen wurden. Auf die wiederholten Warnungen, dass der Fanatismus, den er entfesselte, US-Interessen bedrohe, antwortete Bill Casey mit Nachdruck, dass die Partnerschaft zwischen Christentum und Islam von Dauer sein würde. Im Frühjahr 1985 unterstützte er sogar Überfälle von Mudschaheddin auf Sowjetterritorium in der Hoffnung, die sowjetischen Muslime so zum Aufstand aufzustacheln.

Obwohl fast in Ungnade aus dem Amt geschieden, wurde Reagan von den Konservativen zu einem der größten Präsidenten der Nation gekürt, der Amerika nach den gescheiterten Präsidentschaften von Johnson, Nixon, Ford und Carter den Glauben an sich selbst zurückgegeben habe. Aber wie sieht Reagans wahre Bilanz aus? Einst ein Demokrat Roosevelt'scher Prägung, hatte er eine legendäre Verachtung für die Staatsmacht entwickelt. Trotzdem gab er gewaltige Summen für das Militär aus, während er die Sozialausgaben kürzte. Er senkte Steuern für die Reichen, verdoppelte den Militäretat und die Staatsverschuldung, sodass die USA, 1981 noch die weltweit größte Gläubigernation, in einer spektakulären Wende bis 1985 als größter Schuldnerstaat dastanden.

Er deregulierte Industrien, höhlte Umweltstandards aus, ließ demonstrativ die Solarmodule entfernen, die Jimmy Carter auf dem Dach des Weißen Hauses hatte installieren lassen, schwächte die Mittelschicht, ließ Gewerkschafter verhaften, verschärfte die Spannungen zwischen den Rassen, vergrößerte die Kluft zwischen Arm und Reich und half Unternehmen, Industriearbeitsplätze ins Ausland zu verlagern. Er deregulierte den Finanzmarkt und machte damit die ersten gigantischen staatlichen Rettungsaktionen für in Not geratene systemrelevante Banken notwendig. Sie sollten den US-Steuerzahler bis 1995 87 Milliarden Dollar kosten. Unter dem Deckmantel der Privatisierung und unterstützt von Reagans Lobgesängen auf die Kräfte des freien Marktes, leistete sich die Wall Street unter dem Motto »Gier ist gut« eine Spekulationsorgie, die im Oktober 1987 den dramatischsten Zusammenbruch des Aktienmarkts seit der Weltwirtschaftskrise 1929 herbeiführte.

Als Abschiedsgeschenk an die Konservativen der Zukunft widerrief die Rundfunkbehörde Federal Communications Commission mit Reagans Zutun die sogenannte Fairnessdoktrin, die seit den 1940er Jahren eine angemessene und ausgewogene Berichterstattung über umstrittene Themen vorschrieb. In der Folge feierten konservative Radiomoderatoren wie Rush Limbaugh sensationelle Erfolge mit gigantischen Zuhörerzahlen. Hinzu kam die schrittweise Lockerung der quantitativen Beschränkungen für die Fernseh- und Radiostationen, die ein einzelner Konzern betreiben durfte, sodass bis 1996 ein rechtslastiges Medienimperium heranwachsen konnte. Gleichzeitig entstanden mehrere untereinander verbundene, gut finanzierte konservative Denkfabriken, die mithalfen, ein neues Gruppendenken in Washington zu gestalten. Indem sie Ängste, Ressentiments und den Hass auf den Staat schürten, schufen Clear Channel, Rupert Murdochs Fox News, Talk Radio Network, Salem Radio, das U.S.A. Radio Network und Radio America sowie die sich rasch vermehrenden neuen Kabelfernsehstationen einen Trend, der den politischen Diskurs in Amerika auf ein dramatisch niedriges Niveau drückte und die Aussichten für einen fortschrittlichen Wandel verdüsterte.

Die Hoover Institution an der Stanford University, ein Mekka für Konservative, bezeichnete Reagan als einen Mann, dessen »Geist über dem Land zu schweben und uns wie ein warmherziges und freundliches Gespenst zu beobachten scheint«. Auch demokratische Präsidenten wie Clinton und Obama gaben – sei es zur Beschwichtigung konservativer Kräfte oder aus Geschichtsvergessenheit – immer wieder dem Druck nach, sich religiös in Szene zu setzen, die Tugenden der kapitalistischen freien Marktwirtschaft zu preisen, den Mythos von der allerorts aufblühenden Mittelschicht zu zementieren und die Vorstellung vom amerikanischen Exzeptionalismus hinauszuposaunen. Sie nährten den ewig hungrigen militärisch-industriellen Komplex, suchten fleißig nach bedrohlichen Feinden im In- und Ausland und setzten Himmel und Hölle in Bewegung, um das amerikanische Weltreich zu erhalten.

Sogar in Nicaragua gewann Reagan, wenn auch nicht unbeschadet, den langen Contra-Krieg, der die Wirtschaft des Landes ruiniert und die Bevölkerung zermürbt hatte. Diese verlor bald das Vertrauen in die Fähigkeit der Sandinisten, ihr Land voranzubringen. Unterstützt von Geldern und dem Embargo der USA, triumphierte 1990 schließlich die proamerikanische Violeta Chamorro in den demokratischen Wahlen, die von den angeblich kommunistischen Sandinisten in die Wege geleitet worden waren. Sie räumten denn auch zugunsten der Wahlsiegerin friedlich die Stellung.

Was Reagans vielgepriesene Rolle beim Sieg im Kalten Krieg angeht, so kommt der Löwenanteil an dessen Beendigung Michail Gorbatschow zu, ein echter Visionär und wahrer Demokrat. Wäre Reagan, nicht anders als Roosevelt einst mit Stalin, in eine ehrliche Partnerschaft mit dem auf ihn zugehenden Sowjetführer eingetreten, hätte sich die Welt dramatisch verändert. Aber Ronald Reagan ließ die Chance, die Welt von den Atomwaffen zu befreien, verstreichen, weil er nicht von seinen Weltraumträumereien lassen wollte.

Ein führender sowjetischer USA-Experte, der Gorbatschows ungewöhnliche Bemühungen zu schätzen wusste, warnte seine amerikanischen Gegenspieler: »Wir werden euch das Schlimmste antun: Wir werden euch eurer Feinde berauben.«[339] Leider behielt er unrecht.

11

Vertane Chancen: die Neunziger

Ende der 1980er Jahre war die Welt einen glanzvollen Augenblick lang ein hoffnungsvoller und sogar fröhlicher Ort. Blutige Kriege, die lange Jahre in Afghanistan, Angola, Kambodscha, Nicaragua sowie zwischen dem Iran und dem Irak gewütet hatten, gingen zu Ende. Unter dem Druck aus Moskau schwor PLO-Führer Jassir Arafat dem Terrorismus ab und erkannte indirekt Israels Existenzrecht an.

Im Dezember 1988 hielt Michail Gorbatschow vor den Vereinten Nationen eine dramatische Rede, in der er sich erneut für einen historischen Wandel in den internationalen Beziehungen einsetzte. Einseitig erklärte er den Kalten Krieg für beendet:

> Beispielsweise Gewalt und Gewaltandrohung können und dürfen augenscheinlich nicht länger ein Instrument der Außenpolitik sein. Das gilt in erster Linie für Kernwaffen. [...] Und nun zu dem Wichtigsten, ohne das keinerlei Probleme des kommenden Jahrhunderts gelöst werden können: zur Abrüstung. [...] Die Sowjetunion hat den Beschluss gefasst, ihre Streitkräfte zu reduzieren. In den nächsten zwei Jahren wird sich ihre zahlenmäßige Stärke um 500 000 Mann verringern. Im Einvernehmen mit unseren Verbündeten im Warschauer Vertrag beschlossen wir, sechs Panzerdivisionen aus der DDR, der Tschechoslowakei und Ungarn bis 1991 abzuziehen und diese aufzulösen. [...] Die in diesen Ländern befindlichen sowjetischen Truppen werden um 50 000 Mann und die Bewaffnung um 5000 Panzer reduziert. Alle auf dem Territorium

> unserer Verbündeten vorläufig verbleibenden sowjetischen Divisionen werden [...] eindeutig defensiv [sein].[340]

Gorbatschow versprach, sowjetische Pläne »des Übergangs von der Rüstungswirtschaft zu einer Abrüstungswirtschaft« offenzulegen, und appellierte an andere Militärmächte, unter Vermittlung der Vereinten Nationen ähnliche Schritte zu unternehmen. Er schlug vor, die Anzahl der strategischen Offensivwaffen zu halbieren, und forderte gemeinsame Anstrengungen, um die weltweite Bedrohung der Umwelt abzuwenden, sowie ein Verbot, Waffen im Weltraum zu stationieren, und nicht zuletzt ein Ende der Ausbeutung der Dritten Welt, unter anderem ein »bis hundert Jahre währendes Moratorium für die Bezahlung der Schulden durch die am wenigsten entwickelten Länder«.[341]

Doch damit nicht genug. Gorbatschow forderte einen von der UNO vermittelten Waffenstillstand in Afghanistan zum 1. Januar. Den Sowjets war es in neun Jahren nicht gelungen, die afghanischen Aufständischen zu besiegen, obwohl sie 100 000 Soldaten ins Land geschickt, eng mit der Bevölkerung vor Ort zusammengearbeitet und die afghanische Armee und Polizei aufgebaut hatten. Gorbatschow schlug eine internationale Konferenz vor, um Afghanistan zu entmilitarisieren und seine Neutralität zu gewährleisten. Zudem begrüßte er die gerade gewählte Regierung von George H. W. Bush mit einem Olivenzweig, indem er ihr anbot, in »gemeinsamen Bemühungen mit dem Zeitalter der Kriege, der Konfrontation und der regionalen Konflikte, mit der Aggression gegen die Natur, mit dem Terror, der Hungersnot und dem Elend sowie mit dem politischen Terrorismus Schluss zu machen. [...] Das ist unser gemeinsames Ziel, und nur gemeinsam können wir es erreichen.«[342]

Die *New York Times* verkündete, seit Roosevelts und Churchills Atlantik-Charta habe kein führender Politiker der Welt mehr so viel visionäre Kraft unter Beweis gestellt wie Gorbatschow: »Atemberaubend, riskant, kühn, naiv, [...] heldenhaft

[…], seine Ideen verdienen, ja verlangen ultimativ, dass sich der designierte Präsident und andere führende Politiker aufs ernsthafteste mit ihnen auseinandersetzen.«[343] Die *Washington Post* nannte Gorbatschows Rede »eine der bemerkenswertesten, die je vor den Vereinten Nationen gehalten wurden«.[344]

George H. W. Bush hatte kurz zuvor einen überwältigenden Wahlsieg über Michael Dukakis, den Gouverneur von Massachusetts, errungen, obwohl er im Sommer bei Umfragen noch um 17 Prozentpunkte hinter seinem Rivalen gelegen und gegen das Image eines unentschlossenen Schwächlings hatte ankämpfen müssen. Seltsamerweise wurde der ordengeschmückte Marinepilot des Zweiten Weltkriegs, der 58 Einsätze geflogen und über dem Pazifik abgeschossen worden war, als »Weichei«, »WASP« [Weißer protestantischer Angelsachse] und »Schlappschwanz«, als »ein erster Ehemann für jede Frau« und »konformistischer Langweiler« verspottet.[345] Doch mit seiner nasalen Aussprache, seiner behüteten Kindheit, seiner Yale-Ausbildung und seinem Vermögen aus der Ölbranche wirkte er wie der ultimative Insiderkandidat des Establishments. Die meisten seiner bisherigen politischen Ämter hatte er Ernennungen zu verdanken, so seine Botschafterposten bei den Vereinten Nationen und in China sowie als CIA-Chef. Aber vom Charisma Ronald Reagans hatte nichts auf ihn abgefärbt. Diesem hatte es auch widerstrebt, mit ihm als Vizepräsidentschaftskandidat ins Rennen zu gehen.

Um seine Chancen zu verbessern, verfolgte Bush, unter anderem auf Anraten eines ältesten Sohnes George W., eine aggressivere Strategie gegen den reservierten, stoisch auftretenden griechischstämmigen Dukakis, der vor heftigen Gegenattacken zurückscheute. Bush stellte Dukakis' Patriotismus in Frage und setzte mit einem Wahlwerbespot über den verurteilten schwarzen Mörder Willie Horton, der aus dem Hafturlaub nicht zurückgekehrt war und weitere Verbrechen verübt hatte, offen auf die rassistische Karte. Wie schon Nixon appellierte er an die rassistischen Ressentiments und Kriminalitätsängste der Wähler.

Mit dieser Strategie konnte Bush das Blatt wenden und zog im Januar 1989 ins Weiße Haus ein. Das Schicksal eines Großteils der Weltbevölkerung lag damit in den Händen zweier Männer, welche die Schrecken des Krieges selbst erlebt hatten: Bush hatte zu den Siegern gehört, während Gorbatschow als Jugendlicher Augenzeuge der brutalen Zerstörungen geworden war, die Hitlers Wehrmacht in der UdSSR angerichtet hatte.

Als Amerika in den 1990er Jahren in einer sich rasant verändernden Welt nach seiner neuen Rolle suchte, verherrlichten die Massenmedien die Generation des Zweiten Weltkrieges als alles überragende Helden. Anlässlich des 50. Jahrestags der Landung der Alliierten in der Normandie 1994 erhielt die »Größte Generation« die höchsten Weihen; Bücher, Filme und TV-Produktionen, die dieses nostalgische Konzept verbreiteten, boomten. Der D-Day avancierte zur Entscheidungsschlacht des Zweiten Weltkriegs, und selbst der in leuchtendem Technicolor inszenierte Überfall auf Pearl Harbor wurde von Hollywood zum Sieg umgemünzt.

Im Medienhype ausgeblendet blieben freilich die einflussreichen Amerikaner, Gegner von Roosevelts New Deal, die das Dritte Reich noch zu einem Zeitpunkt unterstützt und begünstigt hatten, als die wahre Natur von Hitlers mörderischem, antisemitischem Regime bereits bekannt war. Ob Kommunistenhass, Sympathien für den Faschismus oder schlicht Gier sie dazu angetrieben hatte, wurde kaum thematisiert. Zu diesen Männern zählte auch Präsident Bushs Vater Prescott Bush, Geschäftsführer der Investmentbank Brown Brothers Harriman, die über ihre Holding Union Banking Corporation auch einen Großteil der Vermögenswerte des deutschen Kohle- und Stahlmagnaten Fritz Thyssen verwaltete, der ein früher Unterstützer Hitlers war, und auch mit Friedrich Flick zusammenarbeitete, einem der mächtigsten deutschen Industriellen während des Zweiten Weltkriegs. Im Jahr 1942 enteignete die US-Regierung die Union Banking Corporation einschließlich der vier in Zusammenhang mit Thyssen stehenden, von Prescott Bush verwalteten Konten, weil das Institut trotz Verbots mit dem Kriegsgegner Geschäfte gemacht hatte. Nach dem Krieg wurden die Anteilsscheine den amerikanischen Aktionären, auch Bush, zurückerstattet. Dabei unterhielt Bush nicht als Einziger Geschäftskontakte zum Dritten Reich. Auch Ford, General Motors, Standard Oil, Alcoa, ITT, General Electric, der Sprengstoffhersteller Du Pont, Eastman Kodak, Westinghouse, Pratt & Whitney, Douglas Aircraft, United Fruit, Singer und International Harvester führten ihre Geschäftsbeziehungen zu Nazi-Deutschland bis 1941 weiter. Zahlreiche ihrer Niederlassungen machten während des gesamten Krieges im deutsch beherrschten Europa Geschäfte, aus denen die Konzerne später Profite ziehen sollten.

Im Januar 1989, fast fünfzig Jahre nach Ausbruch des Zweiten Weltkrieges, warf die Vergangenheit einmal mehr ihre Schatten auf die Gegenwart. Konnte sich George Bush, Prescotts Sohn, wie einst John F. Kennedy von der dunklen Vergangenheit seines Vaters lösen und mit dem Kommunisten Gorbatschow eine Partnerschaft eingehen, um die Welt zu verändern? Bush mochte seine Optionen abgewogen haben, war aber weder ein tiefschürfender noch ein mutiger Geist. Eigenständigem Denken misstrauend, hatten er sich über »dieses Visionsding«, wie er es nannte, mehrfach herablassend geäußert. Wie Harry Truman nach dem Zweiten Weltkrieg umgab er sich mit konservativen Antikommunisten. Zu ihnen zählten der stramme Kommunistenfeind Dick Cheney als sein Verteidigungsminister und sein stellvertretender Nationaler Sicherheitsberater Robert Gates, der sich seine Sporen als Vize des Fanatikers Bill Casey in der CIA verdient hatte. Sie alle waren sich einig: Gorbatschow die Hand zu reichen, würde die Entschlossenheit des Westens schwächen.

Während Gorbatschow – unter dem Beifall der meisten Europäer – eine Abschaffung der taktischen Atomwaffen forderte, verlangten die Vereinigten Staaten von der Sowjetunion, dass sie als Gegenleistung für eine Verringerung der

US-Truppen um 30 000 Mann ihrerseits 325 000 Soldaten abziehen sollten.

Anstatt sich ernsthaft um Fortschritte mit der Sowjetunion zu bemühen, beschwichtigte Bush die chinesische Führung, als die Volksbefreiungsarmee auf dem Platz des Himmlischen Friedens Hunderte von Demonstranten niedermetzelte, die für mehr Demokratie auf die Straße gegangen waren. Öffentlich verurteilte er zwar das Massaker und untersagte eine militärische Zusammenarbeit, machte aber hinter den Kulissen deutlich, dass dieses Vorgehen die Beziehungen zwischen China und den USA nicht gefährde.

Gorbatschow trieb den Umbau des Sowjetsystems weiter voran und wandte sich gegen die lange gültige Sichtweise, wonach die Herrschaft über die osteuropäischen Staaten für die Sicherheit der Sowjetunion notwendig sei. 1989 und 1990 wurde innerhalb weniger Monate vor den Augen einer staunenden Weltöffentlichkeit in Mittel- und Osteuropa ein kommunistisches Regime nach dem anderen durch Revolutionen zu Fall gebracht, die vom Volk getragen wurden und wohl die friedlichsten in der Geschichte der Menschheit waren: Polen, Estland, Litauen, Lettland, Ungarn, die Tschechoslowakei, die DDR, Bulgarien und Rumänien wechselten mutig ihre Regierungen aus.

Am 9. November 1989 rissen Berliner aus Ost und West gemeinschaftlich das am meisten verhasste Symbol des Kalten Krieges nieder und sorgten für einen erhebenden Augenblick des Neuanfangs, der von zahlreichen Amerikanern als endgültiger Sieg des kapitalistischen Westens nach Jahrzehnten des Kalten Krieges bejubelt wurde. Francis Fukuyama, Politikplaner für das US-Außenministerium, machte sich einen Namen, als er das »Ende der Geschichte«[346] ausrief und die westlich geprägte liberale Demokratie zur ultimativen Staatsform erklärte.

Anfang 1945, wenige Monate vor der Kapitulation des Deutschen Reichs, hatten in Jalta Roosevelt, Stalin und Churchill Europa und Asien auf lange Sicht in eine westliche und eine sowjetische Einflusssphäre aufgeteilt, eine Teilung, die trotz aller Stellvertreterkriege, Propaganda, Spionage und Spannungen bis an den Rand eines Atomkriegs 45 Jahre Bestand gehabt hatte. Nun brach ein atemberaubender Wandel an, und Gorbatschow hoffte, dass ein neues Vertrauen zur Auflösung von NATO und Warschauer Pakt führen würde. Erstaunlicherweise stimmte er sogar einer Wiedervereinigung des geteilten Deutschlands in der Überzeugung zu, dass die NATO nicht nach Osten erweitert würde. Bush brachte ihn dazu, das zu glauben, schied aber 1993 aus dem Amt. Den Preis für Gorbatschows Vertrauen in Amerika zahlte Russland, als US-Regierungen unter Clinton und Bush junior die NATO bis vor Russlands Haustür ausdehnten.

Die Russen fühlten sich gründlich verraten. Auch wenn US-Vertreter über die Jahre immer wieder versicherten, dass es solche Versprechen niemals gegeben habe, belegen jüngst veröffentlichte Äußerungen des damaligen US-Botschafters in Moskau und freigegebene britische und westdeutsche Dokumente, dass die sowjetische Regierung damals eine klare Zusage erhalten hatte.

Auch stellte sich heraus, dass die USA gar nicht daran dachten, ihr Auftreten zu ändern und die neue friedliche Atmosphäre zu würdigen. Im Dezember 1989, kaum einen Monat nach dem Fall der Berliner Mauer, startete Bush, der eben erst Gorbatschow für seine Zurückhaltung in Osteuropa gelobt hatte, eine Invasion in Panama. Manuel Noriega, Panamas starker Mann, war schon lange Zeit ein Handlanger der US-Politik in Mittelamerika gewesen und hatte seit den 1960er Jahren auf der Gehaltsliste der CIA gestanden. Korrupt und skrupellos wie er war, zog er Profit aus seiner Unterstützung für das kolumbianische Medellín-Kartell, einem der weltweit größten Kokainexporteure. Seine Dienste für die nicaraguanischen Contras brachten ihm die Protektion der Reagan-Administration ein, darunter die von Casey und Oliver North.

Eine Anklage wegen Drogenhandels gegen Noriega 1988 und die Annullierung der panamaischen Präsidentschaftswahl von 1989 durch den General überzeugten Bush, dass der Verbündete eher eine Hypothek als einen Aktivposten darstellte. Und er schritt zur Tat. Für die »Operation Gerechte Sache«, wie er sie taufte, wurden zusätzlich zu den 12 000 dort stationierten US-Soldaten weitere 15 000 nach Panama entsandt, die in der Hauptstadt das Armenviertel El Chorrillo, das an das Hauptquartier der panamaischen Streitkräfte angrenzte, dem Erdboden gleichmachten. Hunderte von Zivilisten starben. Noriega landete wegen Drogenhandels in einem US-Gefängnis.

Gerechtfertigt wurde die Operation als Teil des »Kriegs gegen die Drogen«, den Nixon 1971 ausgerufen hatte und der jetzt an die im Ausland liegenden Produktionsstätten getragen und dort notfalls mit militärischer Gewalt geführt werden sollte. Während der Einmarsch in weiten Teilen der Welt als völkerrechtswidriger Akt Empörung auslöste, sahen die meisten Amerikaner, indoktriniert von der Idee des Kriegs gegen die Drogen, die Intervention als ein normales Vorgehen in Amerikas Hinterhof an. Der Kongress sah tatenlos zu, wie seine Befugnisse beim Einsatz der Streitkräfte, welche die War Powers Resolution von 1973 ihm zusprach, von Bush einfach übergangen wurden. Die Botschaft war klar.

Als Vorsitzender der Vereinigten Stabschefs verkündete Colin Powell: »Wir müssen ein Schild vor unsere Tür hängen mit der Aufschrift ›Hier wohnt die Supermacht‹, ohne Rücksicht auf die Reaktion der Sowjets.«[347] Besorgt über Gorbatschows Reformen, begriffen die Hardliner im Kreml, dass ihre Zugeständnisse die kriegerische Haltung und das räuberische Verhalten der Amerikaner keineswegs dämpfen, sondern sie vielmehr zu einem noch rücksichtsloseren Handeln ermuntern würden. Nur weitere 14 Monate später sollte diese Sorge bestätigt werden, als Bush einmal mehr – diesmal im Nahen Osten – Stärke demonstrierte.

Die Reagan-Administration hatte während des Ersten Golfkriegs den irakischen Diktator Saddam Hussein umschmeichelt und weggeschaut, als dieser mehrfach, auch gegen das eigene Volk, Giftgas einsetzte, für das ihm US-Firmen Komponenten geliefert hatten. Als zwischen dem Irak und dem erdölreichen Kuweit Spannungen auftraten, versicherte US-Botschafterin April Glaspie persönlich Saddam, dass »Bush verbesserte und vertiefte Beziehungen« zum Irak wünsche und zu seinen Grenzstreitigkeiten mit Kuweit »keine Meinung«[348] habe. Saddam fasste dies als grünes Licht von Bush auf und eroberte in der darauffolgenden Woche mit geschätzten 250 000 Soldaten und 1500 Panzern Kuwait, ohne auf nennenswerten Widerstand zu stoßen. In einer Mitteilung an die *New York Times* bestätigte Glaspie indirekt, dass sie Saddam zu seinem Vorgehen ermuntert hatte: »Ich dachte nicht, und das tat niemand, dass die Iraker gleich ganz Kuwait einnehmen würden.«[349]

Die USA, die im Mittleren Osten seit langem stärker Flagge zeigen wollten, schickten Verteidigungsminister Dick Cheney, General Powell und General Norman Schwarzkopf zu einem Treffen mit dem saudischen König Fahd, um ihn davon zu überzeugen, der Stationierung einer großen amerikanischen Streitmacht, die als Puffer dienen sollte, in seinem Land zuzustimmen. Als sie dem König Fotos von irakischen Truppen und Panzern an der saudischen Grenze und sogar auf saudischem Boden vorlegten, bat der erschütterte König um Hilfe. Die Fotos, die irakische Soldaten zeigten, die sich nahe der Grenze in Befestigungsanlagen und Gräben verschanzten, waren allerdings manipuliert. Tatsächlich gibt es keinerlei Beleg dafür, dass Saddam Hussein jemals die Absicht hatte, in Saudi-Arabien einzumarschieren. Der Schwindel flog auf, als eine japanische Zeitung Aufnahmen eines sowjetischen kommerziellen Satelliten erhielt, die keinerlei militärische Aktivitäten in Grenznähe zeigten.

Aber der Druck erhöhte sich weiter. Sollte Saddam Hussein Saudi-Arabien erobern, so wurde gewarnt, würde er mindestens ein Fünftel der weltweiten Erdölreserven kontrollieren. Die israelische Presse führte den Angriff an, ein Leitartikel beklagte »die US-amerikanische Unfähigkeit und die Schwäche [...] Bushs, [der] an Chamberlain bei dessen bewusster Kapitulation vor Hitler erinnert«.[350] Der stets anpassungsfähige Bush übernahm den vielstrapazierten Vergleich und setzte Saddam mit Hitler gleich. Aus Sorge, Saudi-Arabien könne mit einer alternativen Lösung aufwarten, verkündete er eilig, dass die US-Truppen schon auf dem Weg in den Persischen Golf seien.

Zur selben Zeit beauftragten Vertreter Kuwaits die weltweit größte PR-Agentur Hill & Knowlton mit der größten jemals von einem anderen Land finanzierten Kampagne zur Manipulation der öffentlichen Meinung in den USA. Im Oktober 1990 sagte in einer von der Agentur organisierten Sitzung eines Kongressausschusses eine 15-jährige Kuwaiterin aus, sie habe ehrenamtlich in einem Kuwaiter Krankenhaus Dienst getan, als irakische Truppen hereingestürmt seien. Unter Tränen behauptete sie: »Sie holten die Säuglinge aus den Brutkästen, nahmen die Brutkästen mit und ließen die Kinder auf dem kalten Boden sterben.« Die Inszenierung war meisterhaft. Bush erzählte die Geschichte mehrmals, um für den Krieg zu werben: »Es dreht einem den Magen um, wenn man die Schilderungen von Menschen hört, die der Brutalität von Saddams Invasoren entkommen sind. Leute werden in Massen aufgehängt und Säuglinge aus Brutkästen gezogen und wie Brennholz auf dem Boden verstreut liegen gelassen.« Wie sich später herausstellte, hatte die junge Zeugin das besagte Krankenhaus niemals betreten. Sie war vielmehr die Tochter des kuwaitischen Botschafters in den USA und ein Mitglied der Herrscherfamilie. Als der Schwindel aufflog, wurden bereits US-Luftangriffe auf Bagdad geflogen.[351]

Dennoch blieb die Öffentlichkeit in den USA gespalten: Die saudischen Herrscher und insbesondere Kuwaits Machthaber waren erbitterte Antisemiten und grausame Despoten, die von Demokratie für ihr eigenes Volk wenig hielten. Auch standen keine bedeutenden US-Interessen auf dem Spiel, da irakisches und kuwaitisches Öl zusammen gerade einmal zehn Prozent der US-Importe ausmachte. Ende November warnte Cheney, der Irak könne binnen eines Jahres über eine Atombombe verfügen und werde sie wahrscheinlich einsetzen. Auf diese Karte sollte er in späteren Jahren noch einmal setzen. Um ganz sicherzugehen, beschwor der Nationale Sicherheitsberater Brent Scowcroft zusätzlich eine angebliche terroristische Bedrohung durch den Irak.

Noch betroffen über die Kritik an seiner illegalen Invasion in Panama, legte Bush seine Planungen diesmal dem Kongress vor, der sie trotz gewaltiger Antikriegsproteste im Januar 1991 mit knapper Mehrheit absegnete. Zu diesem Zeitpunkt waren in der Region allerdings schon über 560 000 US-Soldaten stationiert, ihre Gesamtzahl sollte schließlich bei 700 000 liegen. General Schwarzkopf behauptete, die USA stünden einer Million Mann mit modernen sowjetischen Panzern gegenüber, die zudem bereit seien, Chemiewaffen einzusetzen.

Die Operation Wüstensturm, in der ab dem 17. Januar 1991 eine gewaltige US-Streitmacht ein nahöstliches Land angriff, bildete den Auftakt zu einer neuen Ära amerikanischer Geopolitik. Das Land betrat ein Labyrinth, das sich als irritierender erweisen sollte als all die anderen zuvor.

Fünf Wochen lang griffen die USA mit neuen furchteinflößenden und medienwirksamen High-Tech-Waffen wie Marschflugkörpern und lasergesteuerten Bomben den Irak an und pulverisierten seine militärische und industrielle Infrastruktur sowie seine Kommunikationstechnik. Noch nie war der amerikanischen Öffentlichkeit im Fernsehen eine solche Feuerkraft vorgeführt worden, und das just in der Frühzeit der Videospiele. Der Irak wurde mit schwindelerregender Geschwindigkeit, wie es die Vereinten Nationen ausdrückten, in ein geradezu apokalyptisches vorindustrielles Zeitalter gebombt. In einer nur hundert Stunden dauernden Bodeninvasion vertrieben die US-amerikanischen, britischen und saudischen Truppen die demoralisierten und schlecht ausgebildeten irakischen Streitkräfte aus Kuwait, während unter anderem Franzosen und Briten auf irakischem Territorium vorgingen. Irakische Soldaten auf der Flucht wurden auf dem »Highway des Todes«, wie er genannt wurde, von amerikanischen Soldaten niedergemacht. Auch kam eine neuartige Munition aus abgereichertem Uran zum Einsatz, deren Radioaktivität und chemische Toxizität langfristig Krebserkrankungen und Missbildungen an Neugeborenen auslösten. Zu den Opfern zählten auch US-Soldaten, die jahrelang unter rätselhaften Beschwerden litten, die unter dem Begriff »Golfkriegssyndrom« bekannt werden sollten.

Von der Republikanischen Garde entkamen ausreichend viele Soldaten, um Saddam Hussein an der Macht zu halten. Bush und seine Berater verzichteten auf einen Einmarsch in Bagdad und den Sturz des Regimes, weil dieser Schritt womöglich Iraks Erzfeind Iran gestärkt und die arabischen Verbündeten gegen die USA aufgebracht hätte. Stattdessen spornte Amerika die Iraker zur Rebellion und zum Sturz Saddams an. Nachdem Kurden und Schiiten dem Aufruf in Scharen gefolgt waren, sahen die USA tatenlos zu, wie das Regime den Aufstand der Schiiten mit Giftgas und Kampfhubschraubern gnadenlos niederschlug. Trotz des schrecklichen Blutvergießens brüstete sich Bush: »Die Gespenster Vietnams haben sich im Sand der arabischen Wüste zur letzten Ruhe begeben.«[352] Er sprach von einer neuen Weltordnung.

George Will, ein konservativer Kolumnist der *Washington Post* und notorischer Pessimist, durchschaute wie manch anderer diesen »Ausbruch an Triumphalismus«: »Die Vereinigten Staaten haben mit einer weitgehend gekauften Koalition, einem potemkinschen Dorf, eine Nation mit dem Bruttoinlandsprodukt von Kentucky zermalmt. Sollte dieser Krieg Amerika […] ›mit sich zufrieden‹ machen können, dann darf Amerika gerade nicht mit sich zufrieden sein.«[353] Der Krieg und seine unmittelbaren Folgen kostete über 200 000 Iraker das Leben, fast die Hälfte davon Zivilisten. Die USA zahlten einen Blutzoll von knapp 200 Opfern.

»Bei Gott, wir haben das Vietnam-Syndrom ein für alle Mal abgelegt!«,[354] jubelte Bush öffentlich, äußerte sich in seinem privaten Tagebuch aber vorsichtiger. Er empfinde »kein Gefühl der Euphorie«. Es habe »keine Kapitulation« wie die Japans »auf dem Schlachtschiff Missouri« gegeben, die »dieses Ereignis dem Zweiten Weltkrieg ebenbürtig« mache, nichts unterscheide »Kuwait von Korea und Vietnam«.[355] Ein schales Gefühl blieb zurück.

Den Siegeslorbeer und einen echten Frieden verspielte Bush nicht im kuweitischen Sand, sondern durch seinen Mangel an Weitblick und Visionen, als er versäumte, in der Sowjetunion einen echten Verbündeten zu gewinnen. Nur wenige Wochen nach Unterzeichnung des START-I-Abkommens wurde Gorbatschow im August 1991 von kommunistischen Hardlinern unter Hausarrest gestellt, nachdem er eine größere Autonomie für die Sowjetrepubliken in die Wege geleitet hatte.

Boris Jelzin, der Präsident der russischen Republik, konnte die Putschisten mit einem Volksaufstand aufhalten und brachte Gorbatschow vorübergehend zurück an die Macht. Aber es war zu spät: Die Menschen fühlten sich von zu vielen Veränderungen in zu kurzer Zeit und dem um sich greifenden Chaos überfordert. Gedemütigt und ohne jede Unterstützung trat Gorbatschow, einer der größten Visionäre und Gestalter unter den Politikern des 20. Jahrhunderts, am Ersten Weihnachtstag 1991 als Präsident der Sowjetunion zurück. Das russische Volk hatte sich von ihm abgewendet, weil es nicht mehr wusste, wohin die Reise mit ihm gehen würde.

Auch George Bush wusste nicht mehr weiter. Seine Zustimmungsraten von 91 Prozent nach dem Ende des Zweiten Golfkriegs machte die Demokraten blind für seine Verwundbarkeit bei den Wahlen, und so gaben sie Bill Clinton eine Chance, dem eher unbekannten Gouverneur von Arkansas, der sich im Wahlkampf als ein »Demokrat neuen Typs« präsentierte. Als charmanter und empathischer Mann, der es jedem recht machen wollte, stach Clinton Bush vollkommen überraschend aus. Begünstigt worden war sein Sieg durch die

Kandidatur Ross Perots, eines konservativen Geschäftsmanns, der knapp 19 Prozent der Wählerstimmen abschöpfte.

Goldene Zeiten schienen anzubrechen. In den vorangegangenen 65 Jahren hatten die Vereinigten Staaten der Sowjetunion vorgeworfen, dass sie soziale und politische Unruhen schürte. Wie konnten die USA jetzt, mit einem Demokraten im Weißen Haus, noch den aufgeblähten Militäretat rechtfertigen, der, genau wie in der Sowjetunion, einer dringend benötigten gesellschaftspolitischen Weiterentwicklung seit Jahrzehnten Ressourcen entzogen hatte?

Die Euphorie über Clinton währte nur kurz, auch weil die Republikaner ihn von Anfang an beschädigten. Sie blockierten seine Pläne, die Armee für bekennende Schwule zu öffnen, und warfen die Frage auf, wie er es geschafft hatte, um den Wehrdienst in Vietnam herumzukommen. Noch schädlicher wirkte sich eine Propagandaschlacht aus, in der die Republikaner und ihre Verbündeten aus der Wirtschaft fleißig Ängste schürten, Verwirrung stifteten und Clintons ehrgeizige Pläne bekämpften, Millionen Amerikaner in den Genuss einer Krankenversicherung zu bringen. Richard Armey, der künftige Führer der populistischen Tea-Party-Bewegung und Fraktionsvorsitzender der Republikaner im Repräsentantenhaus, nannte dies »die Ardennenschlacht gegen den Wohlfahrtsstaat.«[356]

Unter den hochentwickelten Industrieländern hatten nur die USA und der Apartheitsstaat Südafrika kein öffentliches Krankenversicherungssystem. Dank der konservativen Medien, die diesen republikanischen Sieg hinausposaunten und dessen Bedeutung übertrieben, nahm eine republikanische »Renaissance« an Fahrt auf. Bei den Zwischenwahlen 1994 eroberte die Partei erstmals seit vierzig Jahren beide Kammern des Kongresses. Erstaunlicherweise bewegten sich ausgerechnet in einer Zeit ohne internationale Krisen beide Parteien nach rechts. Wegen seiner schwachen Legitimation angreifbar geworden, beendete Clinton das Sozialprogramm Aid to Families with Dependent Children, das seit der großen

Depression bedürftige Familien unterstützt hatte. Er unterstützte den Krieg gegen die Drogen und setzte sich für ein verschärftes Strafrecht ein. In den USA stieg die Anzahl der Gefängnisinsassen sprunghaft von einer halben Million 1980 auf 2 Millionen im Jahr 2000 an – mit vielen Verurteilungen wegen Drogendelikten ohne unmittelbare Opfer.

Derweil rückte das postsowjetische Russland dramatisch nach rechts. Jelzin suchte bei dem Harvard-Ökonomen Jeffrey Sachs und anderen Experten wie dem stellvertretenden US-Finanzminister Lawrence Summers Unterstützung bei der Privatisierung der Wirtschaft. Mit ihnen kamen die G7, der Internationale Währungsfonds und die Weltbank und verordneten eine Art wirtschaftliche »Schocktherapie«, die das russische Volk unvorbereitet traf. Der Flirt mit dem Raubtierkapitalismus erwies sich als realitätsfern und verheerend. Im Eiltempo deregulierte Jelzin die Wirtschaft, privatisierte staatliche Unternehmen und Ressourcen, schaffte dringend benötigte Subventionen und Preiskontrollen ab und etablierte private Monopole. Beim »großen Abgreifen«, wie die Menschen das Projekt nannten, wurden Unternehmen und Ressourcen an opportunistische Privatinvestoren verschleudert, auch an ehemalige kommunistische Funktionäre, die dabei über Nacht zu Multimillionären aufstiegen.

Während eine junge begüterte Generation ihre neue Freiheit genoss, fraß eine Hyperinflation die lebenslangen Ersparnisse der meisten Russen auf. Viele Millionen verloren ihre Arbeit. Die Lebenserwartung stürzte bei Männern von 67 auf 57 und bei Frauen von 76 auf 70 Jahre ab. Die Wirtschaftsleistung schrumpfte auf die der Niederlande zusammen, Russland fiel auf das Niveau eines Schwellenlands zurück.

Niemals wurden Jeffrey Sachs' Versprechen eingelöst, dass der Westen Hilfe leisten und einen Schuldenerlass beitragen würde. Später warf Sachs Cheney und Paul Wolfowitz vor, sie hätten »auf lange Sicht eine militärische Vorherrschaft der USA […] über Russland«[357] angestrebt. In seinen 2013 erschienen Memoiren *Alles zu seiner Zeit* reflektiert Gorbatschow, dass Bushs innerer Kreis und auch dieser selbst lieber auf Jelzin setzten, weil »dessen Ziele, die Union zu zerstückeln und aufzulösen, im Interesse der amerikanischen Führung waren. Offenbar fand diese, ein geschwächtes Russland unter Jelzin sei eher in ihrem Interesse als eine erneuerte Union, für die sich Gorbatschow einsetzte.«[358]

Antiamerikanismus kam wieder in Mode. Zur Empörung der Russen forcierte Clinton das US-Engagement in der ölreichen Region am Kaspischen Meer und erweiterte die NATO um Ungarn, Polen und die Tschechische Republik. Der inzwischen 92-jährige George Kennan, einst eine treibende Kraft im Kalten Krieg, nannte das Vorgehen »einen gewaltigen strategischen und historischen Fehler«.[359] In den Augen vieler Russen errichteten die USA an Russlands Grenzen »von der anderen Seite einen Eisernen Vorhang«.[360] Während Clinton sich zu einem Freund Jelzins erklärte, äußerten 77 Prozent der russischen Bevölkerung in Meinungsumfragen, dass ihnen Ordnung wichtiger sei als diese Form der »Demokratie«, für die sich gerade einmal neun Prozent aussprachen. Viele sehnten sich in die »guten alten Zeiten« unter Stalin zurück.

Zahlreiche Russen nahmen den unbeliebten Jelzin als Trunkenbold wahr und beklagten die illegale Auflösung des Parlaments und den bewaffneten Angriff auf dieses. Nachdem er die Verfassung außer Kraft gesetzt hatte, regierte er für den Rest des Jahrzehnts überwiegend per Dekret. Nachdem seine Zustimmungswerte auf einstellige Werte abgesunken waren, trat er zur Jahrtausendwende zurück. Die Macht übernahm der ehemalige KGB-Offizier Wladimir Putin, der Russland vom Abgrund wegführte, indem er, ganz im traditionellen russischen Stil, eine starke, autoritäre Zentralmacht etablierte.

Begierig darauf, sich möglichst große wirtschaftliche Vorteile zu sichern, verfolgte die Clinton-Administration in den 1990er Jahren den Bau von Pipelines, um dem Westen die Erdöl- und Gasreserven der ehemaligen Sowjetrepubliken in Zentralasien zu erschließen. Mit einem Schätzwert zwischen

3 und 6 Billionen US-Dollar sollten sie unter Umgehung des Iran und Russlands zu den Abnehmern gelangen.

Derweil sicherten sich in Afghanistan die radikalislamischen Taliban die Macht und nahmen bereitwillig den reichen saudischen Gotteskrieger Osama bin Laden auf, um die Terrororganisation Al-Qaida im Land zu verankern. Obwohl bin Laden in den 1980er Jahren zur Schattenwelt der CIA gehört hatte, konzentrierte er sich jetzt ganz darauf, die US-Amerikaner und ihre Verbündeten aus der islamischen Welt zu vertreiben. Sein besonderer Zorn richtete sich gegen die Präsenz der US-Truppen in Saudi-Arabien, dem heiligsten Land des Islams. 1992 veröffentlichte er seine erste religiöse Fatwa, die sich unter anderem gegen die amerikanische Unterstützung für Israel richtete. Daraufhin starben bei mysteriösen Bombenanschlägen in Saudi-Arabien über zwanzig US-amerikanische Armeeangehörige. Während bin Laden eine Beteiligung Al-Qaidas bestritt, lenkte die saudische Regierung, die enge Verbindungen zur superreichen Familie bin Laden unterhielt, die Ermittlungen des FBI in Richtung Iran, der als Feind der USA galt. Im Jahr 1998 zerstörten Autobomben die US-Botschaften in Kenia und Tansania und rissen über 200 Menschen in den Tod. Im Jahr 2000 übernahm bin Laden die Verantwortung für den Sprengstoffanschlag auf die *USS Cole,* bei dem 17 US-Soldaten starben.

Seit dem Zweiten Golfkrieg überwachten im Irak UN-Waffeninspektoren die Zerstörung der Massenvernichtungswaffen, während Briten und Amerikaner über dem Land eine Flugverbotszone durchsetzten. Harte UN-Sanktionen führten zum Tod von einer geschätzten halben Million Kinder durch Krankheiten und Mangelernährung, eine humanitäre Katastrophe, für welche die Clinton-Administration den Diktator Saddam Hussein verantwortlich machte. Im Nachrichtenmagazin *60 Minutes* stellte die CBS-Journalistin Lesley Stahl Außenministerin Madeleine Albright zur Rede: »Wir haben gehört, dass eine halbe Million Kinder gestorben seien. […]

Das sind mehr als in Hiroshima umkamen. Ist es diesen Preis wert?« Albright antwortete: »Ich denke, dies ist eine sehr schwere Entscheidung. Aber [...] wir glauben, es ist diesen Preis wert.«[361] Wie die kühn auftretende Albright betonte, stelle der Einsatz von Massenvernichtungswaffen durch Saddam Hussein eine schwerwiegende Bedrohung für die Sicherheit der USA dar. Bei einer anderen Gelegenheit gestand sie ganz offen: »Wenn wir Gewalt einsetzen müssen, so deshalb, weil wir Amerika sind. Wir sind die unverzichtbare Nation. Wir treten selbstbewusst auf und blicken weiter als andere Länder in die Zukunft.«[362]

Auch ohne eine klare Bedrohung durch feindliche Länder zeigte sich die Clinton-Administration noch verteidigungsbereiter als der republikanische Gegner und verschleuderte die verheißungsvolle Friedensdividende für neue Militärausgaben. Im Januar 2000 stockte sie den Fünfjahresplan des Pentagons um 115 Milliarden US-Dollar auf und steckte weiterhin viel Geld in die Raketenabwehr. Zudem verweigerte Clinton der Konvention von Ottawa, die ein Verbot von Antipersonenminen vorsah, die Unterschrift und billigte eine erhebliche Ausweitung der US-Waffenexporte, die 1997 fast 60 Prozent des weltweiten Marktes für Militärausrüstung ausmachten. Den Löwenanteil wurde in Länder mit einer düsteren Menschenrechtsbilanz geliefert.

Der Politologe Chalmers Johnson fasste diese Jahre 2004 so zusammen: »Im ersten Jahrzehnt nach dem Kalten Krieg unternahmen wir viel, um unsere globale Macht zu festigen und auszuweiten, darunter Kriege und ›humanitäre‹ Interventionen in Panama, am Persischen Golf, in Somalia, auf Haiti, in Bosnien, Kolumbien und Serbien. Gleichzeitig hielten wir unsere auf den Kalten Krieg zurückgehende Militärpräsenz im Fernen Osten und im Pazifik unvermindert aufrecht.«[363] Diese parteiübergreifende Außenpolitik schien in Stein gemeißelt, Diskussionen waren nicht vorgesehen. Clinton betrachtete die amerikanischen Operationen im Ausland nicht als aggressive Akte einer ressourcenhungrigen Weltmacht, sondern als notwendig für die Stabilität einer Weltordnung, die auf Amerikas Konzepten von Demokratie und freien Märkten beruhte. Am Ende unternahm er nichts, um die grundlegenden Strukturen dieses Imperiums herauszufordern.

Abgesehen von einem Sexskandal um ihn und eine Praktikantin sowie dem anschließenden peinlichen Amtsenthebungsverfahren, die seine beiden letzten Jahre im Amt überschatteten und die sensationslüsterne Presse einmal mehr von bedeutenderen Ereignissen ablenkten, konnte der unnachahmliche »aalglatte Willie« größere Katastrophen vermeiden. Dank einer wiederanspringenden Weltkonjunktur, welche die Märkte und Finanzen der USA begünstigte, ließ Clinton ein prosperierendes Land mit einem gewaltigen Haushaltsüberschuss zurück.

Im Jahr 2000 kürten die Demokraten Clintons Vize Al Gore zum Präsidentschaftskandidaten in der Erwartung, dass er von den zurückliegenden Erfolgen profitieren würde. Hatte der erfahrene Al Gore mit großem Weitblick wiederholt vor einem drohenden Klimakollaps gewarnt, der Gegenmaßnahmen erfordere, so rückte er gegen Ende seines Wahlkampfs stark vom Thema Ökologie ab, weil dem Durchschnittswähler das Hier und Jetzt wichtiger erschien.

Die Republikaner setzten ihm einen selbsternannten »mitfühlenden Konservativen« entgegen: den texanischen Gouverneur George W. Bush, den Sohn von George H. W. und Enkel von Prescott. Die Debatten zwischen den Kandidaten täuschten die Wähler gründlich über die Politik hinweg, die George W. Bush im Amt tatsächlich verfolgen sollte.

> Erster Moderator: »Willkommen zur zweiten Debatte vor der Präsidentschaftswahl 2000 zwischen dem republikanischen Kandidaten, Gouverneur George W. Bush aus Texas, und dem demokratischen Kandidaten, Vizepräsident Al Gore.«
> Zweiter Moderator: »Die Zuschauer am heutigen Abend möchten ihre Wahlentscheidung auf Grundlage der Unter-

schiede [zwischen einem Präsidenten Gore und einem Präsidenten Bush] treffen. Gibt es denn überhaupt einen Unterschied?«

Gore: »Ich denke, Jim, dies ist eine absolut einzigartige Epoche in der Weltgeschichte, und wir müssen eine grundsätzliche Entscheidung treffen. Werden wir uns als Nation den Herausforderungen stellen, wie wir es nach dem Zweiten Weltkrieg getan haben, als die Heldengeneration bereitwillig akzeptierte, dass die Vereinigten Staaten die Führungsrolle übernahmen? Die Welt hat von dem Mut, den die USA in diesen Nachkriegsjahren zeigten, gewaltig profitiert. Ich denke, in der Phase nach dem Kalten Krieg ist es für uns an der Zeit, etwas ganz Ähnliches zu tun, die Herausforderungen anzugehen und eine Führungsrolle zu übernehmen, die Führung in Umweltfragen, eine Führung, die sicherstellt, dass sich die Weltwirtschaft weiterhin in die richtige Richtung bewegt. Nochmals: Das bedeutet, große Haushaltsdefizite zu vermeiden und unseren Überschuss nicht zu vergeuden; es bedeutet, intelligente Entscheidungen zu treffen, die unseren Wohlstand sichern und die wirtschaftliche Stärke bewahren, dank der wir diese Führungsrolle übernehmen können.«

Bush: »Na, ich bin nicht sicher, ob es die Rolle der Vereinigten Staaten ist, überall auf der Welt zu sagen, wo es langgeht. Wir können helfen, und vielleicht ist es nur unsere besondere Staatsform, die Art, wie wir den Staat verstehen [die wir weitergeben können]. Wissen Sie, ich möchte die Menschen stärken. Ich will helfen, dass Menschen sich selbst helfen, nicht dass der Staat den Menschen vorschreibt, was sie zu tun haben. Ich glaube einfach nicht, dass den Vereinigten Staaten die Rolle zukommt, in ein Land einzumarschieren und zu sagen: ›Wir machen es so, also müsst ihr es auch so machen.‹ Ich weiß nicht so genau, wovon der Vizepräsident ausgeht, aber ich denke, dass wir Menschen überzeugen müssen, in ihren Ländern ihre Nationen [selbst] aufzubauen. […] Ich meine, werden wir eine Art Korps für die Nationenbildung einsetzen? Bestimmt nicht. Unser Militär ist dazu da, zu kämpfen und Kriege zu gewinnen.

> Dazu ist es da, und wenn es überfordert wird, leidet die Moral. Ich möchte das Militär aber besonnen einsetzen. Es muss um unsere grundlegenden Interessen gehen, die Mission muss klar sein und die Exit-Strategie feststehen.«[364]

Als sich Bush dann doch auf einige der ehrgeizigsten Projekte zur Nationenbildung in der Geschichte des Landes einließ, trug er in seinen acht Amtsjahren mehr als jeder andere Präsident dazu bei, den aus dem Zweiten Weltkrieg stammenden Mythos von der durch Fairness gezügelten amerikanischen Macht zu Grabe zu tragen. Auch Jahre später sind noch immer zahlreiche Amerikaner bestürzt und schockiert, wie geschickt er seine reaktionären Absichten zu verbergen vermochte.

Es begann schon mit der Wahl 2000, der skandalösesten in der US-Geschichte, die der Legitimität des politischen Prozesses in den Vereinigten Staaten wohl eine tödliche Wunde zufügte. Da sie genau zu Beginn eines neuen Jahrhunderts stattfand, wurde sie von vielen als übles Omen für die Zukunft aufgefasst. Al Gore hatte landesweit einen Vorsprung von rund 530 000 Stimmen, verlor aber knapp in Florida, wo über zehn Prozent der Afroamerikaner von der Stimmabgabe ausgeschlossen wurden. Schuld war ein antiquiertes bundesstaatliches Wahlsystem, das noch dazu unter der Aufsicht von Floridas Gouverneur Jeb Bush, George W.s jüngerem Bruder, und Katherine Harris, der Innenministerin des Bundesstaats, stand. Harris war in Florida Bushs Wahlkampfmanagerin.

An die Schummeleien in einer Bananenrepublik gemahnend, schaltete sich in einem beispiellosen Akt überraschend der Oberste Gerichtshof in den Wahlprozess in Florida ein und entschied mit einem Votum von fünf zu vier, dass eine Neuauszählung der abgegebenen Stimmen abzubrechen sei, und machte so George W. Bush zum Wahlsieger. Diese Richter waren mehrheitlich von US-Regierungen ernannt worden, in denen Bushs Vater Präsident oder Vizepräsident gewesen war. Hätte sich so etwas in einem anderen Land abgespielt, hätten die Vereinigten Staaten den Vorgang als Putsch gebrandmarkt.

Die unterlegenen Richter erklärten: »Auch wenn wir nie mit absoluter Gewissheit den Sieger der diesjährigen Präsidentschaftswahl erfahren werden, so steht der Verlierer eindeutig fest. Es ist das Vertrauen der Nation in den Richter als unparteiischen Hüter des Rechtsstaats.«[365]

Im Nieselregen eines Januartags des Jahres 2001 legte George W. Bush als 43. US-Präsident seinen Amtseid ab. Schon während der Einführungszeremonie zeigte sich die mangelnde Aufrichtigkeit, die seine Regierung kennzeichnen sollte: Tausende, die gegen seine Amtsübernahme demonstrierten, wurden in Bereiche fernab der Kameras abgedrängt. Ähnlich einem römischen Kaiser sollte Bush sich nur mit wahren Gläubigen umgeben und weniger Pressekonferenzen geben als jeder andere US-Präsident.

Sein im Wahlkampf proklamiertes Mitgefühl blieb ein knappes Gut, zauberte er für die Spitzenposten doch Personen aus dem Hut, die mehrheitlich der kaum bekannten Gruppe Project for the New American Century entstammten. Diese von William Kristol und Robert Kagan angeführte Denkfabrik war 1997 gegründet worden, um der neokonservativen Vision einer unangefochtenen Vorherrschaft der USA neues Leben einzuhauchen. Von ihr kamen Verteidigungsminister Donald Rumsfeld, sein Stellvertreter Paul Wolfowitz und Vizepräsident Dick Cheney. Sie beklagten, dass den Vereinigten Staaten unter Clinton die klare Ausrichtung verloren gegangen sei, und forderten eine Rückkehr zu moralischer Reinheit und der militärischen Stärke der Reagan-Jahre. Sie verlangten höhere Militärausgaben, die unumschränkte Herrschaft über den Weltraum, die Stationierung eines schlagkräftigen Raketenabwehrsystems und die Fähigkeit, »gleichzeitig an mehreren größeren Kriegsschauplätzen zu kämpfen und entscheidend zu siegen« sowie »kritische Regionen« zu kontrollieren,[366] insbesondere den erdölreichen Nahen Osten. Auf der Tagesordnung ganz oben stand der Sturz des irakischen Machthabers Saddam Hussein, notfalls unter Umgehung des UN-Sicherheitsrats.

Der finstere und geheimniskrämerische Dick Cheney sollte wie kein Vizepräsident vor ihm die Regierung dominieren. Er stellte klar, dass die USA mit republikanischen Mehrheiten in beiden Kammern des Kongresses andere Saiten aufziehen würden. Hatten sich Bush Senior und Bill Clinton um Diplomatie und Koalitionen bemüht, so ähnelte der jüngere Bush nun im Bemühen um Abgrenzung von seinem Vater dem entarteten Spross eines ehrwürdigen römischen Kaisers – ironischerweise erhielt *Gladiator* 2001 den Oscar für den besten Film, ein Welterfolg, in dem Roms säbelrasselnder Militarismus gefeiert und eine pervertierte Führung gezeichnet wird, die den Untergang des Römischen Reichs besiegelt. Für Bush waren sein Vater und der sexuell zügellose Bill Clinton schwache Präsidenten gewesen, während der Übervater Ronald Reagan seine Vorstellung von »Stärke« verkörperte. Schließlich glaubten er und die Neokonservativen, dass Reagan die Russen besiegt habe.

War die Verachtung der Neokonservativen für die Vereinten Nationen stets eine feste Größe gewesen, so sah es nun danach aus, als würden sie sich innerhalb der Weltgemeinschaft komplett isolieren. Die USA weigerten sich, das Statut des Internationalen Strafgerichtshofs zu ratifizieren, das Clinton und fast alle anderen westlichen Staats- und Regierungschef ausgehandelt hatten. Ebenso lehnte die US-Regierung den schon von 150 Staaten unterzeichneten Kernwaffenteststopp-Vertrag ab. Bush verwarf das Kyotoprotokoll zum Kampf gegen die Erderwärmung und kündigte zum Entsetzen der Russen den 1972 geschlossenen ABM-Vertrag auf, um das wolkige Programm zur Raketenabwehr auszuweiten. Diese abrupten politischen Kehrtwenden nahmen die Medien weitgehend unhinterfragt hin.

Bush setzte alle Gespräche mit Nordkorea zu dessen Raketenprogramm aus und distanzierte sich vom Nahost-Friedensprozess, allerdings keineswegs aus mangelndem Interesse an der Region. Im Gegenteil, die Bush-Regierung war, wie Ralph Nader es ausdrückte, »in Öl mariniert«.[367] Cheney stellte eine streng geheime Arbeitsgruppe zu Energiefragen zusammen, die Pläne für eine Kontrolle der weltweiten Ölversorgung entwarf. Seine Absichten hatte Cheney bereits 1999 vor Topmanagern der Ölindustrie deutlich gemacht: »Mit zwei Dritteln der weltweiten Ölvorräte und den geringsten Förderkosten winkt im Nahen Osten der ultimative Hauptgewinn.«[368]

Im Sommer 2001 häuften sich die Anzeichen für einen unmittelbar bevorstehenden Terrorangriff auf die USA. Nach abgefangener Al-Qaida-Kommunikation sollte sich demnächst »etwas Spektakuläres« ereignen.[369] Richard Clark, der Chef der Terrorismusabwehr, bezeugte, dass CIA-Direktor Richard Tenet »wie von der Tarantel gestochen« durch Washington hetzte, um sich bei der Nationalen Sicherheitsberaterin Condoleezza Rice und bei Präsident Bush Gehör zu verschaffen.[370] Aber Verteidigungsminister Rumsfeld und Rice, eine ehemalige Direktorin des Ölkonzerns Chevron und Namenspatin eines Tankers, waren vollauf mit der Raketenabwehr und der Umstrukturierung des Pentagons beschäftigt. Aus den Nachrichtendiensten kamen Berichte zur Bedrohungslage mit Überschriften wie »Drohungen bin Ladens sind real« oder »Bin Laden entschlossen, in den USA zuzuschlagen«.[371] Aber Bush konnte seine Aufmerksamkeit nicht bündeln, weil er mehr Zeit außerhalb Washingtons verbrachte als jeder andere US-Präsident in jüngerer Zeit, zum Beispiel auf seiner Ranch im texanischen Crawford, wo er aber lieber Holz hackte als auszureiten, wie es sein Held Reagan gerne getan hatte.

Als am 6. August beim täglichen Geheimdienst-Briefing darüber diskutiert wurde, dass Al-Qaida-Mitglieder Verkehrsflugzeuge entführen könnten, entgegnete Bush dem vortragenden CIA-Mitarbeiter herablassend: »Okay, damit haben Sie Ihren Arsch aus der Schusslinie gebracht.«[372] Dessen ungeachtet sollte er 2004 bei einer Pressekonferenz mit unbewegter Miene mitteilen: »Hätte ich die geringste Ahnung gehabt, dass die Leute Flugzeuge in Gebäude steuern würden, hätten wir Himmel und Hölle in Bewegung gesetzt, um das Land zu schützen.«[373] Ebenso ahnungslos gab sich Rice: »Ich glaube nicht, dass irgendjemand hätte vorhersagen können [...], dass sie versuchen würden, ein Flugzeug als Rakete einzusetzen, eine entführte Maschine als Rakete.«[374] Dabei hatte das FBI Berichte über Personen verfasst, die Flugstunden genommen hatten, ohne lernen zu wollen, wie man eine Maschine landet.

Während die Unzufriedenheit über Bushs inkompetente Amtsführung wuchs, schlugen die Terroristen ebenso einfallsreich wie massiv in den USA zu. Am 11. September 2001 steuerten Entführer Flugzeuge in die wichtigsten Symbole der imperialen US-Macht: ins World Trade Center, einem Finanzzentrum Amerikas, und ins Pentagon. Mehr als 3000 Menschen starben – über 2700 davon in New York, von denen rund 500 aus 91 Ländern außerhalb der USA stammten.

Entsetzt blickte die Nation auf die brennenden Zwillingstürme des World Trade Centers, die schließlich auf spektakuläre Weise in sich zusammenstürzten. Wie war ein solcher Angriff auf die USA möglich? Wer wagte es, die Amerikaner im Herzen ihres Imperiums so offen und mit so einfachen Mitteln zu attackieren? Wo war die verkündete Neue Weltordnung? Hatten die Amerikaner als Nation etwas falsch verstanden? Hatten sie sich doch nicht gut genug gerüstet? Hatten sie nicht sechzig Jahre lang, seit dem Zweiten Weltkrieg, das Böse in Schach zu halten vermocht? Hatten sie sich nicht, nach Hiroshima und Nagasaki, beim Einsatz von Atombomben Zurückhaltung auferlegt? Für manche der Mächtigen sah es so aus, als hätten die vom Rande des Imperiums stammenden Terroristen ein Hiroshima oder zumindest ein neues Pearl Harbor in die Vereinigten Staaten hineingetragen. Die Neokonservativen forderten einen unbegrenzten Krieg gegen den Terror.

Jener Tag entfesselte einen unbändigen Zorn auf den Rest der Welt. Eine Büchse der Pandora hatte sich geöffnet und dunkle Kräfte und aufgestaute Ängste vor dem Chaos freigegeben, die an die Französische Revolution erinnerten und der allgemeinen selbstgerechten Empörung Nahrung gaben. Luft machte sie sich in einem Kreuzzug, der nicht nur gegen bin Laden und seine Gefolgsleute, sondern auf jedwedes »Böse« in der Welt zielte. Bush fühlte sich vom Schicksal nicht nur zum Kriegspräsidenten, sondern auch an die Spitze einer weltumspannenden Erweckungsbewegung berufen. Auf dem Schutt des World Trade Centers stehend, verkündete er: »Unsere Verantwortung für die Geschichte ist bereits klar: auf diese Angriffe zu antworten und die Welt vom Bösen zu befreien.«[375]

Die Weltgemeinschaft reagierte ganz überwiegend mit großer Anteilnahme an Amerikas Schicksal. Als einer der ersten bot Russlands Wladimir Putin den USA Unterstützung an. Bedeutende Führer des Islams brandmarkten die Angriffe als Verbrechen gegen die Menschlichkeit und Osama bin Laden als einen Betrüger, der sich ohne religiöse Ausbildung das Recht anmaße, Fatwas auszugeben. Chris Hedges, ein altgedienter Nahost-Korrespondent, schrieb später: »Es war eine Tragödie: Hätten wir den Mut zur Verletzlichkeit gehabt, hätten wir auf dieses Mitgefühl gebaut, würden wir heute deutlich ungefährdeter und sicherer leben. Wir reagierten genau so, wie es diese Terrororganisationen von uns erwarteten. Wir sollten die Sprache der Gewalt sprechen.«[376]

In der jüngeren Geschichte hatten amerikanische Präsidenten, vor allem Harry S. Truman am Ende des Zweiten Weltkrieges sowie Lyndon B. Johnson, Richard Nixon und Ronald Reagan, auf jedes Anzeichen von Schwäche gefährlich überreagiert, besonders dramatisch Johnson, der das Projekt der Great Society seiner Angst vor einer Niederlage in Vietnam opferte. Dies ist vielleicht die Achillesverse im politischen Prozess Amerikas: Einfühlungsvermögen oder Empathie sind Mangelware und werden leicht als Naivität oder Schwäche abgetan. Dabei zeichneten sich die bedeutendsten Führungspersönlichkeiten letztendlich gerade durch ihr Mitgefühl für andere aus, ob nun George Washington, Thomas Jefferson, Abraham Lincoln, Franklin D. Roosevelt oder, an anderen Fronten, Leitfiguren wie Martin Luther King.

Hätte der von den Medien als langweiliger Besserwisser verspottete Al Gore als Präsident nicht eher versucht, zu einer im Hass auf die US-Politik erstarrten Welt eine emotionale Bindung aufzubauen? Wäre er nicht demütiger aufgetreten und den Terroristen mit den traditionellen Mitteln der Diplomatie, der Nachrichtendienste und entschlossener Strafverfolgung zu Leibe gerückt? Wäre Amerika nicht zu den gleichen Ergebnissen gelangt, ohne sich neue Feinde zu schaffen, die eine junge Generation von Radikalen als Märtyrer betrachtet? Hätte er den – faktischen – Dritten Weltkrieg vom Zaun gebrochen? Tatsächlich ließ George Bush am 20. September 2001 den Kongress und die Welt wissen: »Jetzt muss sich jede Nation in jedem Teil der Welt entscheiden. Entweder seid ihr mit uns oder mit den Terroristen.« Er rief ein gigantisches Ringen zwischen Gut und Böse aus, worauf viele angewidert und empört reagierten.

»Amerikaner sagen gerne«, schrieb der Politologe Chalmers Johnson, »dass sich die Welt durch den 11. September verändert habe.« Dabei ließe sich eher sagen, dass sich Amerika »zu einem neuen Rom« entwickle,

> zum größten Koloss in der Geschichte, der sich nicht länger an das Völkerrecht, an die Bedenken Verbündeter oder an irgendwelche Beschränkungen gebunden fühlt, wenn es um den Einsatz von Gewalt geht. […] Weite Teil des amerikanischen Volks hatten nach wie vor keine Ahnung, warum es angegriffen worden war und warum ihr Außenministerium es vor Reisen in eine immer weiter wachsende Zahl von Ländern warnte. […] Aber schließlich begriffen immer mehr, was die meisten Nichtamerikaner längst wussten und im Verlauf des letzten halben Jahrhunderts zu spüren bekommen hatten: dass nämlich die Vereinigten Staaten anders waren, als sie sich selbst darstellten, dass sie in Wahrheit eine verheerende Militärmacht waren, die auf die Weltherrschaft aus war.[377]

Anstatt die wahren Gründe für die Angriffe des 11. September zu erklären – Al-Qaidas erbitterte Gegnerschaft gegen die US-Truppen in Saudi-Arabien und die amerikanische Unterstützung für Israel im Kampf mit den Palästinensern –, kamen von Bush Plattitüden: »Warum hassen sie uns? – Sie hassen unsere Freiheiten – die der Religionsausübung, der Meinungsäußerung, der Versammlung, unser Wahlrecht sowie die Freiheit, geteilter Meinung zu sein.«[378]

Es war wieder eine dieser ironischen Fügungen: Bush senior hatte die Chance auf den Weltfrieden vertan, als er in Panama und mit dem ersten Angriff auf den Irak die Furien des Krieges entfesselte. Nun hatte sein Sohn, der, wie bin Laden gehofft hatte, blind um sich schlug und sein Land letztlich in den Ruin trieb, das väterliche Erbe angetreten und in der Rolle von »Amerikas Kriegspräsident« seine Bestimmung gefunden – in einem Konflikt, der nach Dick Cheneys Worten »ewig dauern« könnte.

12

Kriege beginnen, Kriege beenden – Bush und Obama

Die meisten Amerikaner erlebten die Anschläge vom 11. September 2001 als eine furchtbare Tragödie. Für George Bush und Dick Cheney waren sie mehr als das, nämlich die Gelegenheit, eine Agenda umzusetzen, an der die Neokonservativen seit Jahrzehnten gearbeitet hatten. Die Denkfabrik Project for the New American Century, deren Ziel es war, für eine globale Führungsrolle der USA zu werben, hatte einen Bericht mit dem Titel »Amerikas Verteidigung wiedererrichten« erstellt. Darin hieß es, dass »der Prozess der Umgestaltung wahrscheinlich lange dauern wird ohne ein katastrophales und katalytisches Ereignis – wie ein neues Pearl Harbor«.[379] Aus ihrer Sicht hatte ihnen Al-Qaida dieses Pearl Harbor geliefert. Schon Minuten nach den Angriffen trat Bushs Mannschaft in Aktion. Da sich Bush während der Anschläge in Florida aufhielt, übernahmen Vizepräsident Cheney und sein Rechtsberater David Addington die Regie mit dem Argument, dass der Präsident als Oberbefehlshaber in Kriegszeiten im Grundsatz ohne rechtliche Beschränkungen agieren könne.

Als Bush am 12. September wieder in Washington war, ließ er Osama bin Ladens Organisation in Afghanistan zunächst links liegen und wies stattdessen den Chef der Terrorabwehr Richard Clark an: »Prüfen Sie, ob Saddam dafür verantwortlich ist. Prüfen Sie, ob es irgendeine Verbindung zu ihm gibt.« Clark erinnerte sich an die Worte des Präsidenten: »Das war der Irak, [das war] Saddam, finden Sie es heraus und melden Sie sich wieder.«[380] In einem Interview wurde Clark gefragt: »Und welche Reaktion erhielten Sie an diesem Tag von Verteidigungsminister Donald Rumsfeld und seinem Mitarbeiter Paul Wolfowitz?« Clark antwortete: »Nun, als wir über Luftschläge gegen Einrichtungen von Al-Qaida in Afghanistan redeten, meinte Donald Rumsfeld, in Afghanistan gebe es keine geeigneten Ziele. Wir sollten den Irak bombardieren. Wir haben entgegnet, dass der Irak mit den Angriffen nichts zu tun habe. Das änderte anscheinend wenig.«[381] Donald Rumsfeld hatte schon am 11. September Pläne zu Angriffen auf den Irak in Auftrag gegeben. »Massives Vorgehen«, sagte er. »Haut alles zusammen, Ziele mit oder ohne Verbindung.«[382]

Binnen Tagen verkündete Bush vor beiden Kammern des Kongresses, dass die Vereinigten Staaten in einen weltweiten Krieg einträten: »Von diesem Tag an wird jeder Staat, der weiterhin Terrorismus Unterschlupf gewährt oder unterstützt, von den Vereinigten Staaten als feindliches Regime betrachtet.«[383]

Rasch wurden in den USA 1200 Männer verhaftet und weitere rund 8000 zum Verhör vorgeladen, die meisten davon Muslime. Bush peitschte den 362 Seiten langen Patriot Act so schnell durch den Kongress, dass den Senatoren keine Zeit blieb, das Bundesgesetz zu lesen, geschweige denn zu debattieren. Allein Senator Russ Feindgold aus Wisconsin stimmte gegen das Gesetz: »Unsere Freiheit aufrechtzuerhalten«, so seine nachdrückliche Begründung, »ist ein Hauptgrund, warum wir nun in diesem neuen Krieg gegen den Terror eintreten. Wir werden diesen Krieg ohne einen abgegebenen Schuss verlieren, sollten wir die Freiheiten des amerikanischen Volkes opfern.«[384]

Bush erhöhte die Geheimhaltung im Weißen Haus auf ein nie gekanntes Maß und ermächtigte 2002 den Geheimdienst NSA, ohne richterlichen Beschluss Abhöraktionen durchzuführen und die E-Mails von US-Bürgern auszuspähen – unter massiver Verletzung eines Gesetzes von 1978, mit dem auf die Missbräuche der Geheimdienste in den vorangegangenen Jahrzehnten reagiert worden war. Die Regierung hielt die Öffentlichkeit in einem permanenten Alarmzustand, verschärfte zahlreiche Sicherheitsmaßnahmen und führte ein fünfstufiges

Warnsystem ein, das Donald Rumsfeld und Justizminister John Ashcroft zeitweilig für politische Zwecke manipulierten. Tom Ridge, der dem neugeschaffenen Heimatschutzministerium vorstand, trat 2005 zurück, weil er sich nicht an solchen Täuschungen beteiligen wollte.

Die potentiellen Anschlagsziele vermehrten sich von 160 im Jahr 2003 exponentiell auf über 300 000 in den nächsten vier Jahren. Verblüffenderweise war das eher ländlich geprägte Indiana 2006 mit 8600 Zielen der gefährdetste Bundesstaat. In der nationalen Datenbank erfasst waren unter anderem Streichelzoos, Doughnut- oder Popcornstände, Eisdielen und die jährliche Maultierparade in Columbia, Tennessee. Aber es ging noch surrealer. Bei Ausbruch des Zweiten Weltkrieges hatte Franklin D. Roosevelt gewarnt: »Krieg kostet Geld. [...] Das bedeutet: Steuern und Staatsanleihen, Staatsanleihen und Steuern. Das bedeutet: Luxusanschaffungen und andere Nebensächlichkeiten kürzen.«[385] Bush kürzte stattdessen die Steuern für Vermögende und teilte den Amerikanern mit: »Fliegt und genießt Amerikas großartige Reiseziele. Nehmt eure Familien mit und genießt das Leben.«[386]

Ausgerechnet Zbigniew Brzezinski, der Inbegriff des Kalten Kriegers, geißelte Bushs »fünf Jahre ununterbrochener Gehirnwäsche der Nation in Sachen Terror. [...] Wo ist die amerikanische Führungspersönlichkeit, die sagt: ›Genug von dieser Hysterie, stoppt diese Paranoia‹? [...] Lasst uns auch angesichts künftiger Terroranschläge, deren Wahrscheinlichkeit nicht zu leugnen ist, ein wenig Verstand an den Tag legen. Lasst uns unseren Traditionen treu bleiben.«[387] Der Terrorismus, so hob er wiederholt hervor, sei eine Taktik, keine Ideologie, und einer Taktik den Krieg zu erklären, ergebe absolut keinen Sinn.

In voller Härte sollte Bushs globalen Kreuzzug das Ausland zu spüren bekommen. Knapp einen Monat nach den Terroranschlägen vom 11. September 2001 marschierten die USA in Afghanistan ein, vorgeblich um islamistische Fanatiker auszuschalten – eben jene, die zwei Jahrzehnte zuvor von den USA bewaffnet und ausgebildet worden waren, um die Sowjets zu besiegen. Wie Kritiker später hervorhoben, befand sich unter den 19 Flugzeugentführern der Anschläge – 15 waren Saudis – kein einziger Afghane. Zudem hatte das stümperhafte amerikanische Vorgehen Osama bin Laden und den anderen Al-Qaida-Führern ermöglicht, Anfang Dezember nach Pakistan zu entkommen.

Die CIA setzte Tausende Verdächtige in Afghanistan und anderswo fest. Hatte in den USA die humane Behandlung Kriegsgefangener bislang als Zeichen moralischer Überlegenheit gegolten, so brandmarkte die Regierung Bush nun Internierte als »illegale feindliche Kombattanten«, verweigerte ihnen grundlegende Rechte und eine Behandlung gemäß der Genfer Konvention von 1949. Wegen der Kritik ausländischer Regierungen lenkte Bush im Bezug auf verdächtige Taliban ein, blieb bei Al-Qaida-Verdächtigen aber bei seiner Linie: »Es interessiert mich nicht, was die Völkerrechtler sagen – wir werden einigen Leuten in den Arsch treten.«

Die USA verschleppten eine unbekannte Anzahl von Gefangenen auf dem Luftweg in Geheimgefängnisse in Ländern wie Thailand, Polen, Rumänien oder Marokko, wo sie Folterungen und anderen »rauen Verhörtechniken« unterzogen wurden. Hunderte weitere kamen im Gefangenenlager des US-Marinestützpunkts Guantanamo auf Kuba in Haft. Auf dem Höhepunkt, im Mai 2003, saßen dort rund 680 Männer zwischen 13 und 89 Jahren ein. Jeder Zwanzigste von ihnen war von US-Soldaten gefangen genommen worden, während die große Mehrheit – häufig gegen Belohnung – von Milizen afghanischer Warlords sowie afghanischen und pakistanischen Kopfgeldjägern ausgeliefert worden war. Staatliche Quellen belegen, dass nur acht Prozent von ihnen tatsächlich Al-Qaida-Kämpfer waren. 600 wurden entlassen, sechs verurteilt und neun starben, laut Regierungsangaben mehrheitlich durch Selbstmord. 2012 saßen in Guantanamo noch 166 Männer aus über zwanzig Ländern ein.

Die Bush-Administration ermunterte die CIA zum Einsatz von zehn verschärften Verhörmethoden, die den Ertrag jahrzehntelanger Forschungen zur Folter darstellten und von verbündeten Staaten verfeinert worden waren. Im Februar 2004 berichtete Generalmajor Antonio Taguba, seine Ermittlungen im irakischen Gefängnis Abu Ghraib hätten zahlreiche Fälle »eklatanter und schamloser sadistischer Misshandlungen« aufgedeckt, die als Verbrechen zu bewerten seien. »Es bestehen keinerlei Zweifel, dass die gegenwärtige Regierung Kriegsverbrechen begangen hat. Offen bleibt nur die Frage, ob die Verantwortlichen, die Folterungen angeordnet haben, zur Rechenschaft gezogen werden.«[388] Arthur Schlesinger jr., ein ehemaliger Mitarbeiter Kennedys, bezeichnete die Folterpolitik als »die dramatischste, nachhaltigste und radikalste Kampfansage an den Rechtsstaat in der amerikanischen Geschichte. [...] Kein anderer Standpunkt, den die USA je einnahm, hat den amerikanischen Ruf jemals so schwer beschädigt!«[389]

Obwohl sich in Afghanistan die Sicherheitslage im Verlauf der sieben Jahre nach dem amerikanischen Einmarsch zusehends verschlechterte und die USA ihre Präsenz von 2500 auf 30000 Soldaten aufstockten, war das Land für Bush nur ein Nebenschauplatz. Seine ganze Aufmerksamkeit gehörte dem Vorhaben, Saddam Hussein, den Erzfeind seines Vaters, zu stürzen. »Hinweise aus nachrichtendienstlichen Quellen«, so behauptete er, »geheime Mitteilungen und Aussagen von Personen, die inzwischen in Gewahrsam sind, belegen, dass Saddam Hussein Terroristen, auch Angehörige von Al-Qaida, unterstützt und schützt.«[390] Wie Bill Casey in den 1980er Jahren und Lyndon B. Johnson während des Vietnamkrieges rechtfertigte Bush eine Invasion mit falschen Geheimdienstinformationen: »Es gibt keinen Zweifel, dass der Führer des Irak ein böser Mensch ist. Immerhin setzte er Giftgas gegen sein eigenes Volk ein. Wir wissen, dass er Massenvernichtungswaffen entwickelt hat.«[391]

UN-Inspekteure stellten seit Ende 2002 den Irak auf den Kopf und durchsuchten die Örtlichkeiten, welche die CIA als mögliche Lagerstätten für Massenvernichtungswaffen ausgemacht hatte. Obwohl nirgendwo welche auftauchten, behauptete Bush weiterhin, dass sie existierten: »Die britische Regierung hat erfahren, dass sich Saddam Hussein vor kurzem in Afrika um erhebliche Mengen Uran bemüht hat.«[392] Dem Journalisten Bob Woodward von der *Washington Post* teilte er in dieser Zeit mit: »Ich muss nicht erklären, warum ich etwas sage. Das ist das Interessante daran, wenn man Präsident ist. Vielleicht muss jemand mir erklären, warum er etwas sagt, aber ich glaube nicht, dass ich irgendjemandem eine Erklärung schulde.«[393]

Es waren ungewöhnliche Zeiten. Wörter erhielten eine neue Bedeutung und erfüllten die prophetische Vision von »Doppeldenk« und »Neusprech« aus George Orwells Roman *1984.* Nach den Wörtern wurden deren Bedeutungen vereinnahmt. Neue Begriffe wie »Achse des Bösen«, »Krieg gegen den Terror«, »Regimewechsel«, »simuliertes Ertrinken«, »verschärfte Verhörmethoden« oder »Präventivkrieg« kamen in Gebrauch. Umgekommene Zivilisten wurden zu »Kollateralschäden«, CIA-Entführungen zu »außerordentlichen Auslieferungen«. Und der patriotische Begriff *homeland,* »die Heimat«, wurde nunmehr vom neugegründeten Heimatschutzministerium – Department of Homeland Security – verkörpert, einer Behörde genauso riesig und labyrinthisch wie das Pentagon.

Im 18. Jahrhundert hatte der französische Philosoph Voltaire bemerkt: »Diejenigen, die euch Absurditäten glauben machen können, werden euch auch veranlassen können, Grausamkeiten zu begehen.«[394] Der Blick in die Abgründe des Surrealen war schwindelerregend. Der US-Kriegsfilm *Black Hawk Down* von 2001, der für den Oscar nominiert wurde, feierte Amerikas Heldentum und Militärtechnik im Somalia der 1990er Jahre. Dank technischer Neuerungen wurden Videospiele zusehends lebensechter, und im Fernsehen erreichten immer bizarrere Reality-Shows überragende Einschaltquoten.

Die US-Medien trommelten zum Krieg. Der US-Nachrichtensender MSNBC, damals im Besitz von General Electric, setzte drei Wochen vor dem Einmarsch in den Irak Phil Donahues beliebte Talkshow ab. Die Senderleitung befürchtete, die Show könne zu »einer Heimstatt der liberalen Antikriegs-Agenda werden, während unsere Konkurrenten bei jeder Gelegenheit Flagge zeigen«.[395] Und das taten sie. CNN, Fox News und NBC ließen über 75 Generäle im Ruhestand und weitere Offiziere aufmarschieren, von denen die meisten, wie später bekannt wurde, für Rüstungsfirmen arbeiteten. Mitarbeiter des Pentagons versorgten diese »Verstärker der Botschaft« mit Argumenten, anhand derer sie den Irak als akute Bedrohung darstellten.

Manche bedauerten später die Lügen, mit denen sie den Krieg verkauft hatten. Major Robert Bevelacqua, Analyst des Senders Fox und ehemaliger Angehöriger der US-Spezialeinheit Green Berets, klagte: »Sie sagten: ›Wir müssen euch zu unseren Handpuppen machen und euch die passenden Worte in den Mund legen.‹«[396] Colonel Kenneth Allard, Militäranalyst von NBC, nannte das Programm »gedopte psychologische Kriegführung«. Wie er später einräumte, hatte er »das Gefühl, dass wir verarscht worden waren«.[397] Große Zeitungen und Magazine, darunter die *New York Times*, verbreiteten dieselbe Botschaft. Ein Mitglied der Regierung Bush teilte dem Journalisten Ron Suskind mit, dass er, Suskind, »den Teil der Gesellschaft mit Bezug zur Realität« verkörpere. »Aber so funktioniert die Welt nicht mehr. Wir sind jetzt ein Imperium. Wenn wir handeln, schaffen wir unsere eigene Realität.«[398]

Als Frankreich, Deutschland und Russland mit dem Großteil des UN-Sicherheitsrates die amerikanische Position nicht mittragen wollten, war Bush außer sich. Rumsfeld höhnte: »Bei Europa denkt man an Deutschland und Frankreich. Ich nicht. Ich denke, das ist das alte Europa.«[399] Pommes Frites – *French fries*, »französische Fritten«, wie sie auf Englisch heißen, wurden in der Cafeteria des Kongresses in »*Freedom fries*« – »Freiheitsfritten« – umbenannt, so wie im Ersten Weltkrieg *Sauerkraut* in »*Freedom cabbage*« – »Freiheitskraut« – umgetauft worden war.

Seine neue Strategie legte Bush im Juni 2002 in einer Rede vor Kadetten an der Militärakademie West Point dar: »Wir müssen die Schlacht zum Feind tragen, seine Pläne durchkreuzen und gegen die größten Bedrohungen vorgehen, bevor sie entstehen.«[400] Die USA würden unilateral und präventiv handeln, um jede Regierung zu stürzen, die mutmaßlich ihre Sicherheit bedrohte. Cheney offenbarte den gefährlichen Ansatz der Regierung: »Wenn eine einprozentige Chance besteht, dass pakistanische Wissenschaftler Al-Qaida beim Bau oder der Entwicklung einer Nuklearwaffe unterstützen, müssen wir das in unserer Reaktion als Gewissheit betrachten.«[401] Und Bush betonte: »Wir sind in eine Welt eingetreten, in welcher der einzige Weg zur Sicherheit der des Handelns ist, und diese Nation wird handeln.«[402]

Bush rief zum moralischen Kreuzzug auf. Die Vereinigten Staaten müssten die Freiheit und das Recht verteidigen, weil diese Prinzipien für alle Menschen überall auf der Welt richtig und wahr seien. Seine zutiefst ignorante Überzeugung: »Die moralische Wahrheit ist in jeder Kultur, zu jeder Zeit und an jedem Ort dieselbe.«[403] Sechzig Länder landeten auf Bushs Liste potentieller Angriffsziele.

Unverhohlen redete er dem amerikanischen Exzeptionalismus das Wort. Bruce Bartlett, der in der Reagan- und in der ersten Bush-Administration gedient hatte, erklärte: »Deswegen hat George W. Bush für Al-Qaida und den radikalislamischen Feind ein so scharfes Auge. [...] Er versteht sie, weil er genauso ist wie sie. [...] Er sieht sich wahrhaftig in einer göttlichen Mission. [...] In der Religion geht es einfach darum, Dinge zu glauben, für die empirische Beweise fehlen.«[404] Bush bekannte: »Es gibt mir ein wenig Gelassenheit zu wissen, dass die Mahnung der Bibel ›Dein Wille geschehe‹ im Leben die Richtschnur ist.«[405]

Anfang Oktober 2002 ermächtigte der US-Kongress den Präsidenten, kraft seiner Amtsbefugnis gegen den Irak in den Krieg zu ziehen, wann und mit welchen Mitteln auch immer er es für notwendig hielt – einschließlich des Einsatzes von

Atomwaffen. Die Irak-Resolution stellte eine direkte Verbindung zwischen dem Irak und Al-Qaida her. Auch die Senatoren John Kerry und Hillary Clinton hatten zugestimmt, was beiden später im Rennen ums Präsidentenamt teuer zu stehen kommen sollte. Doch nicht alle ließen sich täuschen. Die Abgeordnete Barbara Lee gab Moral und Vernunft eine Stimme: »Diesen Krieg zu intensivieren und auszuweiten, leistet keinerlei Beitrag zu unserer nationalen Sicherheit. Es bringt uns in noch größere Gefahr. Der Irak war bislang kein Rückzugsort für Terroristen, wie es inzwischen der Fall ist. Nochmals: Es gab keinerlei Verbindung zwischen dem Irak, Saddam Hussein und Al-Qaida. Wir müssen mit dieser Vorstellung aufräumen, damit das amerikanische Volk die Wahrheit erfährt.«[406]

Millionen Demonstranten auf der ganzen Welt gingen auf die Straße. Drei Millionen in Rom, eine Million in London und Hunderttausende in New York. Das Magazin *Time* befragte mehrere hunderttausend Europäer. 84 Prozent gaben an, dass sie die Vereinigten Staaten als die größte Bedrohung für den Frieden ansähen. Nur acht Prozent glaubten, der Irak sei die größte Bedrohung.

Bush schickte Außenminister Colin Powell, das angesehenste Mitglied seiner Regierung, vor den UN-Sicherheitsrat, um für den Krieg gegen den Irak zu werben. Er gab ihm mit: »Dir werden sie vielleicht glauben.«[407] Powell sprach 75 Minuten lang vor der Weltgemeinschaft und verkündete:

> Meine Kollegen, jede Aussage, die ich hier treffe, wird durch Quellen, seriöse Quellen, gestützt. Dies sind keine Behauptungen. Wir geben Ihnen Fakten und Schlussfolgerungen aus soliden nachrichtendienstlichen Erkenntnissen. […] Wir haben aus erster Hand Beschreibungen von Biowaffenfabriken auf Rädern und Schienen. […] Wir wissen, dass der Irak mindestens sieben dieser mobilen Fabriken für biologische Kampfstoffe besitzt. Die auf Lastwagen montierten bestehen jeweils aus mindestens zwei bis drei dieser Fahrzeuge. […] [Die] mobilen

> Produktionsstätten [...] können Anthrax und Botulinumtoxin herstellen. Tatsächlich können sie in einem Monat genügend biologische Wirkstoffe herstellen, um Tausende und Abertausende Menschen zu töten. [...] Nach unserer konservativen Schätzung besitzt der Irak heute Vorräte zwischen 100 und 500 Tonnen an Wirkstoffen für chemische Waffen. [...] [Saddam] ist noch immer entschlossen, Atomwaffen zu erwerben. [...] Worauf ich heute Ihre Aufmerksamkeit lenken möchte, ist die potentiell noch weitaus unheilvollere Verbindung zwischen dem Irak und dem Terrornetzwerk Al-Qaida.[408]

Es war eine beschämende Darbietung, bei der falsche Geheimdienstinformationen verbreitet wurden. Powell nannte sie später den Tiefpunkt seiner Laufbahn. Während seine Rede im Ausland durchfiel, tat sie in der amerikanischen Öffentlichkeit die beabsichtigte Wirkung. Der Rückhalt für den Krieg stieg sprunghaft von 50 auf 63 Prozent an. Die *Washington Post* bezeichnete die in New York aufgetischten Beweise für die angeblichen Massenvernichtungswaffen als »unwiderlegbar«.[409]

Die USA bewegten sich ohne Resolution des Weltsicherheitsrates unaufhaltsam auf den Krieg zu. In Wahrheit waren die Pläne der Regierung noch weitaus finsterer, denn der Irak war für Bush nur die Vorspeise. Für die Zeit nach dem Sieg hatten die Neokonservativen schon den Hauptgang ins Auge gefasst: Pentagon-Beamte sahen einen fünfjährigen Feldzug gegen insgesamt sieben Länder vor, erst gegen den Irak, dann gegen Syrien, den Libanon, Libyen, Somalia, den Sudan und als größten Happen den Iran. Dieser Krieg sollte die Welt nach den Wünschen der Neokonservativen umgestalten.

Allenthalben war vom Imperium die Rede. So titelte das Sonntagsmagazin der *New York Times* am 5. Januar 2003: »Das Amerikanische Imperium – gewöhnt euch daran«. Bush selbst war fraglos ein kühner Visionär. Als junger Mann hatte er stets eine gesetzlose Seite gezeigt. Nun war er dabei, seine übergroße Vaterfigur zu überflügeln, indem er die Grenzen des Völkerrechts verletzte.

Der achtjährige Irakkrieg geriet genau zu dem Debakel, das manche Kritiker vorhergesagt hatten. Er zerriss das soziale Gefüge des Irak. Wie einst der Vietnamkrieg entstellte er das Antlitz Amerikas und polarisierte die Gesellschaft immer stärker, je weiter die Kosten und der Blutzoll auf allen Seiten stiegen. Aber bemerkenswerterweise gewann Bush 2004 die Präsidentschaftswahl mit einem schlichten Appell an den Patriotismus, der noch glühender zu werden habe.

Als Bush 2008 mit den miserabelsten Zustimmungsraten seit Harry Truman aus dem Amt schied, hatte er als Oberkommandierender in zwei Kriegen und bei der Leitung der Hilfsaktion für das überschwemmte New Orleans nach dem Hurrikan Katrina eine erbärmliche Vorstellung abgeliefert. Für die Öffentlichkeit wog aber noch schwerer, dass er auch die Wirtschaft des Landes so schlecht geführt hatte, dass sie 2008 beinahe zusammengebrochen wäre, womit er den Demokraten endgültig die Präsidentschaft sicherte.

Als Bushs Nachfolger Barack Hussein Obama, Sohn eines schwarzen Kenianers und einer weißen Mutter aus Kansas, aufgewachsen in Indonesien und auf Hawaii, im Alter von 47 Jahren Präsident der Vereinigten Staaten wurde, weckte er gewaltige Hoffnungen auf einen Wandel. Mit seinen Äußerungen und seinem Auftreten stand er für das andere, das verfassungstreue, humane, weltoffene und umweltbewusste Amerika.

Obama hatte sich entschieden gegen den Irakkrieg gewandt und in den Vorwahlen, finanziert durch massenhafte Kleinspenden über das Internet, die favorisierte und besser ausgestattete Hillary Clinton überraschend hinter sich gelassen. Anschließend sah er sich dem konservativen Präsidentschaftskandidaten John McCain, einem ehemaligen Militär, gegenüber.

Obama segelte mit Rückenwind. Die Wallstreet und die überflüssigen imperialen Kriege hatten in der Bevölkerung eine Wut geweckt wie wohl seit den frühen 1930er Jahren nicht mehr. Doch dann geschah das Unerwartete. Obama brach sein Versprechen und lehnte als erster Kandidat in einem landesweiten Urnengang die staatliche Wahlkampffinanzierung zugunsten uneingeschränkter privater Spenden ab. McCain, der auf die öffentliche Option setzte, hatte nur halb so viel Geld zur Verfügung. Stillschweigend wandte sich Obama potenten Spendern aus der Finanzwelt zu, so JP Morgan, Goldman Sachs und die Citigroup sowie Großkonzernen wie General Electric und anderen aus den Bereichen Rüstung, Informationstechnik und Pharma. Nach langjähriger Unterstützung für die Republikaner spendeten sie diesmal dem Demokraten dreimal so viel wie McCain – worüber sich damals nur wenige von Obamas Unterstützern beschwerten.

Obamas Sieg in der Präsidentschaftswahl wurde weltweit gefeiert – endlich ein neues Amerika! Während sich die Konservativen dazu verstiegen, ihn als Sozialisten zu geißeln, erwies sich der amerikanische Finanzsektor als größter Gewinner. Obama setzte auf dasselbe Wirtschaftsteam – Timothy Geithner, Larry Summers, Peter Orszag und Rahm Emanuel –, das unter Clinton maßgeblich zur Deregulierung der Wirtschaft beigetragen und so der gegenwärtigen Krise den Boden bereitet hatte. Die *New York Times* wies darauf hin, dass sie alle Gefolgsleute von Clintons außerordentlich mächtigem Finanzminister Robert Rubin gewesen waren.[410]

Nachdem eine Reihe großer Versicherungskonzerne, Investment- und Hypothekenbanken mit spektakulären neuen Instrumenten zur Aufnahme von Fremdkapital und zur Abwicklung waghalsiger Spekulationsgeschäfte die Weltwirtschaft an den Rand einer Katastrophe geführt hatten, prophezeiten sie den endgültigen Ruin, sollten sie selbst nicht vor dem Bankrott bewahrt werden. Das Argument der Systemrelevanz oder des *too big to fail* wirkte, und nur zu gern nahmen die Banken ein von der Bush-Administration im Herbst 2008 zusammengestelltes Rettungspaket über 700 Milliarden Dollar zu bemerkenswert günstigen Bedingungen an. Das Finanzministerium verzichtete sogar darauf, dass die Banker das Staatsgeld der Realwirtschaft oder der Öffentlichkeit als Kredite zur Verfügung stellten oder dass sie ihre Bezüge kürzten. Ebenso wenig sollten die Aktionäre und Wertpapierbesitzer an den Verlusten beteiligt werden, sodass für die Rettungsaktion allein der Steuerzahler aufkommen musste. Das Rettungspaket wurde durch den in Panik geratenen Kongress gepeitscht, die Medien applaudierten. Zusätzlich senkte die US-Notenbank die Zinsen für Banken auf null.

Zweifel am Sinn dieser Rettungsmaßnahmen galten als geradezu unpatriotisch. Manche fragten sich dennoch, ob einige der besonders maroden Institute nicht besser dem Bankrott zu überlassen und zu zerschlagen wären. Sollten diese Giganten nicht den wahren Marktwert ihrer toxischen Papiere zu spüren bekommen? Die Öffentlichkeit wollte eine Abrechnung.

Bald nach Obamas Amtsantritt im Januar 2009 kam es zu einem dieser für Wirtschaftskrisen typischen Hinterzimmergespräche, wie sie Frank Capra in seinem ausdrucksstarken Film *Hier ist John Doe* von 1941 schilderte. Ex-Notenbankchef Paul Volcker drängte Obama zum Handeln: »Diese Typen von der Wall Street, die jahrelang Schulden verkauft haben [statt selbst das Risiko zu tragen], stehen gerade mit entblößter Brust da, man muss die Gelegenheit nutzen und ihnen einen Speer ins Herz jagen.«[411] Aber die Obama-Administration rang sich nicht dazu durch, den Bankensektor einer grundlegenden Reform zu unterziehen.

Als größte Verlierer erwiesen sich mit der Zeit Arbeiter, Rentner, ältere Sparer, Eigenheimbesitzer, kleine Geschäftsleute, junge Leute mit Studienkrediten und all jene, insbesondere Afroamerikaner, die wegen der entstehenden strukturellen Unterbeschäftigung arbeitslos wurden. Viele verloren den hartnäckig gepflegten Glauben an den sprichwörtlichen amerikanischen Traum, in die »Mittelschicht« aufzusteigen. Der Mythos vom gesellschaftlichen Aufstieg zerschellte an der Wirklichkeit. Die Banker oder »Bankster«, so der Spitzname, den sie schon während der Großen Depression in den 1930er Jahren erhalten hatten, redeten von freiwilligen Beschränkungen und heimsten in beiden Jahren nach dem Höhepunkt der Krise Vergütungen in Rekordhöhe ein. Während Vorstandschefs in Großbritannien oder Kanada 2010 das Zwanzig- und in Japan nur das Elffache eines durchschnittlichen Gehalts verdienten, erzielten sie in den USA das 343-fache.

Von 1985 bis 2008 war die Anzahl der Milliardäre von 13 auf 430 angestiegen. Dagegen stagnierte der Mindestlohn zwischen 1997 und 2007 bei 5,15 Dollar pro Stunde. Die Armutsquote kletterte auf den höchsten Stand seit den 1960er Jahren. Das Nettovermögen der amerikanischen Durchschnittsfamilie sank von 126 000 Dollar im Jahr 2007 um 40 Prozent auf 77 000 Dollar 2010. 2011 besaß das reichste Prozent der US-Bevölkerung ein größeres Vermögen als die unteren 90 Prozent.

Der aufgestaute Zorn über die Finanzkrise machte sich in der Occupy-Wall-Street-Bewegung mit ihren Massenprotesten Luft, wie man sie seit den 1930er Jahren nicht mehr erlebt hatte. Die Kluft zwischen Reich und Arm hatte obszöne Ausmaße erreicht. Manche hoben hervor, dass die »Übeltäter des Wohlstands«, wie Teddy Roosevelt sie genannt hatte, nicht einmal das Recht brechen müssten, um die Volkswirtschaft auszuplündern. Über ihre Rechtsberater, Lobbyisten und handverlesenen Abgeordneten hatten sie schließlich maßgeblich an der Gesetzgebung mitgewirkt. Eine andere Art von Wut trieb die rechte Tea Party. Sie wurde von Lobbygruppen wie Americans for Prosperity unterstützt, die weitgehend von den milliardenschweren konservativen Brüdern Charles und David Koch finanziert wurde.

Die verwirrte US-Öffentlichkeit war sich nicht darüber im Klaren, wem sie die lange wirtschaftliche Durststrecke zu verdanken hatte, und bescherte den Republikanern in den Zwischenwahlen 2010 einen durchschlagenden Erfolg. Doch dies sorgte in Washington nur für noch mehr Stillstand und Verwirrung. Obama, dessen Einzug ins Weiße Haus von einer großen Euphorie begleitet worden war, bewegte sich fortan auf einem schmalen Grat. Er vermied zwar fatale Fehler, erfüllte aber ebenso wenig die Hoffnung auf Wandel.

An seinem ersten Tag im Amt hatte er, der ehemalige Dozent für Verfassungsrecht, versprochen, dass »Transparenz und Rechtsstaatlichkeit die Prüfsteine dieser Präsidentschaft« sein würden. Im Amt lehnte er es allerdings ab, die erweiterten Machtbefugnisse, die sich die Regierung Bush angemaßt hatte, wieder abzugeben: Die passiv bleibende Bevölkerung war weiterhin damit einverstanden, auf Flughäfen mit Nacktscannern durchleuchtet, am Telefon und im Internet ausgespäht und für große Programme der inneren und äußeren Sicherheit zur Kasse gebeten zu werden.

Für Obama lohnt es sich politisch nicht, den erhöhten Alarmzustand zu lockern, denn ein einziger Terroranschlag kann in den Medien erneut Hysterie auslösen und unter den Republikanern einen Feuersturm der Empörung entfachen. Seine Gegner würden dann rechthaberisch auf ihre Warnungen verweisen, was ihn seine Präsidentschaft kosten könnte. Die Journalistin Diane Sawyer fragte Obama: »Denken Sie angesichts von all dem, was da auf Sie einstürzt, dass eine Amtszeit vielleicht genügt?« Obama antwortete: »Über das eine bin ich mir im Klaren: Ich bin lieber ein richtig guter Präsident mit einer Amtszeit als ein mittelmäßiger mit zweien.«[412]

Anstatt für Transparenz zu kämpfen, wurde Obama zu einem weitaus effizienteren Organisator des »Sicherheitsstaats«. Wie vor ihm Bush berief er sich in Rechtsstreitigkeiten um Folterungen, außerordentliche Auslieferungen oder illegale Abhöraktionen wiederholt auf das Recht der Regierung, Staatsgeheimnisse zu bewahren. Er verweigerte »illegalen Kombattanten« den Zugang zu grundlegenden Freiheitsrechten, hielt an Militärgerichten fest und genehmigte ohne rechtsstaatliches Verfahren die Tötung eines US-Bürgers im Jemen, dem Verbindungen zu Al-Qaida zur Last gelegt wurden.

Zur Verblüffung von Bürgerrechtsaktivisten verfolgte er noch schärfer, als es in der Bush-Ära der Fall gewesen war, Whistleblower aus Behörden und Staatsorganen sowie Enthüllungsjournalisten auf der Grundlage eines Antispionage-Gesetzes aus dem Ersten Weltkrieg. Waren in 92 Jahren ganze drei solcher Fälle vor Gericht gelandet, so wurden unter Obama sieben Anklagen erhoben. Die Jagd auf Geheimnisverräter war von zweifelhaftem Wert, da sich die meisten Beschuldigten darauf beriefen, dass sie Gesetzesverstöße staatlicher Stellen aufgedeckt hatten.

Die prominentesten Fälle waren der IT-Sicherheitsfachmann Edward Snowden von der NSA sowie Bradley Manning (inzwischen Chelsea Manning), ein Nachrichtenanalyst der US-Armee im Irak, der über 250 000 geheime diplomatische Depeschen, militärische Berichte und Videos der Enthüllungsplattform Wikileaks zuspielte. Die Enthüllungen von US-Kriegsverbrechen im Irak und in Afghanistan sowie die Unterstützung diktatorischer Regime durch die USA in der Region wurden zu einem bedeutenden Katalysator für die Aufstände des Arabischen Frühlings in Ägypten, Tunesien, dem Jemen, Libyen und Bahrain. Dennoch behinderte Obamas Regierung drastisch die Aktivitäten von Wikileaks. Und ihrem Mitbegründer Julian Assange droht nach wie vor eine Anklage.

An alle Whistleblower erging die klare Botschaft: Wer wie Bush und Cheney Kriegsverbrechen begeht, kommt ungeschoren davon. Wer ihre Taten aufdeckt, riskiert seine Laufbahn, saftige Geldbußen oder sogar, wie Manning, eine endlos lange Haftstrafe. Jack Goldsmith, ein führender Verfechter der neuen Verhaltensnormen und Ex-Chef von Bushs Office of Legal Counsel, das im Justizministerium die Regierung rechtlich beriet, beruhigte Cheney und andere besorgte Neokonservative in einem Artikel, in dem er Obama mit Nixon auf seiner Reise nach China verglich. »Die Änderungen, die er vorgenommen hat, sind darauf angelegt, den Großteil von Bushs Programm auf lange Sicht zu festigen«.[413]

Eine neue Schattenwelt war entstanden. 2010 nannte sie die *Washington Post* »eine alternative Geographie der Vereinigten Staaten, ein Amerika der höchsten Geheimhaltungsstufe, verborgen vor dem Blick der Öffentlichkeit«.[414] Fast eineinhalb Millionen Menschen waren einer Sicherheitsüberprüfung der höchsten Stufe unterzogen worden, über 3000 Sicherheitsbehörden und -unternehmen waren aktiv, und die NSA sammelte pro Tag 1,7 Milliarden Kontaktdaten von E-Mails und anderen Formen der Kommunikation.

Der politische Kommentator und Verfassungsrechtler Glenn Greenwald beschrieb diesen Angriff auf die Freiheitsrechte mit dem treffenden Hinweis: »Die zentrale westliche Rechtsgarantie seit der Magna Carta war in den USA im fünften Zusatzartikel der Verfassung kodifiziert worden: Keine Person darf […] ihres Lebens, ihrer Freiheit oder ihres Eigentums ohne ordentliches Gerichtsverfahren beraubt werden.«[415] Dem hätte er den vierten Zusatzartikel der Verfassung hinzufügen können, der dem Bürger das Recht auf Privatsphäre und den Schutz vor unangemessener Durchsuchung und Festnahme garantiert. Ohne rechtsstaatliche Verfahren und das Recht auf Privatsphäre ist jeder der Willkür des Überwachungsstaates ausgeliefert – und das alles im Namen der Abwehr einer hemmungslos übertriebenen Terrorgefahr.

In der Außenpolitik erschien Obama vernünftiger als Bush, insofern er die unilateralen und präventiven Maßnahmen ablehnte, die in der Weltöffentlichkeit für gewaltige Empörung gesorgt hatten. Aber in der Zielsetzung – einer weltweiten Vorherrschaft der USA – unterschied er sich kaum von seinem Vorgänger und setzte sogar auf erschreckend ähnliche Mittel. 2011 fand Bushs ehemaliger NSA- und CIA-Chef General Michael Hayden Trost darin, dass die Kontinuität zwischen den beiden sehr unterschiedlichen Präsidenten nicht zu übersehen war: »Die Amerikaner haben sich bequem in der Mitte getroffen, wenn es darum geht, welches Verhalten ihrer Regierung sie akzeptieren.« Dies nannte er »einen praktischen Konsens«.[416]

Angesichts seiner begrenzten außenpolitischen Erfahrung

umgab sich Obama mit Beratern, die dem Lager der Falken entstammten, darunter Bushs Verteidigungsminister Robert Gates, ein Hardliner aus der Ära von Bill Caseys CIA in den 1980er Jahren. Hillary Clinton als Außenministerin zählte ebenfalls zur Fraktion der Falken. In einer frühen Rede präsentierte sie eine Version der amerikanischen Geschichte, die vor unverblümtem Triumphalismus und Geschichtsvergessenheit nur so triefte: »Lassen Sie es mich also klar sagen: Die Vereinigten Staaten können, müssen und werden in diesem neuen Jahrhundert eine Führungsrolle einnehmen. [...] Der Dritte Weltkrieg, den so viele fürchteten, ist niemals eingetreten. Und viele Millionen Menschen wurden aus der Armut geholt und kamen erstmals in den Genuss ihrer Menschenrechte. Dies waren die Wohltaten einer globalen Architektur, die über viele Jahre von amerikanischen Führern beider politischer Parteien errichtet worden war.«[417] Die Millionen Menschen, die über all die Jahrzehnte im Zuge amerikanischen Eingreifens in ihren Ländern ums Leben kamen, kann man leider nicht mehr nach ihrer Meinung fragen: Menschen aus Hiroshima und Nagasaki, von den Philippinen, aus Mittelamerika, Griechenland, dem Iran, Brasilien, Kuba, dem Kongo, Indonesien, Vietnam, Kambodscha, Laos, Chile, Osttimor, dem Irak und Afghanistan.

Im Afghanistankrieg, den er eine »Notwendigkeit«[418] nannte, verdoppelte Obama gegenüber Bush den Einsatz. Als er 2009 dazu gedrängt wurde, zögerte er zunächst, weitere Truppen zu entsenden. »Ich sehe nicht«, warnte ihn ein Militärberater, »wie Sie sich hier Ihrer Militärhierarchie widersetzen können«[419] und meinte damit, dass das Oberkommando aus Protest womöglich zurücktreten würde. »Kein demokratischer Präsident«, sagte ihm CIA-Direktor Leon Panetta, »kann gegen den Ratschlag des Militärs handeln, schon gar nicht, wenn er um diesen gebeten hat. Also tun Sie es einfach. Tun Sie, was sie sagen.«[420] Als es schließlich zur Entscheidung kam, fehlte Obama der Mut eines John F. Kennedy. Im Dezember kündigte er eine erneute Truppenaufstockung um 30 000 auf fast 100 000 Mann an, also auf ungefähr so viele Soldaten, wie die Sowjets in Afghanistan im Einsatz hatten.

Die Truppenverstärkung kündigte er an der Militärakademie West Point an und erinnerte dabei die Kadetten daran, dass die USA in Afghanistan einmarschiert seien, weil es Al-Qaida Unterschlupf gewährt hatte. Unerwähnt ließ er, dass die wichtigsten Vorbereitungen für die Anschläge vom 11. September 2001 nicht am Hindukusch, sondern in Wohnungen in Deutschland und Spanien sowie an Flugschulen in den USA stattgefunden hatten. Ebenso wenig sagte er, dass von den rund 300 führenden Mitgliedern Al-Qaidas nur fünfzig bis hundert in Afghanistan zurückgeblieben waren, während sich die meisten inzwischen im mit den USA verbündeten Pakistan aufhielten.

Dass der Präsident, der zwei Kriege führte, im selben Monat den Nobelpreis erhielt, stellte an sich schon ein surreales Ereignis dar, das noch überboten wurde, als ihn die Welt den Unilateralismus und die Präventivschläge Amerikas rechtfertigen hörte. 36 Jahre nach der Verleihung an Henry Kissinger hatte der Preis erneut an Wert verloren. Er glaube, so Obama in seiner Dankesrede in Oslo, die USA müssten »auch weiterhin ein Hüter der Regeln für die Kriegführung bleiben. Das ist es, was uns von jenen unterscheidet, die wir bekämpfen.«[421]

Obama fürchtete, in Afghanistan in einem Morast stecken zu bleiben – wie einst Johnson in Vietnam. Die rückständigen Afghanen, ganz überwiegend Analphabeten, lebten in großem Elend. Was sie benötigten, war Wirtschaftshilfe, Bildung und soziale Reformen – nicht noch mehr Krieg. Dennoch gaben die USA 2011 dort 110 Milliarden Dollar für Militärprogramme, aber nur zwei Milliarden für nachhaltige Entwicklung aus. Wie einst in Vietnam entwickelte die Korruption abenteuerliche Ausmaße, als plötzlich phantastische Summen ins Land zu strömen begannen. Zudem trauten die angeblichen Verbündeten NATO und Afghanistan einander nicht über den Weg. Der von den USA gestützte afghanische Präsident Hamid Karzai bot Pakistan Unterstützung für den Fall an, dass der Nachbar gegen die USA Krieg führen sollte. 2012 töteten afghanische Soldaten und Polizisten so regelmäßig US-Soldaten, dass die jeweiligen Streitkräfte stärker voneinander getrennt werden mussten.

Derweil zogen im Dezember 2011 die heruntergekommenen und demoralisierten US-Truppen aus dem Irak ab. Bis dahin waren 4500 Soldaten getötet und weitere 32 000 teils schwer verwundet worden. Die irakischen Verluste beliefen sich, je nach Schätzung, auf 150 000 bis auf über eine Million. Zwei Millionen Iraker waren außer Landes geflohen. Und in einer exquisiten Ironie der Geschichte hatten die Vereinigten Staaten, indem sie den Sunniten Saddam Hussein gestürzt und damit den Schiiten zur Dominanz verholfen hatten, den Irak in einen wertvollen Verbündeten des Iran verwandelt, der am Ende als größter Gewinner des Krieges dastand.

Bushs Apparat hatte die Kosten des Irakkrieges auf 50 bis 60 Milliarden US-Dollar veranschlagt. Rumsfeld hatte alles über 100 Milliarden als »Schwachsinn« bezeichnet. Als Bush 2008 aus dem Amt ausschied, hatten die USA für diesen Krieg bereits rund 700 Milliarden ausgegeben, die Versorgungsleistungen für Veteranen nicht eingerechnet. Ökonomen beziffern die langfristigen Kosten auf bis zu 4 Billionen Dollar.

Mit einer Rede an heimgekehrte Soldaten in Fort Bragg, North Carolina, beendete Obama den Krieg genauso unaufrichtig, wie er begonnen worden war: »Wir lassen einen souveränen, stabilen und eigenverantwortlichen Irak zurück. [...] Anders als die alten Kolonialmächte bringen wir diese Opfer nicht für Gebiete oder Ressourcen. Wir tun es, weil es richtig ist. [...] Vergessen Sie niemals, dass Sie Teil einer ununterbrochenen, sich durch zwei Jahrhunderte ziehenden Linie von Helden sind, [in der auch] [...] Ihre Großeltern und Eltern stehen, die dem Faschismus und dem Kommunismus entgegentraten. [...] [Sie haben] diejenigen der Gerechtigkeit zugeführt, die uns am 11. September angegriffen haben.«[422] Einmal mehr segnete er so Bushs Lüge ab, dass es zwischen dem Irak und den Anschlägen von Al-Qaida eine Verbindung gab. Kaum hatte er seine Worte gesprochen, erschütterte den Irak eine weitere Serie verheerender Selbstmordanschläge. Bis heute taumelt das Land am Rande eines Bürgerkriegs und ist seit Anfang 2014 von den Vorgängen im zerrütteten Nachbarland Syrien direkt betroffen.

Zu den erbittertsten Gegnern beider Kriege zählten die Bürgermeister in den USA, die sich im Juni 2011 in Baltimore mit der Forderung versammelten, die freiwerdenden 126 Milliarden Dollar nach Ende der Kriege in Irak und Afghanistan zur Sanierung der Städte im Land zu verwenden. Bedauernd bemerkte der Bürgermeister von Los Angeles: »Dass wir Brücken in Bagdad und Kandahar anstatt in Baltimore und Kansas City gebaut haben, übersteigt das Vorstellungsvermögen.«[423]

In der erstickenden Dunkelheit dieser Kriege gab es im Mai 2011 dann endlich einen Lichtblick für die längst abgestumpfte amerikanische Bevölkerung. In einer tollkühnen nächtlichen Operation auf fremdem Staatsgebiet brachten Navy SEALs, Soldaten eine Spezialeinheit der Marine, Osama bin Laden zur Strecke, der bis dahin komfortabel in der Nähe von Pakistans angesehenster Militärakademie gelebt hatte. In den USA griff Euphorie um sich, man feierte die Fähigkeiten der SEALs, die bin Laden, einem Akt der Selbstjustiz vergleichbar, hingerichtet und seinen Leichnam im Meer versenkt hatten. Obama galt fortan als tatkräftiger Kriegspräsident, der, anders als Bush, Feinde mit allen notwendigen Mitteln verfolgt. So informierte Obama als Wolf im Schafspelz denn auch gelassen die amerikanische Öffentlichkeit: »Nach einem Schusswechsel töteten sie Osama bin Laden und stellten seinen Leichnam sicher.«[424]

Der gefeierte Film *Zero Dark Thirty* suggerierte sogar, dass zur der Auffindung bin Ladens Folter wirkungsvoll beigetragen habe, obwohl er tatsächlich dank zehnjähriger gewöhnlicher Polizei- und Geheimdienstarbeit lokalisiert werden konnte. Nichtsdestotrotz stand Amerikas Eigenliebe wieder in voller Blüte, ungestört von lästigen Diskussionen darüber, ob ein angeschossener bin Laden nicht hätte festgenommen und vor Gericht gestellt werden können, wie es die USA in den Nürnberger Prozessen getan hatten. Dort hatten sie die NS-Angeklagten entlarvt und vorgeführt. Aber ein Prozess wäre das Letzte gewesen, was die große Mehrheit der Amerikaner gewollt hätte. Wer Folter akzeptierte, konnte mit Selbstjustiz bestens leben.

Aber wer war der eigentliche Sieger? Nach Kosten in Höhe von Billionen Dollar, zwei Kriegen, Hunderttausenden von Toten weltweit, einem endlosen Krieg gegen den Terror, der Einschränkung von Bürgerrechten, einer gescheiterten und einer schwer angeschlagenen Präsidentschaft und dem nur knapp vermiedenen Zusammenbruch des Finanzsystems im Imperium kann man sagen, dass die USA einen Pyrrhussieg errungen hatten, der in Anbetracht seiner Kosten wertlos war.

Bin Laden, der Mann mit der verqueren Vision vom Kalifat, war zwar tot, hatte aber deutlich mehr erreicht, als er sich erträumt hatte. Er hatte das größte und mächtigste Reich in der Geschichte dazu getrieben, seine finsterste Seite zu offenbaren. Und am Ende stand es so klein und machtlos da wie der Zauberer von Oz. Mit seinem »Martyrium« hatte sich bin Laden in den Augen seiner Gefolgsleute einen festen Platz in der Geschichte erobert. Er hatte maßgeblich die alte Weltordnung geschwächt und womöglich sogar zu ihrer Zerstörung beigetragen – ähnlich wie Hannibal oder Attila das antike Rom erschüttert hatten, Robespierre das Ancien Régime, Lenin das zaristische Russland oder auch Hitler das British Empire, dessen Untergang mit Hitlers kurzzeitigem Aufstieg zusammenfiel.

Bin Laden war Geschichte. Aber was würden die Vereinigten Staaten nun tun? Weiterhin von ihren Dämonen geplagt, richteten sie ihren Blick auf China als einer neuen Bedrohung, behandelten Russland unverändert wie eine alte Bedrohung und verunglimpften den Iran, Nordkorea und Venezuela als regionale Bedrohungen.

Auf der Suche nach einer effizienteren, schlankeren Form

der Kriegführung kündete Obama 2012 an, die Infanteriestärke der US Army um 14 Prozent zurückzufahren, was durch ein intensiveres Engagement im Weltall und im Cyberspace kompensiert werden soll. Erstmals in Vietnam zur Aufklärung eingesetzt, war die raketenbestückte Drohne nunmehr das Gesicht der modernen Kriegführung und Obamas Waffe der Wahl. Er persönlich entschied, wer auf der Todesliste landete. Vor dem 11. September 2001 hatten die USA außergesetzliche »gezielte Tötungen« durch andere Nationen abgelehnt und entsprechende Aktionen Israels gegen Palästinenser verurteilt.

Bis 2012 bauten Luftwaffe und CIA eine Armada von 7000 Drohnen auf, die hauptsächlich in Afghanistan, dem Irak und Pakistan zum Einsatz kamen. 2009 hatte Obama ihren Einsatz auf den Jemen ausgeweitet, wo weniger als 300 Kämpfer operierten. Deren Anzahl stieg bis Mitte 2012 auf über tausend an, weil die ständigen US-Drohnenangriffe die jemenitische Bevölkerung gegen die USA aufbrachten und den Terroristen verstärkten Zulauf bescherten. 2012 setzte Obama auch Muammar Gaddafis libysche Unterstützer sowie die islamistischen Rebellen auf den Philippinen und in Somalia auf die Liste für Drohnenziele. Welche Folgen diese Art Kriegführung nach sich zieht, bleibt abzuwarten.

Darüber, wie viele zivile Opfer sie bislang gekostet hat, herrscht zwischen der US-Regierung und Menschenrechtsorganisationen ein heftiger Streit. Als ein Richter den in Pakistan gebürtigen US-Bürger, der als »Time-Square-Bomber« bekannt wurde, fragte, warum er den Tod unschuldiger Frauen und Kinder in Kauf genommen habe, berief dieser sich auf die US-Drohnen, die in Pakistan und Afghanistan regelmäßig Unbeteiligte töteten. Während die Pakistaner die Opfer als Menschen ansahen, waren sie für die Drohnenpiloten nur schwarze Flecken auf dem Bildschirm.

Die Katze war aus dem Sack. Über fünfzig Staaten, den USA freundlich gesonnene wie auch feindselige, hatten sich bis 2012 Drohnen beschafft. Israel, Russland, Indien und der Iran nahmen für sich in Anspruch, die Herstellung dieser tödlichen Waffen zu beherrschen, doch mit dem dynamischsten Programm wartete China auf. Wie einst bei der Atombombe war ein Rüstungswettlauf in Gang gekommen.

In Fortführung von Clintons Erweiterungspolitik hatte Bush die NATO in Osteuropa abermals erweitert und so das Versprechen gebrochen, das einst sein Vater Gorbatschow gegeben hatte. Obama vergrößerte das Bündnis um Albanien und Kroatien. Obwohl die USA 500 Militärbasen im Irak aufgaben, unterhält sie unter Obama neben den geschätzten 6000 Stützpunkten in den USA noch immer knapp tausend weitere rund um den Globus. Bis Ende 2007 hatten sich die USA laut Chalmers Johnson von der Stanford University in 151 von 192 Mitgliedsstaaten der Vereinten Nationen eine Militärpräsenz verschafft.

Im Jahr 2008 entstand mit dem in Deutschland stationierten AFRICOM das sechste Regionalkommando; es koordiniert die wachsende US-Militärpräsenz in Afrika. Das in Miami angesiedelte SOUTHCOM wurde 2010 so umstrukturiert, dass es die Verstärkung der US-Präsenz in Lateinamerika zu leiten vermag. Es kommen Stützpunkte, Überwachungssysteme und Programme zur Drogen- und Aufstandsbekämpfung hinzu, die sich gegen Manifestationen eines »radikalen Populismus« wie dem in Venezuela richten.

Inzwischen verfügt die US-Marine über zehn Flugzeugträgerkampfgruppen, die in internationalen Gewässern patrouillieren. Erstmals seit dem Zweiten Weltkrieg wurde 2008 die Vierte US-Flotte reaktiviert. 2011 fielen auf die USA erstaunliche 78 Prozent der weltweiten Waffengeschäfte. 2013 waren US-Spezialeinheiten in 134 Ländern präsent.

Während der Ära Bush verdoppelten sich die Verteidigungsausgaben auf jährlich 700 Milliarden US-Dollar. Das tatsächliche Pentagon-Budget überschneidet sich zum Teil mit geheimen Haushaltsposten und den Ausgaben anderer Ressorts, doch gaben die USA laut der nichtstaatlichen Organisation National Priorities Project geschätzte 1,2 ihres drei Billionen Dollar umfassenden Jahresetats für Militär, Geheimdienste und innere Sicherheit aus – für eine umfassende Vorherrschaft zu Land, zu Wasser, in der Luft sowie im Weltraum und im Cyberspace. Obwohl diese Ausgaben nach dem Irakkrieg und im Zuge der Haushaltskonflikte im Kongress zurückgefahren wurden, liegen Amerikas Militärausgaben nach wie vor haushoch über denen seiner Rivalen.

Im November 2011 warf Außenministerin Hillary Clinton China den Fehdehandschuh hin: »Während der Irakkrieg abflaut und Amerika seine Streitkräfte aus Afghanistan zurückzieht, stehen die Vereinigten Staaten an einem Wendepunkt.«[425] Unter dem Motto »Amerikas pazifisches Jahrhundert« vertrat sie ein deutlich stärkeres Engagement im asiatisch-pazifischen Raum zwecks Eindämmung Chinas. Beginnend mit dem Opiumkrieg im 19. Jahrhundert wurde China von übermächtigen Gegnern immer wieder gedemütigt, unter anderem von den Briten, Japanern und Russen. Anfang der 1950er Jahre erkämpfte es sich im Koreakrieg gegenüber den USA eine Pattsituation. Allerdings musste Chinas politische Führung 1996 bei einer weiteren Konfrontation um Taiwan mit der Entsendung von Flugzeugträgerkampfgruppen durch die USA eine weitere Demütigung hinnehmen.

China, eine stolze Nation und inzwischen die weltweit zweitgrößte – halb staatliche, halb kapitalistische – Volkswirtschaft, hat die USA als Asiens wichtigster Handelspartner abgelöst. Angesichts seiner wirtschaftlichen Interessen und zum Schutz seiner Schifffahrtsrouten machte sich China daran, sein Militär zu modernisieren. 2012 gab es nach Schätzungen des Pentagons für seine Streitmacht 160 Milliarden US-Dollar aus. Wegen der chronischen Geheimhaltung in Chinas politischem System ist der tatsächliche Etat freilich nicht zu ermitteln. China unterhält nur einen ausländischen Stützpunkt, doch führt seine harte Linie im Streit um rohstoffreiche Seegebiete und Inseln im Ost- und Südchinesischen Meer zu heftigen Spannungen mit seinen Nachbarn in der Region.

Im Innern bleibt die – nur dem Namen nach – kommunistische Regierung politisch rückständig: Entschlossen, das

Land um jeden Preis zu modernisieren, zeigt es zugleich eine brutale Bereitschaft, jeden Widerspruch gegen die Einparteienherrschaft im Keim zu ersticken. Während die westlichen Demokratien mit China Handel treiben, verurteilen sie sein repressives System ohne nennenswerte Erfolge. Beunruhigender ist der Zorn amerikanischer Hardliner, den das Land in letzter Zeit auf sich gezogen hat, die China-Bashing betreiben und Animositäten hegen, die auf die McCarthy-Ära zurückgehen. Hier bahnt sich eine neue Konfrontation an.

Die Hinwendung der USA zu Asien ging damit einher, neue Allianzen zu schmieden, die US-Flotte neu zu gruppieren und ihre modernsten Tarnkappenflugzeuge bis 2017 auf Stützpunkten in Reichweite zu China zu stationieren. Sie festigten die Militärbündnisse mit Chinas Nachbarn, insbesondere mit Japan, Südkorea, Taiwan und den Philippinen, und entsandten im Rahmen der ersten langfristigen Truppenaufstockung im asiatischen Raum seit dem Vietnamkrieg 2500 Marineinfanteristen nach Australien. Erbittert reagierten die Chinesen 2010 und 2011 auf Waffenverkäufe im Wert von 12 Milliarden Dollar an Taiwan und warfen den USA vor, sie versuchten sie militärisch einzukreisen.

Die Ängste, welche die USA bei anderen auslösen, sind keineswegs zu unterschätzen. So räumte 1996 der inzwischen verstorbene Politologe Samuel Huntington ein: »Der Westen eroberte die Welt nicht durch die Überlegenheit seiner Ideen oder Werte oder seiner Religion, […] sondern vielmehr durch seine Überlegenheit bei der Anwendung von organisierter Gewalt. Oftmals vergessen Westler diese Tatsache; Nichtwestler vergessen sie niemals.«[426]

Fortschrittlich gesinnte chinesische Experten befürchten, dass die USA die 1947 verkündete, gegen die Sowjetunion gerichtete Truman-Doktrin wiederbeleben könnten, um China in Schach zu halten. Parallelen zu damals bestehen hinsichtlich der westlichen Empörung über Chinas Innenpolitik. Allerdings halten die Chinesen US-Staatsanleihen im Wert von einer Billion Dollar, sodass sie gegenüber der amerikanischen

Wirtschaft über ein Drohpotential verfügen, wie es die Sowjets niemals besaßen.

Der Historiker Alfred McCoy umriss, was tatsächlich auf dem Spiel steht: »Das Pentagon hofft, bereits bis 2020 mithilfe eines dreistufigen Schildes im Weltraum, der von der Stratosphäre bis zur Exosphäre reicht, den gesamten Globus lückenlos mit ununterbrochen patroullierenden Drohnen zu kontrollieren, die mit wendigen Raketen bestückt sind. [...] Dieser dreistufige Schild soll in der Lage sein, [...] eine gesamte Armee zu blenden, indem ihre Bodenkommunikation, die Bordelektronik ihrer Luftwaffe und die Navigation ihrer Flotte ausgeschaltet werden.«[427] Aber McCoy mahnt, dass in der Vergangenheit schon einige überhebliche Nationen an der Illusion von technischer Unbesiegbarkeit und nachrichtendienstlicher Allwissenheit gescheitert seien, so Deutschland im Zweiten Weltkrieg oder die USA in Vietnam.

Mit bitterer Ironie erinnert McCoy daran, dass das US-amerikanische »Veto der weltweiten tödlichen Schläge« möglicherweise als »Ausgleich für weitere Verluste an Wirtschaftskraft« herhalten müsse. Das Schicksal der USA könne sich »durchaus daran entscheiden, was in diesem sich über Jahrhunderte erstreckenden Zyklus zuerst eintritt: das militärische Debakel, das der Illusion technischer Überlegenheit entspringt, oder neue technologische Machtmittel, die mächtig genug sind, um die globale Vorherrschaft der USA aufrechtzuerhalten«.[428] Aber wie die populären *Star Wars*-Filme zeigen, verwandelt sich eine Nation, welche die Welt durch Technik beherrscht, bald in eine Tyrannei, die sich den Hass ihrer Untertanen zuzieht.

China steigt vielleicht zur ersten neuen Weltmacht des militärischen Atomzeitalters auf. Es wäre desaströs, wenn es dabei dem Modell des US-Imperiums oder des britischen Empire folgte. Der Chauvinismus eines Han-Großreichs würde nicht weniger verheerend wirken als der amerikanische Exzeptionalismus. Der ehemalige stellvertretende US-Verteidigungsminister Joseph Nye bemerkte, dass das Versagen der etablierten Großmächte, die aufstrebenden Mächte Deutschland und Japan in die Weltordnung des 20. Jahrhunderts einzubinden, zum Ausbruch zweier verheerender Weltkriege geführt habe. Man darf nicht zulassen, dass sich Geschichte wiederholt.

Die Chinesen dürfen dem amerikanischen Beispiel nicht folgen. Die USA ihrerseits müssen den Kurs ändern. Henry Wallace sorgte sich darum, wie wohl die Sowjets, nachdem ihnen die USA so übel mitspielten, als Amerika wirtschaftlich und militärisch auf dem hohen Ross saß, in umgekehrter Lage handeln würden. Auch wenn dieser Fall niemals eintrat, so hatte Wallace erkannt, dass es in einem Verdrängungswettbewerb letztlich keinen Sieger gibt.

Am Ende dieses Buchs müssen wir uns mit Blick auf unser amerikanisches Jahrhundert demütig fragen, ob wir in unseren Beziehungen zum Rest der Welt klug und human gehandelt haben in einer Welt, in der nach Angaben des Hilfs- und Entwicklungsverbundes Oxfam die reichsten 85 Personen mehr Wohlstand besitzen als die ärmsten 3,5 Milliarden Menschen. Lagen wir dabei richtig, den Weltpolizisten zu spielen? Waren wir Amerikaner eine Kraft für das Gute, für Verständigung und Frieden? Wir müssen in den Spiegel blicken. Haben wir uns in unserer Selbstverliebtheit selbst in die Verzweiflung getrieben? Der Anspruch auf den Sieg im Zweiten Weltkrieg und die Rechtfertigung der Atombombenabwürfe auf Japan, die sich eigentlich gegen die Sowjetunion richteten, dienen als mythische Begründung für den Anspruch auf Vorherrschaft und nationale Sicherheit, von dem die Eliten des Landes reichlich profitiert haben. Dank der Bombe können wir auch unter den widrigsten Umständen am Ende den Sieg davontragen. Weil wir siegen, haben wir recht, und weil wir recht haben, sind wir die Guten.

Unter diesen Umständen gibt es keine Moral außer der unseren. Außenministerin Madeleine Albright drückte das so aus: »Wenn wir Gewalt einsetzen müssen, dann deshalb, weil wir Amerika sind. Wir sind die unverzichtbare Nation.«[429]

Weil wir die Menschheit mit der Atombombe bedrohen können, werden uns unsere Fehler vergeben, und unsere Grausamkeiten werden als aus gutem Willen begangene Fehltritte gerechtfertigt.

Doch keine Vorherrschaft währt ewig. In der Lebenszeit eines Menschen, der vor dem Zweiten Weltkrieg geboren wurde, sind fünf große Reichs untergegangen: Großbritannien, Frankreich, Deutschland, Japan und die Sowjetunion. Drei weitere brachen schon früher im 20. Jahrhundert zusammen: das Russische, das Habsburger- und das Osmanische Reich. Wenn die Geschichte Regeln folgt, wird auch die amerikanische Vorherrschaft eines Tages enden.

Wir widerstanden klugerweise der Versuchung, ein Kolonialreich zu errichten. Auch würden die meisten Amerikaner jede imperiale Bestrebung ihres Landes leugnen. Wohl deshalb klammern wir uns so verbissen an den Mythos vom amerikanischen Exzeptionalismus, von Amerikas Einzigartigkeit, seinem Wohlwollen und seiner Großzügigkeit. Vielleicht liegt in dieser abstrusen Vorstellung die Saat für Amerikas Rettung: die Hoffnung, dass die Vereinigten Staaten jener Vision gerecht werden, deren Verwirklichung 1945 in greifbare Nähe gerückt schien, als Henry Wallace beinahe Präsident geworden wäre, oder 1953, als kurz nach Eisenhowers Amtsantritt Stalin starb, oder 1963 mit John F. Kennedy und Chruschtschow, oder 1989 mit Bush und Gorbatschow oder 2008 mit Obama. Die Geschichte hat gezeigt, dass sie auch einen anderen Weg hätte einschlagen können. Historische Augenblicke wie die genannten werden in anderer Form wiederkehren. Werden wir bereit sein?

Es lohnt sich, noch einmal an das Telegramm zu erinnern, das Franklin D. Roosevelt an seinem letzten Lebenstag an Churchill schrieb: »Ich würde das sowjetische Problem so klein wie möglich halten, da derlei Schwierigkeiten in der einen oder anderen Form jeden Tag auftauchen und die meisten sich von selbst erledigen.«

In sich verändernden Situationen die Ruhe bewahren, die

Dinge ohne übertriebene Reaktionen geschehen lassen, die Welt durch die Augen unserer Gegner sehen – dorthin gelangt man, wenn man die Bedürfnisse anderer Länder teilt – mit wahrer Empathie und Mitgefühl –, wenn man auf den kollektiven Willen der Menschen vertraut, dieses Zeitalter zu überleben, indem man die Gefahren der atomaren Vernichtung und des Klimakollapses abwendet.

Werden wir unsere Vorstellung vom Exzeptionalismus und unsere Arroganz überwinden können? Kommen wir ohne das Dominanzgerede aus? Müssen wir weiter Gott um seinen Segen bitten, damit er uns über andere Nationen erhebt? Auch wenn Hardliner und Nationalisten widersprechen mögen, so hat ihr Weg sich doch als der falsche erwiesen. In den 1970er Jahren sagte mir eine junge Frau: »Wir müssen diesen Planeten feminisieren.« Damals hielt ich das für einen seltsamen Gedanken, aber inzwischen habe ich erkannt, dass die Liebe voller Kraft ist – wahre Kraft in wahrer Liebe. Lasst uns einen Weg zurück zur Achtung vor dem Gesetz finden, nicht vor dem des Dschungels, sondern vor dem der Zivilisation, um das wir uns einst versammelten, um unsere Differenzen zu überwinden und das wahrhaft Wichtige zu bewahren.

Herodot erklärte im 5. Jahrhundert vor Christus, dass sein Geschichtswerk geschrieben wurde »in der Hoffnung, die Erinnerung an das, was Menschen taten, vor dem Untergang zu bewahren«. Aus diesem Grund dreht sich Geschichte nicht nur um Gewalt und Tod, sondern auch um Ehre, Errungenschaften, Güte, Gedenken – und Zivilisation. Sich an die Vergangenheit zu erinnern, weist einen Weg in die Zukunft, auf dem wir uns einem Kleinkind gleich Schritt für Schritt vorantasten, um irgendwann nach den Sternen zu greifen. Vor einem halben Jahrhundert ermahnte uns John F. Kennedy: »Denn letztlich bildet die Tatsache, dass wir alle Bewohner dieses Planeten sind, das uns im Tiefsten gemeinsame Band. Wir alle atmen die gleiche Luft, uns allen liegt die Zukunft unserer Kinder am Herzen, und wir sind alle sterblich.«[430]

Anhang

Danksagung

Ein Projekt dieser Größenordnung bedarf der Unterstützung, Hilfe und Vorarbeit einer großen Anzahl Menschen. Für dieses Buch stehen wir in der Schuld von Peters Kollegen und Studenten an der Geschichtsfakultät der American University. Max Paul Friedman stellte sein Expertenwissen zur Geschichte der amerikanischen Außenpolitik in unsere Dienste; er las das gesamte Manuskript mit penibler Sorgfalt, forderte einige unserer Interpretationen heraus und bewahrte uns vor vielen kleinen und auch einigen großen Fehlern. Weil die Beziehungen zwischen den USA und der Sowjetunion respektive Russland eine so zentrale Stellung in unserer Geschichte einnehmen, nahmen wir in großem Umfang das Fachwissen des russischen Historikers Anton Fedyashin in Anspruch, der stets bereit war, unsere Fragen zu beantworten und russischsprachige Quellen zu überprüfen, um sicherzustellen, dass wir alles richtig verstanden. Zu Peters anderen Kollegen, die mit großer Geduld Fragen zu ihren jeweiligen Fachgebieten beantworteten, gehören die Professoren Mustafa Aksakal, Richard Breitman, Phil Brenner, Ira Klein, Allan Lichtman, Eric Lohr und Anna Nelson.

Unter den Doktoranden, die an diesem Projekt mitwirkten, waren Eric Singer und Ben Bennett unentbehrlich, die an verschiedensten Forschungsaufgaben mitarbeiteten – wofür sie einen großen Teil ihrer eigenen Forschungs- und Schreibzeit opferten. Eric war ein Meister darin, obskure Informationen aufzuspüren, die niemand sonst finden konnte. Ben widmete sich neben seinen vielen anderen Beiträgen der Suche nach dem Bildmaterial, das diesem Buch eine so wichtige Dimension hinzufügt. Zu weiteren früheren und aktuellen Doktoranden, die intensiv an diesem Projekt mitarbeiteten, gehören Rebecca DeWolf, Cindy Gueli, Vincent Intondi, Matt Pembleton, Terumi Rafferty-Osaki und Jay Weixelbaum. Zusätzliche Forschungsunterstützung und nützliche Hinweise verdanken wir Daniel Cipriani, Nguyet Nguyen, David Onkst, Allen Pietrobon, Arie Serota und Keith Skillin.

Auch zahllose Freunde und Kollegen leisteten uns während der Arbeit an diesem Projekt unschätzbare Hilfe. Daniel Ellsberg war über die Maßen großzügig mit Einsichten, Vorschlägen, kritischen Kommentaren und enthusiastischer Unterstützung. Sein Wissen um einen Großteil der hier erzählten Geschichte ist unübertroffen. Zu den anderen Wissenschaftlern, die uns großzügig Zeit und Wissen schenkten, Fragen beantworteten und Quellen vorschlugen, gehören Gar Alperovitz, Robert Berkowitz, Bill Burr, Bob Dreyfuss, Carolyn Eisenberg, Ham Fish, Michael Flynn, Irena Grudzinska Gross, Hugh Gusterson, Anita Kondoyanidi, Bill Lanouette, Milton Leitenberg, Robert Jay Lifton, Arjun Makhijani, Ray McGovern, Roger Morris, Satoko Oka Norimatsu, Robert Norris, Robert Parry, Leo Ribuffo, Jonathan Schell, Peter Dale Scott, Mark Selden, Marty Sherwin, Chuck Strozier, Janine Wedel und Larry Wittner.

Weil das Projekt sich über einen so langen Zeitraum erstreckte, mussten wir unterwegs Abschied von vier unserer größten Unterstützer nehmen – von Howard Zinn, Bob Griffith, Charlie Wiener und Uday Mohan.

Barbara Koeppel war eine zusätzliche Hilfe beim Bildmaterial und bei den Bildunterschriften. Erin Hamilton lieferte wertvolle Einsichten zu Chile, und Matt Smith und Clement Ho von der Bibliothek der American University erwiesen sich höchst hilfsbereit bei der Suche nach Quellen und bei weiteren Aufgaben. Das Team bei Gallery Books tat alles, was in seiner Macht stand, um unsere nicht selten aufwändigen Wünsche zu erfüllen, während wir versuchten, die beiden Projekte – Buch und Film – termingerecht fertigzustellen. Besonderer Dank gebührt unserem Lektor, Jeremie Ruby-Strauss und seiner Assistentin Heather Hunt. Zudem danken wir Louise Burke, Jen Bergstrom, Jessica Chin, Emily Drum, Elisa Rivlin, Emilia Pisani, Tricia Boczkowski, Sally Franklin, Jen Robinson, Larry Pekarek sowie Davina Mock, Peters Tochter Lexie und seine Frau Simki Kuznick halfen bei der Recherche und bei den Anmerkungen, und Simki arbeitete sich geduldig – und mit dem Geschick eines Lektors und dem Auge eines Poeten – durch zahllose Fassungen des Manuskripts.

Anmerkungen

1 William Jennings Bryan, *Speeches of William Jennings Bryan,* Bd. 2, New York 1909, S.17 und 24 ff. Eine exzellente Biographie von Bryan liegt vor mit Michael Kazin, *A Godly Hero. The Life of William Jennings Bryan,* New York 2006. Deutsche Übersetzung nach http://www.citation.sured.info/thomas-jefferson-politik-de-474.php

2 Philip Sheldon Foner, *History of the Labor Movement in the United States,* Bd. 2, *From the Founding of the A.F. of L. to the Emergence of American Imperialism,* New York 1975, S. 50.

3 Kenneth Wythe, *The Uncrowned King. The Sensational Rise of William Randolph Hearst.* Berkeley 2009, S. 406.

4 Robert L. Beisner, *Twelve Against Empire. The Anti-Imperialists 1898–1900,* New York 1968, S. xiv.

5 Mark Twain, »To the Person Sitting in Darkness«, in: *North American Review* 172 (Februar 1901), S. 164.

6 Lewis Gould, *The Presidency of William McKinley*, Lawrence, Kansas 1980, S. 140 ff.

7 Stuart Creighton Miller, *Benevolent Assimilation. The American Conquest of the Philippines, 1899–1903,* New Haven, CT, 1982, S. 211.

8 David Howard Bain, *Sitting in Darkness. Americans in the Philippines,* New York 1984, S. 84.

9 Stephen Kinzer, *Overthrow. America's Century of Regime Change from Hawaii to Iraq,* New York 2006, S. 52 f. (Dt. Ausg.: *Putsch! Zur Geschite des amerikanischen Imperialismus,* Frankfurt/Main 2007.

10 Howard Zinn und Anthony Arnove, *Voices of a People's History of the United States,* New York [2]2009, S. 251 f.

11 Ebenda, S. 350.

12 George C. Herring, *From Colony to Superpower,* U.S. Foreign Relations Since 1776, New York 2008, S. 399.

13 https://en.wikiquote.org/wiki/Woodrow_Wilson.

14 Ray Ginger, *The Bending Cross. A Biography of Eugene Victor Debs,* New Brunswick, NJ, 1949, S. 328.

15 Zinn, *A People's History of the United States,* S. 358.

16 Ebenda, S. 358 f.

17 Nell Irvin Painter, *Standing at Armageddon. The United States, 1877–1919,* New York 1987, S. 336.

18 *The Public Papers of Woodrow Wilson. War and Peace (1917–1924),* New York 1927, S. 551 f.

19 Woodrow Wilson, *Essential Writings and Speeches of the Scholar-President,* New York 2006, S. 36.

20 Robert K. Murray, *Red Scare. A Study in National Hysteria 1919–1920,* New York 1955, S. 124–129.

21 »Leatherneck legends; Swapping some sea stories at the birthday ball? […]«, in: *Marine Corps Times,* 22. November 2004.

22 Donald R. Hickey, Susan A. Wunder und John R. Wunder, *Nebraska Moments,* Nebraska 2007, S. 198.

23 Ernest Hemingway, *A Moveable Feast. The Restored Edition,* New York 2009, S. 61.

24 Liaquat Ahamed, *Lords of Finance. The Bankers Who Broke the World,* New York 2009.

25 Stephen A. Schuker, *American »Reparations« to Germany 1919–1933. Implications for the Third-World Debt Crisis,* Princeton 1988, S. 121.

26 »Gen. Butler urges Bonus Army to stick«, in: *New York Times,* 20. Juli 1932.

27 »Text of New President's Address at Inauguration,« *Los Angeles Times,* 5. März 1933.

28 Jean Edward Smith, *FDR*, New York 2007, S. 316.

29 John C. Culver und John Hyde, *American Dreamer. The Life and Times of Henry A. Wallace,* New York 2000, S. 123 ff.

30 Ebenda.
31 Alan J. Lichtman, *White Protestant Nation. The Rise of the American Conservative Movement,* New York 2008, S. 70.
32 Zit. nach Gregory L. Schneider, *The Conservative Century. From Reaction to Revolution*, Lanham, Maryland, 2009, S. 26 f.
33 »Morgan Testifies as Nye Bares Data on War Loans Curbs«, in: *New York Times,* 8. Januar 1936.
34 Joshua Karliner, *The Corporate Planet. Ecology and Politics in the Age of Globalization,* San Francisco 1997, S. 245, Anm. S. 38.
35 Edwin Black, *Nazi Nexus. America's Corporate Connections to Hitler's Holocaust,* Washington, DC, 2009, S. 10.
36 Charles A. Lindbergh, *Charles A. Lindbergh. Autobiography of Values.* New York 1977, S. 177.
37 Wayne S. Cole, *Charles A. Lindbergh and the Battle Against American Intervention in World War II.* New York 1974, S. 131.
38 David M. Kennedy, *Freedom from Fear. The American People in Depression and War, 1929–1945,* New York 1999, 398 ff.
39 Edmund Wilson, *Travels in Two Democracies,* New York 1936, S. 321.
40 Edmund Wilson, »The Literary Consequences of the Crash«, in: ders., *The Shores of Light. A Literary Chronicle of the Twenties and Thirties,* New York 1952, S. 408.
41 William L. Shirer, *The Rise and Fall of the Third Reich. A History of Nazi Germany,* New York 1960, S. 293. (Dt. Ausg.: *Aufstieg und Fall des Dritten Reiches*, 2. Bde., München 1963.)
42 Charles Hurd, »President Moves«, in: *New York Times,* 31. März 1940.
43 Henry A. Wallace, *Democracy Reborn*, New York 1944, S. 154 f.
44 Samuel I. Rosenman, *Working with Roosevelt,* New York 1952, S. 218.
45 Culver und Hyde, *American Dreamer*, S. 456 f. und 222 f.
46 Sidney Blumenthal, »The imperial vice presidency«, Salon.com, 28. Juni 2007, abgerufen am 22. September 2007.
47 Turner Catledge, »Our Policy Stated«, in: *New York Times,* 24. Juni 1941.

48 Elliott Roosevelt, *Wie er es sah*, Zürich 1947, S. 48 f.

49 Ebenda, S. 58 f.

50 Ebenda, S. 41 ff.

51 Ebenda, S. 57.

52 Ebenda, S. 60.

53 Ronald H. Spector, *In the Ruins of Empire. The Japanese Surrender and the Battle for Postwar Asia*, New York 2007, S. 95.

54 Allan M. Winkler, *Life Under a Cloud. American Anxiety About the Atom*, New York 1993, S. 36. (Wortlaut des deutschen Zitats nach: http://www.dolacek.de/einstein.htm)

55 Henry A. Wallace, *The Price of Vision. The Diary of Henry A. Wallace 1942–1946*, hg. von John Morton Blum, New York 1973, S. 471 und 500.

56 Herbert Feis, *Churchill, Roosevelt, Stalin. The War They Waged and the Peace They Sought*, Princeton, NJ, 1957, S. 42.

57 David M. Kennedy, *Freedom from Fear. The American People in Depression and War 1929–1945*, New York 1999, S. 573.

58 Ebenda, S. 585.

59 A. J. P. Taylor, *The Second World War. An Illustrated History*, New York 1975, S. 168.

60 *Time*, 4. Januar 1943.

61 *Life*, 29. März 1943.

62 John Lewis Gaddis, *The United States and the Origins of the Cold War 1941–1947*, New York 1972, S. 119. (Deutscher Wortlaut nach: http://www.spiegel.de/spiegel/print/d-46209553.html)

63 Elliott Roosevelt, *Wie er es sah*, S. 234.

64 H. W. Brands, *The Devil We Knew. Americans and the Cold War*, New York 1993, S. 6.

65 *The public papers and Addresses of Franklin D. Roosevelt. 1943: The Tide turns*, Ann Arbor 2005, S. 538.

66 Wallace, *The Price of Vision*, S. 635–640.

67 Ebenda, S. 208.

68 A. J. Baime, *The Arsenal of Democracy. FDR, Detroit, and an Epic Quest to Arm an America*, New York 2014, S. 157.

69 James Waterman Wise, *Meet Henry Wallace*, 1948, S. 35.

70 *Life*, 24. November 1972.
71 Arnold A. Offner, *Another Such Victory. President Truman and the Cold War, 1945–1953,* Stanford, CA, 2002, S. 9.
72 Arthur Sears Henning, »How Boss Rule and Roosevelt Named Truman«, in: *Chicago Tribune,* 25. Juli 1944.
73 Culver und Hyde, *American Dreamer,* S. 360.
74 Ebenda, S. 364.
75 Thomas Kielinger, *Winston Churchill. Der späte Held,* München 2014, S. 313.
76 Ebenda, S. 312.
77 Warren F. Kimball, *The Juggler. Franklin Roosevelt as Wartime Statesman,* Princeton, NJ, 1991, S. 144.
78 Lloyd C. Gardner, *Approaching Vietnam. From World War II through Dienbienphu,* New York 1988, S. 25.
79 Kimball, *The Juggler*, S. 149.
80 Elliot Roosevelt, *Wie er es sah,* S. 278.
81 Doris Kearns Goodwin, *No Ordinary Time: Franklin & Eleanor Roosevelt. The Home Front in World War II,* New York 1994, S. 584.
82 Gaddis, *The United States and the Origins of the Cold War,* S. 163.
83 Kenneth W. Thompson, *Cold War Theories. World Polarization 1943–1953,* Baton Rouge 1981, S. 103.
84 Ebenda.
85 »Report of President Roosevelt in Person to the Congress on the Crimea Conference«, in: *New York Times,* 2. März 1945.
86 Tsuyoshi Hasegawa, *Racing the Enemy. Stalin, Truman, and the Surrender of Japan,* Cambridge, MA, 2005, S. 43.
87 Harry S. Truman, *Memoirs by Harry* S. *Truman. 1945: Year of Decisions,* New York 1955, S. 31. (Dt. Ausg.: *Memoiren*, Stuttgart 1955/1956.)
88 Ebenda, S. 21.
89 Donald C. Watt, *Succeeding John Bull. America in Britain's Place, 1900–1975,* New York 1984, S. 105.
90 Robert H. Ferrell (Hg.), *Off the Record. The Private Papers of Harry* S. *Truman,* Columbia, MO, 1980, S. 17.

91 Truman, *Memoirs by Harry* S. *Truman. 1945,* S. 86.

92 »WPB Aide Urges U.S. to Keep War Set-up«, in: *New York Times*, 20. Januar 1944.

93 Lloyd C. Gardner, *A Covenant with Power. America and World Order from Wilson to Reagan,* New York 1984, S. 63.

94 Gaddis, *The United States and the Origins of the Cold War,* S. 205.

95 Martin J. Sherwin, *A World Destroyed. Hiroshima and the Origins of the Arms Race,* New York 1987, S. 172ff. und S. 180–183; Elizabeth Kimball MacLean, *Joseph E. Davies. Envoy to the Soviets,* New York 1992, S. 136–140; Walter Isaacson und Evan Thomas, *The Wise Men. Six Friends and the World They Made. Acheson, Bohlen, Harriman, Kennan, Lovett, McCloy,* New York 1986, S. 279.

96 http://www.duden.de/rechtschreibung/Empathie

97 Winston Churchill, *Triumph and Tragedy. The Second World War,* Bd. 6, Boston 1953, S. 214f. (Dt. Ausg: *Triumph und Tragödie,* Bd. 6, *Der Zweite Weltkrieg,* Bern 1953.)

98 »Text of Kennedy's Address Offering ›Strategy of Peace‹ for Easing the Cold War«, in: *New York Times,* 11. Juni 1963. (Deutscher Wortlaut nach: http://www.jfklibrary.org/JFK/Historic-Speeches/Multilingual-American-University-Commencement-Address/Multilingual-American-University-Commencement-Address-in-German.aspx.)

99 Kai Bird und Martin J. Sherwin, *American Prometheus. The Triumph and Tragedy of J. Robert Oppenheimer,* New York 2005, S. 304. (Dt. Ausg.: *J. Robert Oppenheimer. Die Biographie,* Berlin 2009.)

100 Hasegawa. *Racing the Enemy*, S. 181.

101 Allan Nevins, »How We Felt About the War«, in: *While You Were Gone. A Report on Wartime Life in the United States,* hg. von Jack Goodman, New York 1946, S. 13.

102 John W. Dower, *War Without Mercy. Race and Power in the Pacific War,* New York 1986, S. 85.

103 »The Enemy: Perhaps He Is Human«, in: *Time,* 5. Juli 1943, S. 29.

104 Dower, *War Without Mercy*, S. 90.
105 Ebenda, S. 78.
106 Harry S. Truman, *Dear Bess. The Letters from Harry to Bess Truman 1910–1959*, hg. von Robert H. Ferrell, Columbia: University of Missouri Press, 1998, S. 39.
107 Peter Kuznick, »We Can Learn a Lot from Truman the Bigot«, in: *Los Angeles Times*, 18. Juli 2003; Stuart Creighton Miller, *Benevolent Assimilation. The American Conquest of the Philippines 1899–1903*, New Haven, CT, 1982, S. 183.
108 James Carroll, *House of War. The Pentagon and the Disastrous Rise of American Power*, New York 2006, S. 25.
109 Ebenda, S. 86 f.
110 Thomas Powers, »Nuclear Winter and Nuclear Strategy«, in: *The Atlantic Monthly*, November 1984, S. 53–64.
111 Gar Alperovitz, *The Decision to Use the Atomic Bomb and the Architecture of an American Myth*, New York 1996, S. 352. (Dt. Ausg.: *Hiroshima. Die Entscheidung für den Abwurf der Bombe*, Hamburg 1995.)
112 Robert J. Lifton und Greg Mitchell, *Hiroshima in America. A Half Century of Denial*, New York 1995, S. 133.
113 Robert S. McNamara, »We Need International Rules for War«, in: *The Gazette*, 9. August 2003.
114 Alperovitz, The Decision to Use the Atomic Bomb, S. 147.
115 Sherwin, *A World Destroyed*, S. 62.
116 Der vollständige Bericht findet sich unter anderem im Anhang zu Alice Kimball Smith, *A Peril and A Hope. The Scientists' Movement in America 1945–47*, Chicago 1965, S. 560–572.
117 William Lanouette mit Bela Szilard, *Genius in the Shadows. A Biography of Leo Szilard, the Man Behind the Bomb*, Chicago 1992.
118 Harry S. Truman, *Off the Record: The Private Papers of Harry S. Truman*, hg. von Robert H. Ferrell, New York 1980, S. 53.
119 Combined Chiefs of Staff, 643/3, »Estimate of the Enemy Situation, as of 6 July«, 8. Juli 1945, RG 218, Central Decimal Files, 1943–1945, CCS 381, 6/4/45, Sekt. 2, PT. S. 5.

120 Hasegawa, *Racing the Enemy,* S. 72 f.
121 Alperovitz, *The Decision to Use the Atomic Bomb,* S. 20.
122 Sherwin, *A World Destroyed,* S. 235.
123 Harry S. Truman, *Off the Record,* S. 53.
124 Hasegawa, *Racing the Enemy,* S. 133 f.
125 John W. Dower, *Embracing Defeat. Japan in the Wake of World War II,* New York 1999, S. 282 f.
126 Henry L. Stimson, Tagebuch, 22. Juli 1945, Sterling Memorial Library, Yale University.
127 Tsuyoshi Hasegawa, *The End of the Pacific War. Reappraisals,* Stanford 2007, S. 169.
128 Stimson, Tagebuch, 22. Juli 1945.
129 Fletcher Knebel und Charles W. Bailey, »The Fight over the Atom Bomb«, in: *Look,* 13. August 1963, S. 20. Dazu, dass Groves Truman gegenüber abstritt, ihn als einen »kleinen Jungen auf einem Schlitten« bezeichnet zu haben, siehe Alperovitz, *The Decision to Use the Atomic Bomb,* S. 780, Anm. 39.
130 Truman, *Off the Record,* S. 55.
131 »Ike on Ike«, in: *Newsweek,* 11. November 1963, S. 107.
132 Dorris Clayton James, *The Years of MacArthur 1941–1945,* Bd. 2, Boston 1975, S. 775.
133 Lifton und Mitchell, *Hiroshima in America,* S. 11.
134 »Giles Would Rule Japan a Century«, in: *New York Times,* 21. September 1945.
135 Alperovitz, *The Decision to Use the Atomic Bomb,* S. 336.
136 Hasegawa, *Racing the Enemy,* S. 179 f.
137 »The Greatest Thing in History«, in: *Life*, 24. Oktober 1955, S. 103.
138 James W. Douglass, *JFK and the Unspeakable. Why He Died and Why It Matters,* Maryknoll, NY, 2008, S. 1.
139 Wallace, *The Price of Vision*, S. 475.
140 Tsuyoshi Hasegawa, »The Atomic Bombs and the Soviet Invasion: What Drove Japan's Decision to Surrender?«, in: *The Asia-Pacific Journal. Japan Focus,* siehe unter www.japanfocus.org/-Tsuyoshi-Hasegawa/2501.
141 Hasegawa, *Racing the Enemy,* S. 237.

142 Charles T. O Reilly und William A. Rooney, *The Enola Gay and the Smithsonian Institution*, Jefferson, NC, 2005, S. 138.

143 Freeman J. Dyson, *Weapons and Hope*, New York 1985, S. 121; William Shakespeare, *Macbeth*, 3. Akt, 4. Szene, siehe unter http://gutenberg.spiegel.de/buch/macbeth-2182/1

144 Sadao Asada, »The Mushroom Cloud and National Psyches«, in: *Living with the Bomb*, hg. von Laura Hein und Mark Selden, Armonk, NY, 1997, S. 179.

145 Paul Fussell, »Thank God for the Atom Bomb. Hiroshima – A Soldier's View«, in: *New Republic*, 26. und 29. August 1981, S. 28 ff.

146 Wallace, *The Price of Vision*, S. 497.

147 Ebenda, S. 496 ff.

148 Henry L. Stimson und McGeorge Bundy, *On Active Service in Peace and War*, New York 1948, S. 643 f.

149 Wallace, *The Price of Vision*, S. 483.

150 Carroll, *House of War*, S. 118.

151 Bird und Sherwin, *American Prometheus*, S. 332.

152 Vladislav M. Zubok, *A Failed Empire. The Soviet Union in the Cold War from Stalin to Gorbachev*, Chapel Hill 2007, S. 354, Anmerkungen 120 und 121.

153 Margaret Truman, *Harry S. Truman*, New York 1973, S. 555.

154 Steve Kettmann, »Politics 2000«, siehe unter www.salon.com/politics2000/feature/2000/03/20/rice.

155 Thomas J. Fleming, *The New Dealer's War. Franklin D. Roosevelt and the War within World War II*, New York 2001, S. 398.

156 Warren F. Kimball, *Forged in War. Roosevelt, Churchill, and the Second World War*, New York 1997, S. 140.

157 Gregg Herken, *The Winning Weapon. The Atomic Bomb in the Cold War*, New York 1982, S. 48.

158 Memorandum des Befehlshabenden Generals, Manhattan Engineer District, 2. Januar 1946, *Foreign Relations of the United States, 1946*, Bd. 1, Washington, DC, 1972, S. 1197 ff.

159 »Text of Churchill Plea for Alliance«, in: *Los Angeles Times*, 6. März 1946.

160 »Mr. Churchill's Warning«, in: *New York Times,* 7. Juni 1946.

161 »Soviet Chief Calls Churchill Liar, Warmonger«, in: *Chicago Tribune,* 14. März 1946.

162 »Mr. Churchill's Plea«, in: *Chicago Tribune,* 7. März 1946.

163 »Churchill Plea Is ›Shocking‹ to 3 Senators«, in: *Washington Post,* 7. März 1946.

164 Henry Wallace, 12. April 1946, RG 40, Department of Commerce; Entry 1, *General Records of the Department of Commerce,* Office of the Secretary, General Correspondence; Box 1074, Akte »104251/6«, 2 von 7, National Archives, Washington, D. C.

165 »Dr. Butler Urges Iran Oil Sharing«, in: *Los Angeles Times,* 25. März 1946.

166 »Nation: Good Old Days«, in: *Time,* 28. Januar 1980, S. 13.

167 Henry A. Wallace, »The Way to Peace«, 12. September 1946, in: ders., *The Price of Vision. The Diary of Henry A. Wallace, 1942–1946,* hg. von John Morton Blum, Boston 1973, S. 661–668.

168 Wallace, *The Price of Vision,* S. 406.

169 Robert J. Donovan, *Conflict and Crisis. The Presidency of Harry S Truman,* New York 1977, S. 227.

170 Lloyd C. Gardner, *Three Kings. The Rise of an American Empire,* New York 2009, S. 48.

171 »Text of President Truman's Speech on New Foreign Policy«, in: *New York Times,* 13. März 1947.

172 »Henry Wallace Answers President Truman [Advertisement]«, in: *New York Times,* 18. März 1947; »Truman Betraying U.S. Wallace Says«, in: *New York Times,* 14. März 1947; Culver und Hyde, *American Dreamer,* S. 436 f.

173 Lloyd C. Gardner, *Architects of Illusion,* Chicago 1970, S. 221; Anne O'Hare McCormick, »Open Moves in the Political War for Europe«, in: *New York Times,* 2. Juni 1947.

174 Lawrence S. Wittner, *American Intervention in Greece 1943–49,* New York 1982, S. 262 f.

175 Lorraine M. Lees, *Keeping Tito Afloat. The United States, Yugoslavia and the Cold War,* University Park, PA, 1993, S. 54;

John Lewis Gaddis, *Russia, The Soviet Union, and the United States. An Interpretive History,* New York 1978, S. 192.

176 Lloyd C. Gardner, *Spheres of Influence. The Great Powers Partition Europe, From Munich to Yalta,* Chicago 1993, S. 265.

177 Gary Wills, *Bomb Power. The Modern Presidency and the National Security State,* New York 2010, S. 74.

178 Ellen Schrecker, *Many Are the Crimes. McCarthyism in America,* Princeton, NJ, 1998, S. 287.

179 Arnold A. Offner, *Another Such Victory. President Truman and the Cold War 1945–1953,* Stanford, CA, 2002, S. 192.

180 George Catlett Marshall, *The Papers of George Catlett Marshall,* Bd. 6, Baltimore 2013, S. 148.

181 Ebenda, S. 319.

182 U.S. Chamber of Commerce, *Nation's Business,* Bd. 50, Nr. 8, August 1962, Washington, D.C.

183 Marshall, *The Papers of George Catlett Marshall,* S. 241.

184 Offner, *Another Such Victory,* S. 213.

185 Christopher Simpson, *Blowback. America's Recruitment of Nazis and Its Effects on the Cold War,* New York 1988, S. 65. (Dt. Ausg.: *Der amerikanische Bumerang. NS-Kriegsverbrecher im Sold der USA,* Wien 1998.)

186 William Stivers, »The Incomplete Blockade. Soviet Zone Supply of West Berlin, 1948–1949«, in: *Diplomatic History* 21, Herbst 1997, S. 569f.; Carolyn Eisenberg, »The Myth of the Berlin Blockade and the Early Cold War«, in: Ellen Schrecker (Hg.), *Cold War Triumphalism. The Misuse of History After the Fall of Communism,* New York 2004, S. 174–200.

187 Carolyn Woods Eisenberg, *Drawing the Line. The American Decision to Divide Germany 1944–1949,* New York 1998, S. 440.

188 Culver und Hyde, *American Dreamer,* S. 456f.

189 Samuel Walker, *Henry Wallace and American Foreign Policy,* Westport, VA, 1967, S. 184f.

190 Culver und Hyde, *American Dreamer,* S. 466f.

191 Ebenda, S. 464–470.

192 Harry Truman, »Statement by the President on Announcing

the First Atomic Explosion in the U.S.S.R., 23. September 1949«, *Public Papers of the Presidents. Harry* S. *Truman 1945–1953,* Truman Library.

193 Bird und Sherwin, *American Prometheus*, S. 417.

194 *Time*, 20. Juni 1949.

195 *Life*, 20. Dezember 1948, S. 16.

196 Zubok, *A Failed Empire*, S. 78.

197 Lloyd C. Gardner, »The Dulles Years: 1953–1959«, in: *From Colony to Empire: Essays on the History of American Foreign Relations*, hg. von William Appleman Williams, New York 1972, 371 f.

198 Carroll, *House of War,* S. 150.

199 »Four Forrestal Suicide Bids, Says Pearson«, in: *Los Angeles Times,* 23. Mai 1949.

200 Howard Zinn, *Eine Geschichte des amerikanischen Volkes,* Berlin 2007, S. 414.

201 Dwight D. Eisenhower, Wahlkampfrede in Detroit, 24. Oktober 1952, in: Papers of Dwight D. Eisenhower, Speech Series, Box 2, 23. Okt 1952 bis 3. Nov 1952 sowie Dez. 1952 (1); NAID »12012607.

202 http://icue.nbcunifiles.com/icue/files/nbcarchives/site/pdf/1653.pdf

203 Stephen E. Ambrose, *Eisenhower. Soldier and President,* New York 1990, S. 218.

204 »Text of Speech by Eisenhower Outlining Proposals for Peace in World«, in: *New York Times,* 17. April 1953.

205 Lloyd Gardner, »Poisoned Apples. John Foster Dulles and the ›Peace Offensive‹«, in: *The Cold War After Stalin's Death,* hg. von Klaus Larres und Kenneth Osgood, Lanham, MD, 2006, S. 85.

206 Alan Brinkley, *The Publisher. Henry Luce and His American Century,* New York 2010, S. 365.

207 http://www.trumanlibrary.org/flip_books/index.php?pagenumber=3&titleid=254&tldate=1950-12-09&collectionid=ihow&PageID=1&groupid=3725.

208 Bruce Cumings, *The Origins of the Korean War,* Bd. 2: *The*

Roaring of the Cataract, 1947–1950, Princeton, NJ, 1990, S. 750.

209 Jon Halliday und Bruce Cumings, *Korea. The Unknown War,* New York 1990, S. 203.

210 Richard Halworth Rovere, *Senator Joe McCarthy,* Berkeley und Los Angeles 1996 (1959), S. 15.

211 Thomas C. Reeves, *The Life and Times of Joe McCarthy,* Lanham, MD 1997 (1982), S. 426.

212 Robert Griffith, *The Politics of Fear. Joseph R. McCarthy and the Senate,* Lexington, KT, 1970, S. 49.

213 http://www.britishpathe.com/video/truman-talks-on-communism.

214 Mary McCarthy, »Naming Names. The Arthur Miller Case«, in: Mary McCarthy, *On the Contrary,* New York 1961, S. 154.

215 I. F. Stone, »Must Americans Become Informers?«, in: ders., *The Truman Era,* New York 1972 (1953), S. 99.

216 John Prados, *The Sky Would Fall. Operation Vulture. The U.S. Bombing Mission in Indochina,* New York 1983, S. 30.

217 David Clay Large, *Berlin,* New York 2007, S. 439.

218 Edward T. Folliard, »U.S. to Use A-Weapons in Any War«, in: *Washington Post,* 17. März 1955; »President Says Atom Bomb Would Be Used like ›Bullet‹«, in: *New York Times,* 17. März 1955.

219 Lewis Strauss, Präsident der US-Atomenergiekommission, in einer Rede am 16.9.1954, siehe *New York Times,* 17.9.1954.

220 Ira Chernus, *Apocalypse Management. Eisenhower and the Discourse of National Security,* Stanford, CA, 2008, S. 87.

221 Shane J. Maddock, *Nuclear Apartheid. The Quest for American Atomic Supremacy from World War II to the Present,* Chapel Hill 2010, S. 96.

222 Chernus, *Apocalypse Management,* S. 88.

223 *Public Papers of the President of the United States: Dwight D. Eisenhower,* Washington, D.C. 1961, S. 827.

224 Congressional Records, Bd. 100, S. 535, Dok. 9622.

225 Kinzer, *Overthrow: America's Century of Regime Change from Hawaii to Iraq,* S. 145.

226 Dwight D. Eisenhower, *Mandate for Change. The White House Years,* New York 1963, S. 372.

227 Gerald J. DeGroot, *Dark Side of the Moon. The Magnificent Madness of the American Lunar Quest,* New York 2006, S. 69.

228 Mathew Brzezinski, *Red Moon Rising. Sputnik and the Hidden Rivalries that Ignited the Space Age,* New York 2008, S. 180.

229 David Halberstam, *The Fifties,* New York 1993, S. 621.

230 *Public Papers of the President of the United States. Dwight D. Eisenhower,* Washington, D. C., 1961, S. 789–792.

231 Michael S. Sherry, *The Rise of American Air Power. The Creation of Armageddon,* New Haven, CT, 1987, S. 218.

232 *Washington Post,* 20. Dezember 1957.

233 Gerard J. De Groot, *The Bomb. A Life,* Cambridge, MA, 2005, S. 211.

234 »Text of Eisenhower's Farewell Address«, in: *New York Times,* 18. Januar 1961.

235 Tim Weiner, *CIA. Die ganze Geschichte,* Frankfurt/Main 2012, S. 233.

236 http://www.nobelprize.org/nobel_prizes/peace/laureates/1953/marshall-lecture.html

237 David Talbot, *Brothers. The Hidden History of the Kennedy Years,* New York 2007, S. 36.

238 Ebenda, S. 70.

239 Benjamin C. Bradlee, *Conversations with Kennedy,* New York 1975, S. 122.

240 Talbot, *Brothers,* S. 50 f.

241 Ebenda, S. 51.

242 Arthur M. Schlesinger, Jr., *A Thousand Days. John F. Kennedy in the White House,* New York 1965, S. 366. (Dt. Ausg.: *Die tausend Tage Kennedys,* Stuttgart u. a. 1967.)

243 Melvyn P. Leffler, *For the Soul of Mankind. The United States, the Soviet Union and the Cold War,* New York 2007, S. 163 f.

244 W. J. Rorabaugh, *Kennedy and the Promise of the Sixties,* New York 2002, S. 24.

245 *Public Papers of the Presidents of the United States. John F. Kennedy, 1961,* S. 538.

246 Ebenda, S. 539. (Deutscher Wortlaut: F. Kempe, *Kennedy, Chruschtschow und der gefährlichste Ort der Welt*, Berlin 1961.)

247 Maddock, *Nuclear Apartheid*, S. 162.

248 Michael R. Beschloss, *The Crisis Years. Kennedy and Khrushchev 1960–1963*, New York 1991, S. 278. (Dt. Ausg.: *Powergame: Kennedy und Chruschtschow; die Krisenjahre 1960–1963*, Düsseldorf u. a. 1991.)

249 John F. Kennedy, »Remarks of Senator John F. Kennedy at the Fourth Annual Rockhurst Day Banquet of Rockhurst College in Kansas City, Missouri, Saturday, June 2, 1956«, unter www.findingcamelot.net/speeches/1956/remarks-of-senator-john-f-kennedy-at-the-fourth-annual-rockhurst-day-banquet-of-rockhurst-college-in-kansas-city-missouri-Saturday-June-2-1956/

250 Schlesinger, Jr., *A Thousand Days*, S. 547.

251 Roger *Hilsman, To Move a Nation*, New York 1967, S. 415.

252 Maddock, *Nuclear Apartheid*, S. 197.

253 Richard Rhodes, *Dark Sun. The Making of the Hydrogen Bomb*, New York 1995, S. 574.

254 Kenneth P. O'Donnell und David F. Powers, »Johnny, We Hardly Knew Ye«, in: *Memories of John Fitzgerald Kennedy*, Boston 1970, S. 318.

255 »Text of Kennedy's Address on Moves to Meet the Soviet Build-up in Cuba«, in: *New York Times*, 23. Oktober 1962.

256 Fred Kaplan, *The Wizards of Armageddon*, Stanford, CA, 1991, S. 246.

257 Robert S. McNamara, *Blundering into Disaster. Surviving the First Century of the Nuclear Age*, New York 1987, S. 10. (Dt. Ausg.: *Blindlings ins Verderben. Der Bankrott der Atomstrategie*, Reinbek bei Hamburg 1987, S. 14); Michael Dobbs, *One Minute to Midnight. Kennedy, Khrushchev, and Castro on the brink of nuclear war*, New York 2008. S. 163.

258 Marion Lloyd, »Soviets Close to Using A-Bomb in 1962 Crisis, Forum Is Told«, in: *Boston Globe*, 13. Oktober 2002.

259 www.gwu.edu/~nsarchiv/nsa/cuba_mis_cri/020000%20Recollections;%20>of%20Vadim%20Orlov.pdf

260 Mimi Alford, *Once Upon a Secret. My Affair with President John F. Kennedy and Its Aftermath,* New York 2012, S. 94; Andreas Wenger, *Living with Peril. Eisenhower, Kennedy, and Nuclear Weapons,* Lanham 1997, S. 201; J. Anthony Lukas, »Class Reunion«, in: *New York Times,* 30. August 1987.

261 *Chruschtschow erinnert sich. Die authentischen Memoiren,* hg. von Strobe Talbott, Reinbek bei Hamburg 1992, S. 498.

262 J. Anthony Lukas, »Class Reunion«, in: *New York Times,* 30. August 1987.

263 Maddock, *Nuclear Apartheid,* S. 198.

264 Message from Chairman Khrushchev to President Kennedy, October 30, 1962, *Foreign Relations of the United States, 1961–1963,* Bd. 11, Washington, D.C., 1997, S. 309–317.

265 Tad Szulc, »Crisis in Vietnam. Repercussions Are Felt Throughout Asia«, in: *New York Times,* 25. August 1963.

266 John M. Newman, *JFK and Vietnam. Deception, Intrigue, and the Struggle for Power,* New York 1992, S. 319 f.

267 Kai Bird, *The Color of Truth. McGeorge and William Bundy. Brothers in Arms,* New York 1988, S. 261.

268 Jules Dubois, »Kennedy Soft on Reds. Rocky«, in: *Chicago Tribune,* 14. November 1963; Donald Janson, »Rockefeller Says Kennedy's Policy Imperils Peace«, in: *New York Times,* 17. November 1963; Foster Hailey, »Governor Scores U.S. on Atom Use«, in: *New York Times,* 21. November 1963.

269 Daniel Ellsberg, *Secrets. A Memoir of Vietnam and the Pentagon Papers,* New York 2002, S. 195 f.

270 Jean Daniel, »Unofficial Envoy. An Historic Report from Two Capitals«, in: *New Republic,* 14. Dezember 1963, S. 16.

271 Douglass, *JFK and the Unspeakable,* S. 69 f.; William Attwood, *The Twilight Struggle. Tales of the Cold War,* New York 1987, S. 89.

272 *Public Papers of the Presidents of the United States: John F. Kennedy, 1963,* Washington, D.C., 1964, S. 459–464. Deutsche Übersetzung siehe *John Fitzgerald Kennedy. Das Infoportal zum 35. Präsidenten der Vereinigten Staaten* unter http://john-f-kennedy.info/American-University.htm.

273 Talbot, *Brothers,* S. 213.

274 »Excerpts from the Speech of President John F. Kennedy Before the United Nations General Assembly, September 20«, in: *Bulletin of the Atomic Scientists*, November 1963, S. 45.

275 Talbot, *Brothers*, S. 151.

276 *John Fitzgerald Kennedy. Das Infoportal zum 35. Präsidenten der Vereinigten Staaten, Inaugurationsrede* unter http://john-f-kennedy.info/Inaugurationsrede.htm

277 Jesse Stellato, *Not in Our Name. American Antiwar Speeches 1846 to the Present*, University Park, PA, 2012, S. 138.

278 Walter LaFeber, Richard Polenberg und Nancy Woloch, *The American Century. A History of the United States since 1941*, New York 2008, S. 170.

279 Tim Weiner, *Legacy of Ashes. The History of the CIA*, New York 2007, S. 250f. (Dt.: *CIA. Die ganze Geschichte*, Frankfurt/Main 2009.)

280 Nasuh Uslu, *The Turkish-American Relationship Between 1947 and 2003. The History of a Distinctive Alliance*, New York 2003, S. 184 Anm., S. 164.

281 George W. Ball, *The Past Has Another Pattern. Memoirs*, New York 1982, S. 379.

282 Christian G. Appy, *Patriots. The Vietnam War Remembered from All Sides*, New York 2003, S. 122f.

283 Marilyn B. Young, *The Vietnam Wars 1945–1990*, New York 1991, S. 141.

284 David Halberstam, *Die Elite. The Best and the Brightest*. Reinbek bei Hamburg 1974, S. 414. (Original: *The Best and the Brightest*, New York 1972, S. 434.)

285 Carroll, *House of War*, S. 311.

286 Doris Kearns Goodwin, *Lyndon Johnson and the American Dream*, New York 1976, S. 259f.

287 Jeffrey Kimball, *Nixon's Vietnam War*, Lawrence 1998, S. 239.

288 H. R. Haldeman mit Joseph DiMona, *The Ends of Power*, New York 1978, S. 121f.

289 Seymour M. Hersh, *The Price of Power. Kissinger in the Nixon White House*, New York 1983, S. 134.

290 Lloyd C. Gardner, Walter F. LaFeber und Thomas J. McCor-

mick, *Creation of the American Empire,* Bd. 1: *U.S. Diplomatic History to 1901,* Chicago 1976, S. 108.

291 Henry Kissinger, *White House Years,* Boston 1979, S. 511 und 513. (Dt.: *Memoiren. 1968–1973,* München 1979.)

292 Mr. Kissinger/The President (tape) [Telefongespräch], 9. Dezember 1970, 8.45 Uhr, National Security Archive, www.gwu.edu/~nsarchiv/NSAEBB/NSAEBB123/Box%2029,%20File%202,%20Kissinger%20%96%20President%20Dec%209,%201970%208,45% 20pm%20%200.pdf

293 Mr. Kissinger/General Haig (tape) [Telefongespräch], 9. Dezember 1970, 8.50 Uhr, National Security Archive, www.gwu.edu/~nsarchiv/NSAEBB/NSAEBB123/Box%2029,%20File%202,%20Kissinger%20%96%20Haig,%20Dec%209,%201970%208,50%20pm%20106-10.pdf

294 Peter Kornbluh, *The Pinochet File. A Declassified Dossier on Atrocity and Accountability,* New York 2003, S. 1 f., 18 und 36; Odd A. Westad, *The Global Cold War. Third world interventions and the making of our times,* Cambridge 2005, S. 201; Weiner, *Legacy of Ashes,* S. 309.

295 Kinzer, *Overthrow*, S. 189.

296 »Die letzten Worte Allendes«, in: *Frankfurter Rundschau,* 11. September 2011, unter http://www.fr-online.de/zeitgeschichte/im-wortlaut-die-letzten-worte-allendes,1477344,2679602.html

297 Noam Chomsky, *Imperial Ambitions. Conversations on the Post-9/11 World,* New York 2005, S. 121.

298 Ronald Reagan, »Peace. Restoring the Margin of Safety«, Speech delivered at the Veterans of Foreign Wars Convention, Chicago, IL, 18. August 1980, unter www.reagan.utexas.edu/archives/reference/8.18.80.html

299 *Public Papers of the Presidents of the United States: William J. Clinton,* Bd. 1, 1995, S. 1074.

300 *The Adams-Jefferson Letters. The Complete Correspondence between Thomas Jefferson and Abigail and John Adams,* Bd. 2, 1812–1826, Chapel Hill 1959, S. 462 f.

301 PPS/23, »Review of Current Trends: U.S. Foreign Policy«, 24.

Februar 1948, Foreign Relations of the United States, 1948, Bd. 1, Teil 2, Washington, D.C., 1975, S. 524f.

302 James Rosen, *The Strong Man. John Mitchell and the Secrets of Watergate,* New York 2008, S. 104.

303 Robert Dallek, *Nixon and Kissinger. Partners in Power,* New York 2007, S. 99.

304 *Public Papers of the Presidents of the United States: Gerald R. Ford, 1976–1977,* S. 1579.

305 Alexander Cockburn, *Rumsfeld. His Rise, Fall, and Catastrophic Legacy,* New York 2007, S. 20, Anm. 18.

306 Walter L. Hixson, *The Myth of American Diplomacy. National Identity and U.S. Foreign Policy,* New Haven 2008, S. 258, Anm. 23.

307 Lawrence S. Wittner, *Towards Nuclear Abolition. A History of the World Nuclear Disarmament Movement, 1971 – Present,* Stanford, CA, 2003, S. 1.

308 Lloyd C. Gardner, *The Long Road to Baghdad. A History of U.S. Foreign Policy from the 1970s to the Present,* New York 2008, S. 51.

309 Leffler, *For the Soul of Mankind,* S. 301.

310 Chalmers Johnson, *Blowback. The Costs and Consequences of American Empire,* New York 2004, S. xiii. (Dt. Ausg.: *Ein Imperium verfällt: Ist die Weltmacht USA am Ende?,* München 2001.)

311 Leffler, *For the Soul of Mankind,* S. 310f.

312 Interview mit Zbigniew Brzezinski in: *Le Nouvel Observateur,* Januar 1998, S. 15–21.

313 Deutsche Ausgabe: *Woher ich komme. Erinnerungen*, München 1982.

314 Michael Kramer, »When Reagan Spoke from the Heart«, in: *New York,* 21. Juli 1980, S. 18.

315 Die Bundesregierung, »25 Jahre Reagan-Rede« unter http://www.bundesregierung.de/ContentArchiv/DE/Archiv17/Artikel/2012/06/2012-06-15-reagan-rede-vor-25-jahren.html

316 Bergisch-Gladbach 1983, im Original *The Terror Network,* New York 1981.

317 Lou Cannon, *President Reagan. The Role of a Lifetime,* New York 1991, S. 241.

318 Ronald Reagan, *An American Life,* New York 1990, S. 588. (Dt.: *Erinnerungen. Ein amerikanisches Leben,* Berlin 1999.)

319 Greg Grandin, *Empire's Workshop. Latin America, the United States, and the Rise of the New Imperialism,* New York 2006, S. 101.

320 Robert M. Gates, *From the Shadows. The Ultimate Insider's Story of Five Presidents and How They Won the Cold War,* New York 1996, S. 213.

321 Ronald Reagan, »Remarks to an Outreach Working Group on United States Policy in Central America«, 18. Juli 1984, unter www.reagan.utexas.edu/archives/speeches/1984/71884d.htm

322 Ronald Reagan, »Remarks at the Annual Dinner of the Conservative Political Action Conference«, 1. März 1985, unter http://www.presidency.ucsb.edu/ws/?pid=38274

323 Ronald Reagan, »Peace. Restoring the Margin of Safety«, speech delivered at the Veterans of Foreign Wars Convention, Chicago, IL, 18. August 1980, unter www.reagan.utexas.edu/archives/reference/8.18.80.html

324 Ronald Reagan, »Address to the Nation on Events in Lebanon and Grenada«, 27. Oktober 1983, unter www.reagan.utexas.edu/archives/speeches/1983/102783b.htm

325 Robert Timberg, »›Days of Weakness Over‹, Reagan Tells War Heroes«, in: *Baltimore Sun,* 13. Dezember 1983.

326 »Excerpts from President's Speech to National Association of Evangelicals«, in: *New York Times,* 9. März 1983.

327 »Transcript of President's Address on Nuclear Strategy Toward Soviet Union«, in: *New York Times,* 23. November 1982.

328 Ronald Reagan, *The Reagan Diaries,* hg. v. Douglas Brinkley, New York 2007, S. 186.

329 Reagan, *An American Life,* S. 588; David E. Hoffman, *The Dead Hand. Reagan. Gorbachev and the untold story of the Cold War arms race,* New York 2009, S. 96.

330 Sean Wilentz, *The Age of Reagan. A History 1974–2008,* New York 2008, S. 247.

331 Richard Rhodes, *Arsenals of Folly. The Making of the Nuclear Arms Race,* New York 2007, S. 248.

332 Cannon, *President Reagan*, S. 689.

333 Michalil Gorbatschow, *Alles zu seiner Zeit. Mein Leben,* Hamburg 2013, S. 411 f.

334 »Session of the Politburo of the CC CPSU«, 14. Oktober 1986. Das Dokument ist nachzulesen in: National Security Archive, unter www.gwu.edu/~nsarchiv/NSAEBB/NSAEBB203/Document21.pdf

335 Wilentz, *The Age of Reagan,* S. 167.

336 *Public Papers of the Presidents of the United States: Ronald Reagan,* 1987, S. 209. Deutsche Übersetzung siehe unter http://www.dw.de/die-iran-contra-aff%C3%A4re/a-4502179.

337 Weiner, *Legacy of Ashes*, S. 408.

338 Robert Dreyfuss, *Devil's Game. How the United States Helped Unleash Fundamentalist Islam,* New York, S. 291.

339 Siehe unter https://www.nytimes.com/books/first/b/buchanan-republic.html

340 UNO Vollversammlung in New York, Rede Gorbatschows, in Washington, 7. 12. 88, Erklärung der Bundesregierung zur Rede des sowjetischen Partei- und Staatschefs Michail Gorbatschow, Quelle: EUROPA ARCHIV DOKUMENTE 1989, S. D23–D38, unter http://www.2plus4.de/chronik.php3?date_value=07.12.88&sort=000-004; siehe auch »Excerpts from Speech to U.N. on Major Soviet Military Cuts«, in: *New York Times,* 8. Dezember 1988.

341 Ebenda.

342 Ebenda.

343 »Gambler, Showman, Statesman«, in: *New York Times*, 8. Dezember 1988.

344 Robert G. Kaiser, »An Offer to Scrap the Postwar Rules«, in: *Washington Post,* 8. Dezember 1988.

345 Curt Suplee, »Sorry, George, But the Image Needs Work«, in: *Washington Post,* 10. Juli 1988.

346 Siehe hierzu Francis Fukuyama, »The End of History?«, in: *The National Interest,* Summer 1989. Siehe ebenso in Buch-

form, ders., *Das Ende der Geschichte. Wo stehen wir?*, München 1992.

347 Gary J. Dorrien, *Imperial Designs. Neoconservatism and the New Pax Americana*, New York 2004, S. 26.

348 »Excerpts from Iraqi Document on Meeting with U.S. Envoy«, in: *New York Times*, 23. September 1990.

349 Elaine Sciolino, »Deskbound in U.S., the Envoy of Iraq Is Called Scapegoat for a Failed Policy«, in: *New York Times*, 12. September 1990.

350 Joel Brinkley, »Israelis Praising Decision by Bush«, in: *New York Times*, 9. August 1990.

351 Gardner, *The Long Road to Baghdad*, S. 83 f.

352 Herring, *From Colony to Superpower*, S. 912.

353 George F. Will, »The Emptiness of Desert Storm«, in: *Washington Post*, 12. Januar 1992.

354 »Quotation of the Day«, in: *New York Times*, 2. März 1991.

355 Andrew J. Bacevich, *American Empire. The Realities and Consequences of U.S. Diplomacy*, Cambridge, MA, 2002, S. 62.

356 Lichtman, *White Protestant Nation*, S. 410.

357 Jeffrey Sachs, *The End of Poverty. Economic Possibilities for Our Time*, New York 2005, S. 139.

358 Michail Gorbatschow, Alles zu seiner Zeit. Mein Leben, Hamburg 2013

359 http://www.washingtonpost.com/wp-dyn/articles/A52533-2005Mar20.html

360 Stephen F. Cohen, *Failed Crusade. America and the Tragedy of Post-Communist Russia*, aktualisierte Auflage, New York 2001, S. 36 f.

361 John W. Dower, *Cultures of War. Pearl Harbor/Hiroshima/9-11/Iraq*, New York 2010, S. 91 f.

362 Gardner, *The Long Road to Baghdad*, S. 111.

363 Chalmers A. Johnson, *The Sorrows of Empire. Militarism, Secrecy, and the End of the Republic*, London 2004, S. 3.

364 Siehe unter www.youtube.com/watch?v=Ff4K7PTQhDw

365 Gardner, *The Long Road to Baghdad*, 153 f.

366 »Rebuilding America's Defenses. Strategy, Forces, and Re-

sources for a New Century«, in: Project for the New American Century, September 2000, unter http://www.information clearinghouse.info/pdf/RebuildingAmericasDefenses.pdf, IV.

367 Joel Achenbach, »Nader Puts His Mouth Where the Money Is«, in: *Washington Post,* 4. August 2000.

368 »Full Text of Dick Cheney's Speech at the IP Autumn Lunch«, unter http://web.archive.org/web/20000414054656/http://www.petroleum.co.uk/speeches.htm

369 Herring, *From Colony to Superpower*, S. 940.

370 »Clarke ›Would Welcome‹ Open Testimony«, unter www.msnbc.msn.com/id/4619346/ns/us_news-security/t/clarke-would-welcome-open-testimony/«.TpJrlajEMhA.

371 David Johnston und Jim Dwyer, »Pre-9/11 Files Show Warnings Were More Dire and Persistent«, in: *New York Times,* 18. April 2004.

372 Ron Suskind, *The One Percent Doctrine. Deep Inside America's Pursuit of Its Enemies Since 9/11,* New York 2006, S. 2.

373 »Transcript of Bush's Remarks on Iraq. ›We Will Finish the Work of the Fallen‹«, in: *New York Times,* 14. April 2004.

374 Frank Rich, »The Jack Welch War Plan«, in: *New York Times,* 28. September 2002.

375 Robert D. McFadden, »A Day of Mourning«, in: *New York Times,* 15. September 2001.

376 Siehe unter http://www.truthdig.com/report/item/chris_hedges_speaks_on_osama_bin_ladens_death_20110502.

377 Johnson, *The Sorrows of Empire,* S. 3 f.

378 »Transcript of President Bush's Address«, in: *Washington Post,* 21. September 2001.

379 Siehe unter http://www.informationclearinghouse.info/pdf/RebuildingAmericasDefenses.pdf, S. 51.

380 Richard A. Clarke, *Against All Enemies. Inside America's War on Terror,* New York 2004, S. 32.

381 Ebenda.

382 Paul Krugman, »Osama, Saddam and the Ports«, in: *New York Times,* 24. Februar 2006.

383 »Transcript of President Bush's Address«, in: *Washington Post*, 21. September 2001.

384 Robin Toner, »Not So Fast, Senator Says, as Others Smooth Way for Terror Bill«, in: *New York Times*, 10. Oktober 2001.

385 H. W. Brands, *Traitor to His Class. The Privileged Life and Radical Presidency of Franklin Delano Roosevelt*, New York 2008, S. 650.

386 George W. Bush, *Public Papers of the Presidents of the United States, George W. Bush, 2001, Book 2, Juli 1 to Dezember 31, 2001*, Washington, DC, 2004, S. 1172.

387 Zbigniew Brzezinski, »Terrorized by ›War on Terror‹«, in: *Washington Post*, 25. März 2007.

388 Antonio Taguba, »Preface«, in: Physicians for Human Rights, Broken Laws, Broken Lives. Medical Evidence of Torture by US Personnel and Its Impact, Cambridge, Mass., 2008, unter http://brokenlives.info/?page_id=23

389 Jane Mayer, *The Dark Side. The Inside Story of How the War on Terror Turned into a War on American Ideals*, New York 2008, S. 8.

390 »President's State of the Union Message to Congress and the Nation«, in: *New York Times*, 29. Januar 2003.

391 Siehe unter http://www.washingtonpost.com/wp-srv/nation/specials/attacked/transcripts/bush_text101101.html

392 »President's State of the Union Message to Congress and the Nation«, in: *New York Times*, 29. Januar 2003.

393 Bob Woodward, »A Course of ›Confident Action‹«, in: *Washington Post*, 19. November 2002.

394 Voltaire, *Questions sur les miracles* (1765).

395 Matthew Yglesias, »Democrats and the World«, in: *In Search of Progressive America*, hg. von Michael Kazin mit Frans Becker und Menno Hurenkamp, Philadelphia 2008, S. 13.

396 David Barstow, »Behind TV Analysts, Pentagon's Hidden Hand«, in: *New York Times*, 20. April 2008; siehe ebenso »Instruments of War. Transcript«, 25. April 2008, unter www.onthemedia.org/transcripts/2008/04/25/01

397 David Barstow, »Behind TV Analysts, Pentagon's Hidden Hand«, in: *New York Times,* 20. April 2008.

398 Ron Suskind, »Without a Doubt«, in: *New York Times Magazine,* 17. Oktober 2004, S. 44 und 51.

399 Steven R. Weisman, »U.S. Set to Demand That Allies Agree Iraq Is Defying U.N.«, in: *New York Times,* 23. Januar 2003.

400 George W. Bush, *Public Papers of the Presidents of the United States, George W. Bush, 2002,* Washington, DC, 2005, S. 919.

401 Suskind, *The One Percent Doctrine* (New York, 2006).

402 George W. Bush, *Public Papers of the Presidents of the United States, George W. Bush, 2002*, S. 919.

403 Ebenda; S. 920.

404 Ron Suskind, »Without a Doubt«, in. *New York Times Magazine*, 17. Oktober 2004, S. 44.

405 David Aikman, *A Man of Faith. The Spiritual Journey of George W. Bush,* Nashville 2004, S. 227.

406 Siehe unter http://lee.house.gov/news/press-releases/barbara-lee-speaks-out-against-escalation-calls-for-fully-funding-withdrawal

407 Karen DeYoung, *Soldier. The Life of Colin Powell,* New York 2006, S. 439.

408 »Powell's Address, Presenting ›Deeply Troubling‹ Evidence on Iraq«, in: *New York Times,* 6. Februar 2003.

409 DeYoung, *Soldier,* S. 450.

410 *New York Times,* 24. November 2008.

411 Dan Froomkin, »Suskind's ›Confidence Men‹ Raises Questions About Obama's Credibility«, in: *Huffington Post,* 2. Dezember 2011, unter www.commondreams.org/view/2011/12/02-8.

412 Siehe unter http://abcnews.go.com/WN/Obama/abc-world-news-diane-sawyer-diane-sawyer-interviews/story?id=9659064

413 Siehe unter http://www.newrepublic.com/article/politics/the-cheney-fallacy

414 Dana Priest und William M. Arkin, »A Hidden World, Growing Beyond Control«, in: *Washington Post,* 19. Juli 2010.

415 Siehe unter http://www.theguardian.com/commentisfree/2012/oct/24/obama-terrorism-kill-list

416 Siehe unter http://www.wired.com/2012/09/bush-obama-war-on-terror/

417 Mark Landler, »Clinton Speech Offers Policy Overview«, in: *New York Times*, 8. September 2010.

418 Siehe unter http://www.nytimes.com/2009/08/18/us/politics/18vets.html?_r=0

419 Bob Woodward, *Obama's Wars*, New York 2010, S. 319. (Dt.: *Obamas Kriege. Zerreißprobe einer Präsidentschaft*, München 2011.)

420 Ebenda, S. 247.

421 Deutsche Übersetzung siehe die AG Friedensforschung unter http://www.ag-friedensforschung.de/themen/Friedenspreise/obama.html

422 »Obama's Speech to Troops at Fort Bragg«, in: *New York Times*, 25. Dezember 2011.

423 Michael Cooper, »Mayors See End to Wars as Fix for Struggling Cities«, in: *New York Times*, 8. Juni 2001.

424 Siehe unter https://www.whitehouse.gov/blog/2011/05/02/osama-bin-laden-dead

425 Hillary Clinton, »America's Pacific Century«, in: *Foreign Policy*, November 2011, unter www.foreignpolicy.com /articles /2011/10/11/americas pacific century?page =full

426 Samuel P. Huntington, *Kampf der Kulturen. Die Neugestaltung der Weltpolitik im 21. Jahrhundert*, München und Wien 1998, S. 68. (Original: *The Clash of Civilizations and the Remaking of World Order*, New York 1996, S. 51.)

427 Siehe unter http://www.tomdispatch.com/blog/175614/alfred_mccoy_superweapons_and_global_dominion, oder: Alfred McCoy, *Endless Empire: Spain's Retreat, Europe's Eclipse, America's Decline*, Madison, WI, 2012.

428 Ebenda.

429 Gardner, *The Long Road to Baghdad*, S. 111.

430 *Public Papers of the Presidents of the United States: John F. Kennedy, 1963*, Washington, D.C., 1964, S. 459–464. Deutsche

Übersetzung siehe *John Fitzgerald Kennedy. Das Infoportal zum 35. Präsidenten der Vereinigten Staaten* unter http://john-f-kennedy.info/American-University.htm

Bildnachweis

National Archives: 2, 3, 5–17, 22, 23, 25, 27–31, 33–39, 41, 44–49, 51, 60, 63
National Museum of the U.S. Air Force: 18–21
New Yorker Magazine: 4
Official White House Photograph: 64
Richard Nixon Presidential Library / National Archives: 42, 43
Ronald Reagan Presidential Library / National Archives: 50, 53–55
U.S. Air Force: 65
U.S. Army: 40
U.S. Department of Defense: 32, 52, 56–59, 61
U.S. Information Agency: 26
U.S. Marine Corps: 1, 24
U.S. Navy: 62

Personenregister

Einer der erfahrensten Vermittler in der internationalen Politik

Die Welt steht am Abgrund. Uns drohen Großmachtkonflikte, ein Rüstungswettlauf und noch mehr nukleare Waffen. Die USA wollen nicht mehr Hüter der Weltordnung sein, während Peking und Moskau die EU-Partner gegeneinander ausspielen. Wie können Deutschland und die EU »weltpolitikfähig« werden? Der renommierteste deutsche Diplomat Wolfgang Ischinger gibt Antworten auf die drängenden Fragen der aktuellen Weltpolitik. Er erklärt die komplexen Ursachen der zahlreichen heutigen Krisen und skizziert seine Vision einer europäischen Zukunft in Frieden und Stabilität.

»Ischinger ist einer der scharfsinnigsten Analysten der internationalen Politik. Sein Buch sollte eine große Leserschaft erreichen.« Henry Kissinger

Wolfgang Ischinger
Welt in Gefahr
Deutschland und Europa in unsicheren Zeiten

Taschenbuch
Auch als E-Book erhältlich
www.ullstein.de

ullstein